普通高等教育"十二五"规划教材

新型公共关系原理与实务

杨 俊 邵喜武 主 编

黄 宏 陈锦伦 张晓明 李玉亮 副主编

经济科学出版社

图书在版编目(CIP)数据

新型公共关系原理与实务/ 杨俊,邵喜武主编. —北京:经济科学出版社,2010.7
普通高等教育"十二五"规划教材 (2015.1 重印)
ISBN 978 - 7 - 5058 - 9526 - 3

Ⅰ. 新… Ⅱ.①杨…②邵… Ⅲ. 公共关系学—高等学校—教材 Ⅳ. C912.3

中国版本图书馆 CIP 数据核字(2010)第 110378 号

责任编辑:王东萍
责任校对:王肖楠
技术编辑:李 鹏

新型公共关系原理与实务
杨 俊 邵喜武 主 编
黄 宏 陈锦伦 张晓明 李玉亮 副主编
经济科学出版社出版、发行 新华书店经销
社址:北京市海淀区阜成路甲 28 号 邮编:100142
教材编辑中心电话:88191344 发行部电话:88191540
网址:www.esp.com.cn
电子邮件:espbj3@ esp. com. cn
北京密兴印刷厂印装
787 × 1092 16 开 17 印张 413 千字
2010 年 7 月第 1 版 2015 年 1 月第 4 次印刷
ISBN 978 - 7 - 5058 - 9526 - 3 定价:32.80 元

前　言

　　为贯彻落实教育部《关于全面提高高等教育教学质量的若干意见》（教高〔2006〕16号）精神，进一步深化高等院校人才培养模式改革，提高高素质技能型人才培养水平，推进高等教育教学发展，我们立足应用型本科的教学实际，编著了本教材。

　　本教材按照突出应用性、实践性和创新性的原则编写，力求反映应用型本科的课程和教学内容体系改革方向，反映当前教学的新内容，突出基础理论知识的应用和实践技能的培养；在兼顾理论和实践内容的同时，避免"全"而"深"的面面俱到，基础理论以"应用"为目的，以"必要、够用"为尺度，以利于学生综合素质的形成和科学思维方式与创新能力的培养。

　　在国家"十二五"规划即将启动的时刻，在北京，我们将对于公共关系学教育、教学的最新领悟、感触、期望付诸实施，这是平生最畅快的事了！2010年春天，一个魅力无比的季节，我即将起程开拓新的公关教育教学天地，为了公共关系学专业建设与发展，在高等教育质量工程的建设中，我们从创建精品课程、特色专业、教学成果奖、教研论文等多方努力，终于在精品课程、专业带头人与教研改革等方面取得丰硕成果。《公共关系学》作为2009年省级精品课程，已列入国家精品课程教学资源网，正向国家级精品课程冲刺，本书就是例证之一。

　　为了在公关教育、教学中取得新的进展，本书在国际通行的职业教育的领域引入公关教育的模块、任务驱动、工学结合等新型手段，与国家职业资格标准相衔接，试图走出一条应用型本科公关教育教学的新路径。全书由杨俊教授负责体例设计并编写模块一、模块二、模块三、模块四、模块十、模块十一，吉林农业大学邵喜武副教授编写模块五、模块六，东南大学黄宏老师编写模块七、模块八，南京财经大学陈锦伦副教授编写模块九，浙江工业大学之江学院张晓明副教授编写模块十二，李玉亮参与模块三编写。为了配合教学，本书配备了丰富的教学资源，可从经济科学出版社网站（www. esp. com. cn）下载。

　　感谢经济科学出版社，感谢《公关世界》杂志社社长暨总编汪钦先生，感谢为本书付出艰辛努力的各位同仁，作为省级公共关系学专业带头人，我有义务与能力为公共关系学的教育教学奉献绵薄之力，为推动中国公关教育教学步入国际化、职业化大舞台励精图治、卧薪尝胆，抛砖引玉，期待各位公关界同仁批评指正！

杨　俊

目　　录

模块一　公关概论

学习目标与要求

认知公共关系的概念、特征，掌握公共关系学的基本内容、方法与意义。

案例学习

无力回天的"公关"

2008年9月15日下午，石家庄三鹿集团股份有限公司副总裁张振岭，在河北省政府召开的新闻发布会上宣读了致社会各界人士和广大消费者的一封公开信，向因食用三鹿婴幼儿配方奶粉导致患病的患儿及家属道歉。

信件全文如下：

"三鹿牌婴幼儿配方奶粉"重大安全事故，给众多患儿及家属造成严重伤害，我们非常痛心！三鹿集团向你们表示最诚挚的道歉！

9月15日上午9时，我公司从河北省公安厅的新闻发布会上获悉，涉嫌向我公司原奶中添加三聚氰胺的案件已经取得重大进展，19名嫌疑人已经被刑事拘留，其中两人被依法逮捕。我公司真诚感谢公安部门夜以继日、不辞辛苦地快速侦破案件。

我公司郑重声明，对于8月6日以前生产的产品，我们全部收回，对8月6日以后生产的产品，如果消费者有异议、不放心，我们也将收回。同时，我们将不惜代价积极做好患病婴幼儿的救治工作。最后，再次向广大消费者和患病婴幼儿及家属真诚道歉！

石家庄三鹿集团股份有限公司

2008年9月15日

可惜，这一公关举动来得实在太晚了！3个月后，这家国内乳业的三大巨头之一被清理出市场，"三鹿"品牌从地球上彻底消亡。实践证明，危机公关无力挽回其灭亡的命运。

事件回放：

自2008年3月起，各地就陆续出现泌尿结石婴幼儿。

6月28日，位于兰州市的解放军第一医院收治了当地首例因食用三鹿婴幼儿奶粉患"肾结石"病症的婴幼儿。

7月中旬，甘肃省卫生厅接到医院婴儿泌尿结石病例报告后，随即展开了调研，并报告卫生部。随后短短两个多月，该医院收治的患婴人数就迅速扩大到 14 名。

甘肃省省委、省政府领导和各相关部门对"肾结石事件"也高度重视。省委书记、省人大常委会主任陆浩闻讯后立即作了批示："立即采取措施，及时妥善处理。"省委副书记、省长徐守盛，省委常委、常务副省长冯健身也于 9 月 10 日作出批示，要求卫生部门及各监管部门做好患儿救治，迅速排查。

相关链接：6 月、7 月、8 月是三鹿奶粉引发的肾结石宝宝病例纷纷出现的时间，全国各地都出现病例和消费者投诉，媒体纷纷报道，政府相关卫生部门被卷入事件。但是长达三个月的时间，三鹿集团居然在外部没有任何行动和表态，既没有站出来说一句话，进行媒体照会和舆论引导，也没有深刻反思，对自身产品进行彻底清查，找出出现问题的环节，只是在企业内部进行统一口径：三鹿的奶粉，没问题！

9 月 11 日，除甘肃省外，陕西、宁夏、湖南、湖北、山东、安徽、江西、江苏等地都有类似案例发生。

9 月 11 日晚，卫生部指出，近期甘肃等地报告多例婴幼儿泌尿系统结石病例，调研发现患儿多有食用三鹿牌婴幼儿配方奶粉的历史。经相关部门调研，高度怀疑石家庄三鹿集团股份有限公司生产的三鹿牌婴幼儿配方奶粉受到三聚氰胺污染。

9 月 11 日晚，石家庄三鹿集团股份有限公司发布产品召回声明称，经公司自检发现 2008 年 8 月 6 日前出厂的部分批次三鹿牌婴幼儿奶粉受到三聚氰胺污染，市场上大约有 700 吨。为对消费者负责，该公司决定立即对该批次奶粉全部召回。

相关链接：8 月 2 日，三鹿在给石家庄市政府的报告中讲明了奶粉有毒，为何连 8 月 6 日的产品还要召回呢？又为何到 9 月 11 日白天还在抵赖呢？试图掩盖，所谓欲盖弥彰啊！9 月 11 日，上海《东方早报》刊发记者简光洲写的三鹿奶粉事件报道，新华网转载后，三鹿集团有人多次打电话，希望记者从网站上撤稿，企图封堵事件真相。

9 月 13 日，党中央、国务院对严肃处理三鹿牌婴幼儿奶粉事件作出部署：立即启动国家重大食品安全事故 I 级响应，并成立应急处置领导小组，全力开展医疗救治，对患儿实行免费救治，所需费用由财政负担；全面开展奶制品市场整顿，对不合格的奶粉立即下架，尽快查明婴幼儿奶粉污染原因，对各个环节进行检查，严惩违法犯罪分子和相关责任人。

9 月 13 日，卫生部党组书记高强在"三鹿牌婴幼儿配方奶粉"重大安全事故情况发布会上指出，"三鹿牌婴幼儿配方奶粉"事故是一起重大的食品安全事故。三鹿牌部分批次奶粉中含有的三聚氰胺，是不法分子为增加原料奶或奶粉的蛋白含量而人为加入的。

9 月 14 日，卫生部部长陈竺带领有关司局领导及专家飞抵兰州，针对有关三鹿奶粉事件应急处置工作展开专题调研。

9 月 15 日，甘肃省政府新闻办召开了新闻发布会称，甘谷、临洮两名婴幼儿死亡，确认与三鹿奶粉有关。

10 月 27 日，三元股份首次正式承认正与三鹿进行并购谈判。

10 月 31 日，经财务审计和资产评估，三鹿集团资产总额为 15.61 亿元，总负债 17.62 亿元，净资产 -2.01 亿元，已资不抵债。

12 月 8 日，三元股份公告称，其董事会已经批准了《关于在河北石家庄成立子公司的议案》。三元股份以现金出资人民币 500 万元，在河北省石家庄市注册成立全资子公司。

12 月 13 日前后，三鹿二厂开工复产，这是三元在"托管"模式下，启动生产的首个厂区。此后传出消息，三鹿集团的七家非核心企业已陆续开工生产，但全部更名。

12 月 19 日，三鹿集团又借款 9.02 亿元付给全国奶协，用于支付患病婴幼儿的治疗和赔偿费用。

12 月下旬，债权人石家庄商业银行和平西路支行向石家庄市中级人民法院提出了对债务人石家庄三鹿集团股份有限公司进行破产清算的申请。

12 月 23 日，石家庄市中级人民法院宣布三鹿集团破产。

12 月 24 日，三鹿集团收到石家庄市中级人民法院受理破产清算申请民事裁定书，一切工作正在按法律程序进行。三鹿将由法院指定的管理人（三鹿商贸公司）来管理，管理人将对三鹿资产进行拍卖，然后偿还给债权人。这一过程将在 6 个月内完成。

12 月 24 日，河北石家庄市政府、三鹿集团选取 20 多个代理商代表，到三鹿集团商谈，最终三鹿与代理商达成还款意向。

12 月 25 日，三元回应三鹿破产：重组方案调整须董事会决定。

12 月 31 日，石家庄市中级人民法院开庭审理了三鹿集团股份有限公司及田文华等 4 名原三鹿集团高级管理人员被控生产、销售伪劣产品案，庭审持续 14 小时。

相关链接：三鹿问题奶粉引发的一连串后果，首先是三鹿整个品牌被毁灭；接下来是整个奶制品行业都被牵连和污染，国外企业纷纷令中国奶制品下架，国内其他品牌奶粉同样被检查出含三聚氰胺，国内消费者谈奶色变；最后是国家各级质量技术监督局被推上舆论谴责的风口，国家质检总局局长李长江也因监管不力，负连带责任而被迫辞职。

2009 年 1 月 22 日，三鹿系列刑事案件，分别在河北省石家庄市中级人民法院和无极县人民法院等 4 个基层法院一审宣判。田文华被判生产、销售伪劣产品罪，判处无期徒刑，剥夺政治权利终身，并处罚金人民币 2468.7411 万元。

2 月 1 日，田文华提出上诉，请求撤销一审判决，改判上诉人不构成指控所涉罪名。

3 月 4 日，三鹿集团部分破产资产在河北省石家庄市中级法院公开拍卖。三元集团与三元股份全资子公司河北三元以 6.165 亿元人民币拍得三鹿资产。

相关链接：2007 年 11 月，温州泰顺王远萍购买了 15 包三鹿奶粉，女儿服用后，小便发生异常。经与厂家联系未果后，王远萍在一些网站上发了一些帖子。2008 年 5 月 31 日，自称三鹿奶粉浙江总代理的钟云，以四箱品质各异的奶粉为交换条件，让王远萍删除在网上的帖子，并在其提供的"确认书"上签字和按手印。9 月 9 日，相关媒体介入此事，三鹿集团派了三名工作人员赶往温州，三鹿传媒部部长对记者说："我们可以肯定地说，我们所有的产品都没有问题。"

案例分析

作为一家 1956 年成立的幸福乳业合作社，经过 50 年的励精图治、艰苦创业，逐步发展成为当今中国首屈一指的奶粉品牌，在其鼎盛时总价值一度高达 143.07 亿元，如今却负债 17.62 亿元。其破产了，对于我们来说，这是代表着民族品牌的又一起流产事件，值得我们大家反省。为什么？难道其违反了行业的规则，就足以让其死亡吗？有人主张，"三鹿"罪大恶极，应当抨击；有人认为，罪大不足以以死相抵，应当用更好的办法解决。

从三鹿集团失败案例中，自始至终，我们看不出其对消费者健康负责任的态度。首先，当发生事故时不仅没有及时停产进行检查，还依旧照常生产。这种连最基本的食品安全都做不到的企业，如何让消费者相信他是负责任的？其次，三鹿如果想真心实意地解决问题就不会进行所谓的"危机公关"（"伪公关"），网上公布其当初想用 300 万元买通×××网站，封堵对其不良的信息发布。没有从源头上来解决问题，只想用钱了事。而且，没有立即对出售的产品采取召回、退货等处理。这种敷衍了事的做法是不会得到消费者的宽容的，其失败的命运是必然的。

三鹿的覆灭如此迅速，给我们的国有大中型名牌企业充当了不可多得的反面教材。实际上，在未来的征途上，我们周边还会有如此被消灭的名牌，因为不以人的生命作为最高利益的企业必然被历史淘汰、留下千古的骂名！所以西方某知名企业家在告诫其下属时就说过："我们的企业永远都有 90 天的危难。"居安思危吧！中国的民族企业领导者们！你们永远没有掉以轻心的懈怠！不然，也许下一个就是你了！

 **案例讨论**

1. 三鹿的覆灭说明了什么？公共关系为何挽救不了其失败的命运？
2. 公共关系是什么？从三鹿的覆灭中，我们能体会到现代公关的真谛吗？
3. 在长期的发展过程中，三鹿的行为有何不当之处？与其失败的命运有何关联？
4. 在危机爆发时，网上公布其当初想用 300 万元买通×××网站，封堵对其不良的信息发布。你如何看这一行为？为什么？

公关知识库

一、公共关系含义

"公共关系"源于英文 Public Relations 的译名，缩写为 PR。

自 20 世纪中叶公共关系学在美国诞生以来，人们对其认识一直众说纷纭，随着社会的进步，其内涵日益丰富。据悉，目前世界各国对公共关系的定义达"400 多种"[1]。概括起来，有代表性的权威定义主要有：

（一）咨询说

国际公共关系协会于 1978 年 8 月发表的《墨西哥宣言》说："公共关系是一门艺术和社会科学。它分析趋势，预测后果，向机构领导人提供意见，履行一系列有计划的行动，以服务于本机构和公众的共同利益。"

（二）管理说

美国《公共关系新闻》杂志的定义是："公共关系是一种管理职能，它评估公众的态度，检验个人或组织的政策、活动是否与公众的利益相一致，并负责设计与执行旨在争取公众理解与支持的行动计划。"

---

[1]　[英] 萨姆·布莱克. 当代国际公共关系. 上海：复旦大学出版社，1995.

（三）传播说

英国著名公关学者弗兰克·杰夫金斯认为："公共关系就是一个组织为了达到与它的公众之间相互了解的确定目标，而有计划地采用一切向内和向外的传播沟通方式的总和。"

（四）传播管理说

当代美国公共关系学术权威、马里兰大学的詹姆斯·格鲁尼格认为："公共关系是一个组织与其相关公众之间的传播管理。"

（五）社会关系说

美国普林斯顿大学蔡尔兹认为："公共关系是我们所从事的各种活动、所发生的各种关系的通称，这些活动与关系都是公众性的，并且都有社会意义。"

（六）协调说

中山大学王乐夫认为：公共关系主要是协调组织与公众之间的社会关系，"维持企业的营利性和社会性之平衡就是公共关系"。

（七）形象说

深圳大学熊源伟认为："公共关系是社会组织为了塑造组织形象，通过传播、沟通手段来影响公众的科学与艺术。"

（八）现象描述说

美国公共关系协会征询了2000多名公关专家的意见，从中归纳出四种公关定义，带有较浓的现象描述色彩。

（1）公共关系是组织经过自我检讨与改进后，将其态度公诸社会，借以获得顾客、员工及社会的好感和了解的经常不断的工作。

（2）公共关系是一个人或一个组织为获取大众之信任与好感，借以迎合大众之兴趣而调整其政策与服务方针的一种经常不断的工作。

（3）公共关系是一种技术，此种技术在于激发大众对于任何一个人或一个组织的了解并产生信任。

（4）公共关系是工商管理机构用以测验大众态度、检查本企业的政策与服务方针是否得到大众的了解与欢迎的一种职能。

这类定义或过于抽象、或过于单调、或过于烦琐，由于所站角度不同，便形成林林总总的新说。从学科角度看，它们只是揭示了公关的部分含义，缺乏科学的整体性、全面性、严谨性与逻辑性。

综上所述，从公共关系学科性质出发，结合中外公关历史发展趋势，适应我国国情和语言表达习惯，我们认为公共关系就是一定的社会组织运用传播、沟通等手段在公众中塑造良好形象，建立双向沟通的一门科学和艺术。在现代社会，从宏观上来衡量，公共关系是充满智慧的谋略论；从微观上来考察，公共关系是任何组织与个人取得成功的法宝。

二、公共关系特征

公共关系特征是体现其特点的征象和标志。作为组织外求发展、内求团结的一种社会实践活动，它的主要特征体现为：

（一）以良好信誉、形象为基本目标

建立良好信誉，塑造美好形象，是社会组织开展公共关系的基本目的，也是其孜孜以求的长期目标。

（二）以真诚、互惠为基本原则

公共关系就是以组织与公众之间相互真诚、平等、互惠、互利为基础，唯此才能赢得组织和公众的支持，最终实现双赢的目的。

（三）以长远发展为基本方针

建立组织与公众的良好关系，赢得组织的良好声誉，并让公众获益，从而达成公关目标。这绝非一朝一夕就能取得，必须依赖长期、有计划、有目的、持久不断的艰苦努力，是一项长期的战略性任务。

（四）以双向传播、沟通为基本手段

为了维持组织与公众之间的良好关系，一方面要及时、全面地了解、搜集信息，为改善组织的决策和行动提供依据；另一方面又要迅速、有效地将组织的各方面信息传播给相关公众，争取公众的全面认识、了解和拥护、支持。双向传播、沟通是实现公关目标的最佳方式。

（五）以目标公众为基本对象

公共关系是社会组织同构成其生存环境的内外部公众之间的关系，组织是其主体，公众是其客体，主体与客体构成公关的基本矛盾。一切工作均应围绕公众而展开，目标公众便成为公关的基本研究对象。

三、公共关系学及其相关学科

（一）公共关系学的学科性质

对公共关系学学科性质的研究，已持续几十年，至今仍未有统一的定论，国内外较为流行的观点有：

（1）公共关系学属于管理学的范畴，公关本身具有管理的职能，是社会组织的管理行为，反映了现代经营和管理理论的时代特征，公共关系是现代管理学的一个组成部分。

（2）公共关系学是现代传播学的一个应用分支，认为公共关系是一种传播活动，主要研究如何运用现代传播学的理论和方法在组织管理过程中与公众进行传播和沟通，以实现其价值，因而必须遵循现代传播的规律。

（3）公共关系是社会学或组织行为学的分支学科，公共关系作为一种社会关系，本质上是一种社会组织行为，因为明确强调这种公众性、社会性行为的主体就是社会组织。

以上观点，均有一定程度的科学性与合理性，由于分别从管理学、传播学与社会学或组织行为学着眼，抓住了现代公共关系的管理职能、传播沟通方式和行为主体，各有偏重，但都不够全面、完整。

作为一门综合性的新兴学科，公共关系学是运用传播学、社会学、心理学、经济学、新闻学、市场学、广告学、人际关系学等现代科学知识，总结了近代、现代经营管理科学的成果和方法而形成的一门具有综合性、应用性、多维性、边缘性、艺术性、情感性的富有超前意义的前瞻性学科。

（二）公共关系学的学科特点

1. 应用性

公共关系学是一门"术"多于"学"、实用性、操作性很强的学科。它发展迅速、传播面极广，具有管理、传播沟通、社会交往等功能；又是社会组织参与社会竞争的一种手段、一门艺术，从诸多方面显示出鲜明的应用性特点。

2. 边缘性

公共关系学作为一门新兴的综合性应用学科，其外延十分广大，与其相关的交叉学科众多，诸如管理学、传播学、信息学、经济学、广告学、美学、行为学、心理学、市场营销学等，基础理论相互渗透，操作技术互相交叉。公关人员在开展活动时，十分需要借鉴相关学科的知识与手段，化被动为主动。

3. 多维性

公关的多维性，首先表现在功能上，诸如：沟通功能、管理功能、社交功能、决策咨询、服务功能等。其次，体现在层次上，具体从事公关工作人员所在组织类别、性质不同，对公关从业人员的要求也不同。第三，体现在研究方法和方向上，不同研究者，根据自身的经验和见解，往往有着不同的切入口、着眼点，他们大多用自己认定的完善正确的体系来构建公共关系学。

4. 综合性

公共关系学是多学科综合调整发展的产物，其科学性建立在多种学科理论的相互渗透、高度综合的基础之上，即在市场营销学、大众传播学、经营管理学、社会心理学、组织行为学等相关学科的基础上，综合广告、交际、传播等技术手段所形成的一门综合性较强的学科。

（三）公共关系学与相关学科

鉴于公共关系学的边缘性、多维性和综合性，我们将其与相关学科的纷繁复杂关联清理出来，便形成四大方面，即背景学科、基础学科、交叉学科和技术学科。

1. 背景学科

背景学科指哲学、政治学、经济学、文化学、文学、历史学、法学、社会学以及心理学等学科。这是现代公共关系学的文化理论背景，为公关理论的形成奠定坚固而良好的基础，起着必不可少的支撑与铺垫作用。

2. 基础学科

基础学科指传播学、管理学、市场学、营销学、企业文化等。现代意义上的公共关系学的最终形成就是在管理学和传播学的基础之上整合、融通而使然。

3. 交叉学科

交叉学科指广告学、营销学、竞争学、创造学、人际关系学等。

广告学通过广告宣传、鼓动、劝说、诱导来完成促销商品的目的，公关也是一种推销。只是前者是直接促销，后者是间接促销。

公关与创造学有一定交叉，主要体现在公关活动的策划上。公关活动追求"新"、"奇"、"特"，就必须有创新，创出新意，以取得良好成效。

公关与人际关系学也有交叉，虽然公关研究的是组织与环境之间的关系，但组织由人与人组合而成，公关的具体实施者也是具体的个人。因此，公关必然涉及人际关系学的一些基本内容、范畴、方法等。

4. 技术学科

技术学科指演讲、口才、写作、礼仪、推销、策划等。

演讲能力是公关人员必须具备的基本能力，无论是宣传性的公关游说，还是面对组织形象遭受损害的危急关头而用演讲来稳定公众、解除危机，都需要公关人员具备一定的演讲能力。

公关活动常见方式有写作、礼仪、推销、策划等。日常工作中的计划、总结、调研报告、新闻稿、司法文书、财经文书以及慰问信、倡议书、贺信、礼仪电报、推销书、策划文案等，均需掌握最基本的写作能力以处理礼仪、推销和策划中的相关问题和环节。

（四）公共关系学科概念界定

公共关系学作为一门综合性、边缘性的应用学科，从理论到实践均与一些学科发生着千丝万缕的联系。由于人们缺乏对公关基本内涵和职能的全面把握，总是陷入误解、误导的"怪圈"，对公关在中国的普及与应用造成极大障碍。因此，科学地界定公共关系与相关学科的差异便成为当务之急。

1. 公共关系与人际关系

人际关系主要指个人关系、私人关系，属于社会心理学范畴，包括个人在生活、生产及其他社会活动中形成的一切人与人之间的关系。

公共关系主要指社会组织与公众的关系，属于组织社会学范畴。

（1）两者的联系：①从内容上看，公共关系包含了一部分人际关系。组织的公关活动也包括了组织中个人与公众对象之间的关系，公众对象中也存在着诸多个体的对象。②从方法上看，公关实务也包含了人际沟通的技巧。良好的个人关系必然有助于组织公关目标的实现。

（2）两者的区别：①主体不同。公共关系的主体是组织，反映社会组织与公众的关系状态。人际关系的主体是个人，处理的是个人与个人之间的关系。②对象不同。公共关系的对象是与组织相关的所有公众及舆论，而人际关系则包含了许多与组织无关的私人关系。③范围不同。公共关系注重运用大众传播等方式作大范围的公众沟通，范围广；人际关系则借助于面对面的人际交往方式作小范围的沟通，范围要小得多，也较简单。④内容不同。公共关系主要反映社会组织与公众之间的社会认知、利益联结与行为趋向，而人际关系则反映个人之间的心理认同、情感交流和行为方式。

2. 公共关系与市场营销

公共关系作为一种市场营销手段越来越受到工商界的重视与运用。但两者之间却有着本质区别。

（1）对象不同。虽然顾客是公共关系和市场营销的共同活动对象，但公共关系的活动对象除了顾客之外，还有股东、职工、媒介、政府、社区、社团、竞争者公众等，对象更广泛。

（2）目的不同。市场营销追求的是组织的经济效益和近期利益，而公共关系追求的则是组织的社会效益和长期利益。

（3）作用不同。公共关系的主要作用是通过信息交流达到利益和精神上的满足，而市场营销则通过提供产品及一次性交易来满足人们的需求。

3. 公共关系与广告

（1）两者的联系：①从功能上看，两者都具有传播信息的功能，都要凭借新闻及其他媒介才能实现自身的功能。②从内容上看，两者内容有交叉，如公关公司做广告业务，广告公司也兼做公关业务。

（2）两者的区别：①目标不同。公共关系的目标是在公众心目中树立良好的组织形象，增进组织内外公众对组织目标的认同，促进相互之间的了解与合作，从而实现良好的公共关系状态。而广告的目标就是销售，以最少的花费在最短的时间内推销出更多的产品和服务，商业色彩十分明显。②方式不同。公共关系以客观、真实、公正的态度传播组织的状态与面貌，注重信息交流的双向性，在适应公众的需求中实现公共关系的目标。而广告则借助倾向性、夸张性、渲染性等手法，传播种种有关信息，注重信息交流的单向性，"引人注目"的刺激性是其基本原则与目标。③周期不同。公共关系的传播是长期的、整体的、宏观的，目标是树立组织长期的稳定的良好形象，而广告传播则倾向于短期的、具体的、微观的，其目的是让公众尽快地购买本企业的产品，有较明显的季节性和阶段性。④性质不同。公共关系在经营管理中处于全局地位，属于战略性工作，其结果将决定组织的形象和声誉，甚至关系到组织的生死存亡。而广告在企业管理中属于局部性工作，只涉及销售一个领域，一般不会对企业经营全局产生决定性影响。⑤效果不同。公共关系注重整体效果，其效果的检测侧重于组织形象的知名度和美誉度的质的变化。而广告则重视直接具体效果，即一项广告的效益可用产品销售量、利润额来衡量。

4. 公共关系与新闻传播

公共关系的前身就是新闻传播，其相关理论、职业背景的形式均源于新闻传播的理论与实践。但两者的差异则是十分明显的。

（1）目的不同。新闻传播注重传达信息，对整个社会负责；公共关系则侧重塑造形象，联络感情，协调关系，必须为本组织利益服务而承担责任。

（2）对象不同。新闻传播的对象是广大公众，而公共关系的对象则是特定的公众。

（3）方式不同。新闻传播重媒介，尤其是大众媒介，讲科学性、重复性，是单向性的；而公共关系则重策划，讲艺术性、创造性，是双向性的，既讲传播又重反馈。

（4）来源不同。新闻传播的信息是客观发生的，一般由新闻记者发现而获得，经大众传播如实地传播给社会大众；而公共关系传播的信息，则大多是运用"制造新闻"的方法，经周密筹划和实施，针对社会公众和新闻界感兴趣的事件人为地"制造"出来，以吸引社会公众和新闻界对组织的认同与好评。

5. 公共关系与管理学

公共关系本身具有管理的性质和内容，借鉴了现代管理的诸多理论、思想和方法，也在实践中不断丰富和完善；管理学也引用了现代公共关系的思想、理论和方法。两者互相补充、不断完善，以寻求共同发展的新天地。但两者的差异也较明显。

（1）性质不同。公共关系活动是组织或企业的社会活动，而经济管理活动则是企业的经济活动。

（2）职能不同。公共关系主要是通过辅助领导、协调各方面关系等来进行组织的管理，而管理则主要是对组织的人、财、物等要素实行决策、计划、组织、协调和控制。

（3）范畴不同。管理学对组织与企业的经营管理工作仅限于组织或企业内部；而公共关系工作则既包括组织或企业内部工作，又包括组织或企业外部的工作，在内与外、自身与社会之间承担着沟通信息、协调关系、广结良缘、共求发展与完善的责任。

（4）手段不同。管理学的手段具有行政性、全面性、具体性和强制性，而公共关系的手段则具有协调性、信息性、沟通性和说明性。

6. 公共关系与庸俗关系

庸俗关系就是人们常说的"拉关系"、"找门路"、"走后门"、"套私情"等非正当的人际交往活动，与现代意义上的公共关系有着天壤之别。

（1）基础不同。庸俗关系是生产力水平低下及封闭落后的封建经济的产物，由于商品和服务不充分，资源短缺，某些组织或个人为获得有限资源，只能通过拉关系、走后门等方式来谋取个人或小集团的利益。公共关系则是社会经济发展到一定阶段和程度的产物，当商品经济不断发展，信息传播量急剧扩大，现代经济活动空前繁盛，组织为在竞争中求得生存、发展，必须借助公共关系的手段、方法来塑造自身良好形象，提高信誉，从而赢得社会公众的理解、认同与合作。

（2）目的不同。庸俗关系的出发点是损人利己、损公肥私，通过编织各种非正常的人际关系网络，谋求个人或小集团的私利，有时甚至不惜牺牲和损害国家和社会公众的根本利益。公共关系则是以组织利益、公众利益与社会利益为出发点，在兼顾以上三种利益基本一致的前提下，通过长期切实持续的努力，塑造出良好的组织形象，从而赢得三种利益的均衡与协调。

（3）手段不同。庸俗关系通过见不得人的"地下活动"，用不正当的方式或途径，甚至违法乱纪的方法，来谋求个人或小团体的私利。手段主要有吃喝拉拢、溜须拍马、送礼牵线、投机钻营等。公共关系则运用阳光下的公开、正当的方式，借助各种传播工具，如报纸、电话、广播、杂志、电影、网络等，寻求组织利益、公众利益和社会利益的和谐统一，提高经济管理的科学性和效益性。

四、公共关系学内容、方法和意义

（一）公共关系学的基本内容

关于公共关系学基本内容的界定十分重要而复杂，纵观国际公关风云史，俯瞰港台、内地公关名家名著，仁者智者莫衷一是。综合国际国内上千种专著、教科书的研究成果，结合目前国内实际状况，我们认为其基本内容应分为两大块：基本原理和实务应用。

下面是基本原理的内容：

1. 公共关系基本概念

公共关系学中最基本内容便是公共关系概念、定义、范畴，作为一门综合性、边缘性、应用性学科，公共关系核心概念和学科界限的甄别尤其艰难，于是对于"公共关系"定义便有四五百种之多，由于所站角度和视野界域的限定，这种众说纷纭的态势有着愈演愈烈之势。通过国内外富有权威性代表性定义的介绍，比较其异同点，抓住其最本质的要害，探寻"公共关系"内涵中若干分支的概念与范畴，在学科、实践范畴寻求其相异点，从而比较科学、客观、全面地界定"公共关系"概念的本质与内涵。

2. 公共关系历史与发展

公共关系形成与发展史是这一学科的历史土壤与根基，通过系统介绍现代公共关系的起源和历史，了解作为一种思想观念是如何演变成一种职业和一门学科，深入理解现代公共关系产生的经济、政治、文化与技术条件，着重认识现代公共关系发展轨迹，回溯当代中国公共关系形成、发展史，认清其未来发展方向，深刻体悟现代公共关系的精髓。

3. 公共关系要素

公共关系的要素，即社会组织、公众和传播，是开展任何类型公关活动的基础与条件，也是构成公共关系学的最基础理论与范畴。一切公关策划均围绕公众而展开，组织自身的素质及努力程度是其决一高下的关键，而传播手段的运用则是现代公关作为一门应用型学科与艺术的标志。三者相辅相成，互为依托，共同构建起现代公关的宏伟大厦与鼎盛事业。

4. 公共关系职能

在界定公共关系概念、演变与发展史基础上，全面认识现代公共关系的功能与作用，围绕现代社会组织运行过程中，公共关系在其中所发挥的主导性作用。这就回答了公共关系在当今时代与社会风潮中的地位、价值与作用。

5. 公共关系程序

·系统全面阐释现代公共关系的基本步骤，认识现代公共关系作为一种经营管理活动的基本程序，从系统、整体和纵向角度把握"公共关系应如何运作"的问题。

从科学、规范、系统的经营管理活动来认识现代公共关系，从传播学角度来审视其形成变化轨迹，便水到渠成地推出"公共关系调研—公共关系策划—公共关系实施—公共关系评估"的"四步工作法"，形成规模的经营模式与格局。

6. 公共关系人员

作为公共关系的主体，社会组织要凭借优秀人才来施行其完整缜密的计划方案，将宏大的理想、意愿落实为具体而现实的行为，公共关系人员作为组织的细胞与构成，充当着将理论付诸实践化作美好图景的信使与执行者。这是联结公共关系理论与实务应用的桥梁，承上启下的功能举足轻重。

下面是实务应用的内容：

1. 活动类型

公共关系首先展示于世界的便是五彩缤纷的系列活动，组织、公众、传播三大要素的落实融通就是借助于现代传播沟通来实现，将主体——"社会组织"与客体——"公众"连成一体的便是手段（方式）——"传播沟通"。而公共关系活动的表现形式便是"日常事务型、社会活动型、宣传型、交际型、服务型、社会型、征询型、建设型、防御型、进攻型、矫正型、维系型"十二种类型，现代公共关系无论是哪种活动均难以跳出以上林林总总的类型，手法、技巧的翻新超越不了基本模式的界域。这是现代公共关系实务应用的关键环节。我们在开展现代公共关系活动时，要依据对象、环境、时机和需求来选择最适应、最恰当、最完美的类型方式，力求创造卓越，追求尽善尽美，以取得最佳效果。

2. 专题研究

公共关系专题活动是理论研究的出发点和归宿，是社会组织为塑造自身良好形象所从事的各种实务工作的具体形式，即为达到某种目标和实现某项任务所采取的有组织、有计划的社会实践活动。

本书主要系统地介绍七种专题活动方式：新闻发布会、赞助活动、宴请、展览活动、开幕典礼、开放参观、联谊，每一种活动方式的准备、进行、注意事项、反馈效果，借助"四步工作法"，既考虑共同性，又注意特殊性，力争适当确切，体现出实用性和可操作性。

3. 技能研究

公共关系学是一门应用型的新兴学科，从其学科性质和结构体系及学科研究倾向衡量，它有着两个最显著的学科特点：首先是一门应用性、实践操作性极强的学科，其次是一门新兴的边缘交叉管理学科。实践、技能性是其学科性质所决定的，技能研究便成为它适应时代发展、社会进步的重要课题，也是其作为应用型学科的亮点所在。

4. 危机管理

危机是任何社会组织都必须直面、不容回避的重要课题，在国外亦称问题管理（Issues Management），英国著名公关危机处理专家迈克尔·里杰斯特在 1995 年《危机公关》中文版序言中说："若一个组织不能就其发生的危机与公众进行合适的沟通，不能告诉社会它面对灾难局面正在采取什么补救措施，不能很好地表现它对所发生事故的态度，这无疑将会给组织的信誉带来致命的损害，甚至有可能导致组织的消亡。"前国际公关协会主席萨姆·布莱克则指出，危机管理的关键是：科学的应急处理方案，合理的通信渠道及设施和设备，关键人员的快速反应能力。

随着知识经济时代来临，中国加入 WTO，世界经济一体化浪潮汹涌澎湃，国际公关界关于危机管理的成功经验值得我们认真学习、借鉴，而我国处理危机的成功尝试也值得推广，恰如美国公关危机处理大师诺曼·R. 奥古斯丁所说："每一次危机既包含导致失败的根源，又孕育着成功的种子。发现培育以便收获这个潜在的成功机会，就是危机管理的精髓。"

5. 法律法规

公共关系作为一种富有现代气息的社会职业，其本身就含有道德规范和行为准则，也处于法律法规的制约之下。

公共关系活动的行为规范、法律界限和依据，是借助于从道德、法律角度作为限定、规范、制约公共关系行为的基本准则。

公共关系是一种社会组织的公开、正当组织行为，自觉遵守职业道德和接受法律法规约束是其能否正确发挥巨大社会效用的前提和必要条件。作为职业公关员（师），必须明确自身职业所应承担的社会责任及与其活动相关联的法律法规，从而确保工作的合法性、规范性。

（二）公共关系学的研究方法

作为一门综合性的应用学科，公共关系学建立在较为成熟的科学研究方法论的基础之上。在公共关系学研究中，科学的方法不仅能引导组织对公众对象进行全方位多维审察，而且能从理性客观角度审视自身行为的合理性、规范性与科学性，从而构建成熟的方法论体系。

1. 哲学方法

这是指在公关活动中，运用辩证唯物主义和历史唯物主义的世界观和方法论，从根本上解决公关主体与客体之间的利益关系问题，揭示利益与观念、观念与主体行为之间的伦理价值取向，使其逐渐科学化、理论化和体系化。

2. 实践法

作为一门实践性很强的学科，遵循实践第一是其最基本的方法。根据公关原理和实务，在一定范围内施行有计划、有目的的实验实践，以检验和验证其科学性、规范性与合理性，从中获得感知与技能，逐渐上升到理性，以规范公关的行为，并对实践中的多种现象与规律作出科学、合理的解释。

3. 社会调研法

运用科学方法对社会组织的公共关系活动情况进行有计划、有步骤的考察，以收集必要的资料，综合分析相关因素及其相互关系，从而采用必要的有针对性的举措实施具体方案，以达到预期的目标与效果。

常见的方式有观察法、访谈法、文献调研法、问卷调研法等。

4. 情景模拟法

根据公关目标，创造一定的活动情景环境，通过逼真形象的模拟演示，培养组织者与参与者的公关技能，举一反三，随机应变，从而提高公关的社会活动能力与层次。

5. 案例分析法

将通过实践法和社会调研法收集来的典型公关案例作为对象，通过分析解剖、探索规律、阐述理论、引起思考、得出结论，便于人们从中思考、判断，从而认清事例的本质，总结经验、教训，便于指导和示范。

6. 比较法

将公共关系学与相关学科，诸如传播学、市场营销学、管理学、行为科学、广告学、心理学、人际关系学、伦理学、秘书学等相比较，探寻其异同点，找出各学科在公共关系学中的地位和作用，掌握公共关系学的本质特点和自身规律。

此外，研究公共关系学必须全面、客观地思考问题，系统地综合多种情况，避免简单化和片面性。正是鉴于现代公共关系学是一门多学科兼容的综合性应用学科，务必多方面、多角度、全方位地审察、辨别真善美与假恶丑，借助相关学科的研究成果，凭借现代高科技的精妙手段，不断务实创新，取得现代公关的最佳成效。

（三）学习研究公共关系学的意义

随着中国加入 WTO，融入经济全球化的大潮之中，现代公共关系为我们提供了前所未有的机遇和挑战。当今时代，学习研究公共关系学的意义就显得格外重要。

1. 学习研究公共关系，有利于中国经济步入世界经济格局之中

中国加入 WTO，从发展战略上就使我们已快速地融入当今世界发展的主流之中，国际化、现代化已成定局，也成为中国公关发展的大趋势。中国公关业者将从中学习、借鉴到国际第一流水准的公关理论、实践，国际公关的领先观念和规范运作将使中国经济迈入健康、稳定发展的新时代。现代公共关系适应了当今中国市场经济发展的需要，经历计划经济向市场经济的阵痛、转变，激烈的市场竞争，使传统的"卖方市场"、"皇帝女儿不愁嫁"转向"买方市场"、"皇帝女儿也要找到好婆家"，实现"市场为中心"的经济结构变化，公共关系作为一种形象竞争手段，促使企业加强整体竞争能力，提高其知名度、美誉度和信誉度，促使经济效益与社会效益共同提升，为创建一流品牌奠定良好基础。

2. 学习研究公共关系，有利于促进和谐社会建设

中共十六届四中全会提出"构建社会主义和谐社会"的新命题，这是新形势下执政党的新目标，也是对公共关系学所提出的新课题。

胡锦涛同志指出："实现社会和谐，建设美好社会，始终是人类孜孜以求的一个社会理想，也是包括中国共产党在内的马克思主义政党不懈追求的一个社会理想。根据马克思主义基本原理和我国社会主义建设的实践经验，根据新世纪、新阶段我国经济社会发展的新要求和我国社会出现的新趋势、新特点，我们所要建设的社会主义和谐社会，应该是民主政治、公平正义、诚信友爱、充满活力、安定有序，人与自然和谐相处的社会。"这为当今建设有中国特色的现代公共关系学提出了新目标、新任务和新方向。

建立和谐社会是现代公共关系学孜孜以求的终极理想和更高境界，公关的一切行为目的就是实现社会组织与相关公众关系的协调，排除障碍，缩小差异，彼此建立起友善、融洽、健康、和谐的协调关系，以臻于至真、至善、至美的和谐境界。当务之急就是要牢固树立"全心全意为人民谋利益"的根本宗旨，努力化解社会矛盾，最广泛、最充分地调动一切积极因素，理顺协调各种利益关系；树立科学发展观，施行"五个统筹"，建立健全社会主义法律法规制度，德法并举，万众一心，齐心合力，社会主义和谐社会必将实现。

3. 学习研究公共关系，有利于促进大众思想观念的现代化

21世纪的中国，公共关系学必将站在思想观念的最前沿，不仅是推动经济发展、构建和谐社会的"驱动力量"，而且必将是大众思想观念的一场伟大革命。

互联网时代已来临，目前，中国上网人数已突破千万大关，电子商务如火如荼，信息技术、通信技术、生物技术日新月异，人们在感受"眼球经济"、"注意力经济"的同时，思想观念正悄悄地发生着变化。

数字化传播时代的来临，使双向平衡传播模式成为当今公共关系理想的实践模式，信息传播、关系协调、形象管理体现了现代公共关系的交流思路。2002年国际公关协会《东京宣言》宣称，21世纪，技术革新和生产效益促使公共关系不再仅仅是辅助力量，而且是建立在"情缘"关系上的推动力量。公关在当今社会生活和经济发展中的影响越来越大，地位将举足轻重。它促使人们不断创建知识新体系、更新观念、拓宽视野，"思想有多远，我们就能走多远"，它为世界提供着全新的思想观念、主动积极地防范和消除思想精神的危机，寻求着稳定和可持续发展的思想领域，向着经济发展地域的无疆域性和思想精神空间的无限延伸性迈进，现代化、国际化、前瞻性已成大众思想发展变化的趋势。

经过改革开放30多年来的学习、吸收、引进，公共关系已成为被政府认可的并拥有广阔服务领域的崭新行业与富有魅力的新兴学科。形象管理、无形资产、企业文化、品牌、全员PR已受到国人史无前例的关注与青睐，建设和发展有中国特色的现代公共关系学势在必行，它所倡导的公益合作、平等互利的价值观念，有利于现代社会人的思想素质提高与完善。中国经济融入全球化大潮，构建社会主义和谐社会，大众思想观念的现代化，必将创造出富有东方气派的公共关系学，为人类的文明进步增添亮丽的光彩！

拓展阅读

1. 郭惠民，居易. 公关员. 上海：复旦大学出版社，1999.

2. [英] 萨姆·布莱克. 公共关系新论. 陈志云，郭惠民等译. 上海：复旦大学出版社，2000.

3. 杨俊. 新型实用公关实践教程. 北京：电子工业出版社，2009.

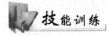 思考题

1. 公共关系含义是什么？请说明理由。

2. 试比较公共关系与庸俗关系的区别，说明理由。

3. 为什么说现代公共关系的发展有利于和谐社会的建立？

技能训练

如何拓展公共关系新领域

【情景设计】

某公司来到一个陌生的环境拓展业务，该地区许多同类单位矛盾重重，各单位各自为政，本位主义，需要你以该公司公关人员的身份进行调解、协商。

【角色扮演】

分组进行角色扮演，部门有公关部、生产部、销售部、人力资源部、财务部等，以 5 ~ 7 人为一部门。

【实训要求】

1. 按照个性特点，选择角色，确定主持人与助手；

2. 分组讨论如何模拟和各部门之间需要协调、沟通的基本内容；

3. 写出详细的计划书。

【效果评价】

教师教学点评、打分。见表 1 − 1。

表 1 −1　　　　　　　　　　　　　自我拓展计划评分表

专业		班级		学号		姓名	
考评场所							
考评内容							
考评标准		项目内容			分值	评分	
		准备环节			30		
		计划实施步骤			20		
		协调技巧			20		
		应变能力			30		
		总计			100		

模块二　公 关 源 流

·学习目标与要求·

　　认知公共关系发展历史，掌握公共关系发展史上的重大事件、人物、现状和发展趋向。

 案例学习

孟子的公关思想、实践及影响

　　孟子名轲，是战国时期邹国（今山东省邹县东南）人。关于他的生卒年，历来有不同说法。据《史记》记载，他大约生于公元前385年，卒于公元前304年。他本是鲁国贵族孟孙氏的后代，但到他这一辈，家族早已沦落为平民。三岁丧父，家境贫寒，是母亲仉氏把他抚养成人。孟母教子的故事，流传至今。"三迁择邻"的故事，说的是孟母为了给孟子选择一个好的学习和成长环境，不怕麻烦地搬了三次家。"断机教子"的故事说的是孟母为了教育孟子，把织好的布剪断，并说：读书就像织布一样，不能间断，不然会前功尽弃。

　　孟子受到良好的家庭教育，后来又受业于孔子嫡孙子思的门人，因此，他的学术渊源与孔门一脉相承。孟子学成后一面授徒讲学，一面游说从政。他曾到过齐、宋、滕、卫等国，虽受到各国当政者礼遇，其政治主张却未被采纳。齐宣王时，孟子一度在齐国为卿，宣王给予他优厚的待遇，但终因政见不合，而去齐归邹。从此专心于讲学著述，直至辞世。

　　孟子从40岁开始，除了收徒讲学之外，开始接触各国政界人物，奔走于各诸侯国之间，宣传自己的思想学说和政治主张。

　　如果说，孔子是儒家思想的开创者，那么，孟子就是儒家思想的推广者与集大成者；孔子被尊崇为"圣人"，孟子则以理论的创新与实践被尊崇为"亚圣"。

　　孔子之后，学生分为八派，由于过于务实使其无法在理论上将"圣人"的思想发扬光大。100多年后，孟子继承了孔子的思想，并将其系统化，把人性论、修养方法、教育主张和仁政理念具体化，把孔子的思想概括为："行一不义，杀一不辜，而得天下，皆不为也。"

　　孟子政治思想的核心是"仁政"，"仁政"学说是对孔子"仁学"思想的继承和发展。孔子的"仁"是一种含义极广的伦理道德观念，其最基本的精神就是"爱人"。

　　孟子从孔子的"仁学"思想出发，把它扩充发展成包括思想、政治、经济、文化等各

个方面的施政纲领，就是"仁政"。"仁政"的基本精神是对人民有深切的同情和爱心。

孟子的"仁政"在政治上提倡"以民为本"。孟子认为，对一个国家来说"民为贵，社稷次之，君为轻"。他还说：国君有过错，臣民可以规劝，规劝多次不听，就可以推翻他。孟子反对兼并战争，他认为战争太残酷，主张以"仁政"统一天下。在经济上，孟子主张"民有恒产"，让农民有一定的土地使用权，要减轻赋税。

孟子"仁政"学说的理论基础是"性善论"。孟子说："恻隐之心，人皆有之。"他认为善性是人类所特有的一种本性，也是区别人和动物的一个根本标志。他还强调要重视对人的教育，强调客观环境对人的影响。

孟子认为人只有在逆境中奋斗，才能激发出强烈的进取精神。人只有在忧患中才能生存，贪图安乐必然导致灭亡。孟子非常重视人格修养，他认为人生有比生命更重要的东西，那就是"正义"。为了"正义"可以舍去生命，即他说的"舍生取义"。

孟子的思想影响深远，他的"民本思想"成为后来改革者、革命者的理论依据。

"富贵不能淫，贫贱不能移，威武不能屈。"这掷地有声的言辞是思想家孟子所阐述的人格标准，两千多年来，中国人一直把它作为格言传诵至今。他的人格标准，激励着历代仁人志士不畏权贵，为真理和正义而勇敢抗争。"人禽之辨"是孟子学说的重要内容，孟子在自己的著作中多次使用"禽兽"一词。孟子认为人与禽兽的共同点很多，而差别只是一点点，即"人之所以异于禽兽者几希，庶民去之，君子存之"。这一点点的差别是什么呢？孟子认为是人特有的几种感情。所以他说："无恻隐之心，非人也；无羞恶之心，非人也；无辞让之心，非人也；无是非之心，非人也。"（《公孙丑上》）在孟子看来，禽兽没有什么同情心、羞耻心、谦和心、是非心，这些道德情感和道德意识是属于人所特有的，是人之所以为人的根本标志，是人不同于禽兽的根本所在，也正是中华文化的道德底线。

日本的儒教，受中国儒教的影响极大，程朱理学传入日本后，藤原惺窝成为日本程朱学派的代表人物。随着朱子学在日本成为官学，藤原惺窝的弟子林罗山成为官儒派林系的创始者，而藤原惺窝的弟子松永尺五的弟子木下顺庵则成为官儒派顺庵系的代表人物。在这一过程中，对于孟子及其著作《孟子》的研究迅速流行开来。而孟子的"异姓革命"思想更是对幕末的志士吉田松阴产生了极大的影响，而吉田松阴正是明治维新的关键人物桂小五郎（之后改名为木户孝允）、伊藤博文等人的思想启蒙导师。

日本朱子学的另一位大儒山崎暗斋也很有意思，关于他有这样一段佳话。

山崎暗斋问弟子："如果中国派孔孟二圣率军攻打日本，我们这些孔孟的弟子该怎么做？"他的弟子答不上来，向他请教。他回答说："我们应该拿起武器抗击，捉住孔孟以报国恩，这才是孔孟之道。"山崎暗斋的暗斋学学说对于日后幕末的尊王攘夷思想产生了极大的影响。

案例分析

孟子的生平及思想证明，他继承了孔子的思想，并将其系统化，把人性论、修养方法、教育主张和仁政理念具体化，尤其是"富贵不能淫，贫贱不能移，威武不能屈"激励着历代仁人志士不畏权贵，为真理和正义而勇敢抗争。这既是中国古代公关思想的基本体现，又是现代公关人砥砺意志、建立独立人格及精神的基础，对于网络时代的公关人为了理想而奋力拼搏提供了不可多得的范本。这些思想与西方公关理念、精神相比毫不逊色，中国公关人应当将其当做取之不尽、用之不竭的思想与精神宝库。

 案例讨论

1. 你认为孟子的公关思想与现代公关有关联吗？为什么？

2. 你对于山崎暗斋的暗斋学学说有何认识？他说："我们应该拿起武器抗击，捉住孔孟以报国恩，这才是孔孟之道。"你以为如何？

3. 在网络时代，我们应如何把东西方古代经典的公关思想与现代公关实践相联系？如何古为今用、洋为中用？

 **公关知识库**

一、世界公共关系史前史

纵观人类文明史，早在远古时期，统治者就懂得用宣传舆论手段来控制社会，处理与被统治者——民众的关系。统治者用大量的人力物力去营造彰显自身伟业、功绩的神道器具、寺庙、陵墓，塑神像、刻石碑、写赞美诗等，以期望使自己的伟绩、美名万世流芳，这就相当于今天公共关系学中所倡导的"公关意识"、知名度、美誉度。

考古学家在伊拉克发现了一份3790年前的农业公告，告诉人们如何播种、灌溉、收获、应付田鼠等，相当于今日政府组织开展公关活动所发布的农业公告——政府的"公益广告"。

早在2300年前，古希腊著名学者亚里士多德在《修辞学》中指出政治家与公众之间的桥梁是靠修辞艺术来奠定的，详尽地概括了运用语言来影响民众的思想与艺术，被西方公共关系界誉为最早的公共关系理论著作。

古罗马时代，人们普遍认为，"公众的声音就是上帝的声音"。独裁者儒略·凯撒是一位精通沟通技术的专家，在被派往高卢统率军队作战过程中，经常派人把他和军队的情况写成报告送往罗马，由于使用了公众容易接受的语言，生动传神，在罗马广场经常被人们竞相传诵。为了标榜和宣传自己，赢得罗马人民的爱戴拥护，将作战的实绩、功劳整理撰写成《高卢战记》，为当代西方著名公关专家所赞赏，被誉为"第一流公共关系著作"。

公元1世纪，保罗和彼得通过布道演讲、策划事件、寄送各类函件等类似的公关活动，宣扬基督教教义。在耶稣死后四十年写的《新约》四部福音书也可视作公共关系资料，其主旨在于宣传对基督教的信仰。

二、中国公共关系史前史

中国作为四大文明古国之一，类似现代公关的思想与活动可上溯到有文字记载的远古时代。

在《尚书》中，就有诸多用口头传播去影响和争取将士、臣民的"公关"故事：公元前2100年，夏启在甘与有扈氏决战，曾有78个字的战前动员讲话，以富于鼓动性而激励将士同仇敌忾，取得辉煌胜利。盘庚迁都，曾三次公开发表演说，说服臣民与其合作，终于如愿以偿。

《诗经》"颂"篇多是对统治者的赞美与颂扬，相当于现代公关中的"塑造形象"。

周朝时，朝廷已有"采诗"制度，目的就是以此来体察民情民意。

战国时的两位纵横家苏秦、张仪是富有代表性的"公关专家"。苏秦游说燕、赵、韩、齐、魏、楚六国以合纵抗秦；张仪则游说六国与秦连横，拆散合纵关系，使秦得以"远交近攻"，各个击破，吞并六国，统一天下。

秦国商鞅用"徙木赏金"的事实来取信于民，表达变法革新的决心，在民众中树立了值得信赖的形象。

战国时期四大公子之一孟尝君礼贤下士，食客冯谖为其"焚券市义"，后来孟尝君因政治失意逃亡时受到薛地人民的热烈欢迎，得以休养生息、重整旗鼓，最终东山再起。冯谖的行为恰似今日的"公关投资"。

三国时期，诸葛亮舌战群儒，说服了孙权联合抗曹；"七擒七纵"孟获，化干戈为玉帛，终于感化孟获归顺汉室，成为盟友，为蜀国提供了可靠的大后方。

历代农民起义的领袖也都十分注重利用各种传播手段来制造舆论，从陈胜、吴广到朱元璋、李自成、洪秀全，各有"绝招"。

在思想领域，以孔子、孟子为代表的儒家文化通过"仁"、"义"、"礼"、"信"，强调"天时不如地利，地利不如人和"，协调人与人之间的关系，调和社会矛盾，蕴涵着丰厚精湛的公关思想。

在经济活动中，公关意识不胜枚举。诸如酒店、茶肆门前，挑出"酒"、"茶"旗帜以招徕顾客，恰似今日的广告宣传。许多老字号打着"百年老店"、"童叟无欺"、"以诚待客"的招牌，无不流露出现代公关沟通的手段与技巧，闪烁着现代公关思想的光彩。至于汉代张骞出使西域，展开经济文化交流；明代郑和七下西洋，历时28年，途经30余国，用瓷器、丝绸等物品与当地交换产品，并与亚非各国加强了经济和文化联系，都是古代国际公关活动的突出体现。

综上所述，无论东西方均有诸多类似现代公关的思想和意识的活动，但是，从严格意义上来衡量，古代的这些公关活动，均非真正的现代意义上的公共关系，只能是现代公关的思想宝库和精神栖息地。

三、公共关系的职业化阶段

（一）现代公共关系的前奏曲

现代公共关系的诞生，一般以19世纪中叶在美国风靡的制造新闻式的报刊宣传活动为标志。所谓报刊宣传活动就是指一个组织为了自身的目的和利益，雇用报刊宣传员在报刊上进行制造舆论、扩大影响等宣传活动。报刊宣传活动被认为是现代公共关系诞生的前奏。其中杰出代表人物是巴拉姆。

19世纪30年代，由《纽约太阳报》牵头，美国报界掀起了一场史无前例的"便士报运动"，这场运动既完成了报纸向大众化、通俗化的过渡，也推动了报刊宣传活动的兴起，是现代公共关系的先导。

巴拉姆（T. Barnum）是美国最善于创新和最受人赞赏的游艺节目演出经纪人，因制造舆论宣传、推动马戏演出而闻名于世。他以"全球最伟大的献技"为口号，利用报纸制造过汤姆将军、海斯"乔治·华盛顿奶妈"的神话、新闻，引起美国社会的轰动，又匿名向报纸寄出多封"读者来信"，引起一场大讨论。他每周可从那些为一睹海斯风采的美国人那里获得 1500 美元的门票收入。他奉行"凡宣传皆好事"的信条，为获利可以置公众利益于不顾，无中生有，任意编造谎言和神话，利用新闻媒介愚弄公众。所以，这一时期被人们称作"愚弄公众的时期"、"反公共关系的时期"或"公共关系的黑暗时期"。

1882 年，美国律师、文官制度倡导者多尔曼·伊顿在耶鲁大学法学院发表题为《公共关系与法律职业的责任》的演讲，首次使用"公共关系"一词。1877 年，美国铁路协会主办的《铁路文献年鉴》第一次正式使用"公共关系"这一概念。

在"愚弄公众"的前提下，诸多正义之士利用报纸、杂志率先揭露实业界那些"强盗大王"的恶劣丑闻。据统计，从 1903 年至 1912 年的 10 年间，有 2000 多篇揭丑文章发表，同时还配有社论和漫画，形成美国历史上著名的"清垃圾运动"（又称"扒粪运动"、"揭丑运动"）。

（二）艾维·李时期（又称单向传播的公共关系、"讲真话"时期）

艾维·李，1877 年 7 月出生于美国佐治亚州一个牧师家庭，毕业于普林斯顿大学，曾就学于哈佛大学法学院，早年曾在《纽约日报》、《纽约时报》和《纽约世界报》当过记者。1903 年，他在纽约开办了第一家宣传顾问事务所，成为向顾客提供劳务而收取费用的第一个职业公共关系人，这是现代意义上的公共关系诞生的标志。

1906 年，他向新闻界发表了著名的具有里程碑性质的《原则宣言》，全面系统化地阐明了他的宗旨："我们的计划，是代表企业单位及公众组织，对与公众有影响且为公众乐闻的课题，向报界和公众提供迅速而准确的消息。"这就是他所崇尚的"门户开放政策"。他倡导"说真话"，并将"公众必须被告知"作为信条和宣传的基本原则。

他开展了一系列公关咨询活动，为洛克菲勒集团、宾州铁路公司、美国电报电话公司（AT&T）等提供专门的咨询服务，帮助美国烟草公司制定分红制度，劝说电影业停止夸张的广告，倡导与苏联进行贸易往来等。正因此，他被誉为"公共关系之父"。

（三）公共关系学科化阶段

爱德华·伯尼斯（Edward Blernays），1891 年出生于奥地利，次年随父母移居美国。1912 年毕业于康乃尔大学，随即从事新闻工作。1913 年受聘担任福特汽车公司公关部经理。第一次世界大战期间，他在威尔逊总统成立的官方公共关系机构"克里尔委员会"即"公共信息委员会"专门负责向新闻界提供有关美国参战的背景及解释性材料。1919 年，他和夫人在纽约开办了一家正式的公共关系公司。1923 年，他出版了公共关系理论的第一部经典著作《舆论》。同年，他在纽约大学讲授公共关系，成为讲授该课的第一人。1925 年，他又出版教科书《公共关系学》。1928 年，他出版了《舆论明鉴》一书并发表多篇论文，从而使公共关系学成为一门独立的新兴学科，使理论与方法统一为一个较为完整的体系。

爱德华·伯尼斯在《舆论明鉴》一书中首次提出"公共关系咨询"的概念及其作用。"公共关系咨询有两种作用：一是向工商企业组织推荐他们应采纳的政策，这种政策的实施可以保证工商企业组织行为符合社会利益；二是把工商企业组织执行的合理政策、采取的有益社会行为向社会广为宣传，帮助工商企业组织赢得公众的好感、信任和支持。"在此基础上，他又提出了公共关系活动的基本程序，即公共关系的全过程应该包括从计划到反馈到最后重新评估等八个方面。他的公关理论的核心是：提出"投公众所好"的公关原则，即强调在公关活动中首先应了解公众的要求，在确定公众价值观念和态度的基础上，再进行有计划、有组织的宣传。

爱德华·伯尼斯又是一位出色的公关实践家。他为提高美国的全民素质倡导"读书运动"。他为美国P&G公司的"象牙"牌香皂策划的赞助广播轻喜剧的活动（被人称之为"肥皂剧"），为"象牙"牌子在美国市场上百年不倒立下了汗马功劳。为向公众宣传镭这种放射性元素的安全性，他专门乘火车把1克镭带在身上送到医院，消除了公众的顾虑，确保了美国镭业公司对镭的日常运输，也为现代放射性疗法在医学界的广泛运用开辟了道路。

爱德华·伯尼斯对公共关系的原理和方法进行了较系统化的研究，使之从新闻传播领域内分离开来，成为一门系统化、完整性的独立的新兴学科。他因此被世界公认为现代公共关系学的创始人，国际公共关系的泰斗。

四、现代公共关系产生与发展的条件

现代意义上的公共关系产生于20世纪初叶的工业大国——美国绝非偶然，而是与当时的经济、政治、文化、技术等方面有着十分广泛而密切的联系。

（一）经济发展——现代公关产生的物质基础

社会生产分工的加剧、商品经济的高度发展，特别是买方市场的形成，市场经济取代小农经济，这是公共关系产生和发展的基础与条件。

20世纪初，美国的经济发展建立在社会、政治环境相对稳定的基础之上，大工业的商品经济生产方式突破了传统的以血缘、地缘为主的小生产（小农经济）方式，重新建立了以市场为轴心的极广泛的社会分工协作方式，在此前提下，能否争取市场、争取顾客、争取公众支持，便成为企业生存的关键，这便直接促成了现代公共关系的诞生。

（二）民主政治——现代公关产生的必要条件

社会政治生活的民主化，是现代公共关系赖以产生与发展的社会政治条件。

从封建社会进入资本主义社会，资产阶级在革命后所推行的共和制、立宪制，变独裁为民主，变专制为共和制，变世袭为民主选举，民众不仅有选举权，还有知情权、议政权和监督权，"官怕民"成为可能，政府首脑和各级官员必须取得民众的信任，经过选举才能得以产生，政府的决策必须赢得民众的赞同才能得以实施，从而迫使政府和社会组织必须重新塑造自己的良好形象，争取广大社会民众的信任和支持，从而有效地实施既定方针、计划，提高政府、组织和个人的威望和声誉。现代意义上的公共关系应运而生。

（三）文化发展——现代公关产生的主要条件

现代意义上的公共关系产生于美国，得益于美国文化中人文、开放、尊重人性的基本因素的综合。

美国文化体系中的三大特性：个人主义、英雄主义、理性主义，是现代公共关系产生的基础。

社会政治民主化和经济发展的超前性实现了人性由理性向感性的回归。现代社会，由于

大众传播的发展，社会化大生产对传统文化形成冲击，使社会生活、交往更趋开明化、开放性。个人主义使美国人富于自由浪漫，英雄主义使美国人崇拜伟人，富于竞争，理性主义使他们尊重严密的法规，崇尚教条、数据和实效。人文主义回归，促使美国人在管理中注重人性、注重个人的文化观念迅速赢得大众的认同与赞赏，充满人文主义色彩的现代公关闪亮登场。

（四）传播技术——现代公关产生的技术条件

科技的发展，使大众传播与现代通信手段的发展超越了个体传播，为现代公关的产生提供了物质技术条件。

科技的日新月异，促进了现代化交通工具和信息传播技术的飞速发展。火车、汽车、飞机、飞船的发明和应用，极大地缩短了人们之间的空间距离；电报、电视的发明，开创了信息革命的新纪元；印刷、广播、电视的发展和普及，扩大、提高了现代公关的物质手段和方法；电子计算机的发明、应用与普及，极大地更新了公关的手段与方法。这些为人们之间的社会交往提供了需要和可能，于是便成为孕育现代公共关系必要的技术条件。

五、世界视野中的公共关系

（一）美国公共关系的鼎盛

美国作为现代公共关系的诞生地，"二战"期间，公关呈现旺盛势头，率先成立了战时政府公关机构——战时新闻局，培育了75000多名公关人员，将他们派到美国及盟国军队中，在海外还设立了该局的分部。

据1937年美国《商业周刊》的统计，当时美国已有5000余名公关从业人员，有250家公关公司，最大公司中有20%设有公关部。

1939年《公共关系季刊》出版，1944年《公共关系新闻》（周刊）出版，1945年《公共关系杂志》（月刊）出版。

1960年，美国公共关系公司已增至1350家，从业人员近10万人，全美数百家大公司中有75%设有公共关系部。1983年，美国公关公司达20000多家，85%以上的企业都设有公共关系部或外聘公共关系顾问，每年总预算超过20亿美元，从业人员达15万人以上。

1947年，波士顿大学成立第一所公共关系学院，培养公关学士及硕士。1952年，卡特利普和森特出版了权威性的公关专著——《有效的公共关系》，论述了"双向对称"的公关模式，首次完整地概括和描述了公关的"四步工作法"，该书第六版从系统论的角度提出了"调整和适应"这一面向开放系统的公关理论模式，从而促使人们更深刻地理解组织与其公众在开放的社会环境中的动态关系，以及公关在协调这种关系时的积极作用，揭示了未来公关研究的新方向。该书于1994年已出第七版，不断更新、完善，保持着永久的生命力，有"公关圣经"之美誉。

另一位美国公关界大师级人物是马里兰大学新闻学院教授——詹姆斯·格鲁尼格。代表作《公共关系管理》，发现并论证公关实践的四种模式：新闻代理模式、公共信息模式、双向非对称模式和双向对称模式。其中"双向对称模式"的提出，揭示了公共关系实践发展的方向，真正体现了公共关系的本质。

目前，美国公关从业人员已高达20余万人，其中1/3在工商企业界，其余分布于政界、军界、宗教等各种社会组织。美国政府每年要雇用12000人处理公共关系事务。

1978年，全美已有300多所大学开设了公共关系课程，100余所大学设置了公共关系专业，其中10所大学设立了公共关系博士学位，23所大学设立了硕士学位，93所大学设立了学士学位。目前，美国公关从业人员中4/5是大学毕业生，1/5是研究生。高学历、高素质、高地位是美国公关队伍的特点，一项调研表明，美国公关从业人员的地位已与物理学家、律师、工程师和大学教授相接近。

从巴拉姆、艾维·李、伯尼斯到卡特利普、森特、格鲁尼格，美国公关经历了由不自觉、幼稚到成熟的不断完善的非凡历程，于20世纪50年代，终于走上理论科学化、职业规范化的康庄大道。

（二）欧洲公共关系的发展

早在20世纪20年代，公共关系就传入英国。

1926年，英国"公共关系之父"斯蒂芬·特伦茨在担任英国政府的公关机构——"帝国市场委员会"秘书长期间，通过传播手段支持英国首相"买英国货"等倡议，使政府赢得公众的广泛认同。

1926年，英国成立第一个正式的官方公关机构——"皇家营销部"。

1948年，英国公关协会宣告成立。

1946年，荷兰出现首批公共关系事务所。

1955年，法国公共关系协会成立，挪威、意大利、比利时、瑞典、芬兰、德国等国也纷纷成立了公关组织。

（三）美洲公共关系的发展

加拿大公共关系是在美国文化的直接影响下于1940年前后出现的。1947年成立了公共关系协会，目前有7个分会，会员达数千人。协会与大学联合举办短期的公关讲习班，推广公关知识，培养公关专门人才。

1959年，墨西哥在首都主持召开泛美公关大会，美国和大多数拉美国家派代表出席了会议。

1966年，南美洲国家各公关职业组织成立了泛美公关协会。近年，巴西公关事业蓬勃发展，成立了全国性公关协会，制定了一系列服务标准，其服务水准已接近西方发达国家水平。

（四）亚洲公共关系的发展

日本是亚洲最早运用公共关系的国家。1931年，日本占领中国东北三省，受世界各国的谴责而退出国际联盟。为争取国际舆论的支持，找到高尔德公关公司为其制订公关计划，于是"PR"（公共关系）一词在日本流行起来。

1947年，美国盟军将公共关系引入日本，强行设立公共关系机构并举办多种演习会、培训班，在日本掀起公关热潮。

1957年，日本成立首家公关公司。

1964年，日本公关协会成立。

日本在公关活动中，注重与广告宣传相联系。日本电通广告公司首任公关部长田中宽次郎，开创"公共关系广告"新形式，在广告业务中积极研究和推广公共关系，电通广告公司被誉为日本的"PR王国"。

1959年，日本公共关系研究所在东京主持召开大规模亚、非、拉公共关系大会。

亚洲其他国家和地区如印度、新加坡和我国香港、台湾地区也于20世纪50年代引进公共关系的新理念与组织形式。1967年，亚洲的一些国家和我国香港、台湾地区建立了泛亚公共关系协会。

（五）世界公共关系的发展促进了国际公共关系协会的产生

公共关系在世界范围内迅速传播与发展，促进了各国之间理论与实践的国际交流与合作。1955年5月，国际公共关系协会（IPRA）在英国伦敦成立，总部设在瑞士日内瓦，当时拥有来自60多个国家的760多名会员，颁发"金纸奖"和"总统奖"，出版《国际公共关系协会通讯》（不定期）和《国际公共关系协会评论》（季刊）。

1959年，英国、法国、德国、比利时、芬兰、希腊等国联合发起在比利时成立欧洲公共关系同盟，旨在协调各国公关协会的活动，目前已拥有142个集体会员和数百名个人会员。同年，法国公关协会在奥尔良主持召开欧美公关会议。

1960年，美国公关学会通过《公共关系实务职业规范准则》。1961年，国际公关协会第二届世界大会在维也纳召开，制定并通过《国际公共关系行为规则》。1965年，国际公关协会在希腊雅典召开第三届世界大会并通过《国际公共关系协会大会行为规则》。另外，欧洲、亚洲、非洲和拉丁美洲也相继成立了公共关系联盟。公关从美国走向了世界，以其迅雷不及掩耳之势席卷全球，真正实现了国际化、规范化。

公共关系国际化发展趋势证明，公共关系已成为一门世界范围内发展最快、日益系统化与科学化的继往开来、与时俱进的学科与产业。

六、中国公共关系发展概况

现代意义上的公共关系作为一种全新的思想理论与社会化职业，伴随着中国改革开放的春风吹遍神州大地。20世纪70年代末～80年代初，公共关系首先作为一种崭新的经营管理技术与方法，从南向北，从东向西，由沿海向内陆，逐步在中国迅速传播。尽管在20世纪60年代，现代公共关系已开始传入我国台湾、香港地区，但相对内地来讲，公共关系还是陌生的。30多年来，中国公共关系发展经历了以下几个时期：

（一）初步模仿时期（20世纪70年代末～1984年）

20世纪70年代末～80年代初，中国政府确定东南沿海地区为对外开放的前沿地区——"四大经济特区"。公共关系首先在这一地区的服务性企业中兴起。

1980年，《广东省经济特区条例》颁布，设立深圳、珠海、汕头三个经济特区。1981年，深圳、珠海一些三资企业中有些宾馆、饭店学习国外的一些管理模式，率先设立公共关系部，开展公关业务。广州、北京、上海一些中外合资或独资宾馆、饭店也相继效仿，演绎了一个个精彩缤纷的富有中国特色的公关经典案例。广州白天鹅宾馆、中国大酒店、北京长城饭店成为当时中国公关的典范。广州中国大酒店首任公关部经理美籍华人田士玲小姐、第二任公关经理常玉萍小姐的公关业绩，在1989年拍摄播出的电视连续剧《公关小姐》中得到生动形象的再现，既有效地传播了公关观念和知识，也形象地展示了早期处于模仿阶段的中国公关历史。

1984 年 4 月 28 日，北京长城饭店所策划的美国总统里根答谢宴会堪称中国早期公关最杰出的典范之作。

1984 年，广州白云山制药厂率先在国营企业中设立公关部，投资 120 万元开展公关活动，先后举办了广州"白云杯"城市国际足球邀请赛，广州歌舞团也被纳入其麾下。1984 年 12 月 26 日，《经济日报》以《如虎添翼》为题报道了白云山制药厂的公关工作，并编发了《认真研究社会主义公共关系》的社论，《文汇报》、《北京日报》、《广州日报》、《世界经济导报》等 35 家报刊先后载文报道、评论公共关系，较系统地阐述了公共关系在中国兴起发展的必然性与必要性。一时间，大江南北，公共关系如雨后春笋般蓬勃生长。

1984 年 10 月底，世界第二大公共关系公司——"希尔—诺顿"公司在北京设立办事处。11 月底，第一个公关课题组——中国社会科学院新闻研究所，开始了中国公关富有前瞻性的研究。

这一时期以模仿和照搬为主流，显示了全面开放引进的大趋势。

（二）兴盛发展时期（1985～1991 年）

经过五年多的仿效摸索，公共关系已在中华大地生根；随着改革开放的纵深发展，公关事业蒸蒸日上、如火如荼。1985 年 1 月，深圳市总工会举办国内第一个公共关系培训班。2 月，经济学家于光远在广州青年经济研究协会成立典礼上呼吁重视公共关系研究。

1986 年 1 月，中国内地第一个公共关系民间团体——广东地区公共关系俱乐部成立。同年 6 月，第一家由官方组织的公关机构——上海市公关协会成立。同年 9 月，深圳大学开设公共关系必修课和选修课。同年 11 月，科学普及出版社出版中国社科院新闻研究所公关课题组编著的《公共关系学概论——塑造形象的艺术》，这是国内最早出版的公共关系理论与实践的专著。

1987 年 6 月 22 日，中国公共关系协会在北京成立，安岗任协会主席，标志着公共关系已被政府组织所接受和正式确认。紧随其后，深圳、北京、浙江、天津、南京、武汉、陕西、四川、安徽、福建等省、市成立了省市级公关协会、学会、研究会和俱乐部等社团组织，开展公关活动，对于普及知识、培训人才、完善学科、规范职业奠定了良好基础。

1985 年 4 月，北京师范大学开设公共关系讲座。同年 6 月，北京大学研究生院举办公共关系讲座。《深圳工人报》5 月 8 日至 8 月 8 日刊登《公共关系系列讲座》。下半年，中山大学成立国内第一个公共关系研究会，该会与广州青年经济协会和广州财贸管理干部学院联合举办了三期公共关系讲习班。8 月，第一家应用传播学研究所在珠海经济特区成立。9 月，深圳大学开设公众传播专业。

1986 年，中国环球公共关系公司成立，独家代理世界上最大的公关公司——博雅公司在中国国内的公关业务。

1987 年，国家教委正式将公共关系列入行政管理、工业经济、企业管理、旅游经济、市场营销、广告学、新闻学等专业的必修课。全国大约有 300 所大学开设了公共关系课程，复旦大学、中山大学、兰州大学、杭州大学、中国科学技术大学、安徽大学等均是较早引入公共关系这门学科的大学。

1988年1月31日，由浙江省公共关系协会主办的国内第一张公关专业报纸《公共关系报》在杭州正式面世。1989年1月25日，国内第一份公关杂志《公共关系》在西安问世，由陕西省公关协会与中国公共关系专业委员会联合主办。同年，《公共关系导报》在山东青岛创刊。

1989年3月24日，中央电视台第一套节目《文化生活》专栏播出《公共关系浅说》专题片。同年5月，时任中共中央政治局常委李瑞环同志在全国经济联合工作会议上就公共关系发表重要讲话。

1989年10月22日，广东电视台开播24集电视连续剧《公关小姐》。

1989年11月13日，北京公关学会、《北京公关报》接受北京市政府协调办公室委托，开展亚运会公众心理调研活动，这是我国公关界首次承担政府部门交办的大型公关调研。

1989年12月15～20日，由深圳大学、杭州大学、兰州大学、中山大学、复旦大学发起，深圳大学大众传播系主办的全国高等院校公关研讨会在深圳举行。

1990年7月，中国公关协会在河北新城召开全国首届公关理论研讨会，围绕"公共关系与社会发展"进行广泛、热烈的讨论，鲜明地提出要研究中国的公共关系。同年，深圳大学的公关项目《在中国创立并推进公关教育》在国际公关协会举办的1990年世界公关最佳金奖评选中荣获国际金奖，这是中国公关界所获的第一枚世界金奖。

1991年1月，由深圳大学发起，中国公关协会、国际公关协会深圳分会、深圳大学大众传播系、《公共关系》杂志、《公共关系导报》、《公共关系报》、《北京公关报》联合举办"中国十大杰出企业公关评优活动"。

1991年上半年，由北京市公关协会和中央电视台联合举办的《企业实用公共关系》电视讲座与观众见面。

1991年4月26日，中国国际公关协会在北京成立。

1991年11月，第二届全国公关理论研讨会在上海举行，主题是"公共关系与改革开放"。

这一时期，公共关系在中国蓬勃发展，难免鱼龙混杂、泥沙俱下，但"长河落日圆"，大江东去，公关事业的健康、有序迈进已势不可当。

（三）走向成熟时期（1992年～2008年10月）

从1992年开始，中国社会发展进入新时期，市场经济发展推动了公关业进入全面整合、深入发展时期。

1992年4月30日至5月5日，美国著名公关专家、曾任尼克松总统高级助理的汉斯·沃斯博士访问北京，同中国国际公关协会、中国公关协会领导及专家、学者进行了交流，促进了中外公关思想理论的密切沟通。同年12月，第三届全国公关理论研讨会在福州举行，主题是"公共关系与经济建设"。

1993年8月，中国最大的公关巨著——《中国公共关系大辞典》出版，吴学谦、邵华泽作序。同年，《公关世界》在河北石家庄创刊。据统计，到1992年年底，全国专业性公关报刊已有29种，推动了公关的普及和良性发展。

1994年，国家教委正式批准中山大学创办我国第一个公共关系本科专业，同时在行政管理专业硕士点招收公共关系研究方向的硕士研究生，从而使我国公共关系的学科化建设迈上一个新台阶。同年3月，全国哲学社会科学规划办公室发布的《国家社会科学基金资助项目申报数据代码表》中，将公共关系学归为社会学类，代码为SHP，标志着公共关系学已正式登上全国学术论坛。同年9月，在宁夏回族自治区银川召开的全国第七次公关组织联席会议上，达成共识：公共关系的发展是衡量市场经济发展的重要标志。会上成立了"全国公关实务协作会"，建议将每年9月第三个星期日定为"全国公关日"。同月，中国国际公关协会和中国环球公关公司共同举办"中国公关市场高级研讨会"，会议认为：中国公关市场已由潜在市场转化为现实市场，中国特色的公关市场健康发育、成长的关键是加速中国公关的规范化、职业化和法制化。

1995年6月，中国高等教育公关专业委员会成立，为全国高等院校公共关系学教学、科研和实践提供了一个交流平台。

1999年5月，国家劳动和社会保障部正式出版《国家职业分类大典》，首次将公共关系人员列入"大典"第3条，它标志着国家已正式承认"公关员"这一职业。

1999年年初，经国家劳动和社会保障部批准，国家职业资格委员会公关专业委员会正式成立，并开始制定公关职业标准。同年12月29日，在广州举行"公关员职业资格"试点统考，这是国家举行的首次全国统一鉴定考试。2000年12月3日，全国首届公关员职业资格统考在全国24个省、市、自治区顺利举行，近7000人参加了初、中、高三个级别的职业资格统考，标志着中国公关业已进入职业化、专业化和规范化的新阶段。

2000年年初，中国国际公关协会与中国环球、海天网联、方圆、爱德曼、博雅等中外公关公司及壳牌、可口可乐等一些著名企业公关部，对北京、上海、广州等地几十家中外公关公司和企业公关部进行问卷调研和走访，结果证明，日益活跃的公关业已成为中国经济的一个朝阳产业。

2001年8月，"中国公关网"和"中国国际公关协会网站"相继投入使用，标志着中国公关界首次有了自己的门户和宣传平台。

2002年3月，按中国国际公关协会统计，全球排名前20位的国际公关公司已有一半进入中国，已成为入世后中国公关业与国际接轨的标志和良好开端。

2002年6月26～27日，第四届中国国际公关大会在北京举行，会议主题是中国公关如何应对入世。外经贸部副部长龙永图、北京市副市长刘敬民、国际公关协会现任主席雅克·迪南、美国可口可乐全球副总裁、中国环球公关公司总经理等分别在大会上发表了主题演讲。

2002年10月2日，安徽蚌埠市公关协会举行首届"公关节"命名暨咨询服务大会，为企事业单位展示形象提供了平台，丰富了市民的文化生活，扩大了组织影响力。

同年，《中国公共关系大百科全书》出版；上海视点公关公司总经理朱艳艳荣获国际商业传播者协会（IABC）颁发的"金鹅毛奖"，充分显示了中国公关业的巨大进步和实力。

2003年3月，全面技术提升后的行业门户——"中国公关网"为行内外人士了解中国公关业发展情况提供了更为便捷有利的条件。据悉，目前"中国公关网"浏览人数已由改版前的6万人次激增到目前的36万多人次。

2003年2月，中国国际公关协会、中国工业经济联合会等行业协会在北京联合举办了

"首届企业危机管理论坛",邀请国内危机管理专家、学者就企业危机管理预案、危机传播、危机管理培训等问题进行了深入探讨。这次论坛对与会企业及时应对随后发生的"非典"危机事件起了十分积极的作用。

2003年7月,中国国际公关协会在抗击"非典"中,由于向中央抗击"非典"部门及时报送"抗击'非典'危机管理方案",研究提出并向全国公关界公布了"抗击'非典'行业自救指导意见"等卓有成效的工作,被国家民政部授予"抗击'非典'先进全国性社会团体"荣誉称号。

2003年6月,国家职业资格工作委员会公关专业委员会在劳动和社会保障部职业技能鉴定中心的指导下,组织相关专家对《公关员国家职业标准》进行了修订,在原有的初级、中级和高级公关员基础上,增设"公关师"(国家职业资格二级)和"高级公关师"(国家职业资格一级),对五个等级的申报资格提出了明确要求。同时,对"公关师"和"高级公关师"的考核办法作了新规定,除技能知识闭卷考试外,还增加了专业技术报告和答辩的专家评审考核。新版《标准》的实施,将使我国公关职业的专业认证和教育培训工作迈上一个新台阶,对于加强公关人才队伍建设和促进公关行业的发展意义深远。

2003年7月,中国公关协会学术委员会、《公关世界》杂志社与安徽省公关协会在安徽省蚌埠市联合举办"新世纪中国首届市县形象建设论坛",围绕"全面建设小康社会"战略主题,深入探讨促进市县经济快速发展、全面提升市县综合实力和区域整体形象的新思路、新途径和新方法,全国17个省、市、县100余位专家、学者、代表进行了热烈的研讨,对于在市县基层拓展公关服务新领域、全面贯彻落实"十六大"提出的全面建设小康社会的战略任务产生了积极而深远的影响。这项活动被中国公关协会评为2003年中国公关十大要闻的头条。

2003年11月,中国公关协会、《公关世界》杂志在广西柳州联合举办"新世纪中国首届公关市场理论研讨会",中心议题是以党的十六届三中全会《决定》精神为指导,深入探讨中国公关市场的走势、特点和规律。来自全国18个省、市、自治区的专家学者、协会学会组织负责人以及企事业单位领导莅会研讨,对落实、完善社会主义市场经济体制的重大战略任务,启动公关市场效应,提升公关服务品质与实效产生了十分积极的影响。

2004年,中国公关界发生的重大事件与影响力空前绝后,中国公关协会专家在《公关世界》广泛征求意见的前提下确定十大要闻:

(1)党的十六届四中全会首次提出"构建社会主义和谐社会",这不仅是我国社会主义现代化建设总体布局的一个重大突破和补充,也为中国公关业指明了更高的发展目标和境界。

(2)纪念小平同志百年诞辰,全国公关界热评小平同志的"公众意识"、"稳定"、"协调"原则和处事风格。

(3)我国各级政府普设新闻发言人,有些省市经贸、银行、税务甚至公安机关都设立了公共关系部门,说明公共关系已被引进到国家许多重要职能部门。

(4)中国申办2008年世界公关大会,喜获世界公关协会批准。

(5)第五届中国国际公关大会暨第六届中国公关案例大赛颁奖典礼在京隆重举行。

(6)中国第二届公关市场理论研讨会暨优秀论文颁奖会在浙江省湖州市成功举行。

（7）中国首届咨询业大会暨中国咨询业协会发起大会在京隆重举行。

（8）江苏省副省长吴瑞林在庆祝江苏省公关协会成立 10 周年大会上，要求协会担起政府"公关智囊"的重任。

（9）上海成功举办"公关新星大赛"。

（10）中国公关界和有关各界对美国阿尔·里斯新著中文版《公关第一，广告第二》反响强烈。

2004 年还有中国十大企业社会责任案例：

川化沱江污染

海信集团董事长周厚健提案家电节能

皇明公司投资开发太阳能地产

万通地产打造中国首个绿色社区标准指标体系

中石油总经理马富才引咎辞职

"阜阳奶粉"事件

红蜻蜓集团冠名赞助首届希望小学运动会

阿拉善 SEE 生态协会成立

"太子奶"事件

河南、陕西等地系列矿难事件

2004 年 12 月 4～5 日，安徽省公共关系学会在合肥召开第 11 届年会暨"构建社会主义和谐社会"学术研讨会，这是一次公关界与企业界的双向沟通交流会，也是在全国范围内首次就十六届四中全会提出"构建社会主义和谐社会"为中心议题所作的学术研讨活动。会议围绕公共关系在构建社会主义和谐社会中的作用、任务、目标展开广泛、深入的研讨，一致认为，社会主义"和谐社会"的构建为新形势下公共关系工作指明了明确的方向，体现时代性、把握规律性、富于创造性，不仅是执政党的执政目标，也是执政党的公关目标，更是公关人为之奋斗的重要目标。

2005 年中国公关翻开了新的历史篇章：

1 月 18 日，卡塔尔半岛电视台报道努曼旅绑架 8 名中国人质，中国政府当即指示中国外交部和驻伊大使馆迅速采取有力措施，全力解救。经多方努力，中国政府成功化解人质危机，8 名中国公民获救，既维护了国家的尊严，又提高了中国政府的声誉。

面对印度洋海啸，中国政府立即作出反应，海啸发生后第 2 天，中国政府承诺提供 260 万美元援助；1 月 6 日，温家宝总理出席在印度尼西亚雅加达举行的 22 国政府和国际组织参加的救灾峰会上发表《同舟共济 共建美好家园》的讲话，并积极响应联合国呼吁，决定在已有承诺的基础上再增加 2000 万美元。中国红十字会通过媒介发出爱心慈善倡议，掀起一场全国性捐助热潮。卫生部相继派出三支国家卫生救援队和医疗专家小组赶赴印度尼西亚、泰国和斯里兰卡等重灾地区开展医疗、救援以及遗体 DNA 的鉴定工作。截止到 2 月 28 日，中国内地民间捐款已达 5.9 亿元人民币。一时间，国际社会好评如潮，显示着中国作为一个正在"和平崛起"的大国的良好形象，声誉如日中天，提高了中国致力于为本地区和世界承担责任、作出贡献的大国风范与公信力，中国政府的"海啸"公关，不失为一次十分成功的国际公关大演练。

3月7日，《国际公关》杂志在京举办首发式宣告创刊，由国家新闻出版总署批准，外交部主管，中国国际公关协会主办，秉承传播公关观念，引导正确舆论，交流技术经验，促进市场繁荣，推动中国公关咨询业的职业化、专业化、规范化发展为办刊宗旨。

在3月初举行的全国人大全国政协十届三次会议上，胡锦涛总书记就新形势下发展海峡两岸关系提出"四点意见"，十届人大三次会议高票通过《反分裂国家法》，温家宝总理称此是一部加强和推进两岸关系法，是一部和平统一法。紧接着，应胡锦涛总书记邀请，台湾国民党主席连战、亲民党主席宋楚瑜于4～5月间相继率团访问大陆，掀开了海峡两岸和平统一的新篇章，既是中国共产党和祖国大陆对台政策调整的一个重要标志，也是推动两岸共同发展，"合作"、"和解"和"搭桥"，更是中国共产党成功运用公共关系实现"反台独"、共谋和平发展、实现统一的重大举措。

5月底，在美国纽约举行的SABRE奖年度颁奖仪式上，博雅公关有限公司中国公司及其客户思科系统公司共同荣获一项SABRE奖。这个题为《网络创新与发展的历史之旅：思科在中国市场推出运营商级路由系统一号（CRS—1）》的项目因独特创意而获得"B2B（企业对企业）营销：新产品上市"类别金奖。这一奖项的获得说明在中国及亚洲开展的公关项目已达到了世界级的水准。

6月26～28日，中国公关代表团应国际公关协会邀请专程前往土耳其伊斯坦布尔参加第16届世界公关大会暨IPRA五十周年庆典活动，本届会议的主题为"沟通：走向诚信的持久之路"，郑砚农常务副会长代表中国公关界发表了《中国公关发展状况》的主题演讲并接受与会者提问和土耳其媒体专访。28日下午4：30大会举行2008年北京世界公关大会交接仪式，郑砚农常务副会长在大会上热情洋溢地介绍了2008年北京大会的准备情况，宣传片《北京欢迎你》在低沉的击鼓声中推出，向与会代表展示了中国博大精深的文明、开放活跃的市场、飞速发展的公关业，同时胜利完成2008年北京世界公关大会交接工作。

2006年，中国政治、经济、文化等领域发生了许许多多重大的公关事件，从"中非合作论坛北京峰会"到"北京奥运会35个体育项目图标发布"，从"联想启动奥运联想千县行活动"到"东风日产'绝对挑战，巅峰营销'"，从"海选红楼梦中人"到"《疯狂的石头》的口碑效应"，无处不在体现公共关系的价值。随着Web2.0的热起和新媒体平台的不断拓展，公共关系环境不断成熟，中国公关业无论是专业水平还是市场份额，都得到了很大的发展。

中国社会正在全面建设小康社会，构建和谐社会、构建和谐世界成为当前中国政治经济领域的主旋律，公共关系作为不断调整、改善组织环境的一种科学方法和专业服务，正日益得到全社会的高度重视。中国公关业及其广大从业人员正不断努力，促进各级组织与其公众之间的广泛沟通与合作，为创建和谐环境作出自己应有的努力。越来越多重大社会事件背后，处处可见公关专业人员的身影，他们正用忘我的激情努力创造卓越的价值。

12月20日作为中国公关人的纪念日，自2003年创立以来，不断得到业界的广泛关注和支持，每年都举办一次盛大的晚会来庆贺这个中国公关从业人员的共同节日。该节日已成为中国公关界、营销界及新闻界广泛关注的年度盛会，是传播领域专业人士相识相知和沟通交流的重要契机和平台。2006年又适逢中国国际公共关系协会（CIPRA）十五周年，各界精英会聚第四届中国公关节，思想碰撞，群星璀璨。

据中国国际公共关系协会常务副会长兼秘书长郑砚农介绍，该协会自1991年4月在京成立以来，坚持"让世界了解中国，让中国走向世界"的办会宗旨和"指导、监督、服务、协调"的工作方针，15年来一直致力于中国公共关系行业的职业化、规范化和国际化发展，积极从事公共关系的理论研究和实践探索，多方面地创造条件促进公共关系行业的国内外沟通与交流，其所属的学术、公司、组织三个工作委员会各司其职，其开办的《国际公关》杂志和中国公关网在全社会宣传推广公关理念，为我国公共关系事业的发展作出了巨大的贡献。

第四届中国公关节活动由中国国际公共关系协会（CIPRA）主办，汉扬传播/汉扬智讯公关策划公司承办，《国际公关》杂志、和讯网协办，国务院新闻办、外交部、商务部、国资委、体育总局等部委相关负责人，新华社、《人民日报》、《经济日报》等新闻机构负责同志以及200多名来自政府、企业、媒体、教育等机构的资深专家、管理人员和新闻发言人出席了本次庆典活动。

2006年度中国十大公关事件（排名不分先后）：

吉利打造中国最高级别方程式赛车（企业传播）

联想启动奥运联想千县行活动（企业传播）

中非合作论坛北京峰会（国家形象）

"康佳号"帆船出战国际帆船邀请赛（企业传播）

北京奥运会35个体育图标发布（大型活动）

重拍《红楼梦》——海选红楼梦中人（影视传播）

东风日产"绝对挑战，巅峰营销"招聘活动（企业传播）

《疯狂的石头》的口碑效应（口碑营销）

国美收购永乐开始多品牌战略（投资者关系）

青藏铁路全线开通（政府公关）

2007年是个非凡的年度。20多年的中国公关实践与专业的积累至2007年度有了质的飞跃。从联想奥运火炬手选拔、"倡导文明 传递爱心"公益短信大赛到"快乐男声"闪亮选秀等热点新闻事件来看，公共关系在社会各层面发挥着越来越重要的作用，公关行业正在稳步发展中逐步走向成熟。

2007年度中国十大公关事件：

"快乐男声"闪亮选秀（娱乐传播）

"嫦娥一号"探月卫星发射（国家形象）

联想奥运火炬手选拔（企业形象）

国家法定节假日调整（网络公关）

"倡导文明 传递爱心"公益短信大赛（社会公益）

北京奥运会倒计时一周年庆典（大型活动）

阿里巴巴香港上市（财经公关）

"好运北京"奥运测试赛（奥运公关）

中国铁路第六次大提速（政府公关）

"中国制造"舆论管理重塑声誉（国际公关）

2008 年度中国十大公关事件：

2008 年北京奥运会（国家公关）

抗震救灾行动（国家公关）

"神舟七号"载人航天飞船升空（国家公关）

江西电视台 2008 年红歌会（娱乐营销）

奶业三聚氰胺危机（行业公关）

第十八届世界公共关系大会（行业公关）

家乐福危机公关（危机公关）

上海移动"生命的奥运"（公益营销）

起征燃油税（政府公关）

王老吉网络营销（新媒体公关）

2009 年度中国十大公关事件：

甲型 H1N1 公众危机事件（政府危机管理）

60 周年国庆阅兵活动（国家公关）

创业板开市（财经公关）

家电下乡推广（行业公关）

大学生冬季征兵（军事公关）

新医改方案出台（政府公关）

《建国大业》影片推广（文化推广）

央视"变脸"（媒体公关）

重庆政府打黑案（城市形象）

Windows 7 操作系统上市发布（新产品上市）

随着 2008 年北京奥运会的推动，中国市场已经成为国际公司和本土企业竞相角逐的世界级舞台，越来越多的本土企业开始重视公共关系，关注企业的声誉。中国的公共关系实践以其高度的专业性日益为社会所认可和尊重，面临着前所未有的发展机遇。

据最新统计数字显示，目前，中国公关人员已突破 100 万人，整个行业营业额达 168 亿元人民币，年增长率达 26%，仅公关公司就已超过 2000 家。

事实证明，中国公关已步入市场化、规范化、科学化的轨道，成为世界公关发展的一个亮点所在。我们坚信，随着知识经济时代的来临，经济全球化势不可当，网络化、人性化、智能化、数字化已成为现代公共关系无法回避的挑战与机遇，中国公关必将昂首阔步，勇往直前！

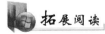 **拓展阅读**

1. ［美］菲利普·莱斯礼. 公关圣经——公关理论与实务全书. 石芳瑜，蔡承志，温蒂雅，陈晓开译. 汕头：汕头大学出版社，2004.

2. 余明阳等. 中国公关发展史. 上海：上海交通大学出版社，2008.

3. 孟建，纪华强，钱海红等. 中国公关发展报告. 上海：复旦大学出版社，2006.

1. 从世界视野的公共关系发展史中，你看到了什么？

2. 为什么说现代意义上的公共关系必须建立在经济发展的物质基础上？

3. 简述中国公关发展的历程，略作评述。

技能训练

如何辨析现代公关与古代公关的差异

【情景设计】

小张来自于美国某大学，公共关系学专业硕士毕业，应聘于国内某大型国企公关部，担任经理助理。上班伊始，经理交给他一项工作，在中部某地区进行公关业务拓展。然而，该地的人总是把公共关系与人际关系混为一谈，认为"公关"就是"关系"，小张很苦恼，思考着如何把现代公关与古代公关的关系学区别开来，让该地的人正确理解现代公关的理念、思想。

【角色扮演】

以 3～5 人为单位，分别扮演不同的角色，尝试说服技巧，运用访谈法、座谈法、讨论法，施行沟通与交流。

【实训要求】

1. 按照个性特点，选择角色，确定主持人与助手；

2. 分组讨论如何模拟和各部门之间需要协调、沟通的基本内容；

3. 写出详细的计划书。

【效果评价】

教师教学点评、打分。见表 2－1。

表 2－1 说服沟通技巧表

专业		班级		学号		姓名	
考评场所							
考评内容							
考评标准		项目内容			分值	评分	
		准备环节			10		
		计划实施步骤			10		
		协调技巧			20		
		言语技巧			20		
		认知技巧			20		
		应变能力			20		
		总计			100		

模块三 公关要素

◆ **学习目标与要求**

了解公关要素的构成及相互关系，掌握公关传播的类型、要素及内容，熟悉公众的特征及分类方法，理解几类重要公众对组织的影响。

 **案例学习**

奇瑞做一个有责任感的"公民"

"奇瑞是一个了不起的企业。"基于企业发展的辉煌成就，任何一个了解奇瑞历史的人难免发出这样的感叹。

成立于1997年的奇瑞公司，在中国汽车的发展历史上已经留下了多个记录：2001年年初获得轿车生产许可证，当年便销售3万辆轿车，赢利3个亿，成为公认的车坛黑马；在2007年3月份还登上了乘用车行业单月销量冠军宝座，打破了自主品牌22年来未取得销量冠军的坚冰；从0到自己的第100万辆，这家中国汽车企业只用了93个月就完成了欧美汽车以及日韩汽车数十年乃至近百年的发展之路。

随着第一百万辆车的下线，奇瑞正式跨入"百万俱乐部"，在企业的发展上又进入了一个新的阶段，可以说过去的10年中，企业在物质方面的建设是卓有成效的，这已经是众所周知。

但是，这些仅仅是奇瑞在过去十年中所做工作的一部分。

奇瑞汽车在高速高效发展、追求更大经济效益的同时，始终注重社会效益的同步发展，一直致力于回报社会、热心慈善公益事业，始终保持着一个行业领先者所应具备的品质和使命感——以社会责任的实践为己任。

形式一：结合各款产品举办了一系列的公益活动

2005年和2006年连续两年，奇瑞举办"旗云感恩节环保抽奖活动"，在活动过程中，奇瑞和参与者一同分享汽车专业节能知识，并广泛宣传了环保观念，这一活动得到了中华社会文化发展基金会的高度评价，奇瑞还获赠来自全国11个"旗云感恩·节能中国行"活动重点城市的11块10米巨幅横幅。

2006年5月16日，"谁是中国最Crossover（酷越）城市"评选活动全面展开，旨在将国际流行的 Crossover 风尚在中国推广,对大众的创意精神加以鼓励,并希望提高中国创意在国际上的竞争力。

同年 10 月 31 日,奇瑞汽车在体育总局训练局向新科世锦赛全能冠军杨威和前世锦赛、奥运会双料全能冠军李小双赠送了最新推出的 A5 1.6 实力型轿车。

2007 年 7 月 19 日,由奇瑞汽车发起的"今日'希望学子',明日'东方之子'"——奇瑞东方之子 Cross 浙江百万助学行动在杭州正式启动。

8 月 19 日,在第四届 QQ 文化节上,奇瑞正式开启"爱的 Q 体验"——健康驾车生活大型公益环保宣传活动,提倡大家健康文明驾车的同时,更要注重环保。

形式二:专门成立公益基金——奇瑞 21 世纪东方之子公益基金

2006 年 2 月 22 日,中华社会文化发展基金会康明理事长与奇瑞公司尹同耀董事长共同宣布:双方共同发起并筹备建立"奇瑞 21 世纪东方之子公益基金"。

当年 6 月,奇瑞汽车公司还向天安门"国旗班"捐赠了 4 辆黑色东方之子、4 辆蓝色瑞虎、2 辆蓝色奇瑞东方之子 Cross,作为警卫巡逻以及每日升降旗护卫用车。

8 月 22 日,奇瑞公司和中华社会文化发展基金会正式宣布成立"奇瑞 21 世纪东方之子公益基金",奇瑞汽车将投入 100 万助学金,资助 100 名 2007 年高中毕业、考上国家正规本科院校的困难学生,如果他们毕业想到奇瑞公司,将优先录用。

11 月 25 日,中华社会文化发展基金会与奇瑞汽车销售有限公司共同在奇瑞公司全国近 300 个专卖店设置了"21 世纪东方之子公益基金募捐箱",募捐所得资金专项用于奇瑞 21 世纪东方之子奖学金资助或用于 21 世纪东方之子公益基金所涉及的公益活动和项目,在车主购买一辆东方之子轿车的同时,奇瑞公司和经销商就将共同捐出 99.99 元利润。

由于 2006 年宣布在全国 17 个省市、30 所高校内设立"奇瑞 21 世纪东方之子奖学金",奇瑞汽车入围第二届"中国汽车慈善公益榜"。

2007 年 4 月 26 日,"点亮希望,'唱'享未来"——奇瑞公益主题活动日暨中国第一首汽车公益歌曲发布公益日活动在上海国际车展奇瑞展台隆重举行。作为中国汽车主流制造商的奇瑞汽车携手著名音乐网站 Mymbox 共同推出了中国第一首汽车公益歌曲——《直排轮的神话》。

形式三:与媒体合作,共同举行公益活动

2006 年 3 月 31 日,奇瑞汽车经销商——北京诚信达汽车销售有限公司为了增强奇瑞车主保护环境和参与环保公益活动的意识,在北京最重要的生态屏障区张家口下花园区新庄子乡举办了大型"环保·爱心·娱乐"主题公益植树活动。

2007 年 4 月,奇瑞等 9 家企业参加了由中国红十字基金会、中国青少年基金会和中央电视台联合举办的"爱在车展"公益晚会。奇瑞等 9 家汽车企业共向中国红十字基金会捐款捐车折合人民币 343 万元,并分别与中国青少年基金会签约,各自无偿为贫困大学生提供 100 个就业岗位。

5 月 20 日,谐音"我爱你",中央电视台经济频道《春暖 2007 百万志愿者在行动》郑重倡议所有的媒体同仁积极参与到中国的公益行动中,建构全国媒体爱心网络,奇瑞也参与了这次活动。

形式四：独立举办公益活动

2007 年 8 月 22 日，在奇瑞公司百万辆下线现场，为了呼吁社会各界人士关爱残疾人，增强企业的社会责任感，奇瑞在百万辆下线仪式中赠送原国家女子体操队队员桑兰一辆东方之子 Cross（无障碍车）。

这样的事例还有很多很多，而且随着企业规模和实力的增加，我们发现奇瑞参与的慈善活动也越来越多。那么为什么要花钱和精力参与慈善活动呢？在奇瑞汽车内部有这样的观点：做企业就像做人，做不好人的人怎么会做得好企业呢？做人要讲究道德和良心，做企业要讲究的是诚信和回报社会。

这与许多汽车企业，尤其是跨国企业的思路截然不同。在过去，中国的跨国汽车企业及其合资公司，更热衷于销售和利润的增长，他们对于社会公益事业并没有兴趣，也不会去关心。

商务部研究院跨国公司研究中心发布的《2006 年跨国公司中国报告》曾经批评说，一些跨国公司进入中国后忽略社会责任，甚至做出了违背跨国公司社会责任理念和道德准则的事情。另一家国内调查机构发布的调查结果显示，2/3 的汽车合资企业没有健全的企业社会责任和环境责任规范，更缺乏基本的企业公民操守。

中国青少年发展基金会在 2005 年有关统计也表明：在涉及汽车制造产业链的全国 4 万余家机械工业企业中，进入中国慈善家排行的机电类企业家仅有 2 位，有的整车厂甚至在慈善公益方面的记录是"零"，这一切与汽车企业作为国民经济支柱产业的地位极不相称。

奇瑞建厂不过 10 年，成为主流车企还不到 2 年，但是它在公益事业的参与上，却要远远超过许多规模更大、历史更悠久的汽车企业，这也许可以更好地体现这家企业的社会责任感。

（选自中国汽车交易网，佚名）

 案例分析

奇瑞的成功说明了它立足中国实际，在高速高效发展、追求更大经济效益的同时，始终注重社会效益的同步发展，一直致力于回报社会、热心慈善公益事业，始终保持着一个行业领先者所应具备的品质和使命感——以社会责任的实践为己任。从公关角度看，它十分巧妙地把公关的各类要素糅合起来，以公众为基本着眼点，善于取悦大众化的视野，成立"奇瑞 21 世纪东方之子公益基金"，奇瑞汽车投入 100 万助学金，资助 100 名 2007 年高中毕业、考上国家正规本科院校的困难学生，就把公关效果做到了极致。同时注重与媒体的合作、交流，赢得支持与认同。与媒体合作，共同举办公益活动，直至独立举办公益活动，一步一个脚印，终于获得社会大众的支持与肯定，为现代企业正确处理组织、传媒、公众的关系，协调各类要素间的关联提供了范例。

案例讨论

1. 你认为奇瑞的举措对于一般组织处理公关三要素之间的关系有帮助吗？为什么？

2. 作为组织应如何处理社会组织、公众和媒体的关系？

3. 企业为什么要开展公益活动？目的何在？

4. 企业如何有效地与媒体建立良好的关系？

作为一门现代意义上的新兴学科，公共关系学具有严谨的结构，一般把它分为社会组织、公众、传播三大组成结构。

一、社会组织

（一）社会组织的含义

社会组织泛指为实现一定目的、履行一定职能而组成的团体。社会组织是公共关系主体，是公共关系活动的发起者和受益者，是向公共关系客体主动施加影响的团体。

（二）社会组织的特征

（1）稳定性。是指社会组织不会因为组织中的人事变更而中止运行，哪怕是高层管理人员的更选。

（2）目的性。任何社会组织的形成都有一定的目的，组织的内外种种活动和交往都是为实现组织的目的。

（3）整体性。任何社会组织都有一套完整的领导体系、组织构架、规章制度，将组织的各种活动结合起来，使之有序、高效地发挥作用，成为一个"命运共同体"，实现组织目标。

（4）适应性。社会组织应随社会环境的变化而不断调整自身的行为、政策，甚至是目标。环境的变化会对组织的生存空间产生影响，组织应当主动地研究环境的变化，并且在适应变化的基础上把握环境变化带来的机遇。

（5）系统性。社会组织是由各种要素所构成的一个有机系统，又是处于整个社会大系统中的一个小系统。如上海是中国的一个城市，而中国又是国际社会的一个成员。

（三）社会组织的类型

社会组织的类型可以有不同的划分方法，根据组织的性质不同，可以将社会组织划分为以下几类：

1. 公益性组织

公益性组织是为全社会服务、为整个社会公众谋利益的组织。如政府部门、法律、军队、交通安全、气象预测、环境保护、消防部门等公共事业管理机构。它们的公众对象最为广泛，包括社会各行业和各阶层。它们公共关系的根本任务是，树立廉洁奉公的形象，保证公众的利益。

2. 营利性组织

营利性组织是以生产、流通、咨询等营利为目标的经营性组织。它主要是向社会公众提供有形或无形的物质和精神商品来获得利润。如各类工商企业、金融机构、艺术团体、广播、电视、电影及旅游服务等。公共关系对这类组织尤为重要。它们的公共关系的根本任务是，树立企业和产品的品牌形象，处理好内外公众关系，尤其要处理好与消费者之间的关系。

3. 互益性组织

互益性组织是以本组织利益为目标的非营利性组织。如群众性组织，即工会、妇联、科协、文联、工商联合会、各类学会。这类组织主要是维护相关群体的利益，或为相关群体提供服务的。它们的公共关系的根本任务是，保持与相关群体的沟通，及时了解他们对组织的要求，争取他们对组织的理解、支持与合作。

4. 服务性组织

服务性组织是以全社会公众为服务对象的非营利性组织。如医院、学校和文化组织。这类组织中的大部分，在改革中已经出现产业化的倾向，虽然它们不以营利为目的，但是它们在一定程度上追求经济利益。它们的公共关系的根本任务是，要确立社会公众利益至上的思想，提高服务意识。如医院首先要考虑患者的利益，把"救死扶伤"放在首位；学校要把提高教学质量、培养合格人才放在首位，其次才应当考虑合理的经济收入。服务性组织也要高度重视自身的组织形象建设，如果一所医院没有人来就诊，一所学校没有生源，那么这些组织不仅没有社会效益，同样也没有经济效益。

二、公众

（一）公众的含义

《公共关系辞典》（中国国际出版社）对公众的定义为："与某一特定组织机构相联系的、所处地位相似或相同、具有共同的目的、共同的利益、共同的问题、共同的兴趣、共同的意识或共同的文化心理等合群意识的社会群体。"这一概念具有特殊的含义：

（1）公众必须是与某一社会组织发生联系的社会群体。从这一概念出发，公共关系所研究的群体不是抽象地、独立地存在，而是相对于某一特定的主体存在。比如，某企业的一系列的经营行为的发生就会随之产生它特定的公众群体：广告受众、产品的消费者、中间商、政府管理部门等。

（2）公众必须是面临共同问题而形成的社会群体。"共同问题"是这个社会群体存在的依据。比如，某企业向社会销售了一批质量有潜在问题的产品，现在质量问题已经显现，所有的购买者，不论他是何种人、地处何处、是自然人还是法人，都面临一个共同问题，即他们的消费者权益受到了侵害，该企业采取何种方式解决。

（二）公众的特征

从公众定义中分析，公众有如下特征。理解这些特征，可以更清楚地认识公众、了解公众，使组织能够有针对性地开展公共关系工作。

（1）同质性。同质是指公众面临共同问题，这些问题的产生是由于组织的政策、行为对公众产生影响，使公众获得利益或利益受到损失。

（2）群体性。组织的行为所涉及的公众是以群体形式出现的。表现方式有可能是群体，有可能是代表某类群体的个人。当公众群体的利益以个人形式出现时，组织不能只看到个体，而应考虑到群体环境。

（3）多样性。公众的多样性表现在公众存在的形式是多样的。公众是一个统称，具体的公众既可以是个人，也可以是群体；既可以是一个具有严密组织结构的团体或组织，也可以是松散的群体。

（4）动态性。组织所面临的公众不是静态的，而是动态的，处在不断变化发展的过程中，是一个可变的社会群体。

（5）能动性。公众与组织之间的联系，公众不仅仅是只作为公共关系的客体，而是从自身的利益和需求出发，积极主动地影响某一组织的决策和行为。这就是公众的主动性。

（三）公众的分类

对公众进行必要的分类是十分重要的，它有助于公共关系人员明确工作对象，掌握公众对象的特点，制定适宜的公共关系政策。通过对公众的科学分类，还能提高公共关系活动的效率。下面介绍几种常用的分类方法：

（1）根据公众对组织的重要程度可分为首要公众、次要公众和边缘公众。①首要公众，是关系组织生存与发展，决定组织成败的公众。如企业内部的职工和外部的消费者。组织在开展公共关系工作时，要投入大量的人力、物力、财力，以保证维持和改善与首要公众的关系。②次要公众，是指那些对组织的生存和发展有一定影响，但不起决定作用的公众。如新闻媒介、社区、金融、税务、工商等。尽管这些公众对组织的生存和发展不起直接作用，但他们从多方面对组织产生制约作用。组织在做好首要公众的公共关系工作的同时，也要做好次要公众的公共关系，为组织的发展营造有利环境。③边缘公众，是指与组织利益相关，但只能间接对组织产生影响的公众。如竞争对手、职工家属等。在公共关系工作中，不能忽视边缘公众的影响力。应当指出的是首要公众、次要公众和边缘公众在一定的情况下是可以转化的，公共关系工作者应注意这种转化对组织产生的影响。

（2）根据组织机构的内外可分为内部公众和外部公众。①内部公众，主要指组织内部的成员。如企业中的员工、股东等。内部公众是企业发展的基础，企业目标的实现依赖内部员工的积极性、主动性和创造性。企业的发展更依赖股东的资金支持和决策支持。对任何组织来说，内部公众都需要高度重视。"内求团结"是处理内部公众关系的依据。②外部公众，主要指除内部公众以外的所有与组织发生关系的公众。如企业的消费者、供应商、经销商、社区公众、政府、新闻媒介、合作者等。企业与他们的关系是互惠互利的关系，并且在处理好这些关系中获得发展。

（3）根据公众对组织的态度可分为顺意公众、逆意公众和中立公众。①顺意公众，是对组织的政策、行为和产品持赞成意向和支持态度的公众。这类公众是组织发展可依赖的对象。顺意公众的意见、态度和行动对组织目标的实现和公共关系工作具有十分重要的影响。组织的公共关系人员要保持与顺意公众的联系，争取依靠顺意公众对组织持续不断地支持。②逆意公众，是对组织的政策、行为和产品持否定意向和反对态度的公众。逆意公众的存在往往是不可避免的，逆意公众的形成，一是由于组织本身的行为不当，二是由于公众对组织的误解，三是不同的人对同一问题客观上会存在分歧。公共关系工作人员应当高度重视逆意公众的存在，并加以认真研究、分析，有针对性地开展公共关系工作，促使逆意公众的态度转化或减少逆意公众对其他公众的影响。③中立公众，是对组织持中立态度，其观点和意向不明朗的公众。他们既可能转化为顺意公众，也可能转化为逆意公众。争取中立公众转化为顺意公众是公共关系工作的重点。

（4）根据公众发展过程的不同可分为非公众、潜在公众、知晓公众和行动公众。①非公众，是公共关系特定的概念，位于组织的影响范围之内，但既不受组织的影响，也不对组织产生任何作用。引入非公众的概念，可以减少公共关系工作的盲目性，减少不必要的浪费。②潜在公众，是指将来可能与组织发生关系的群体，由于某些问题没有显现，公众没有意识到利害关系，但随着问题的发展，这部分群体会成为该组织的公众。潜在公众对组织既有有利的一面，也有不利的一面。如当企业开发新产品时，企业会存在潜在顾客，企业希望通过信息交流，使潜在顾客成为现实的顾客。如果企业向顾客提供的产品有可能有质量隐患时，会形成对企业不利的潜在公众，企业应当及时发现，将问题解决在萌芽状态。潜在公众形成时期，是开展公共关系工作的有利时机。③知晓公众，是由潜在公众发展而来的。他们已经知道自己的处境，明确知道自己的问题与特定的组织有关。如已经购买了有产品质量隐患的顾客，他们迫切需要了解企业就这一问题的处理意见。企业应当积极沟通，妥善处理问题，争取顾客的谅解，使问题的解决能够朝着有利于企业的方向发展。④行动公众，是由知晓公众发展而来的。如果问题没有得到解决，如上述质量问题，顾客就有可能采取行动，或向有关部门投诉企业或诉诸法律，或向新闻媒介披露等，都会对企业造成很坏的影响。企业公共关系人员要对此密切关注，防止事态的进一步发展，紧急采用"危机公关"以寻求问题的解决。

三、传播

信息传播是公共关系的过程和方式，是联系公共关系主体与客体的中介手段，是公共关系主体与客体交互作用的途径。

（一）信息传播的含义与要素

1. 信息传播的含义

传播，是个人、组织和团体主要通过符号向其他个人或团体传递信息、观念、态度和情意，以达到互相交流为目的的沟通活动。它具有以下要点：第一，传播表现为传播者（传播主体）、传播渠道（媒介）、接收者（传播客体）之间一系列传播要素之间的传播关系。第二，传播过程是信息传递和信息接收的过程，也是传播者与接收者信息资源共享的过程。第三，传播者与接收者、相关人群之间，由于信息的交流而互相影响、互相作用。

2. 信息传播的要素

（1）信源（传播者）。信源是信息产生的最初源地，是信息传播的基础。组织在开展公共关系工作或专项的公共关系活动时，是信息的发布者。

（2）信息。信息是指组织在开展公共关系工作或专项的公共关系活动时要发布的内容。内容的选择与具体的公共关系活动有关。

（3）编码。编码是指传播者把所要传递的信息制成外界所能接受和理解的符号过程。如新闻稿的写作过程、广告的制作过程等都是编码的过程。

（4）媒介。媒介是指信息传播过程中的中介物，是连接传播者和接收者的桥梁。公共关系传播中常用的媒介主要有：新闻媒介，如报纸、杂志、广播、电视等；实物媒介，如展览会、展销会等；人际媒介，如人际交往、各种类型的会议等；资料载体媒介，如文献资料、视听资料、软件资料等。

（5）信道。信道是指传递各种信息的流通渠道。如信邮系统、文献资料传输系统；电报、电话、广播、电视等视听资料传输系统；电子计算机网络，是软件资料传输的主要渠道。

（6）信宿（接收者）。信宿是到达的目的地。在公共关系活动中，信宿一般是与组织有关的公众。组织的公共关系传播活动就是为他们设计的，组织希望在传播活动中能够准确而又迅速地将信息传递给目标公众。

（7）译码。译码是指信宿接收到信息后，对信息的理解过程。由于不同的人，其文化、价值观、性格、所处的环境等不同，有可能会对同一信息产生不同的理解。因此，传播者要研究接收者的心理，适应接收者的要求，尽可能避免接收者对信息的曲解。

（8）共同经验范围。共同经验范围是指传播者与接收者之间所具有的共同元素。如语言、文化、价值观、共同感兴趣的问题等。共同经验范围越广泛，传播效果就越好。

（9）反馈。反馈是指信息传播者对发出去的信息对接收者所产生的效果进行收集的过程。在公共关系活动过程中，信息反馈工作十分重要，它是调整传播活动使之达到传播目的的依据。

（10）环境。环境是指能够对公共关系传播活动产生影响的因素。任何传播活动都是在一定的环境中进行的，如物质环境、自然环境对组织的发展有一种自然生态的要求；社会环境要求组织的发展要考虑社会整体利益和顺应公众的要求；心理环境要求组织在传播中要符合公众的心理需求。组织在传播活动中尽可能避免环境所带来的不利影响，利用环境所给予的有利因素，顺应环境的要求，传播就会有好的效果。

（二）信息传播的基本类型

1. 人际传播

人际传播是发生在人与人之间的个人传播行为，即由一个人发出信息，另一个人接收信息，并对接收的信息予以反馈。人际传播主要有两种形式：

（1）亲身传播。亲身传播是发生在两个人之间的面对面的信息交流。

（2）个体媒介传播。个体媒介传播是指传播者和接收者之间利用媒介进行传播。

2. 组织传播

组织传播是通过组织形式进行的传播活动，它的表现形式有以下几种：

（1）小组传播。小组传播是指人数在 6～10 人之间进行的信息交流活动。如小组交流会、座谈会等。这种传播形式适用于组织就某个问题向有关人员通报并达成共识。它的侧重点是通过交流让其成员真正理解组织所传递的信息，以便实施。

（2）群体传播。群体传播是指一个人对多数人的传播。如上课、开会、演讲等。这种传播通常是一人发出信息，一群人接收信息。发出信息者或代表组织阐明某项政策和观点，或发布组织某方面的信息，使与会者接受某种政策、观点或分享某方面的信息。这种传播带有一定的强制性，传播速度快、范围广、效率高，是组织传递信息的常用方法。由于这种传递仅有有限的反馈，组织要了解公众的反应需要进行专门调研。

（3）组织媒介传播。组织媒介传播是指组织通过一定的传播媒介对组织内部公众和外部公众进行信息交流。这是组织对内对外交互信息的主要方式。

3. 大众传播

大众传播是指专业性的信息组织和机构通过媒介向为数众多、范围广泛、互不联系、不可预知的公众传播信息的过程。大众传播媒介一般有报纸、杂志、广播、电视、书籍、电影等。

4. 网络传播

网络传播就是指互联网上的传播。在新经济时代，网络传播作为一种新的传播模式，正逐步成为公共关系工作中最重要的传播工具之一。今天的互联网已经延伸到世界的每一个角落，信息在网上流通已经不再受时空的限制。互联网将全世界的计算机网络连接起来，从而形成一个巨大无比的数据库。任何组织和个人，都可以从互联网上找到对自己有用的信息。互联网还可以综合大众传播媒介中不同媒体的优势，集文字、图形、声音和图像于一体，起到"多种媒体"整合的传播效果。网络传播还可以克服大众传播"单向性"的局限性，采用多种形式的互动，更有利于公共关系信息传播和信息收集。

拓展阅读

1. 廖为建等．公共关系学．北京：高等教育出版社，2005.
2. 杨俊等．公关与礼仪．北京：高等教育出版社，2008.
3. 朱同娴等．公共关系学原理与实务．北京：高等教育出版社，2008.

思考题

1. 公益性组织与互益性组织的联系和区别有哪些？
2. 如何做好对逆意公众的转化工作？
3. 谈谈网络传播的利弊，如何做好网络传播工作？

技能训练

如何应对懒散的国企工作人员

【情景设计】

小吴来自于某民营名企，因业务发展需要，必须与某国企打交道，可是这家国企依然是计划体制下的工作模式，员工懒散惯了，影响工作效率。小吴必须设法与他们交流，以便完成工作任务。

【角色扮演】

以 3~5 人为单位，分别扮演不同的角色，尝试说服技巧，运用访谈法、座谈法、讨论法，施行沟通与交流。

【实训要求】

1. 按照个性特点，选择角色，确定负责人与助手；

2. 分组讨论如何模拟应对国企懒散的员工，各部门之间需要协调、沟通的基本内容；

3. 写出详细的策划书。

【效果评价】

教师教学点评、打分。见表 3 – 1。

表 3 – 1   沟通交流计划实施表

专业		班级		学号		姓名	
考评场所							
考评内容							
考评标准		项目内容		分值		评分	
		准备环节		10			
		计划实施步骤		10			
		协调技巧		20			
		言语技巧		20			
		认知技巧		20			
		应变能力		20			
总计				100			

模块四　公关调研

学习目标与要求

　　了解公关调研的构成及相互关系，掌握公关调研的类型、要素及内容，熟悉调研的方法，能够开展公关调研工作。

 案例学习

长城饭店的日常调查

　　北京长城饭店是 1979 年 6 月由国务院批准的全国第三家中外合资经营企业。1983 年 12 月试营业，是北京 6 家五星级饭店中开业最早的饭店，是北京第一座玻璃大厦，北京 80 年代十大建筑之一。随着改革开放的深入发展，北京新建的大批高档饭店投入运营，饭店业竞争日益加剧。长城饭店之所以能在激烈的竞争中立于不败之地，成为京城饭店的佼佼者之一，除了出色的推销工作和优质的服务外，饭店管理者认为公共关系工作在塑造饭店形象上发挥了重要的作用。

　　一提到长城饭店的公关工作，人们立刻会想到那举世闻名的里根总统的答谢宴会、北京市副市长证婚的 95 对新人集体婚礼、颐和园的中秋赏月和十三陵的野外烧烤等一系列使长城饭店声名鹊起的专题公关活动。长城饭店的大量公关工作，尤其是围绕为客人服务的日常公关工作，源于它周密系统的调查研究。

　　长城饭店日常的调查研究通常由以下几个方面组成：

　　一、日常调查

　　（一）问卷调查

　　每天将表放在客房内，表中的项目包括客人对饭店的总体评价、对十几个类别的服务质量评价、对服务员服务态度评价，以及是否加入喜来登俱乐部和客人的游历情况等。

　　（二）接待投诉

　　几位客务经理 24 小时轮班在大厅内接待客人反映情况，随时随地帮助客人解决困难、受理投诉、解答各种问题。

二、月调查

（一）顾客态度调查

每天向客人发送喜来登集团在全球统一使用的调查问卷，每日收回，月底集中寄到喜来登集团总部，进行全球性综合分析，并在全球范围内进行季度评比。根据量化分析，对全球最好的喜来登饭店和进步最快的饭店给予奖励。

（二）市场调查

前台经理与在京各大饭店的前台经理每月交流一次游客情况，互通情报，共同分析本地区的形势。

三、半年调查

喜来登总部每半年召开一次世界范围内的全球旅游情况会，其所属的各饭店的销售经理从世界各地带来大量的信息，相互交流、研究，使每个饭店都能了解世界旅游形势，站在全球的角度商议经营方针。

这种系统的全方位调研制度，宏观上可以使饭店决策者高瞻远瞩地了解全世界旅游业的形势，进而可以了解本地区的行情；微观上可以了解饭店每个岗位、每项服务及每个员工的工作情况，从而使他们的决策有的放矢。

综合调查表明，任何一家饭店，仅有较高的知名度是远远不够的，要想保持较高的"回头率"，主要是靠优质服务，使客人满意。怎样才能使客人满意呢？经过调查研究和策划，喜来登集团面对竞争提出了"宾至如归方案"。方案中提出在3个月内对长城饭店上至总经理，下至一般服务员进行强化培训，不准请假，合格者发证上岗。在每人每年100美元培训费基础上另设奖金，奖励先进。其宗旨就是向宾客提供满意的服务，使他们有宾至如归的感觉。随着这一方案的推行，饭店的服务水平又有了新的提高。

案例分析

当今社会已经步入了信息时代，信息对于一个企业来说至关重要。企业的决策离不开信息，而信息质量的高低又直接影响着企业决策的好坏。那么，企业应如何去获得高质量、高精确度的信息呢？最重要的一点，就是企业应高度重视和开展周密系统的调查研究工作。从公共关系的工作过程来看，公共关系始于调查研究，只有收集了大量信息，汇集了大量的资料和事实，才能进行有效的公共关系活动。长城饭店在这方面为我们提供了成功经验。长城饭店在信息来源、采集方式、如何处理等方面都有自己的特点，形成了一个全方位的信息系统。信息的收集不局限于每天住宿的客人身上，而是注意到了信息在空间上和时间上的发展变化。在立足于全市、全国、全世界范围的信息采集与分析的同时，对全年、半年、月、日等不同时段的情况都加以监测，形成了全方位立体交叉的信息网络，既保证了信息来源的广度，又保证了信息的时效性和正确性，从而保证了较高的科学预测能力和科学决策能力。所以，在竞争日益激烈的市场经济条件下，企业要生存、要发展，就要重视日常的公关工作，重视信息的收集与整理，重视调查研究。

1. 长城饭店在公共关系调查方面对我们有何启示？
2. 如果你是一位总经理，你认为还应从哪些方面来做好日常的公共关系工作？

公关知识库

公共关系调研是组织开展公共关系工作的基础，因为它为组织提高公共关系工作中的自觉性、克服盲目性提供了必要条件；它为组织了解掌握大量相关信息，为公共关系决策提供可靠依据，从而提高组织公共关系工作的成功率。

一、公共关系调研的定义及原则

（一）公共关系调研的定义

所谓公共关系调研就是用科学的方法和客观的态度，以组织的公共关系历史和现状中的条件问题为研究对象，有效地收集和分析条件有关信息，从而为组织开展公共关系工作和公共关系决策提供基础性数据和资料。

（二）公共关系调研的原则

为了保证公共关系调研资料的真实可靠，在公共关系调研实务中，应遵循如下原则：

1. 全面性原则

全面性原则包括两层含义：第一，调研对象的全面性，凡是与组织公共关系问题有关的对象，不能遗漏。第二，调研内容的全面性，影响组织公共关系的诸因素，都应调查、研究、分析。作为现代组织，在国际经济一体化的背景下，在现代传播技术的作用下，其经营或社会活动的范围十分广泛，因此，组织在公共关系调研活动中，不可能细化到每一个调研的对象，这要求组织在公共关系调研中要选择好调研的样本，选择好重点调研对象，利用好网络技术尽可能扩大调研范围，这样可以在更大程度上符合"全面性"的原则。

2. 代表性原则

由于调研对象在数字上是巨大的，在分布中又是十分广泛的，因此在公共关系调研中通常采用从调研对象的总体中抽取样本的方法进行，样本的代表性对反映总体全面情况的质量至关重要。如何选择样本，可根据实际问题的需要或采取随机抽样的方式，或采取非随机抽样的方式，无论采取何种方法，都力图使样本具有代表性，即能够反映总体的特征。中国国际公共关系协会在2004年度委托名道公共传播研究所对业内公共关系公司进行四项指标排名，该年拟定的调研方案中，选定100家企业和100家新闻媒体作为调研样本，而100家企业分布在IT行业、通信行业等10余个行业。100家新闻媒体也分布在不同类别的报纸、杂志、网站，这样使选择的样本具有良好的代表性。

3. 客观性原则

客观性原则是指在公共关系调研实务操作中要有一个标准尺度。在公共关系调研中，往往需要很多人共同完成一个调研课题，因为每个人对问题的分析能力、理解能力不同，如果没有一个客观的标准，对同一问题就会出现不同的调研结果，这样就会失去调研的意义。如"形象"一词是公共关系活动中经常涉及的，当就形象进行调研时，我们若不加以界定，仅凭主观评价就会出现"仁者见仁，智者见智"的现象，但如果在调研中我们对这一抽象概念具体化、指标化就不会产生歧义。

4. 定量化原则

对客观事物的分析，我们不仅需要定性分析，还需要定量分析。马克思认为："一种科学只有成功地运用数学时，才算达到真正完善的地步。"在公共关系调研中，定量化原则包含这样几层意思：①运用统计学的原理对调研作规划。②运用数学模型来收集和分析调研资料。③用数学关系显示和表达调研的结果。比如，我们将"形象"这一主观概念分解为三项指标：知名度、美誉度、信誉度。而这三项指标可以用统计学的方法来确定其数值，从而可以定量分析。

二、公共关系调研的内容

公共关系调研的内容取决于公共关系调研目的，既可能是日常公共关系工作的调研，即常规调研；也可能是专项公共关系活动的调研，即专项调研。虽然这两类调研所涉及的内容有所不同，但仍存在一些共性的问题。一般的公共关系调研包括组织形象调研、社会环境调研等。

（一）组织形象调研

所谓组织形象，就是社会公众对一个组织机构的全部看法和评价。塑造组织形象是公共关系工作的重要职能，是组织日常公共关系工作和专项公共关系工作的一个重要主题。公共关系工作者只有充分地认识组织的形象目标，通过对公众态度的调研，了解组织的实际形象，才能寻找到组织形象的差距。

1. 组织的形象目标

组织的形象目标是组织开展公共关系活动的内在动力和方向，它对组织公共关系工作成败起到至关重要的作用。了解组织的形象目标可从以下三个方面入手：第一，了解组织决策层对形象目标的期望。组织的决策者和领导者，往往从企业发展战略的高度来确定组织的形象目标。进行公共关系调研工作，必须详尽研究决策者和领导者对组织形象目标的思考，领会他们的意图，并以此作为设计组织形象的重要依据。第二，调研组织内员工的态度。一个组织的目标和政策应得到员工的认同和支持，才有可能实现。通过调研，了解员工对组织形象的看法，吸取他们合理化的建议，使组织形象建设更具有群众基础。第三，分析组织形象的现状和基本条件。组织对自我形象的设计，不能脱离组织自身条件，为此，应该全面、完整地掌握组织的各方面情况，比如，企业文化、经营方针、人力资源状况、财务状况等。

2. 组织实际形象调研

组织的实际形象是指组织的客观形象，社会公众对组织的实际评价。了解组织实际形象，就需要进行相关调研。

第一，公众分析。组织所面临的公众是处于变化之中的，为了找到正确的调研对象，获取相应的信息，必须对本组织的公众范围、类别、目标公众等进行调研分析。如果调研对象不能够准确地确认，将直接影响调研结果。

第二，公关"三度"分析。公关"三度"是指组织的知名度、美誉度、信誉度。这是反映一个组织公共关系形象的具体指标。知名度表示公众对社会组织的知晓程度；美誉度表示社会公众对组织的赞誉程度；信誉度表示公众对社会组织的信任程度。这"三度"综合反映了社会公众对组织的总体态度和评价。其中美誉度与信任度之间虽然有差别，但是二者之间具有一定的联动性。一般来说，具有良好美誉度的组织，都有良好的信誉度。因此在组织形象分析中，我们采用两度分析，利用"组织形象地位分析图"确定组织的形象地位，找出存在的问题（见图 4-1）。

区域Ⅰ：表示高知名度，高信誉度（或高美誉度）。说明组织的公共关系状态极佳。应当保持和发扬。如图中的甲组织和乙组织。

区域Ⅱ：表示低知名度，高信誉度（或高美誉度）。说明组织公共关系状态一般。虽然组织已经有高信誉度（或高美誉度），说明组织的公共关系基础较好，但低知名度使组织形象的影响力小，因此，组织应当把公共关系的工作重点放在提高知名度上。如图中的丙组织。

区域Ⅲ：表示低知名度，低信誉度（或低美誉度）。说明组织的公共关系状态不佳。组织首先应当改善自身的信誉度（或美誉度），在此基础上，尽力提高知名度。如图中的丁组织。

区域Ⅳ：表示高知名度，低信誉度（或低美誉度）。说明组织的公共关系状态极为不佳。可以说该组织已处在臭名远扬的恶劣境地，组织将面临生存危机，因此该组织要洗心革面，寻求新的发展机遇。如图中的戊组织。

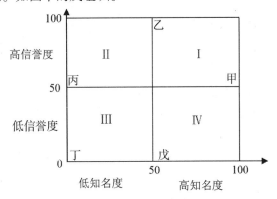

图 4-1

第三，形象因素分析。组织形象所包含的内容十分广泛。对企业单位而言，具体涉及经营方针、产品质量、服务态度、办事效率、业务水平等。要全面评价组织的实际形象，需要对涉及的诸因素进行分析研究，找到影响组织形象的具体原因，以便更有针对性地策划改善形象的公共关系活动。

3. 寻找组织形象差距

通过公共关系调研，既了解了组织形象目标，又考察了组织形象的实际状况。下一步的工作就是进行分析与比较，找出两者的"形象差距"，为策划和开展公共关系活动提供依据。

（二）社会环境调研

任何一个组织都将面临影响组织生存和发展的社会环境。公共关系中所谓的社会环境是指与组织有关的各类公众和各种社会条件的总和。

公共关系环境可以分为具体环境和抽象环境。具体环境是指与组织有关的各类公众。抽象环境是指能够影响组织的各种社会条件和社会发展趋势。由于社会环境对组织的生存与发展影响很大，所以必须对公共关系环境进行调研，协调组织与社会环境的关系，使组织适应社会环境的变化，从而获得发展。

对社会环境的调研，主要调研分析与本组织有关的政治、经济、技术、社会、文化等方面的发展变化。主要调研与本组织有关的政府机构、法律部门的方针政策，以及政策、法律制定和实施的情况。2005年以来，政府制定了一系列抑制商品房房价过高的政策。作为房地产开发企业就要密切关注这一政策的导向作用，调整好自身的经营战略，使其既能符合国家的房地产新政策的要求，又能够很好地满足消费者的需求，从而可以塑造更好的房地产企业形象。

注意调研社会新近发生的重大事件，并研究有可能会对组织产生何种影响。2005年年初，引起全国关注的"苏丹红事件"无疑会对餐饮业产生巨大影响。一旦"涉红"被曝光，后果将极其严重。自出现"苏丹红事件"后，麦当劳对此十分关注，不仅立即进行了自查，更是积极协助有关部门的检查。当检查的结果表明：麦当劳的所有产品不含"苏丹红"时，麦当劳才舒了一口气。而后积极策划相关的公共关系活动，一方面赢得顾客，另一方面强化了企业形象。而肯德基在2005年3月13日、3月18日先后两次被有关部门查出两种产品含有"苏丹红一号"后，虽然紧急采取了危机公关，但是企业形象已受到一定的损害，经济损失更是超过了3000万元。

要经常关注社情民意的变化、社会价值观念的变化、社会对企业评价标准的变化。掌握这些变化，组织才能够有针对性地策划公共关系活动，使组织在变化中获得发展。

三、公共关系调研的技术与方法

公共关系调研技术与方法主要是借鉴一般社会调研的方法，结合公共关系调研的特点而形成的。

（一）抽样调研法

抽样调研是公共关系调研的最基本方法之一，一般适用调研对象数量较大的情况。

1. 抽样调研的含义

抽样调研就是从研究对象总体中，按照科学的原则，抽出一定数量的研究对象作为样本，接着以样本单位为具体的调研对象，最后通过对样本资料的调研、分析、评估，将结论推及总体。

2. 抽样调研的优点

抽样调研可以大量节省公共关系调研所需的人力、财力、物力，并能够迅速得出结论，这对于及时修正组织目标、政策，具有十分重要的意义。

3. 抽样调研的过程

（1）确立调研的总体范围。也就是明确哪些属于调研对象，哪些不属于调研对象。总体范围模糊，将影响样本的选择，进而影响调研效果。

（2）确定样本规模。样本规模太大或太小都不合适。样本规模太大，浪费人力、物力、财力，调研时间周期长。样本规模过小，缺乏代表性，不能准确反映总体特征，起不到调研应有的作用。

（3）确定抽样方法。确定样本方法有两大类：一是随机抽样，样本的选择排除调研者的主观愿望，随机产生，使样本具有客观性。二是非随机抽样，样本的选择，调研者可以根据对调研对象的理解与认识进行确定，使样本分布均匀。两种抽样方法各有利弊，可根据调研的实际需要来选择。

（4）实施调研，并将调研的结果推至调研对象的总体。

（二）访谈调研法

1. 访谈调研法的含义

访谈调研法是调研员面对面地与调研对象进行交谈，收集口头资料的一种调研法。

2. 访谈调研法的特点

第一，直接性。它是通过访谈人员与调研对象面对面的交谈方式进行的。

第二，有效性和灵活性。这种调研方法使反馈和交流同时、同地进行。使调研者迅速获取对方信息，同时还可以根据调研当时的环境与气氛，随时调整谈话内容与方式，以取得较好的调研效果。

第三，回答率高。由于访谈的时间有一定的限制，访谈的目的较为明确，访谈过程中互动性较强，故回答率较高。因此，访谈内容一般适用于那些准确性要求较高的问题，或者是那些争议较大的探索性的问题。

3. 访谈调研的类型

根据访谈的程序结构不同，可将访谈分为结构式访谈和非结构式访谈。

结构式访谈：调研者携带事先印好的问卷。谈话的内容和次序基本上按问卷形式进行。谈话固定在问卷规定的范围内。这种访谈比较容易进行。但是要获得真实可信的答案，还应当具有较高的访谈技巧。

非结构式访谈：调研者携带事先准备好的调研提纲。但要调研的问题的顺序没有事先确定，调研者可根据调研特定的情景灵活掌握。非结构式访谈要求访谈员有较高的素质与访谈艺术。一般要经过特殊训练。

4. 访谈的过程及要求

（1）访谈前准备。第一，访谈前的心理准备。访谈前访谈人员应当调整好自身的情绪，对访谈中可能出现的问题要有预见性，始终保持良好的心态。努力创造一个和谐融洽的访谈氛围。第二，访谈前自身条件准备。访谈人员应当注意自己的仪表，精心设计自己的衣着、举止、谈吐。要给访谈对象一个良好的第一印象，这将有利于访谈顺利进行。

（2）访谈中的技巧。访谈人员应掌握一定的访谈技巧，机敏地引导访谈对象能够围绕调研课题发表意见，并适时地对各种情况作出得体的反应，以便迅速得到一个较准确、客观的调研结果。访谈技巧有以下几种：第一，访谈开始时的启发技巧。开始访谈时，可用启发引导的方式培养一种轻松、融洽的谈话气氛，访谈人员首先用温和、礼貌的语气介绍自己，并谈一些轻松的话题。经过这样简短的一段友谊性交往后，即可向访谈对象说明调研的目的。说明此次调研对访谈对象有何关系，尤其是对访谈对象有利的方面，尽可能使访谈对象对调研课题感兴趣，以便配合你访谈。第二，访谈中的提问技巧。在访谈中最好从访谈对象感兴趣的问题谈起，由浅入深，由近到远，逐渐深入到调研的核心问题。在提问时，语言要委婉、谦逊，口气要缓和，不能生硬，提问的方式要得体。当遇到对方不太愿意回答的问题，要迅速思考其原因，尽可能打消其顾虑，或换一个恰当的角度提问，以保证调研质量。第三，访谈结束技巧。访谈接近尾声时，访谈人员可以不时地插入一些建立友谊的话题，并以此结束访谈。

访谈结束后，要立即进行记录整理，以免遗忘。

（三）问卷调研法

问卷调研法是公共关系调研中最常用的一种方法，它是将需要调研的问题设计成一套问卷，让调研对象填写后收回的一种调研方法。

1. 问卷的构成

问卷的设计一般包括三个部分：第一部分，是对调研的简要说明。通常列在问卷的最开始，用以向受试者解释调研的性质、目的以及有关承诺，如保密、不公布受试者个人选择的情况等。第二部分，是对受试者如何回答问题进行方法上的指导，可以用举例示范。并对受试者的选择符号作出统一规定。如用"√"表示同意，用"×"表示不同意，这样可以避免混乱。第三部分，问题的陈述与排列。在问题陈述中，表达要具体、明确、不产生歧义。问题的排列要具有逻辑性。

2. 问卷的类型

（1）根据问卷提出的问题是否规定了备选答案，可以分为两种类型：封闭式问卷和开放式问卷。

封闭式问卷中每一种提问后都列出了所有可能的备选答案。它便于调研、整理和统计。它有利于从数量关系上描述所要调研事物的表象，但不能揭示这一事物表象背后的深层次原因。

开放式问卷中对每一种提问不列出可供选择的答案，由受试者根据自己的情况和意愿自由回答。这种提问的方式，可以收集到对一种问题的各种不同的看法，获得意想不到的信息。它有利于对问题深层次的探讨，但对这类资料系统整理、统计比较困难，调研的误差往往比较大。

（2）根据问卷的制作形式或问卷依附的载体不同，可以分为两种类型：纸面问卷和电子问卷。

纸面问卷是将问卷印制到纸上，可以通过邮寄、随产品发放、人员分发等方式将问卷送达给受试者，然后收回。纸面问卷制作简单，制作形式灵活，但回收周期较长。

电子问卷主要依靠网络技术将问卷制成电子文本，或通过电子邮件，或将电子问卷挂在本单位的网页上，供受试者点击。由于电子问卷具有覆盖面广、回收速度快、调研成本低、便于统计等优势，近年来已被调研单位广泛采用。但电子问卷的制作相对复杂。

公共关系调研方法还包括观察调研法、文献资料研究法等多种方法，调研者可根据调研问题的特殊性来选择调研方法。

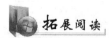

1. 谢红霞，胡斌红等．中国新公关——组织形象塑造．北京：经济管理出版社，2004.

2. 彭奏平，谢伟光．公共关系实务．北京：清华大学出版社，2004.

3. 汪秀英．公共关系学．北京：中央广播电视大学出版社，2000.

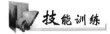 **思考题**

1. 什么是公共关系调研？

2. 公共关系调研有哪些原则？

3. 访谈调研法有什么特点？

技能训练

如何开展公关调研

【情景设计】

小程来自于某民营的名企，因业务发展的需要，必须与某国企打交道，可是这家国企依然是计划体制下的工作模式，信息沟通不快，影响工作效率。小程决定进行一次公关调研活动，了解问题所在，以便顺利完成工作任务。

【角色扮演】

以 3 ~ 5 人为单位，分别扮演不同的角色，尝试调研说服技巧，运用访谈法、座谈法、讨论法，施行沟通与交流。

【实训要求】

1. 按照个性特点，选择角色，确定负责人与助手；

2. 分组讨论如何模拟开展对国企的调查，各部门之间需要协调、沟通的基本内容；

3. 写出详细的公关调研计划书。

【效果评价】

教师教学点评、打分。见表 4 - 1。

表 4 - 1 沟通交流计划实施表

专业		班级		学号		姓名	
考评场所							
考评内容							
考评标准		项目内容		分值		评分	
		准备环节		10			
		计划实施步骤		10			
		协调技巧		20			
		言语技巧		20			
		认知技巧		20			
		应变能力		20			
总计				100			

模块五　公　关　策　划

> **学习目标与要求**
>
> 　　了解公关策划要素的构成及相互关系，掌握公关策划的类型、内容和方法，能够施行公关策划。

"一切皆有可能"——李宁股逆市上涨达 5.6%

"3 分钟点火" 48 小时后，李宁账面多了 1.5 亿元

　　数据显示，开幕式点火后的第一个交易日李宁股在 A 股重挫、港股小跌情况下出现涨升行情，早盘高开 2.17% 于 18 港元，中间一度达到 18.66 港元的高点，涨幅达 5.6%，收盘报 18.24 港元，全日上升 0.62 港元，上涨 3.519%。而在此之前，李宁股价近半月来已从 20 港元持续下跌至不久前的 17 港元左右。据悉，当有消息传出李宁有可能将在开幕式负责点燃圣火之后，其公司股价一扫颓势，昂扬抬头，在 8 日当天即反弹了 3.7 个百分点，而 11 日公司股价再接再厉，在恒指受累 A 股跌去 26 点的情况下逆市上扬。同一天，安踏体育继续下挫，收于 5.56 港元/股，跌 3.304%；特步国际更是大跌 20.833%，收于 1.9 港元/股。

王者归来

　　北京奥运会开幕式赢得全球观众如潮好评，"体操王子"飞天英雄般的形象已深入投资者之心。据路透社报道，投资者抢购他在香港上市的李宁有限公司的股票，寄希望于他上周五的表现能帮助提高公司品牌的全球认可度。公司股价借李宁飞天点火扭转颓势，李宁自己的身价也受益匪浅。汤姆斯路透数据显示，截至 8 月 11 日，李宁共拥有该公司约 2.668 亿股股票，他个人在该公司的账面财富在 11 日增加 1 亿 6542 万港元（约 1.44 亿元人民币）。

从王子到王者的李宁

　　1982 年第六届世界杯体操赛上，李宁一人独得男子全部 7 枚金牌中的 6 枚，创造了世界体操史上的神话，19 岁的李宁被世人誉为"体操王子"；1984 年，在 23 届洛杉矶奥运会上，李宁共获 3 金 2 银 1 铜，接近中国代表团奖牌总数的 1/5，他也成为该届奥运会中获奖牌最多的运动员；1986年，他获第七届世界杯体操赛男子个人全能、自由体操、鞍马三项冠军……在李宁18年的运动生涯中，他共获得国内外重大体操比赛金牌106枚，其中全国冠军92次，世界冠军14次。国际体操联合会以他的动作先后命名"双杠李宁"、"鞍马李宁"、"李宁1"、"李宁2"。1999年，李宁被评选为"二十世纪世界最佳运动员"，他的名字和拳王阿里、球王贝利、飞人乔丹等25位体坛巨星一道登上了世界体育之巅。在这位中国奥运重量级的元老面前，刘翔、姚明还只能算"菜鸟"。

"曲线救国"

2007年1月13日，北京奥运赞助商招标时，李宁根据自身实力确定的竞标出价上限为10亿元，而阿迪达斯最后的出价是13亿元。已经赞助过中国体育代表团参加四届奥运会的李宁，就这样在家门口被对手压倒。"我们觉得不计成本地盲目争取赞助商地位是不可取的。"首席财务官陈伟成解释，"李宁是个小公司，预算有限，因此需要采取一些巧妙的手段。"现在为人称道的，就是李宁另辟蹊径，创造性地走了一条利用自身魅力参与奥运的捷径。一项调查显示，在运动服饰行业中，高达37.4%的被调查者认为李宁是北京奥运会的赞助商，而真正的奥运赞助商阿迪达斯的认知率只有22.8%。果然李宁"一切皆有可能"了。而阿迪达斯的十几个亿也"没有不可能"地打了水漂。

（作者：黄伟）

案例分析

李宁的"王者归来"，创造了奥运史上的奇迹，也实现了从"王子"到"王者"的历史转变，这是通过奥运作为公关载体的一大成功的策划案例。"3分钟点火"的48小时后，李宁账面多了1.5亿元，李宁另辟蹊径，创造性地走了一条利用自身魅力参与奥运的捷径。一项调查显示，在运动服饰行业中，高达37.4%的被调查者认为李宁是北京奥运会的赞助商，而真正的奥运赞助商阿迪达斯的认知率只有22.8%。此前，北京奥运赞助商招标时，李宁被阿迪达斯压倒在家门口，那是何等的沮丧与凄凉！

然而，面临弱势的李宁没有泄气，而是另辟蹊径，在开幕式的关键处——点火仪式上，他终于不负众望，取得令人惊叹的成功，既为国争光，又异军突起，可谓"不战而屈人之兵"啊！

案例讨论

1. 有人认为，这一经典的案例体现了现代公共关系策划的巨大魅力与影响，请谈谈你的认识。

2. 有人以为李宁的成功纯属机遇，原来选择许海峰作为点火者，后因故中途改为李宁。历史就是这样，机遇给予了成功者。你认为呢？

一、公关策划的要素与特征

（一）公关策划的要素

1. 策划者

策划者指公关组织中的专业人员，这是公关策划的关键要素。其能力、素质的高低将决定策划水准的层次。

2. 策划目标

策划目标是指策划主体预期要实现的一种良好的未来状态。

3. 策划内容

策划内容是多层次的统一体，具体可分为高层次、亚层次和表层次。

（1）高层次。指对组织的宏观战略规划的总体设计构思，也称总体公共关系战略策划。

（2）亚层次。指公关实务专题活动策划，如新闻发布会、记者招待会、庆典活动、开放参观、宴请宾朋和危机管理等。

（3）表层次。指具体的操作性的公关活动，如宴请宾朋过程中的接待礼仪，某项活动的主持，通常指为完成某项公关活动而选择的公关技巧、谋略、技能和招数等。

4. 策划对象

策划对象指与公关组织相关联的特定目标公众，这是任何一项公关策划中务必关注的目标。确定目标公众，并对其进行调查、分析是一项十分重要而艰巨的工作，对其进行科学合理的分类是确保策划目标顺利达成的关键。

5. 策划环境

策划环境指策划的机遇、场合、社会环境和群体心态等。因为任何公关策划都会受到社会政治、经济、文化和心理等因素的制约，这些因素均会直接、间接地对策划过程产生影响。

6. 策划结果

策划结果指公关策划方案，是策划者在深入细致调查研究基础上，为实现策划目标而精心设计制定的公关实施细则和设计方案。

（二）公关策划的特征

1. 谋略性

公关策划的本质即谋略，是策划者创造性思维的最集中体现，最能充分展现其创造能力、预见能力和对传统思路的突破与升华。

2. 整体性

公关策划的最佳境界就是努力追求工作的整体效益，目标选择的整体优化，活动安排的互相关联性，使分散、孤立的因素合成起来，有机地产生出环环相扣、相互连锁的总体效果。因为，整体大于部分之和。

3. 主动性

公关策划应主动寻找时机，主动出击搜寻传播组织形象的最佳契机。策划者还务必掌握计划超前性的基本要求，"未雨绸缪"、"居安思危"是策划的着眼点、着力点。

二、公关策划的原则

（一）创新性原则

公关策划的灵魂就是创新，创意新颖，内容新鲜，手法翻新，时机把握恰到好处，规模恰如其分。如何创新呢？

1. 创新观念先行

在策划中，策划者首先要树立创新观念，绝不在前人老路上重复，而是以超前创新精神开辟崭新路径。创新理念，换脑筋是关键。

2. 创新思维永恒

在策划过程中，策划者必须在全过程树立创新思想，将创造性思维方法贯穿于公关行为的每一个步骤、每一个细节之中。

3. 创新方案有度

策划方案不能太死板，因为客观世界环境是动态、变化的，在实施过程中总会遇到诸多突如其来、意想不到的新变化。保持适度的弹性，就是蕴涵着随机应变的因素，以可变的态势迎接万变的环境因素的挑战。

（二）整体性原则

策划者在策划中，注意研究全局的指导规律，局部服从全局，以全局带动局部。立足眼前，放眼未来是关键，将任何系统当做一个全局，注意区分层次，大系统、中系统和小系统，母系统与子系统；针对不同层次，采取不同的策略，最根本的是要有整体性、全局性观念。

（三）时效性原则

所谓时效，指的是时机和效果及两者间的关系。策划方案的价值将随着时间的变化而变化，要求策划者把握好时机，正确处理好时机与效果之间的关系，尽可能缩短策划到实施的周期，力争让决策发挥效用的寿命更长，长远效果更好。

（四）真实性原则

所谓真实，就是指策划者在策划中真诚求实，尊重客观事实、尊重科学、尊重实践。在传播交流相关信息时，特别要审核信息的准确性、真实性，不容许传递任何涉假不实信息，不虚美、不隐恶，实事求是。

三、公关策划的方法与技巧

（一）德尔菲法

德尔菲法是 20 世纪 60 年代初美国兰德公司的专家们借用古希腊传说中的神谕之地德尔菲而提出的一种定性预测方法。其主要特点是使参与策划的专家之间互不通姓名，以减少人际关系和社会心理等方面的干扰、压力和影响，让参与策划的人能畅所欲言地发表自己的观点、意见和主张；并且运用匿名方式多次反复征询意见，使个人意见不仅能充分发表而且能够渐趋集中，使结论的科学性、可靠性越来越大，最后会聚成一个反映群体意志的预测结果。

其一般程序有以下四步：

（1）确立目标，拟订出所要调查或决策的问题，诸如相关背景资料、预测目的、期限、调查表填写方法的详细提纲。

（2）选择一批熟悉本问题的专家，一般 20 人左右，包括理论和实践方面的行家。

（3）发函给各位专家，由他们独自自由地发表意见。

（4）将回函的意见进行统计、归纳和综合，然后将这些意见制成第二轮表格，再寄往各位专家，让他们作进一步分析、研究和评价，并阐述相关理由，作出新的选择。

最后，按照策划领导机构的要求，对某些提出独特见解或坚持不同意见的专家有针对性地施行征询性调查，便于他们更充分地说明原因和理由。经过三四轮意见比较集中后进行数据处理与综合，所得的方案往往较为客观、科学。

（二）头脑风暴法

头脑风暴法是美国现代制造工程学家奥斯本（A. F. Dsborm）于 1993 年提出的一种培养创造力的方法，其核心是高度自由的联想。

它让一个组的成员自由地提出自己的意见和建议，不管多么幼稚和离奇，这是让每个成员都能无所顾忌地创造出大量新鲜的能解决问题的有效方法。

具体操作方法是：

（1）确定与会人员，以 5 ~ 12 人为宜，并提前几天将会议的主题通知与会者。

（2）确定 1 名会议主持人和 1 ~ 2 名记录人员。主持人在会议开始时要说明会议的目的、要解决的问题和达到的目标，宣布会议的要求和注意事项，鼓励人人发言。记录员要记录所有方案和设想（包括荒诞、古怪、幼稚、离奇、可笑的设想）。

（3）禁止批评，以免影响众人的创意。鼓励随心所欲，提倡让大家打破传统框框限制，激发创造性思维的火花，狂放、新奇、怪异、引人入胜。

（4）会后由专家小组对所有设想进行比较、筛选，对评出的好想法进一步提升、改进和完善，形成颇具使用价值的好设想，提供给决策部门。

（三）戈登法

戈登法又称发展型自由讨论法，1964 年由美国阿沙·德·里特尔公司的戈登创造。其方法前半部与头脑风暴法一样，让大家就某一方面问题尽情畅想，过一段时间后，主持人认为差不多了，便在适当时候将会议的目的意图全盘托出，使问题更加具体化、明确化，并做进一步探讨。一般安排 3 小时，这样就便于扩展自由联想的成果。

拓展阅读

1. 张宁. 公共关系管理. 武汉：武汉大学出版社，2009.

2. 胡百精. 公共关系学. 北京：中国人民大学出版社，2008.

3. 张百章，何伟强. 公共关系原理与实务. 大连：东北财经大学出版社，2004.

思考题

1. 公关策划的原则有哪些？

2. 如何做好公关策划工作？

3. 谈谈德尔菲法与头脑风暴法的联系与差异。

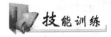 技能训练

如何开展策划工作

【情景设计】

小李来自于某民营名企,因业务发展的需要,必须与某跨国企业打交道,可是这家跨国企业具有独特的工作模式,一般企业难以适应,总部要求务必尽快设计一套新的工作方法与流程,提高工作效率。小李必须策划一套新的方案,设法与他们交流,以便完成工作任务。

【角色扮演】

以 3~5 人为单位,分别扮演不同的角色,尝试策划技巧,运用德尔菲法、头脑风暴法、戈登法,施行沟通与交流。

【实训要求】

1. 按照个性特点,选择角色,确定负责人与助手;

2. 分组讨论如何模拟应对这家跨国企业的员工,各部门之间需要协调、沟通的基本内容;

3. 写出详细的公关策划书。

【效果评价】

教师教学点评、打分。见表 5-1。

表 5-1   公关策划实施表

专业		班级		学号		姓名	
考评场所							
考评内容							
考评标准		项目内容			分值	评分	
		准备环节			10		
		计划实施步骤			10		
		协调技巧			20		
		言语技巧			20		
		认知技巧			20		
		应变能力			20		
		总计			100		

模块六　公关实施

学习目标与要求

　　了解公关实施的特点、原则及公关活动方式的选择，掌握公关方案的有效实施及排除障碍。

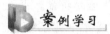 案例学习

6亿元收入囊中　奥运新媒体最大赢家央视网

　　无与伦比的北京 2008 年奥运会已经闭幕，但是围绕着北京奥运的新媒体大战似乎依然余波荡漾。尘埃落定后，业界方意识到，这次奥运媒体大战最后的赢家就是掌握了独家资源的央视。

　　消息人士 9 月 1 日告诉记者，经过初步统计，在奥运前后短短的一个月时间内，央视的广告收入将突破 50 亿元，而全年广告收入有望达到创纪录的 200 亿元。而被央视看做新利润增长点的新媒体业务也有重大突破，通过向搜狐、新浪等几家门户网站和主流视频网站分销奥运节目的网络视频转播权，央视网的收益就超过 4 亿元。

　　与此同时，打着"上央视网看奥运会"口号的央视网成为奥运期间流量增长最快的网站，据央视网高层称，奥运期间央视网的流量增长了 8 倍以上。而来自第三方统计监测服务商万瑞公司的监测数据显示，开幕式开始后仅 10 分钟，央视网流量就创出历史峰值，在瞬间最高峰时，流量甚至超出其他门户网站流量的总和。

最 大 赢 家

　　2008 年度过 50 周岁生日的央视，在北京奥运会迎来了历史性的轻松一跃，除了销售收入有望突破 200 亿元，新媒体业务也迎来了重要转折点。

　　在总结北京奥运会的网络视频转播大战时，广电总局科技司副司长王联告诉记者："这次最大的赢家是央视，其次是几家广告收入有了快速增长的门户网站，但对于今年希望借助奥运实现业务腾飞的视频网站来说，这次的结果可能是入不敷出。"

　　2007 年 12 月，央视网以 2000 万元从国际奥委会处获得北京奥运会超过 3800 小时的视频节目大陆和澳门地区独家视频转播权。虽然在最初的竞标中，因为歌华有线的参与使央视的竞标代价从 500 万元提高到 2000 万元，但是之后通过分销和分享的方式，央视网获得的

收益则数以十倍计。

虽然获得视频网络转播权的门户网站和视频网站对转播权费用讳莫如深，但据消息人士透露，搜狐的代价高达6000万元（从其第二季度财报可直接反映出600万美元），而新浪、腾讯和网易每家的代价是5000万元，其他几家视频网站的代价则在2000万~3500万元，央视网的总收益超过4亿元。

此外，包括广州珠江移动在内的全球50多家移动电视运营商、广电总局的CM-MB手机电视，以及地方卫视播放的部分奥运视频节目都需要从央视购买，虽然移动电视运营商支付的费用不如门户及视频网站高，但粗略计算，央视网此项收益也将接近1亿元。

显然拥有独家内容资源的央视网成为奥运新媒体大战的最大赢家。此前，广电总局发放的第一张网络电视牌照被上海文广拿到，2006年才拿到牌照的央视网在前期的IPTV、手机电视运营方面稍显落后，但是由于这次的独家资源，上海文广2008年7月初也不得不与央视网合作在上海的IPTV用户中推广奥运视频节目。

而在向主流网站分销奥运节目的转播权后，央视网自身流量也得到了迅速的扩张。央视网总经理汪文斌表示，汶川地震信息传播中46%的观众通过网络，奥运期间这一数字更高，央视网的用户有望呈现几何级的增长。

据央视网内部人士称，流量剧增令央视网的广告收入比奥运前增加了两倍。加上巨额的授权费，央视网在奥运会前后三个月时间的总收入突破了6亿元。而在奥运之前的两年，央视网由于业务整合，其新媒体的业务收入每年只有几千万元。

来自调查公司AC尼尔森的调查数据显示，央视网超过8倍的流量增长一举奠定了其在国内视频网站的领先优势。而对于花费大价钱购买了网络视频转播权的几家视频网站来说，奥运营销的效果并不明显。Alexa相关数据还显示，三大视频直播网站（优视、PPS、PPLive）虽然都拿到了奥运转播权，但除优视在奥运会开幕之后出现明显流量增加外，PPS和PPLive在流量方面却没体现出明显的增加。

万瑞数据有关分析师表示，视频网站希望借助高投入的模式换取流量爆发性增长的目的并没有达到，有的网站此前几千万的投入可能要到2009年年底才能收回，整个奥运营销可能入不敷出。

台 网 共 赢

与网站运营商的喜忧参半相比，央视无论是传统的电视媒体还是新兴的新媒体业务都可以说是盆满钵满，这与其内部资源的共享和对视频转播侵权严厉打击有关。

2007年广告收入超过110亿元的央视，在奥运期间其广告收入实现了翻番的增长，央视内部人士告诉记者，央视的广告快速增长其实从2007年下半年开始体现，广告单价进入2008年后提高了30%以上，到奥运期间虽然限制了非赞助商的广告数量，但是来自奥运赞助商的广告增量和单价提高已经足够实现其广告收入的翻番。

据悉，仅仅在奥运的16天内，央视的7个开路频道广告收入就超过30亿元，而央视广告收入快速增长的同时，包括湖南卫视、东方卫视等在内的地方卫视的广告则出现了下降。

记者得到的一份广电内部数据显示，奥运期间，央视1套、央视2套、奥运频道、新闻频道等收视率有了快速增长，而同期地方卫视的收视率则下降了50%～80%，最高的湖南、安徽等卫视的收视份额也不到5%。

根据央视市场研究公司（CTR）对全国128个城市调查数据显示，奥运会期间全国有11.25亿人通过中央电视台收看奥运赛事转播，占观众总数的91.92%；期间，中央电视台总观众规模达124亿人次，平均收视份额达52.19%，创历史新高。

来自央视网的公开数据显示，奥运期间全国每天近1.42亿网民通过央视网和9家商业网站收看奥运转播，占全部网民的56.13%；央视网日均访问量达3.01亿页次，其中视频直播日均访问人数达1596万，手机电视日均访问量2153万，收视份额占手机电视全网业务的79.4%。

显然无论是网络电视还是手机电视，央视网都取得了重大突破，记者了解到，央视与央视网、中数传媒、中国国际电视总公司等兄弟单位都实现了内部资源共享，这使央视网的内容成本很低，但是对于外部的网站和手机电视运营商，则收取高昂的转播费用。

如果有网站通过盗版侵权的方式获得收益，则面临着有史以来最严厉的法律风险。央视网有关人士表示，奥运会期间，央视网严格推进新媒体版权保护工作：一是组织成立"反盗版行动小组"，与合作伙伴共同承诺建立处理非法转播奥运赛事案件快速反应机制；二是及时发现并处理个别门户网站问题，敦促合作伙伴严格遵守协议，加强对播客上传类平台地域的封锁措施；三是联合总局监管中心全天监控，先后发送100多封告知函和律师函，举报投诉上百家侵权盗播网站。

8月13日，央视国际网络有限公司（简称央视国际）状告迅雷网络技术有限公司网站（简称迅雷）和世纪龙信息网络有限责任公司（简称世纪龙）两家网站奥运视频转播侵权案获得立案，并分别提出了赔偿410万元和200余万元的诉讼请求。

到8月14日，央视网盗版监控记录第一次出现"零报告"，表明版权保护取得实效。

昙花一现还是茁壮成长

奥运期间的快速增长虽然让新媒体收入上升至央视总收入的5%，但奥运过后，其新媒体业务能否持续快速增长的态势值得关注。

对此，央视网总经理汪文斌表示，由于央视独特的地位和资源优势，央视网在今后一些重大事件的网络和手机视频转播权的竞争中将一直处于很主动的地位，这是其他竞争对手不具备的。

记者了解到，即将开始的北京2008年残奥会、宁夏回族自治区50周年庆典、"神舟七号"发射、17届二中全会等重大历史事件的新媒体转播权已经落入央视网手中，其他的竞争对手如上海文广、门户网站等都需要从央视网手中购买视频转播权，这将保证央视网2008年获得持续的收入。

而对于2010年上海世博会、广州亚运会等新媒体的转播权，央视网同样志在必得，虽然这些的影响力可能无法与北京奥运会相比，但是在广电总局看来，由央视网来对重大事件的新媒体传播进行操控是最好的方式。

对于央视来说，除了网络电视、手机电视的突破外，在各地的地面数字电视中，随着央视开路高清频道的开播，其控制力也在增强。奥运期间，其两套付费频道网球和风云频道的收视率都有50%以上的提高，显然对于将付费节目作为新增长点的央视来说，这也是重大突破。

来自中数传媒的消息显示，2008年央视付费频道的总收益有望超过3亿元，到2010年则有望超过10亿元。

显然，在新媒体领域迟到的央视已经全面开花，而且后来居上，包括其与巴士在线合资的移动电视运营公司的开播。来自央视CTR的数据显示，奥运期间有96.8%的观众通过电视收看奥运赛事，其他媒体分别为：广播17.7%、网络14.8%、公交移动电视6.8%、手机电视1.9%。

不过来自万瑞数据的调查结果显示，在网民中有90%的调查者开始将网络作为其获得奥运资讯的第一媒体，这显然在局部区域互联网的影响力已经超过了电视，作为传统媒体老大的央视显然也意识到了这一点，让新媒体业务三年内占其收入比例提高到30%是央视的目标，显然这次奥运会期间已经开了个好头。

据2008年8月8日的万瑞数据奥运晴雨表显示，CCTV在网民搜索关键词排行榜上已经排到了第四位，仅次于奥运直播、奥运会开幕式、奥运，是前7位排名中唯一的没有奥运字眼的关键词。

看来，众多网民已经将央视与奥运画上了等号，而借助奥运契机，央视新媒体战略取得了成功。

（选自中国公关门户网）

 **案例分析**

打着"上央视网看奥运会"口号的央视网成为奥运期间流量增长最快的网站，来自央视CTR的数据显示，奥运期间有96.8%的观众通过电视收看奥运赛事，其他媒体分别为：广播17.7%、网络14.8%、公交移动电视6.8%、手机电视1.9%。奥运期间全国每天近1.42亿网民通过央视网和9家商业网站收看奥运转播，占全部网民的56.13%；央视网日均访问量达3.01亿页次，其中视频直播日均访问人数达1596万，手机电视日均访问量2153万，收视份额占手机电视全网业务的79.4%。在网民中有90%的调查者开始将网络作为其获得奥运资讯的第一媒体，这显然在局部区域互联网的影响力已经超过了电视，众多网民已经将央视与奥运画上了等号，而借助奥运契机，央视新媒体战略取得了成功。

网络的发展势不可当，央视借助网络实现了新媒体的跨越式发展，对于现代公关业的发展具有典型的借鉴价值与意义。我们已经无法阻挡网络对于传统媒体的冲击与挑战，当下的迫切任务是，跟上时代前进的步伐，借助网络的巨大影响力，缔造属于未来发展的新空间。

1. 如何看待央视的成功？
2. 倘若没有奥运，央视能获得如此巨大的成功吗？
3. 公关实施的关键点是什么？如何借助网络平台实施新的跨越式发展？

公关实施是公关人员将公关策划方案变成现实的过程，是公关工作中最复杂、多变和关键的环节。它是解决公关问题和实现公关目标的关键一环，具有艺术性、文化性、形象性、关系性、人情性和传播性的特点，共同构成公关实施的基本策略。

一、公关实施的原则

（一）目标导向原则

公关实施的过程中，公关策划者务必保证所有行为和活动不能偏离公关策划的目标。在具体工作中，实施者运用目标对整个实施活动施行积极引导、制约和促进，并控制整个活动的进程和方向。

（二）整体协调原则

在公关实施过程中，公关策划务必使各项工作内容之间达到和谐、合理、配合、互补和统一的状态。公关实施作为一项系统工程，最常见的协调有上下级之间的纵向协调和同级部门或实施人员之间的横向协调。

（三）选择时机原则

在公关实施过程中，时机选择正确与否将直接决定公关目标的实现。一般正确选择时机，要考虑下列三个因素：

（1）注意回避或利用国内外重大事件。凡是需要广为人知的公关活动应尽量回避国内外重大事件，以免相互冲突，影响传播效果；凡是需要广为告知而又希望减少震动的活动就可选择利用重大事件。

（2）注意避开或利用重大节日。凡是和重大节日无直接联系的活动都应避开节日，以免被节日活动冲淡公关策划活动的色彩。凡是和重大节日有直接或间接联系的公关活动要考虑利用重大节日来烘托活动的影响范围。

（3）注意在同一时间内不宜同时举行两项以上不同的公关活动，以免相互干扰。

（四）反馈调整原则

在公关策划中，策划人通过监督控制系统及时发现实施过程中方法的偏差和失误，并及时调整和纠正。建立灵敏快捷的监督反馈机构，随时捕捉不利因素，并立即快速反应，及时采取有效措施调整实施方案和方法。

二、公关活动方式的选择

公关实施，从宏观上看是一种战略行为，旨在树立组织的整体良好形象，建立双向沟通和良性互动，保持组织与环境之间的动态平衡；从微观来衡量，它又是一种战术性行动，旨在帮助组织宣传理念、推广产品、扩大知名度、提高美誉度、建立信誉度。公关实施在组织发展的不同时期应选择不同的公关活动方式。

根据公关基本职能和特征，我们将公关活动模式分为以下几种类型：

（一）主导型公关活动方式

主导型公关活动方式是社会组织通过各种传播活动，主动实现组织与公众的信息交流与沟通，以此来获得社会公众的理解、支持和合作的公关活动方式。适用于促进组织长期目标实现或解决突发性事件等工作，具有可控性强、易于操作、影响巨大等特点。主要有下列几种具体形式：

1. 交际型公关

交际型公关以人际交往为主，不借助媒介，目的是通过人与人的交往为组织广结良缘，联络公众的感情，从而达到塑造良好形象，建立友好协作关系的目的。具有直接性、人情味和灵活性的特点，能使人际间的交流进入"情感"层次，建立广泛的社会关系网络，形成有利于组织发展的人际环境，交际型公关的方式包括社团和个人交际，如宴会、餐会、招待会、座谈会、谈判、专访、慰问、接待参观、电话沟通、亲笔信函等。

2. 宣传型公关

宣传型公关以各种传媒和内部沟通等手段，向社会宣传自己，形成对自身有利的社会舆论，提高知名度和美誉度。特点是主导性强、目的明确、传播面广、时效性强和效果显著。

宣传型公关根据不同的对象，可分为对内宣传和对外宣传两种方式。

对内宣传，其宣传对象为组织内部公众，具体形式有：组织内部刊物、业绩报告、工作总结、职工手册、黑板报、宣传栏、闭路电视、演讲会和座谈讨论会等。

对外宣传，其宣传对象为与组织有关的一切外部公众。具体形式有两种：一种是适用于组织内部的各种宣传形式，如编印宣传资料、员工手册，通过举办展览会、经验或技术交流会达到宣传的目的。另一种是借助于大众传媒的宣传，这是主要的对外宣传形式。一般有两种方法：一是以广告的形式出现，把组织的形象塑造作为广告的中心内容；二是以不必支付费用的方式出现，如新闻报道、专题报道、专题通讯、经验介绍、记者专访等。这是一种最经济、最合算的公关活动形式，有利于扩大知名度、提升美誉度。但需要组织不断努力地去把握机会，制造"新闻"，争取媒体的关注。

3. 服务型公关

服务型公关是一种以提供优质服务为主要手段的公关活动模式。目的是以实际行动来扩大社会影响，提高社会声誉，获取公众的了解和好评，建立自身良好的形象。具有行动性、会员性和直接的效益性。

其主要有三种形式：一是以组织机构本身的重要活动为中心而开展的公关活动；二是以赞助社会福利事业为中心而开展的公关活动；三是以资助大众传媒而举办的各种活动。

4. 社会活动型公关

社会活动型公关是指组织通过举办各种社会性、公益性和赞助性活动塑造组织形象的公关活动模式。主要有参与面广、影响力强、公益性强、文明性强和形象标签费用高等特点。

其形式主要有四种：一是以组织本身的重要活动为中心而展开的，如利用开业剪彩、周年纪念的机会，邀请各界来宾，渲染气氛，扩大影响。二是以赞助社会福利事业为中心开展的，如赞助教育、残疾人组织、公共服务设施等，树立注重社会责任的形象，并借此提高组织美誉度。三是以参与各种活动为中心展开传播，如参加各种体育比赛、文艺演出，借此扩大社会影响。四是以资助大众传媒为中心展开传播，如资助电台、报社、电视台、杂志社举办各种大奖赛、智力竞赛、专题节目等。

5. 征询型公关

征询型公关是指组织利用收集信息、社会调查、民意测验、舆论分析等信息反馈手段，了解舆情民意、监测组织环境、把握环境发展动态，为决策提供咨询的公关活动模式。其特点是长期、复杂、艰巨，有明晰具体的实施过程、适用性广泛。

（二）调整型公关活动方式

调整型公关活动方式是社会组织根据社会环境变化，及时调整组织的方针、政策和行动，协调与公众之间的关系，维护组织形象的公关活动模式。它主要应用于组织与外界处于冲突或矛盾之时，或预防、或应急、或矫正、或疏导，具有较强的策略性。

1. 建设型公关

建设型公关是指组织在初创阶段或一种新产品、新服务项目准备开始推出时，为打开新局面而进行的公关活动模式。

这种活动方式的主要目的是提高知名度，一般应用在组织的初创或新产品、新服务的起始阶段，让公众对新组织、新产品形成良好的"第一印象"，进而获取其理解、认同和支持。采用的方式主要有开业广告、开业庆典、新产品试销、新产品发布、免费试用、新服务介绍、免费品尝、免费招待参观、开业酬宾、赠送宣传品、主动参加社区活动和公司资料有奖测验等。

2. 维系型公关

维系型公关是指社会组织在稳定发展时期，持续不断地向目标公众传播相关信息，用来巩固良好形象的公关活动模式。

其特点是低姿态、持续不断、潜移默化。主要方式有逢年过节的专访、慰问，给老客户适当的优惠或奖励，服务性、信息性的邮寄品分发，保持一定的见报率等。一般把它分为两大类："硬维系"和"软维系"。

"硬维系"指活动形式所表示的目标明确，主客观双方都能理解意图的维系活动，特征是通过明显的优惠服务和感情联络来维系同公众的关系。如国内某航空公司推出的"免费旅游服务"，规定凡乘坐××航班6次以上者，均可享受国内五岳名山的旅游一次。还有国内外诸多厂商利用节日、纪念日向老顾客赠送纪念品，组织联谊活动，借机加强感情联络，进一步维系以往的友好关系。

"软维系"指活动目的不十分具体，但表现形式比较隐蔽、超脱的公关活动，其目的是期望公众在不知不觉中感受到优惠、满意的服务。如企业的定期广告、组织报道、新闻图片、散发印有组织名称的交通旅游图等。

3. 进攻型公关

进攻型公关是指组织与环境发生某些冲突、摩擦时，为摆脱被动局面，采取以攻为守策略的公关活动模式。其特点是主动与进攻，诸如不断开拓新产品和新市场，改变组织对环境的依赖关系；成立分支机构，实行战略性市场转移，积极创造新机遇、新环境；组织同业协会，加强沟通联络，以减少竞争者之间的冲突和矛盾等。

4. 防御型公关

防御型公关是指组织为了防止自身可能出现新的危机与风险，以及组织遇到风险时所采取的以防为主的公关活动模式。它适用于组织与外部环境出现不协调或与公众发生某些冲突、矛盾苗头时，具体可分为预防性与应急性两部分，特点是防御与引导相结合，大多采用调查、预测等手段。

如何建立良好的防御机制，是摆在现代公关专家及组织机构面前的十分重要而迫切的问题。目前，世界公关界均面临一个新课题——问题管理（Issue Management），亦称论题处理，主要指公关人员对正在出现的问题（尤其是将要进入立法程序、有争议的问题）以及这种问题对组织的潜在影响进行分析、预测并施加影响，帮助组织制定应变的对策和措施，借此提高其社会适应力、应变力。一般来看，务必从下列几个方面着眼：

（1）居安思危，树立防患于未然的思想意识。

（2）建章立法，筹建科学合理的预警系统。

（3）果断行动，采取妥善的"救火"、"灭火"方法。

5. 矫正型公关

矫正型公关是在遇到问题与危机、公关严重失调、组织形象受到严重损害时，为了扭转公众对组织的不良印象或已经出现的不利局面而进行的公关活动模式。目的是对已经严重受损的组织形象及时纠偏、矫正，以挽回不良影响，重塑声誉和良好形象。其特点是及时、准确，及时发现问题、及时分析原因、及时纠正错误、及时改善不良形象。

导致组织形象受损原因较多，一般有两种情况：一种是由外部原因造成的，如公众的误解、谣言的破坏、商标被盗用等造成的对组织形象的损害；一种是由于组织自身工作失误损害了公众的相关利益，导致公共关系失调。

三、公关方案的有效实施

公关活动实际上是一种传播活动，中外诸多公关实践表明，无论采用何种方式，都应当遵循"用最小的代价，取得最佳的传播效果"的原则，为了使公关预定目标顺利实现，公关人员应当了解和研究方案实施过程中有哪些障碍并及时排除。

（一）公关计划中的组织自身的障碍

1. 领导者障碍

（1）嘴上支持，实际行动不支持。每当遇到关键的人、财、物等相关实质性问题，便设置重重障碍，使计划实施困难重重。

（2）主观臆断，随意干预实施计划，朝令夕改。

（3）随意删减预算经费，打乱已制订好的实施计划。

（4）领导者之间不协调，矛盾纠纷不断，影响计划实施效果。

（5）按兴趣喜好办事，逼迫下级就其兴趣办事，影响全局。

2. 目标的障碍

（1）制定的目标不明确、不具体。

（2）制定的目标不正确、不符合公众和社会的利益。

（3）制定的目标之间相互矛盾、冲突。

（4）制定的目标没有服从组织（企业）的总体目标。

（5）目标的实现条件不具备。

3. 组织行为障碍

（1）行为人的文化障碍，即语言、习俗的差别所形成。

（2）行为人的观念障碍，即封闭观念、极端观念等。

（3）行为人的心理障碍，即人的认知、情感和态度等对沟通的影响。

（4）行为人的目标公众不明确，无的放矢，没有重点。

（二）实施环境的障碍

1. 政治环境制约

诸如国家和政党的各种政策、法规的管制以及政治形势、政治变化的影响。

2. 经济环境制约

诸如国家和当地政府的经济体制、政策和形势的影响。

3. 社会文化环境制约

诸如传统的民族文化、区域文化、宗教文化和各种现代文化的影响。

4. 科技环境制约

诸如各种新知识、新技术、新工具、新材料、新产品和新能源的影响。

5. 竞争环境对抗与干扰

诸如竞争对手的知名度、美誉度、占有率及开展的各种公关宣传活动的影响。

6. 自然环境制约

诸如地理条件、气候、自然资源和生态等因素的影响。

（三）排除障碍

1. 联系公关目标，积极协调矛盾

可采用座谈会、谈判、直接对话、黑板报、内刊、广播等方式，缓解组织内外部之间的紧张关系，协调利益冲突，共同发展。

2. 因材施教，有的放矢

根据客观环境和公众对象的具体实际状况，因人而异、因时而异、因地制宜、不做无用功。

3. 正确选择时机

在了解公众心理特点的基础上，掌握公关计划实施的规律，精心选择适当有利的时机实施公关计划，达到事半功倍的效果。

4. 认真验算，注重效益

在统一计划、统一核算的原则下，引入审计机制，减少财务漏洞出现，坚决杜绝假公济私、损公肥私的现象，提高公关工作效率。

此外，还要排除公关计划实施中的突发事件的干扰：一类为各种不可抗力因素，如战争、洪水、地震、商业危机等；另一类为人际纠纷矛盾冲突的因素，如公众群体投诉、媒体批评、舆论民意的冲击等。

 **拓展阅读**

1. 成功企业研究编委会编. 成功企业策划之道. 海拉尔：内蒙古文化出版社，2001.

2. ［美］菲利普·莱斯礼. 公关圣经——公关理论与实务全书. 石芳瑜，蔡承志，温蒂雅，陈晓开译. 汕头：汕头大学出版社，2004.

3. ［美］弗兰·R. 迈特拉，雷·J. 阿尔提格. 公关造势与技巧. 欧阳旭东译. 北京：中国人民大学出版社，2005.

思考题

1. 简述公关实施的基本原则。

2. 请指出主导性公关活动方式的基本内容，如何在相关的实践中灵活运用？

3. 如何排除公关计划实施中的相关障碍？

技能训练

如何开展矫正型公关活动

【情景设计】

某民营名企，因业务拓展过快，导致产品质量出现问题，近一段时间，消费者投诉较多，为了挽回公司多年来已经在消费者心目中的良好形象，树立新的良好口碑，小章必须与消费者打交道，可是企业内的部分中层干部依然是计划体制下的工作模式，消极惯了，影响工作效率。小章必须设法与他们交流，以便完成工作任务。

【角色扮演】

以 3～5 人为单位，分别扮演不同的角色，尝试说服技巧，运用访谈法、座谈法、讨论法，施行沟通与交流。

【实训要求】

1. 按照个性特点，选择角色，确定负责人与助手；

2. 分组讨论如何模拟应对懒散的员工，各部门之间需要协调、沟通的基本内容；

3. 写出详细的矫正型公关活动策划书。

【效果评价】

教师教学点评、打分。见表 6－1。

表 6 - 1 矫正型公关沟通计划实施表

专业		班级		学号		姓名	
考评场所							
考评内容							
考评标准		项目内容			分值	评分	
		准备环节			10		
		计划实施步骤			10		
		协调技巧			20		
		言语技巧			20		
		认知技巧			20		
		应变能力			20		
		总计			100		

模块七　公关评估

学习目标与要求

　　了解公关评估的含义、作用、内容及程序，掌握公关评估的方法，能对组织的公关效果进行评价。

 案例学习

针头丑闻：百事可乐的公关危机

　　一、背景

　　1993年6月10日，西雅图一家电视台报道，当地一对夫妇在一个百事可乐罐中发现了一个注射器针头。很快，第二起投诉又出现在西雅图。这种情况促使FDA（美国食品和药物管理局）发布了一个地区性的声明，提醒消费者在饮用百事可乐前将其倒入玻璃杯。这一声明引起了全国媒介的注意，24小时内，在全国各地发现百事可乐罐中有针头的消息见于各种媒体。媒体的报道引起了公众的紧张，例行的调查、公众对针头已被感染的可能性的恐惧，以及危机对7月4日达到假日最大销售额预期目标的负面影响，都使百事可乐公司面临前所未有的挑战，其商标及声誉受到严重威胁。由于并未在生产线上找到这一系列奇怪事件的起因，FDA宣布不回收产品。然而媒介方面不习惯百事可乐公司在如此规模的产品污染事件发生后持此种态度，开始持续报道"受害者"的申诉并坚持向公司寻求答复。

　　二、公关危机处理

　　（一）公关调查

　　百事可乐久已制定的危机反应计划已被研究和测试了十年。随着公司业务的增长和结构的变化，公司的危机计划已由消极的产品回收转为精密的网络传播。在一系列改进后，公司通过对计划的真实运用和模拟演练，发现有效的传播是成功解决危机的关键。在这次危机中启动的计划已在先前的一些地区性事务中获得成功运用，如工厂危机、包装缺陷和产品污染。基于这些认知与经验，百事可乐公司的公关人员策划并实施了危机小组反应方案，以终止丑闻和重建公众信心。

　　（二）公关策划

　　在为期一周的危机中，当西雅图的瓶装供应商开始着手调查问题所在以回复媒介及公众

时，百事可乐的危机反应计划就开始实施了。危机小组不懈工作，向公众证明百事可乐产品和生产流程的安全性，以维护品牌信誉和公司业务。公司确定了一个由生产界、法律界等专家组成的危机小组；目的是向公众说明，公司的产品绝对安全，这些人为的针头事件在逻辑上是不可能发生的，而且回收产品不能解决任何问题。整体策略是积极回应媒介，保持公开坦诚的态度，尽早和经常地向公众通报事实，并和FDA紧密合作以调查出现注射器针头事件的真正原因。公司建立了集中的传播渠道，使相关信息直达所有受到影响的公众——消费者、媒介、调查官员、瓶装供应商、股东、雇员和客户（零售店、饭馆和所有百事可乐的销售通道）——使他们逻辑和理性地来查出真相。由于危机不断升级，已形成全国性的事件，公司没有预先设定预算，执行危机计划共花费了约500000美元。

（三）公关执行

随着事实的不断澄清和FDA调查的不断进展，危机经历了四个阶段。危机小组一直在监测媒介报道，不停发布新的新闻以更新与公众的沟通。在第一阶段，公司迅速行动以调查清楚问题的来龙去脉，并排除了生产线上的破坏可能。西雅图的瓶装供应商发布了现场采访，允许当地记者到工厂参观高科技的瓶装线并举行新闻发布会向公众保证将找到答案。随后，在危机发展成为全国性的事件，且被"媒介捕风捉影的报道的恶性循环"（FDA语）所推动时，为抵制这种现象，危机小组发布了大量信息——录像新闻、新闻发布会、消费者谈话节目、厂商建议、员工公告、商业信函、照片、图片和采访——来传达给那些能帮助百事可乐公司和FDA迅速结束丑闻的人。百事可乐公司还靠电视来尽可能快地传达到最广泛的受众。小组还请了公司长期的录像制作商和媒介顾问，来制作录像以传达信息。这些信息通过卫星向全国发送，引导消费者到厂房中去见证生产线的高速与安全，证明同时在不同地点出现这么多投诉是非常不合情理的。百事可乐公司的首席执行官出现在主要的广播新闻节目中，宣布公司"99.99%确信"这些针头不可能出现在工厂中。6个媒介关系经理共处理了2000多个来自报纸、广播和电视记者的电话；24名消费者专家在40名志愿者的协助下，回答了成千上万的消费者的电话。公司每天通过传真向百事可乐公司的400家瓶装供应商发送两次建议，并派6人去为他们和人事部门提供当地事务的咨询。FDA由于在人为损害产品事件调查处理方面的经验，成为百事可乐公司的首要危机顾问。FDA的各级官员都全力投入调查针头事件的工作中来，而百事可乐公司则全力证明其包装及生产线的绝对安全性与防污染性。

三、效果

针头风波在七天之后平息了（调查表明，这起事件是一些居心不良的人制造的，旨在向百事可乐公司索取赔偿，他们依法受到了惩处）。尽管危机使百事可乐公司的销售额下降，损失了2500万美元，但到夏季开始复原，并在季末取得了五年以来的最高销售额，比上年同期增长了7%。无论在危机前还是在危机后作的态度与认知调查中，消费者都投了百事可乐公司信任票。即使在危机的最高潮时期，仍有94%的消费者认为百事可乐公司对危机的处理是负责的，且有75%的人说由于百事可乐公司对事件的处理方式，他们对百事可乐产品的感觉更好了。由于FDA、瓶装供应商和消费者空前联合地抵制在全国范围内回收百事可乐产品，危机反应计划取得了巨大成功。在拨打百事可乐的成千上万的电话和数以千计的信件中，消费者表达了他们对公司的支持。而全国的媒介也反省了他们的错误，正是他们使丑闻升级，并误导消费者与企业，对毫无事实根据的投诉产生恐慌。美国众议院在国会记录中也赞扬了百事可乐公司在遏制这起全国性丑闻时采取了迅速、有效的措施。

案例分析

百事可乐公司面临针头丑闻的危机事件，没有惊慌与束手无策，而是有条不紊地积极应对，策划并实施了危机小组反应方案，危机小组不懈工作，向公众证明百事可乐产品和生产流程的安全性，以维护品牌信誉和公司业务。公司确定了一个由生产界、法律界等专家组成的危机小组，目的是向公众说明，公司的产品绝对安全，这些人为的针头事件在逻辑上是不可能发生的，而且回收产品不能解决任何问题。针头风波在七天之后平息了（调查表明，这起事件是一些居心不良的人制造的，旨在向百事可乐公司索取赔偿，他们依法受到了惩处）。美国众议院在国会记录中也赞扬了百事可乐公司在遏制这起全国性丑闻时采取了迅速、有效的措施。

百事可乐公司应对危机的方案值得我们借鉴与反思，当危机爆发时，我们务必在第一时间作出应对举措，成立事件调查机构，快速反应，弄清事实真相，迅速向新闻媒体反映，让危机处理过程及时出现在公众的视野中，并及时与当事人及社会公众沟通，使危机在公众的关注下取得有利的解决方案与时机。

案例讨论

1. 从上述案例中，我们应当吸取什么教训？

2. 百事可乐处理危机的方法值得我们借鉴，当前中国乳业陷入危机，你觉得应如何拯救？

公关知识库

美国公关先驱罗特扎恩说，当最后一项活动已成为历史记录的时候，就应当总结出经验和教训，供下一次活动借鉴。公共关系效果评估就是根据某种科学的标准和方法，对公关计划、实施及效果进行测量、检验、评价和判断的活动。

公共关系效果评估作为改进公关工作的重要环节，是激励内部公众士气的重要方式，也是下一步公关工作的必要前提。

一、公关效果评估的作用

（一）有利于争取本组织的领导对公关工作的重视与支持

公关人员通过评估，提供有说服力的材料，证明公关工作的重要价值，赢得领导的重视与支持。

（二）有助于检验公关工作效果

公关效果评估，通过定量分析和定性分析，从全局上客观、科学地把握公关工作的成败，从而测定组织形象的优劣，为进一步优化工作效能奠定良好基础。

（三）有助于控制公关活动，提高工作的科学性

公关效果评估的过程，实际上就是一个收集和反馈信息的过程，不断收集来自公众的反馈信息，对照相关标准，找出公关活动存在的问题，提高公关工作效果，使各项指标早日达成，工作绩效最优化。

（四）有助于增加全员公关意识

公关效果评估，使人人参与、个个争先，让组织全体成员认识公关工作的重要性，自觉增强公关意识。

二、公关效果评估的内容

（一）评价原定目标是否达成

1. 日常效果评估

2. 专项活动效果评估

3. 年度公关活动效果评估

（二）评价的具体手段、目的

1. 形象效果评估

形象效果评估包括企业形象、商品形象和环境形象效果的评估。

2. 传播效果评估

传播效果评估包括内部信息传播和外部信息传播效果的评估。

（三）普通公众的态度

1. 接受信息内容的公众数量

2. 改变态度观点的公众数量

3. 发生期望行为与重复期望行为的公众数量

三、公关效果评估的程序

（一）重温目标，明确标准

在公关效果评估中，首先要重温一下原定的公关目标，用其作为标尺来衡量组织所做的工作，以便作出客观、科学的评价。

（二）收集资料，衡量绩效

积极围绕目标，广泛、认真地收集组织实施过程中的各种相关信息，权衡、界定达成目标的情况，以便作出客观评估。

（三）分析结果，用于决策

公关人员以正式报告的形式，将公关评估与组织的总目标、总任务联系起来，提供给决策者参考、鉴别、借鉴，以便作出科学决策。

（四）纠正偏颇，不断完善

针对报告中发现的问题与失误，找出具体原因以便因势利导、对症下药，确保制定的目标和计划更加完善并减少实施过程中的偏差，为下一阶段公关活动提供有用的背景材料和借鉴经验。

四、公关效果评估的方法

（一）民意测验法

民意测验法，英文名称 Public Opinion Poll，基本做法是，按一定抽查法的要求，选定相关数量的调查对象，用问卷、表格等方式，征求他们对指定问题的意见、态度和倾向，再加以统计、分析和说明，从中了解公关活动的效果。

（二）访谈法

访谈法是选择一定对象，采用座谈、个别访问等方式，了解公众对公关实施的意见、态度和评价。可分为个别访谈和集体座谈两种具体方式。个别访谈的优点是谈话深入、干扰小，缺点是费时费力。集体座谈信息来源广、省时，但易受他人发言（观点）的影响。

（三）专家法

专家法是由各学科、各领域的专家会同公关人员组成专门评议组，对公关工作进行仔细、全面、客观的评估，接受质询，予以论证。具体步骤为：

（1）成立专家组，以 10~40 人为宜，涉及组织内外部公关、管理、心理和传播专家。

（2）拟订调查评估项目，确定评估标准。可根据舆论的变化分为好转、略好转、原状、略恶化和恶化五个标准。必要时附上相关背景资料，供各位专家参考。

（3）请专家们匿名、独立地提出评估意见，并说明理由。

（4）把分散的意见和说明列表，再次分发给各位专家，以便专家们重新发表意见，直至意见趋于统一。

（5）分析、综合各位专家的意见，获得代表大多数专家意见的结论，作为专家集体对公关活动效果的权威性评估。

（四）实验法

实验法是根据一定的研究目的选择一组研究对象，人为地改变和控制某些因素，然后观察其结果的方法。其实质是利用事物、现象间客观存在的相互关系，通过调节某个变量（如公关活动前后某个企业的声誉）来测定另一些量（如产品定货量、销售量）的增减。这种方法最好在经历和未曾经历公关活动的两组公众之间展开。对两组公众进行相同的测验，对测验结果进行比较，最终得出评估结论。

（五）要素法

要素法是根据组织形象的具体要素，如知名度、美誉度、信誉度等所包含的因素，分析了解组织的实际形象与自我期望形象的差距，确认公关活动中所存在的问题。

（六）媒介评估法

媒介评估法是通过对大众传媒发布的本组织信息的统计分析，评估组织公关信息传播情况。一般有定量分析和定性分析两种方式。

1. 定量分析

（1）沟通有效率。指沟通有效数与沟通信息总数之比。用公式表示：

沟通有效率 =（沟通信息总数 − 无效数）/沟通信息总数×100%

（2）传播速度。指单位时间内传播的信息量，或一定的信息量传递所需的时间。用公式表示：

传播速度 = 传播信息量/传播的时间

（3）视听率。指通过测定大众传播媒介传播的公关信息得到公关工作效果的方法。用公式表示：

视听率 = 实际视听人数/调查总人数 × 100%

（4）知名率。指掌握某一信息内容的人数与该项调查总人数之比。用公式表示：

知名率 = 掌握某一信息内容的人数/调查总人数 × 100%

2. 定性分析

（1）报道的内容。报道中，对组织的成就、发展情况报道越多，效果就越好，在公众中树立起组织的良好形象的可能性也就越大。这是"质"的分析。

（2）报道的篇幅和时数。报道组织的篇幅越大、出现频率越高、时数越多，引起公众兴趣和注意的程度就越高。这是"量"的分析。

（3）新闻媒介的层次和重要性。衡量媒体的标准，主要看级别、发行、覆盖和权威性，从而界定其影响力强弱。中央级、全面性、综合性的媒介发表对本组织有利的报道，往往比其他媒介更利于提高组织的知名度和美誉度。

（4）新闻媒介所宣传的新闻价值。对组织宣传是正面报道还是反面报道，是全面报道还是摘要报道，重点报道还是一般报道，醒目版面还是次要版面，这些差异均会影响报道的新闻价值。

（5）新闻媒介报道的时机。新闻媒介对组织的报道，要及时、适时，能恰到好处地配合组织的实际发展状况；倘若迟发或延误，不仅无益反而有害。

拓展阅读

1. 罗锐纫，张作华. 经理的公关艺术与会议手册. 北京：中国物资出版社，1999.
2. 余明阳. 公关经理教程. 上海：复旦大学出版社，2005.
3. ［英］萨姆·布莱克. 公共关系新论. 陈志云，郭惠民译校. 上海：复旦大学出版社，2000.

思考题

1. 试述公关效果评估的作用。
2. 试述公关效果评估的方法，如何在相关实践中灵活运用？
3. 如何运用媒介评估的方法？

如何开展公关效果的评估

【情景设计】

小刘来自于某民营名企，因业务发展需要，必须与某国企打交道，可是这家国企依然是计划体制下的工作模式，影响工作效率。小刘设法与他们交流，展开了公关活动实施方案，取得了一定成效,请对公关活动实施方案及实施效果进行评估。

【角色扮演】

以3~5人为单位,分别扮演不同的角色,尝试运用民意测验法、访谈法、专家法、实验法、要素法、媒介评估法,施行沟通与交流。

【实训要求】

1. 按照个性特点,选择角色,确定负责人与助手;

2. 分组讨论如何模拟应对公关活动效果的评估,各部门之间需要协调、沟通的基本内容;

3. 写出详细的公关活动评估书。

【效果评价】

教师教学点评、打分。见表7-1。

表7-1　　　　　　　　　　　　公关活动评估实施表

专业		班级		学号		姓名	
考评场所							
考评内容							
考评标准		项目内容		分值		评分	
		准备环节		10			
		计划实施步骤		10			
		协调技巧		20			
		言语技巧		20			
		认知技巧		20			
		应变能力		20			
		总计		100			

模块八　公关专题

●**学习目标与要求**●

　　了解公关专题活动的概念、类型和特征，能运用公关原理分析相关案例，能熟练地运用公关原理组织公关活动。

专题一　新闻发布会

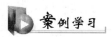 案例学习

携手促辉煌活动

——"央视网络电视"落地"燕赵新天地"推广仪式暨新闻发布会

缘　起

　　随着电视数字化和互联网宽带技术的发展，一个全新的媒体形式——"网络电视"应运而生。从中国第一家网络电视——中国虹桥网 1999 年 6 月 1 日开播起，网络电视这一代表网络娱乐另一趋势的消费形式，以其庞大的商机吸引着越来越多人关注的目光。特别是以广电媒体为代表的内容提供商、以通信运营商为代表的宽带运营商等各类技术支持企业，都在不断致力于互联网生态的调整与重构。

　　2004 年 5 月 31 日，央视网络电视绚丽诞生，揭开了一场互联网视觉盛宴的序幕。自此中国的广大网民可以依据自己的需求，依托有线与无线宽带全天候随时随地观看流畅而丰富的视频节目。现在这一喜庆的春风吹进了燕赵大地，作为河北省门户网站的银河网，面对这一新兴事物的迅猛发展趋势，在立足自身媒体优势的同时，找准切入点将全新的网络视频模式引入河北，开辟了网络电视在河北省发展的生存空间，也为银河网拓展了多层次、多角度的全新发展方向。

分　析

　　网络与电视的结合，已成为互联网时代不容逆转的强大趋势。谁能够率先领会这一新兴业态的强大生命力，巧用网络电视发展所带来的机遇，谁就能够在宽带产业飞速运转的大潮

中占据主动权！

2005 年 5 月 27 日，"央视网络电视"落地"燕赵新天地"推广仪式暨新闻发布会在石家庄市世纪大饭店四楼燕都厅隆重举行。中国网通（集团）有限公司河北省分公司总经理腾勇先生、副总经理范福州先生、中视网络公司总经理郑加强先生、上海优度公司 CEO 施忠先生、省政府相关领导等嘉宾及省市媒体记者参加了此次盛会，共同见证了"央视网络电视"落地"燕赵新天地"这一充满历史意义的时刻。

2005 年 5 月 10 日 9 时，央视网络电视五省区全线开通，这一刻在中国宽带产业和宽带事业的发展进程中具有里程碑式的意义。央视网络电视是经国家广播电影电视总局批准，由中央电视台开办的宽带网络电视。它依托中央电视台海量的节目内容，汇集中央电视台自成立以来几十万小时的珍贵的电视节目，并广泛集成其他制作机构的优秀电视节目，通过宽带互联网为用户提供丰富多彩的视频点播服务。可以说它是全国目前内容最全面、最权威的视频点播节目库。

而作为河北省门户网站的银河网，自 1999 年 9 月正式成立并对外发布，经过数载的充实和发展，银河网的信息量正在不断丰富，节目类型正在不断扩展，目前已经拥有访谈、房产、汽车、生活、宽带、游戏、社区、人才、教育等各类信息源。其首页访问量已突破 1 亿，站点日均总流量已经超过 200 万，来自全国各地甚至海外注册用户超过百万。燕赵新天地是银河网下设的一个以宽带内容和应用为主的网站，它利用河北通信强大的整体网络平台和宽带平台优势，集聚了丰富的互动信息内容，提供了优质的宽带特色服务，新闻、影视、教育、音乐、财经、娱乐、时尚、游戏、益智……包罗万象的精彩内容，涵盖了老百姓生活的方方面面。

此次新闻发布会，昭示了两大媒体优势资源的结合，见证了网络电视发展的又一次飞跃。新闻发布会共由三个环节组成：第一环节：新闻发布会答记者问；第二环节：新闻发布会揭彩仪式；第三环节：首部网络电视剧《小鱼儿与花无缺》银河网首映仪式。如今登录燕赵新天地网站，央视的各类精彩头牌节目皆能在线点播收看。不但有《新闻联播》、《焦点访谈》、《面对面》、《环球》、《为您服务》、《夕阳红》等众多深受广大观众喜爱的央视当家栏目，还有 1983～2005 年期间的 22 届春节联欢晚会，以及大量经典的相声、小品、热播电视剧、经典话剧……想看什么就看什么，想什么时候看就什么时候看，以后再也不用为限时限地地收看节目而费心了。

策　　略

本次新闻发布会的主办方是中国网通集团河北省通信公司银河信息网络分公司，为了能够圆满地完成此次盛会，银河公司的各级领导给予了大力的支持和正确的领导。在会议准备前期，曾多次召开会议研究部署，落实新闻发布会的具体细节，并对筹备工作中的相关问题及时解决，确保了筹备工作扎实、稳步推进。

河北邮电广告有限责任公司则是本次会议的承办方。在历时一个月的会议筹备过程中，邮电广告银河公司服务小组及公司各部门人员都全力以赴、认真准备，以百分之百的热情投入到工作当中，为各项工作的按时完成加班加点，甚至通宵达旦，表现出了十足的干劲。

宣传资料：为了借助此次难得的契机宣传银河网、燕赵新天地及其他业务产品，我们特地印制了一批宣传银河网、燕赵新天地等的宣传单页、折页、宣传手册，以及向与会嘉宾赠送的燕赵新天地电影、音乐等业务产品体验卡、央视网络电视体验卡。

会议统筹资料：为保证会议的顺利进行，我们对会议的策划案、实施案、客户资料、嘉宾资料、发言稿、邀请卡等会议所需物品都进行了精心的准备。从每一个细小环节入手，严格做到各个方面均形象统一，整体宣传。

会场布置：酒店特地为与会领导及嘉宾预留车位，并由专人进行引导，保证车辆交通的顺畅；从酒店大堂、电梯口，到主会场燕都厅，都制作了统一形象导示牌为来宾引路；在主会场门口设立签到处，为领导和来宾提供会议的相关资料和纪念礼品；主会场内四周墙上悬挂燕赵新天地大幅宣传海报，烘托出了整个会场的主题氛围；前后两面背景板设计了统一的主题字体和形象标志，整体画面以喜庆的红色为主，昭示着会议热烈、欢庆的气氛；网络电视现场体验区设置在会场北侧，统一的风格摆放、统一的演示指导，给现场嘉宾亲身体验的绝好机会；此外会议现场的柱子、礼花、背景音乐等一系列相关物品的细心设置都表现出了邮电广告全体员工办好此次盛会的决心。

活动布置

2005年5月27日上午，我们对会场进行了最后的整体布置和检查。主会场主席台以鲜花装点，庄严而不失雅致；大红的主席台背板、围绕主席台左右摆放的六个礼花花篮衬托出会场热烈、融洽的气氛；现场四周壁上悬挂的"燕赵新天地，开启宽广天地"的大幅宣传展板以及右前方的投影屏幕，令现场极具现代感又喜气洋洋。一切工作准备就绪，决胜仗马上打响。

入 场

2005年5月27日16:30，嘉宾及领导开始陆续入场。出席本次盛会的有中视网络公司、北京爱维视讯有限公司、上海优度公司、河北省省委宣传部、省文化厅、省广播电视局、省信息产业厅、省通信管理局的诸位来宾，以及省会电视台、电台、各报社等十余家新闻媒体记者。大家以饱满的热情步入会场，共同见证这一伟大的时刻。

新 闻 发 布

新闻发布会正式开始后，主持人首先针对此次会议的相关背景情况为大家作了简短的介绍，随后是各界领导和嘉宾对此次大会的祝贺致辞。致辞结束后，推动此次盛会进行的主要领导就记者提出的一系列问题进行了解答。领导的回答让我们更深层次地从通信行业的角度了解了网络电视给通信企业发展带来的契机。作为网络与电视媒体的搭桥者，通信企业在引进电视媒体优势资源的同时也为自身的发展拓展了一条光明大道。

揭 彩 仪 式

2005年5月27日17:50，开通揭彩仪式正式开始。"央视网络电视"落地"燕赵新天地"开通仪式具有浓郁的中国传统文化特色，别具一格。主席台前方预先悬挂六个书卷，在揭彩时由六位嘉宾同时拽开春联彩带，象征开通仪式正式开始。书卷上书写"开河北网络电视先河，通央视传媒经典之作，圆两大媒体联合梦想，满燕赵儿女多年夙愿，成宽带互动增值伟业，功时尚娱乐精彩生活"。以"藏头诗"的形式寓意"开通圆满成功"。六副对联同时展落，不仅标志着开通仪式的成功，更是央视与网通合作序幕的开启。对联展落瞬间，现场还有礼花装点，喜庆的礼花绽放，缤纷的彩花飞舞，使得现场气氛更加融洽、热烈。

网络电视剧首映式

首部在网络上公映的电视剧《小鱼儿与花无缺》在会议现场进行了公映。顺畅的网络运行，精彩的剧情介绍，大家在这里亲身感受到了网络电视的丰富多彩和极其广阔的发展前景。"网络＋时尚＋电视"构成了网络电视的核心。网络是平台，用户可以在宽带网络这一平台上自由地与众多数字化的音、视频内容实现互动；时尚是灵魂，网络电视提供给用户的是现代的、适应潮流的时尚享受，是精神上的愉悦和满足；电视是表现形式，网络电视通过视、听等人们最易接受的方式传播文化。网络电视正在以顺应时代潮流的超强生命力成为未来社会信息传播形式的主导。

历 史 意 义

"央视网络电视"在河北的落地，揭开了河北省宽带增值服务的新篇章，它将"燕赵新天地"的宽带覆盖和网络速度与央视传媒的海量节目完美结合，在不断提升服务内容的同时满足了网民多元化、多层次的需求。银河网与央视的联合，印证了网络电视强大的生命力和广阔的生长空间，同时也促进了银河网从单一提供电信增值业务服务到提供电信、广电、互联网等所有信息业务服务，实现了从固网运营商向现代综合信息服务提供商的转变。携手央视，"燕赵新天地"在提供原有节目内容的基础上，可以充分挖掘现有网络资源，不断进行业务创新，满足客户日益个性化、多样化的需求，为今后的发展奠定坚实的基础。

（选自福建媒体资源网，佚名）

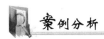 **案例分析**

这是一则关于新闻发布会的典型案例，从行文来看，有缘起、分析、策略、活动布置、入场、新闻发布、揭彩仪式、网络电视剧首映式及历史意义，有条不紊，比较全面地展现了一场新闻发布会的全过程，有条理、有过程、有分析，实为新闻发布会的策划、组织、安排提供了可资借鉴的范本，为企业及其他组织运用新闻发布会宣传新产品、新工艺、新活动提供了有益的经验。我们看到了新闻发布会的全过程，也能从中得到有益的启示与借鉴。

 **案例讨论**

1. 你认为这一案例的最大亮点在哪里？为什么？
2. 一般情况下，组织需要在新闻发布会召开前就进行有目的的计划、安排吗？为什么？
3. 倘若要召开一场关于类似"央视网络电视"落地"燕赵新天地"推广仪式暨新闻发布会，你认为关键在何处？为什么？

公关知识库

一、新闻发布会的含义和特点

新闻发布会又叫记者招待会，是一个社会组织把各类新闻媒介的记者召集在一起，宣布某一有关信息，并让记者就此进行提问，然后由召集者来回答的一种特殊会议。新闻发布会曾被作为进行公共关系宣传的最好方式之一，主要用于树立或维护组织形象，协调公共关系，引导社会舆论朝着有利于本组织的方向发展。尤其是在现代社会铺天盖地的信息面前，如果没有一个权威性的信息来源，杂乱信息便容易搅乱人们的思想，让人无所适从。召开新闻发布会，就有利于人们看到具有权威性的言论，避免小道消息蔓延，干扰人们的正确判断力。例如，2005年4月26日各大媒介都刊登了《教育部酝酿取消师范生实行教师资格定期认证制》这一消息。文中指出，我国正酝酿师范院校的招生改革，拟取消师范和非师范专业的分别招生规定，这意味着在我国有百年历史的师范生将会消失。这一消息一经发布，就在社会上引起了不小的反应。事实到底如何呢？2005年4月27日，也就是在该事件发生的第二天，教育部新闻办公室就举行了新闻发布会，教育部新闻发言人王旭明就一些网站和媒体刊登该消息出面澄清，经调查核实，此消息内容严重失实。教育部有关领导并未在教师培养模式改革研讨会上表述过此观点，也未出席此会议和提交论文。他指出，"据我们了解，类似的说法也只是限于某些专家的个人观点。重大教育与改革过程中涉及面广、涉及人数多的政策，是不可能一个人可以公布的"。发言人称，教师专业化是国际教师教育的发展趋势，教育部及有关部门并未就取消师范生一事进行过讨论研究。教育部将认真贯彻落实《2005年教师教育工作会议》精神，进一步加强和改革教师教育，但绝不会取消教师教育。这位发言人重申，教育部新闻办公室是教育部授权发布重大教育政策的权威机构，媒体和公众无论从什么渠道获得有关信息，一定要核实，不要揣测或者道听途说，不实新闻既不利于媒体的信誉，同时也对整个社会受众产生误导。2005年4月28日，各大媒介又以《取消师范生属失实报道 教育部表示绝不会取消》为题进行了报道，此事才宣告结束。

在以上案例中，教育部在第一时间作出反应，举行新闻发布会，及时澄清事实，防止了虚假消息的进一步流传，扭转了新闻舆论导向。在现代社会，新闻发布会日益成为社会组织与新闻界保持联系的一种重要的活动方式，同时，它也是社会组织向公众广泛传播各类信息的一种重要工具。一般来说，新闻发布会有这样几个特点：

第一，权威性。新闻发布会是一种比较正规、隆重、规格较高的传播方式，与其他传播方式相比，其影响面更广，权威性更大。

第二，两级性。新闻发布会是一种两级传播。社会组织先将信息告知记者，再通过记者所属的大众媒介告知公众。

第三，双向性。新闻发布会属于双向对称沟通：一方面，社会组织根据自己的需要向记者发布信息；另一方面，记者可根据自己感兴趣的问题，以及所着重的角度进行提问，能更好地发掘消息，从而增加信息传递的深度和广度。

第四，现场性。新闻发布会一般安排记者提问，并需要现场回答，这就要求新闻发言人和会议主持人有较强的表达能力和反应能力。

二、新闻发布会的策划和组织

社会组织是否能通过新闻发布会将组织的有关信息成功地传递出去，并借此树立自己的形象，提高组织的知名度、美誉度，关键在于新闻发布会的策划和组织。一般来说，组织好一次新闻发布会需要做好以下工作：

（一）会前的筹备工作

会前的筹备工作主要包括确定举行新闻发布会的必要性；选择会议的地点和时间；确定主持人和发言人；准备发言和报道提纲；准备宣传辅助资料；选择邀请记者的范围。

1. 确定举行新闻发布会的必要性

根据新闻发布会的特点，会前必须对所发布的信息是否重要、是否具有广泛传播的新闻价值，以及新闻发布的紧迫性和最佳时机，进行研究和分析。新闻发布会的召开，总是有一个具体而充分的理由，或者是解释一件已为许多人知道但不够详细的事件，或者是公布一件人所未知的重大信息，或者是介绍一件新产品，或者是澄清某些造成重大影响的事实真相。只有在确认召开新闻发布会的必要性和可能性后，才可决定举行新闻发布会。

2. 确定会议地点和举办时间

在地点选择上主要考虑给记者创造各种便利的采访条件，如会场要具备拍摄的照明设备、视听设备和通信设备等，并且会场要安静，不受电话干扰，交通要方便。会议的时间要尽量避免节假日、重大社会活动和其他重大新闻发布的日子。

3. 确定会议主持人和新闻发言人

会议主持人和新闻发言人必须头脑清醒，反应机敏，有较高的文化修养和较强的表达能力。会议的主持人一般由有较高专业技巧的公关人员担任，新闻发言人由组织或部门的高级领导担任，因为他们清楚组织的整体情况、方针、政策和计划等问题，熟悉媒介运作规律，并能通过媒介把信息有效地发布出去。

4. 准备发言和报道提纲

召开新闻发布会之前，公关人员应对本组织所发生的重大事件进行详细周密的调查和研究，对事情发生的来龙去脉要一清二楚。诸如问题产生的原因、造成的损失、产生的影响、采取的善后措施、解决问题的态度、发展变化的趋势等，公关人员均应了如指掌，以备记者质询时对答如流。重要事件还应准备书面材料，在新闻发布会上可以提供给记者备查，以免在报道中发生差错。此外，公关人员还应及时写出情况报告，一来供领导层采取善后措施时作决策参考；二来使领导者正式向外界发布新闻时，不致发生遗漏或差错。

5. 准备宣传辅助材料

宣传辅助材料要围绕主题准备，尽量做到全面、详细、具体和形象。形式应多样，要有口头的、文字的、实物的、照片和模型等，以增强发言人的讲话效果。

6. 确定邀请记者的范围

应根据新闻发布会的主题，有选择地邀请有关的新闻记者来参加。如发布工业产品信息，就不用邀请《少儿报》、《文艺报》等报刊的记者参加。另外，也应考虑事件发生后的波及范围。若只限于地方性影响，由地方新闻记者参加即可；若影响范围波及全国，就应邀请全国各大媒介新闻记者参加。

（二）会议的程序安排

举办新闻发布会，会议程序要安排得有条不紊，避免出现冷场和混乱局面。一般来说，新闻发布会应包括以下程序：

1. 签到

设立签到处，并派专人引导记者前往会场。与会人员要在签到簿上签上自己的姓名、单位、职业、联系电话等。

2. 发放资料

会议工作人员应将写有姓名和新闻机构名称的入场证发给与会记者，并发放有关宣传资料。

3. 介绍会议内容

会议开始时要由会议主持人说明召开新闻发布会的原因及所要公布的信息或事件发生的简单经过。

4. 主持人讲话

主持人要充分发挥主持和组织作用，活跃会场气氛，并引导记者踊跃提问。当记者的提问离会议主题太远时，要善于巧妙地将话题引向主题。会议出现紧张气氛时，能够及时调节缓和，不要随便延长预定会议时间。

5. 回答记者提问

要准确、流利地回答记者提出的各种问题，不要随便打断记者的提问，也不要以各种动作、表情和语言对记者表示不满。对于涉密或不宜公开回答的问题，不要回避，而要婉转、幽默地进行反问或回答。

6. 参观和其他安排

会议结束后还应由专人陪同记者参观考察，给记者创造实地采访、摄影、录像等机会，增加记者对会议主题的感性认识。如果有条件，社会组织还可举行茶或酒会，以便个别记者能够单独提问，并能融洽和新闻界的关系。

（三）会后的效果测评

新闻发布会结束后，社会组织应对新闻发布会的效果进行测评。

1. 整理相关资料

尽快整理新闻发布会的记录材料，对会议的筹备、组织、主持和回答问题等环节的工作进行总结，并将总结材料存档。

2. 编发公关新闻稿

公共关系工作人员应善于编写公关新闻稿。一般来说，公关新闻稿的写作要注意以下几点：一是主题开门见山，即首先说明组织正在做什么。二是尽量使用简短的、口语化的句子进行表述。三是清楚地表达思想，不使公众产生误解或者曲解。

3. 收集反馈信息

及时了解与会记者对新闻发布会的态度和意见，追踪媒体和公众的反应，广泛收集与会记者对新闻发布会的相关报道，进行归类分析，检查是否达到了会议的预定目标，以便谋划下一步的公关活动。

三、策划和组织新闻发布会的注意事项

社会组织是否能通过新闻发布会将组织的有关信息成功地传递出去，并借此树立组织的良好形象，关键在于新闻发布会的策划和组织工作。具体来讲，新闻发布会的策划应注意以下几方面：

（1）会议的场所选择和场所布置要符合恰当氛围，体现严肃性、权威性、庄重性。

（2）同新闻界搞好关系，尊重新闻记者，为他们的工作提供方便。无论权威媒介还是普通媒介，著名记者或者一般记者，都要一视同仁，不能厚此薄彼。

（3）要确保所发布的信息准确无误，若发现错误，应及时更正。

（4）切忌口气生硬、随意打断记者提问。对记者有偏见、挑衅性的提问，应保持镇静，有理有节地予以反驳，不应激动发怒。

拓展阅读

1. ［美］弗兰·R. 迈斯特等. 公关造势与技巧. 北京：中国人民大学出版社，2005.
2. 杨俊等. 公共关系（修订本）. 合肥：合肥工业大学出版社，2006.
3. 张岩松. 公共关系实践教程. 北京：清华大学出版社，2008.

思考题

1. 如何举行一场有意义的新闻发布会？
2. 如何做好新闻发布会的前期准备工作？
3. 谈谈在新闻发布会的举办形式上，如何利用网络传播？

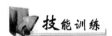
技能训练

如何策划新闻发布会

【情景设计】

小吴来自于某民营名企，因业务发展需要，必须与新闻媒体打交道，可是新闻媒体依然是计划体制下的工作模式，一般员工懒散惯了，影响工作效率。小吴必须设法与他们交流，以便迅速完成新闻发布会的组织、策划、实施与评价等工作任务。

【角色扮演】

以 3～5 人为单位，分别扮演不同的角色，尝试说服技巧，运用访谈法、座谈法、讨论法，施行沟通与交流。

【实训要求】

1. 按照个性特点，选择角色，确定负责人与助手；

2. 分组讨论如何模拟应对新闻发布会的各项工作，各部门之间需要协调、沟通的基本内容；

3. 写出详细的新闻发布会策划书。

【效果评价】

教师教学点评、打分。见表 8－1。

表 8-1 新闻发布会计划实施表

专业		班级		学号		姓名	
考评场所							
考评内容							
考评标准	项目内容		分值		评分		
	准备环节		10				
	计划实施步骤		10				
	协调技巧		20				
	言语技巧		20				
	认知技巧		20				
	应变能力		20				
	总计		100				

专题二 赞 助 活 动

 案例学习

全运会用车赞助案例：通用别克专卖边赞助边赚钱

九运会前半年，广州第三家上海通用别克专卖店——AEC 华南顺达汽车贸易公司即将开业，如何在同类中一炮走红、脱颖而出？总经理练卫飞开始谋划九运会"500 台指定车赞助项目"。

而赞助 500 辆接待用车非同小可，弄不好"赔了夫人又折兵"，清一色的新车服务九运会 20 多天后就可以进入二手车市场了，肯定掉价，虽然每台车有 6.8 万元的政府补贴，但风险还是挺大的，况且这还是一项"政治任务"，搞砸了这责任企业是承担不起的，如此大手笔吓退了不少本地和外地实力雄厚的汽车厂商。在他开始承接该项目时，别人都等着看他的好戏！

巧布置——"APPC"帮埋单

他先打了将近 1.5 亿元的款向厂家购买了 500 台别克，边卖边买，然后多次与上海市政府商议 9 月即将在上海召开的"APPC 会议"200 台接待用车事宜。他建议"APPC 会议"采用当地产的轿车来接待，上海市政府把上海通用汽车、上海某租赁公司的负责人召集起来商量"部署"接待用车的工作，决定由该租赁公司承接这 200 台车的接待任务，但要再吃进 200 台新车恐怕会造成极大的运营压力，上海市政府也充分考虑了企业的难处，决定免收出租车牌证费且每台车还补助两万元给租赁公司（那时的出租车牌证挺贵的，广州出租车牌大约 30 万元一个，深圳大约 70 万元一个）。如此一来，该租赁公司便可获得 400 万元的纯利，但企业还是犯难，市政府见状出面与厂家商议特惠售卖这 200 台新车给租赁公司，至

此那家租赁公司有些心动了，但是15天会议结束后这些车怎么处置？练卫飞忙不迭地"晓之以理、动之以情"地推介，AEC将在11月份租用这200台车用做九运会接待用车，每台车给租赁公司两万元，这样租赁公司又可以有400万进账了，最终租赁公司欣然接受了"任务"。

勤号召——商与民齐出力

而此时，AEC九运会500台接待用车也顺利解决了200台，还有300台的缺口，怎么办？练卫飞首先想到了厂家，想到了民间，练卫飞又找到了制造"富利卡、得利卡"的东南汽车（AEC作为东南汽车的一级代理，备受厂家的重视），以操办九运会接待用车项目为由，从厂家购进了180多台特惠的东南车（而后用做"九运会青年自驾车"项目），同时他以华南顺达别克店新开张客源少、售后服务需要拓展客源为由，说服了上海通用厂家获取了广东地区部分客户的资料，于是他开始在这些有名有姓的广东车主身上大做文章，发动广东的别克车主"人车同出或只出车不出人"积极投身九运会，虽然"出车载人"参与九运会有机会与国内各路奥运冠军、体育健儿接触，然而当地车主都很现实，没利益图虚荣谁干？练卫飞从一开始就想到这点，他推出了两份九运会招募套餐："人车同出"的服务20天"补贴"2万元，"光出车不出人"的服务20天"佣金"1.5万元，如此"利民"措施出台后，识实务的车主踊跃签约报名参加，一下就解决了100多台接待用车（而也正是这100多台接待用车化解了AEC一场危机公关）。

减损失——借邀功要政策

300多台接待用车已落实，还剩下100多台（由于时间紧迫，否则这问题也能解决），没办法只能"杀鸡取卵"，100多台新车亏着用了，为了减少接待过程中新车的磨损，AEC还派专人廉价采购了布套、坐垫"保护"新车。

由于AEC出色地完成了接待用车项目，在练卫飞的多次跑动下，有关政府领导同意AEC设立广博粤科租赁公司，如此一来，那100多台跑损的新车就有了着落。

AEC出资赞助，同时获纯利估计近2000万元。

（选自绿人网，作者：丁树雄）

案例分析

九运会"500台指定车赞助项目"，凭借在上海召开的"APPC会议"200台接待用车事宜，"晓之以理、动之以情"推介，租赁公司欣然接受了"任务"；再发动广东的别克车主"人车同出或只出车不出人"积极投身九运会，"人车同出"的服务20天"补贴"2万元，"光出车不出人"的服务20天"佣金"1.5万元，车主踊跃签约报名参加，一下就解决了100多台接待用车；又说服政府领导同意AEC设立广博粤科租赁公司，如此一来，那100多台跑损的新车就有了着落。把损失降到了最低。真可谓，边赞助边赚钱，既完成赞助的承诺，又获得社会、经济效益的双收获。这就是赞助的最高、最巧的境界，于人于己实现双赢。

企业开展赞助，务必遵循社会效益原则、合法原则、实力与相关原则，制订周密、详细的计划、方案，着力实施，尽可能扩大赞助活动的社会影响，谋求组织形象的一体化、好感，从而使其获得效益的最佳峰值。

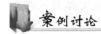

1. 你认为 AEC 华南顺达汽车贸易公司的赞助案例成功吗？为什么？
2. 此案例所演绎的赞助真谛是什么？值得借鉴、推广吗？为什么？
3. 赞助的开展应注意哪些基本原则？为什么？

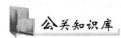

一、赞助的含义和目的

赞助是社会组织以提供资金、产品、设备、设施和免费服务的形式无偿资助社会事业或社会活动的一种公关专题活动。赞助活动是一种对社会作出贡献的行为，是一种信誉投资和感情投资，是企业改善社会环境和社会关系最有效的方式之一。任何一个社会组织的赞助都会有自己的具体目的，概括起来，赞助主要有四种目的：

（1）通过赞助活动做广告，增强广告的说服力和影响力。一方面可以通过赞助活动作为广告宣传的载体，使公众获益，以赢得公众的普遍好感；另一方面可以通过赞助所获得的"冠名权"提高广告的效果。

（2）树立组织关心社会公益事业的良好形象。现代企业不但要赢利，还要承担一定的社会责任与义务。赞助社会活动是企业向社会表示其承担责任与义务的方式之一。赞助活动的开展，有助于企业赢得政府与社区的支持，从而为企业组织的生存与发展营造相对宽松的社会环境。

（3）培养和社会公众的良好感情。举办与公众密切相关的赞助活动，能够有效地培养社会组织同公众的情感，增进彼此之间的友谊，加强双方的联系，使公众在内心深处认同社会组织。

（4）制造新闻效果，扩大社会组织认知度，提高组织在公众中的美誉度。

二、赞助的类型

为了达到以上目的，现代组织的赞助活动有多种类型，最常见的赞助形式有赞助体育活动、赞助社会慈善和福利事业、赞助教育事业、赞助文化生活等。通过各种形式的赞助活动，使组织获得最佳的信誉投资，改善和发展其公共关系。

（一）赞助体育运动

由于体育比赛活动是新闻媒介热衷报道的对象，而且拥有众多的观众，对公众的吸引力大，因此，社会组织常常赞助体育运动，以增强对公众施加影响的广度和深度。赞助体育运动常见的形式有赞助体育训练经费或物品、赞助体育竞赛活动、设立体育竞赛奖励项目等。

（二）赞助社会慈善和福利事业

为各种需要社会救助的人如孤寡老人、残疾病人、福利院儿童等提供物质、经济帮助，开展服务活动，以及济贫、捐助灾民，既是社会组织履行社会义务的重要手段，也是社会组织改善社区公众关系、政府公众关系的重要途径。

（三）赞助教育事业

教育是立国之本，发展教育事业是一个国家的基本战略方针。社会组织自觉地赞助教育事业，如捐资建立图书馆与实验室、设立某项奖学金制度、资助贫困学生、捐助希望工程等，既可以促进学校教育事业的发展，又可以为社会组织树立关心社会教育事业的良好形象。

（四）赞助文化生活

文化生活是公众社会生活的主要内容之一。社会组织积极赞助文化生活，不仅可以增进社会组织与公众的深厚感情，而且可以提高社会组织的文化品位和知名度。赞助文化生活的方式主要有赞助拍摄与社会组织有关的影视片、资助文艺演出队伍、赞助文化演出活动等。

三、赞助活动的组织与策划

赞助活动是一种技术性很强的公共关系专题活动，一次完整的、成功的赞助活动，需要做好以下工作：

（一）做好赞助研究

组织要开展赞助活动，进行赞助研究是非常重要的一步。组织应从经营活动政策入手，分析组织公共关系目标，确定赞助目的，并据此考核需要赞助的项目是否对社会、对公众有益，是否能对本组织产生有利影响。在此基础上，研究赞助项目的必要性、可行性、有效性，保证社会和组织都能获益。

（二）制订赞助计划

组织要在赞助研究基础上制订赞助计划。赞助计划是赞助研究的具体化，因此赞助计划的内容应该具体、翔实，对赞助的目的、赞助的对象、赞助的形式、赞助的费用预算、赞助的具体实施方案等都有所计划，并控制范围，防止赞助规模超过组织的承受能力。

（三）评估与审核赞助项目

这一步主要是针对具体赞助项目进行的，对每一项具体的赞助项目，赞助工作机构都应进行分析研究。首先对赞助项目进行总体评估，检查是否符合赞助方向，对赞助效果进行质和量的估计。审核则是结合计划进行，组织每进行一次具体赞助活动，都应由组织的高层领导或赞助委员会对其提案和计划进行逐项审核、评定，确定其可行性、具体赞助方式、款额和时机。

（四）实施赞助方案

组织要派出专门的公共关系人员，去实施赞助方案。在实施过程中，公关人员要充分利用有效的公共关系技巧，尽可能扩大赞助活动的社会影响；同时，应采用广告和新闻传播等手段，辅助赞助活动，使赞助活动的效益达到最佳峰值，争取赞助的成功。

（五）测定赞助效果

赞助活动结束后，组织应该对照计划，测定实际效果。赞助活动的效果应由组织自身和专家共同测评，尽可能做到符合客观实际。检测过程包括检查、收集各个方面（如公众、新闻媒介、受赞助组织）对此次赞助的看法、评论，看是否达到预定目的，还有哪些差距，对活动不理想的应找出原因，并把这些写成总结报告，归档储存，为以后的赞助活动提供参考。

四、组织与策划赞助活动的注意事项

社会组织的赞助活动，作为一种投资行为和宣传方式，具有较强的政策性与技巧性，在实际操作中必须注意以下事项：

（1）开展赞助活动必须着眼于社会效益，以获得公众的普遍好感。一般地说，社会组织要优先赞助社会慈善事业、福利事业、公共市政建设以及文化教育活动。

（2）开展赞助活动必须符合法律规范。主要有两方面含义：第一，赞助的对象要合法，要认真研究和确认被赞助的组织、个人或社会活动本身是否具有良好的社会声誉，是否有积极、广泛的社会影响，保证赞助活动取得良好的社会效益。否则，就会给公众以"助纣为虐"之感，不仅不利于实现赞助活动的目的，反而会损害组织形象。第二，赞助的方式要合法，即严格遵守政策法规。违背政策法规，利用赞助搞不正之风，也会破坏社会组织的形象。

（3）开展赞助活动应当量力而行，不能一时冲动，感情用事。赞助经费的数额，必须在社会组织能够承受的范围之内。每年列出赞助总额预算，在该预算范围内予以赞助。

（4）目前，社会拉赞助者众多，鱼目混珠，企业应加以仔细评鉴。对各种明显不能满足其要求的征募者，应坦率而诚恳地解释组织的有关政策，不必为威胁利诱所屈服，必要时可诉诸社会舆论和法律，以保障组织的合法权。

（5）要注意留存一部分机动款项，作为遇到临时、重大活动时的备用款。

拓展阅读

1. 邓月英．公共关系．上海：复旦大学出版社，2009.
2. 栗玉香．公共关系．大连：东北财经大学出版社，2010.
3. 黄禧祯，刘树谦．公共关系通用教材．北京：北京理工大学出版社，2009.

思考题

1. 简述赞助的目的、类型。
2. 你认为 AEC 华南顺达汽车贸易公司的赞助活动成功的秘诀何在？为什么？如果没有后面的整合营销，结果会怎样？
3. 如何开展一次成功的赞助活动？

 技能训练

如何开展赞助活动

【情景设计】

李萌大学毕业后来到某外资企业担任办公室文员，因为业务的关系，某单位需要赞助，领导研究后决定：面对该企业的实际状况给予一定的赞助，请她尝试起草一份赞助策划书。

【角色扮演】

以 3～5 人为单位，分别扮演不同的角色，尝试说服技巧，运用访谈法、座谈法、讨论法，施行沟通与交流。

【实训要求】

1. 按照个性特点，选择角色，确定负责人与助手；

2. 分组讨论如何模拟应对赞助活动的各项工作，各部门之间需要协调、沟通的基本内容；

3. 写出详细的赞助策划书。

【效果评价】

教师教学点评、打分。见表 8－2。

表 8－2　　　　　　　　　　　　　赞助活动计划实施表

专业		班级		学号		姓名	
考评场所							
考评内容							
考评标准	项目内容			分值		评分	
	准备环节			10			
	计划实施步骤			10			
	协调技巧			20			
	言语技巧			20			
	认知技巧			20			
	应变能力			20			
	总计			100			

专题三　宴　　请

 案例学习

从宴请奥巴马的食谱说中西饮食文化

据媒体报道，国家主席胡锦涛在 11 月 17 日晚举行盛大宴会，欢迎来华访问的美国总统奥巴马。宴会菜单中西合璧，正餐包括一道冷盘、一份汤和三道热菜：翠汁鸡豆花汤、中式牛排、清炒茭白芦笋、烤红星石斑鱼。餐后甜品为一道点心和一道水果冰激凌。

看了这份餐单，便会心一笑，因为它的确称得上是"中西合璧"。

鸡是中西兼用的食材，豆花却是绝对中国风格，而绿色蔬菜汁为汤增色，则是西方人爱用的方法。这三样食材都有低脂特色，颇符合奥巴马严格低脂的要求。

牛排是西方人的传统美食，但用中国方法来烹调、调味，一样令人喜爱，甚至更加健康。把牛油和奶油改成植物油，把洋葱改成葱、蒜，把番茄酱改为酱油和豆豉……同样的一块牛排，经过这些小小的变革，或许会令西方人在口味上找到新的惊喜。

清炒茭白芦笋是个难得的好菜。它用茭白的象牙白来配芦笋的青翠绿，又用清炒的方法来烹调，突出了健康清爽的菜肴特色。从成分来说，这两样食材都是高纤维、高钾、低脂的典范，适合减肥者和慢性病人。从心理感觉来说，西方人极为熟悉的芦笋，配上他们或许从未见过的、极具中国特色的茭白，也是一种中西饮食的交融。

烤红星石斑鱼，采用了烤制的烹调方法，既突出了石斑鱼的低脂特色，保持了其中omega－3多元不饱和脂肪酸的比例，又令西方人感觉亲切。从报道中不知道调味方式如何，想必会使用略具中国特色的腌渍和调味方式，在西式烤箱的温度下，让风味与鱼肉完美地融合在一起。

餐后的点心，极可能会是一道柔美而精致的中式点心，与西式的水果冰激凌相配。用水果搭冰激凌，本来就是极其协调的做法，又有健康的理念贯穿其中，降低了冰激凌的热量。

从食材比例来说，这份餐单中蔬菜略少，荤食比例略高。如果冷盘中能多提供一些蔬菜，或牛排边上再搭配一些蔬菜，就可以弥补这个遗憾。考虑到宴请双方人员众多，菜谱本来就是众口难调，不可能要求十全十美。不过，若是让奥巴马选择，他一定会建议增加蔬菜。

自从参加总统竞选以来，奥巴马以极其注重健康的生活理念，为美国国民带来了史无前例的健康示范。在这个超重和肥胖者高达60%以上的国家当中，特别是黑人肥胖比例高于白人的情况下，奥巴马那比例完美、肌肉发达的身材使人们相信，人到中年之后仍然可以充满健康活力。

完美的身材，当然不是一日之功，而是持之以恒的健康生活的结果。他和妻子多年来坚持控制食物中的脂肪，减少烹调用油，不喝含有糖分和盐分的水，采用新鲜天然的食材，吃大量蔬菜，特别是有机蔬菜，以提高食物的健康质量。同时，奥巴马夫妇都坚持健身锻炼，也要求女儿们注意饮食和运动。在竞选期间，甚至有人担心，奥巴马夫妇过度在意健康，有点"脱离群众"之嫌，会失去胖子们的选票。

但是，他仍然当选了。我想，与选一个大腹便便的胖男人相比，美国人肯定更愿意这个身材堪比模特、体能比年龄年轻十岁的人来代表美国的形象。俗话说，上有所好，下必效焉。一个国家的元首，以及第一家庭，作为媒体注意的中心，对于国民生活风尚的引导作用不可忽视。热爱健康生活的美国总统全家，或许能够为美国走出肥胖社会带来一些新的动力。

由此联想到中国，如果公布胡主席和温总理的食谱，不知道会给人们带来什么样的影响呢？耳闻两位领导注重健康生活，但愿他们能够更多地对媒体谈起自己的饮食生活，媒体也不妨更多地关注他们的健康行为，或许也会给中国的大小官员，乃至亿万老百姓，带来教益和引领。

（选自中华企业文化网，佚名）

案例分析

胡主席招待来访美国总统的宴会菜单可谓中西合璧，正餐包括一道冷盘、一份汤和三道热菜：翠汁鸡豆花汤、中式牛排、清炒茭白芦笋、烤红星石斑鱼。餐后甜品为一道点心和一道水果冰激凌。这一宴请案例恰好体现了现代公关专题活动中宴请的礼仪，也证明宴请的背后是文化。在公关活动中，如何兼容东西方不同文化背景实在是我们公关人务必应当掌握与遵守的准则与规范。

案例讨论

1. 你认为胡主席宴请来访美国总统奥巴马是成功的吗？为什么？
2. 在宴请活动中应如何把握基本的规格和程序？
3. 如何区分宴请的类型？

公关知识库

宴请是常见的公共关系专题活动之一。为表示欢迎、答谢、祝贺、联络感情，社会组织常常举办宴会邀请各界人士参与，这就是宴请。宴请作为一种轻松愉快的社交形式，具有独特的魅力。在宴请活动中，人们一般不会存多少戒心，心情比较舒畅，因而便于人与人之间情感的交流和沟通。

一、宴请的类型

一次成功的宴请，就是一次成功的公共关系活动。社会组织需要运用各种宴请类型，以实现自己的公关目标。宴请有国宴、正式宴会、便宴之分，通常冷餐会、酒会等各种不备正餐的较为灵活的宴请形式也包括在内，此外，还有茶会、工作进餐等形式。在这里介绍几种常用的宴请类型：

（一）国宴

国宴是国家元首或政府首脑为国家的庆典或为外国元首或政府首脑来访而举行的宴会，规格最高。宴会厅要悬挂国旗，安排乐队演奏国歌，主宾相互致辞、祝酒。

案例：2009 年 11 月 17 日晚上，国家主席胡锦涛在乐声悠扬的人民大会堂金色大厅以一席简单精致的"四菜一汤"国宴款待了正在北京进行国事访问的美国总统奥巴马一行。

根据《中国日报》在宴会间外取得的菜单，本次宴请完全遵循了周总理亲自制定的我国国宴"四菜一汤"的简朴标准，冷盘过后，身着月白和玫瑰红色旗袍的服务员依次为贵宾们奉上翠汁鸡豆花汤、中式牛排、清炒茭白芦笋和烤红星石斑鱼四道佳肴，之后是餐后点心和水果冰激凌。席间用酒是纯国产的长城干红和干白。以金色为主色调的大厅内宴开 13 桌，12 个圆桌左右簇拥着一个两国元首及其他高级官员就座的巨型圆桌。

四菜一汤，这是当年周总理定的标准，一直延续至今。2008 年 8 月 8 日胡主席设宴款待出席北京奥运会开幕式的五大洲贵宾的时候，正餐包括一道冷菜、一份汤和三道热菜，餐后甜品也是一道点心和一道水果冰激凌。当时的三道热菜分别是中西合璧的荷香牛排、人民大会堂为奥运专门设计的鸟巢鲜蔬和酱汁鳕鱼。北京烤鸭则被作为额外小吃向客人们提供。

胡锦涛作为中共中央总书记、中华人民共和国国家主席、中央军委主席，宴请美国总统奥巴马，二人的身份、地位很尊贵，可二人峰会、宴会上却仅仅是"四菜一汤"，还赶不上一般家庭招待客人的"七碟八碗"呢！尽管如此，想必尊贵的客人奥巴马总统是不会"嫌弃"胡主席的"小气"的，而主人胡主席自然也会是"君子坦荡荡"！这就是一对大国领袖人物的风范！

（二）正式宴会

正式宴会一般有固定的规格和程序，宾主均按身份排位就座。对服饰、餐具、酒水、菜肴道数、餐桌陈设、服务员的装束和礼仪等方面，都有较严格的要求。席间一般有正式的致辞、祝酒。

（三）便宴

便宴即非正式宴会，分午宴或晚宴，一般晚宴较午宴隆重些。近年来也有利用早餐（饮早茶）的形式举行便宴的。便宴形式简便，不排坐席，不作正式讲话，菜式和酒水也较随意，适用于日常相互间的友好往来。它是一种比较受欢迎的宴会形式，应用范围也较广泛。例如，2005年6月3日《解放军报》就以《轻松的晚宴》为题，对便宴这一形式的宴会大加赞赏和倡导。

5月13日，广州军区机关工作组一行5人来到某师。师长盖龙云、政委陈杰在招待所设宴招待。一些人听说师长、政委宴请军区工作组，就嘀咕开了：规格肯定很高。记者随同工作组走进餐厅一看，摆在餐桌上的并非山珍海味，每人面前摆着6个小碟，分别是辣椒炒肉、煎小黄鱼、清炒小白菜、家常豆腐、凉拌黄瓜、糖醋大蒜。桌子中央摆着一大盆西红柿鸡蛋汤。主食是当地特产桂林米粉和馒头、米饭，没摆任何酒具。

晚宴是普通的工作餐，可军区机关工作组的同志给予了高度评价。一位军区领导感慨地说："过去，机关工作组一到基层就是迎来送往，大吃大喝，基层干部还要轮番上阵劝酒敬酒以示敬重，既暴饮暴食，又浪费时间，还损害健康，影响很不好。"一位军区机关的处长说："不喝酒真好！今天的晚餐吃得好、吃得饱，就像回到家里一样。"

饭桌上，陈政委介绍说："我是从驻港部队调过来任职的，在那里我也学到了一些轻松的待客方式。我们把领导机关的同志当成好战友，当成自己家人，自家人就不用那么讲究客套，有什么吃什么，领导们对我们的工作有什么意见也直截了当指出来。总之，平时是什么样，领导来了也是什么样才好。"

不到半小时，晚餐便在轻松、愉悦的氛围中吃完了。此时营区骤雨初歇，清风习习，华灯初上，空中不时传来营区广播里播放的轻音乐。军区机关工作组一行在师长、政委的陪同下，谈笑风生地漫步在营区林荫道上。

（四）冷餐会

冷餐会又称自助餐。不排席位，菜肴以冷食为主，热菜为辅。菜肴和餐具一齐陈放在长条菜桌上，供客人自取。酒水（啤酒、果汁、可乐，一般不用烈性酒）陈放在桌上或由招待员端送，自由饮用。一般没有固定座位，可自由活动，随意入座或站立进餐。出席者不必计较主宾身份，在餐会上可以平等交谈，自由沟通。冷餐会的规格可高可低，举办时间一般在中午12时至下午2时或下午5时至7时左右。

（五）酒会

酒会又称鸡尾酒会。形式较轻松活泼，便于广泛接触交谈。通常酒类品种较多，并配以各种果汁，向客人提供不同酒水配合调制的混合饮料（鸡尾酒），不用或少用烈性酒，略备小吃。酒会举行的时间较灵活，上午、中午、下午、晚上均可，时间一般延续两三个小时。请柬上往往注明整个酒会活动延续的具体时间，在这段时间内客人可随意到场或退席，来去自由，不受约束。由于客人有来有走，因此酒会可招待、接纳较多的客人。一些大型酒会亦可邀请乐队或播放音乐舞曲，在场地允许的情况下让客人们跳交谊舞。总之，酒会是一种气氛轻松和谐的现代社交形式。

（六）茶会

茶会即请客人品茶，它是一种简便的招待形式，不必使用餐厅、餐具，不排坐席。时间一般在上午10时或下午4时举行。

（七）工作进餐

工作进餐是现代交际中经常采用的一种非正式宴请形式，利用进餐时间，边吃边谈工作，讨论问题，交换意见。分为工作早餐、工作午餐和工作晚餐。这种宴请只请工作人员，不请配偶等与工作无关人员。双边工作进餐往往排席位，为便于谈话，常用长桌。宴请的菜肴和宴请的程序一律从简，甚至采用快餐形式或由参加者各自付费。例如，浙江大学于2005年6月24日发布了《关于建立研究生与主管校领导沟通机制暨举行第一次"与校长面对面"活动的通知》，就是尝试通过工作进餐的形式加强校领导与研究生的双向沟通和了解。该通知就工作进餐的人员选拔、工作进餐的目的、工作进餐的内容进行了安排，值得借鉴。

各位研究生：

为深入贯彻《中共中央　国务院关于进一步加强和改进大学生思想政治教育的意见》，学校拟建立研究生教育主管领导与研究生之间沟通的平台。通过沟通，一方面使学校领导更加了解研究生的思想、学习、科学研究、生活等各方面的现状，另一方面使研究生能够更及时、准确地了解学校的发展情况以及各项政策制定的背景和初衷，并进而为学校发展献计献策。

基于此，校研究生会和博士生会决定：通过组织"与校长面对面会谈"的方式，为广大研究生搭建一个与校领导零距离对话的平台。具体组织方式介绍如下：

活动形式：根据需要不定期组织研究生代表与学校分管研究生工作的领导一边共进午餐一边相互交流，倾听心声，沟通情感，传递信息。研究生代表可以就学校发展、人才培养、学习生活、科学研究等内容向校领导提出疑问、发表观点、提出建议和意见。午餐将以快餐的形式免费提供。

选拔方式：研究生代表从网上报名者中产生，每次限额15人。为增加该项活动的参与面，以满足不同专业、不同年级研究生的需要，研究生代表的选取将以参与面最大为原则。一般而言，每次活动同一个学院不超过三人，同一导师门下不超过一人。

第一次"与校长面对面"活动定于6月28日举行，参加校领导为主管研究生教育的副校长来茂德教授，欢迎广大研究生积极报名参加。

研究生会、博士生会
6月24日

二、宴请的组织与策划

组织宴请是一项十分繁杂的工作，需要公关人员熟练掌握、认真对待宴请的各个环节。

（一）宴请活动的前期准备

1. 确定宴请的目的、名义、对象、范围与类型

宴请的目的是多种多样的，如庆贺某一节日、纪念日；展览会的开幕、闭幕；某项工程的开工、竣工等。

确定邀请名义和对象的主要依据是主、客双方的身份，也就是说主客身份应当对等。如低级官员邀请对方高级人士就不礼貌。我国大型正式宴请活动常以一个组织名义发出邀请。日常交往小型宴请则根据具体情况以个人名义或夫妇名义出面邀请。

邀请范围是指请哪方面人士、请到哪些级别、请多少人、主人一方请什么人出面作陪等。确定这些问题要考虑多方因素，如宴请的性质、主宾的身份、国际惯例、对方对我方的做法，以及当前的政治气候等。

宴请采取何种类型要视具体情况而定。人数少、规格高的以宴会为宜，人数多则以冷餐会或酒会更为合适，妇女界活动多用茶会。宴请的形式还取决于活动目的、邀请对象以及经费情况等因素。

2. 确定宴请时间、地点

宴请应选择对主客双方都合适的时间，最好事先征询主宾意见，然后再作决定。在外事活动中，注意避开对方的重大节假日和重点活动的日期，尤其要注意尊重对方的风俗习惯，更要注意对方的禁忌，如避开13日和星期五。

3. 确定邀请对象

邀请范围与规模确定之后，即可草拟具体邀请名单。被邀请人的姓名、职务、称呼，其至对方是否有配偶等都要准确。各种宴请一般均发请柬，这既是礼貌，也是对被邀请人起提醒备忘作用。请柬一般要提前1~2周发出，以便被邀请人及早作安排，已口头约定的通常还要补发请柬。需要安排座次的宴请，往往要求被邀请人答复能否出席。对此可在请柬上注明，也可在请柬发出后，用电话询问能否出席。正式宴会一般在请柬或请柬信封上注明席次号。

4. 订菜

宴请的酒菜应根据形式和规格选择安排。选菜不宜以主人的爱好为准，而应主要考虑主宾的喜好和禁忌。大型宴请更应照顾到各个方面，菜肴道数和分量都要适宜。无论哪一种宴请，事先均应开列菜单，并征求主管负责人的同意。获准后即可印制菜单，一桌至少一份，也可每人一份。

5. 席位安排

正式宴会一般都要排定席位，也可只排部分客人的席位，其他人只排桌次或自由入席。无论采用哪种方法，都要在入席前通知每一位出席者，现场还要有人引导。

席位排定后，需写好座位卡。卡片用钢笔或毛笔书写，字应尽量写得大些，以便于辨认。便宴、家宴可不放座位卡，但对客人的座位也要有大致安排。

从一定意义上说，席位安排是一门精细微妙的学问。在一些正式的或非正式的宴会上，一些传统的规矩和礼仪仍为人们所遵循：如有贵客临门，则以其为尊；如客人的身份地位并无特别显赫者，则宴会座次就以年纪最大的人为尊。当然，宴请作为一种社交活动，其首要目标就应该是社交的成功。因此，席位安排应把有利于增进友谊、有利于进行交流以及有利于形成欢乐愉快的气氛放在第一位。

(二) 宴请程序的安排

1. 迎宾

照常例，主人一般在宴会厅门口迎接客人。视宴会重要程度，还可有少数其他主要人员陪同主人排列成行迎宾。主人应在所有宾客都接待后，再与贵宾交谈，做到宾主尽欢，照料周到，以免冷落了其他客人。

2. 入席

主人陪同主宾进入宴会厅，全体人员落座，宴会即开始。如休息厅较小或宴会规模较大，也可请主桌以外的客人先入座，主桌人员最后入座。

3. 致辞

我国习惯在热菜之后、甜食之前进行致辞。主人先致辞，然后主宾致辞。也有一入席即致辞的。冷餐会和酒会的致辞时间较灵活。

4. 上菜

上菜应按照顺序进行。一般应先上冷盘，再上热菜，最后上甜食、水果等。上菜应从主人旁边端上来，菜上好后，由主人请客人品尝、用菜。凡两桌以上的宴会，上菜应同步。

5. 敬酒

在宴席上，主人应是第一个敬酒的人。敬酒时要依次敬遍全席，而不计较对方的地位和身份。席间主人要引导客人愉快地参与交谈，巧妙地选择话题，使席间充满欢愉的气氛。

6. 送宾

宴会结束客人起身离座时，应为其拉开座椅，疏通走道，并将客人送出宴会厅，与客人握手告别。

三、组织与策划宴请活动的注意事项

宴请是常见的公关活动形式之一，一般情况下公关部门主持的宴请，都是为了某一特定事件，为此，一定要周密考虑。

（1）邀请有关的人员参加，切忌遗漏。

（2）掌握好入席时间。大型宴请时，主人应先等候在近入口处迎接宾客。

（3）宴请时要注意仪表风度，进食要讲究文雅，忌高声谈笑。

（4）用餐时，强调节俭，反对铺张浪费，做到文明用餐。

拓展阅读

1. ［美］伦拉德·萨菲尔. 强势公关. 北京：机械工业出版社，2002.

2. 贺飞扬. 我在美国做公共关系. 北京：清华大学出版社，2004.

3. 邱伟光. 公共关系实务. 上海：东方出版中心，1997.

思考题

1. 正式宴会与便宴的联系与区别有哪些？

2. 如何做好宴请程序的安排工作？

3. 如何做好宴请活动的组织与策划？

技能训练

如何做好宴请

【情景设计】

小吴来自于某民营名企，因业务发展需要，必须与某国企打交道，该企业的工作惯例是对于外地企业必须宴请。小吴必须设法与他们交流，宴请他们或被宴请，以便完成工作任务。

【角色扮演】

以 3 ~ 5 人为单位，分别扮演不同的角色，尝试说服技巧，运用访谈法、座谈法、讨论法，施行沟通与交流。

【实训要求】

1. 按照个性特点，选择角色，确定负责人与助手；

2. 分组讨论如何模拟应对宴请的各项工作，各部门之间需要协调、沟通的基本内容；

3. 写出详细的宴请策划书。

【效果评价】

教师教学点评、打分。见表 8 - 3。

表 8-3		宴请计划实施表					
专业		班级		学号		姓名	
考评场所							
考评内容							
考评标准		项目内容		分值		评分	
		准备环节		10			
		计划实施步骤		10			
		协调技巧		20			
		言语技巧		20			
		认知技巧		20			
		应变能力		20			
		总计		100			

专题四　展　览　活　动

2009 年第二届北京特色农产品展览会

发布日期：2009 年 6 月 26 日

资讯简述：重点邀请农业产业化龙头企业、有机农产品认证企业参展，同时组织"特色采摘 + 特色旅游推介会"。

主办单位：北京万商隆鼎国际展览有限公司

　　　　　北京锦绣大地农副产品批发市场

支持单位：中国农学会

　　　　　中国农业大学

　　　　　中国农科院

　　　　　北京市海淀区人民政府

支持媒体：中央电视台农业频道（CCTV-7）、中央人民广播电台、北京电视台、北京人民广播电台、京华时报、北京晚报、法制晚报、河北科技报、中国农业展览网、农博网、中国农业信息网商务版、中国品牌农业网、万国商业网、中越农资网、锦绣大地物流港网站、中华水果网、新浪农业频道等。

时间：2009 年 9 月 19～27 日

地点：中国—北京—锦绣大地物流港

首都北京作为中国政治、文化、交通、旅游和国际交流的中心，对农产品有着更高的要求和巨大的需求。本届展会围绕"展示成果、促进交流、产销对接、树立品牌"

的主题，本着"会聚行业精品、交流行业信息、搭建合作平台、引领行业发展"的宗旨，以市场为导向，集中展示国内外果蔬、粮食、畜产品、水产品等农副产品及农产品深加工制品，为业内同仁构筑一个开拓市场、交流学习、寻求合作、贸易洽谈、了解行业动态的平台！

组委会将重点邀请农业产业化龙头企业和绿色食品认证、有机农产品认证的生产企业，大中型农产品出口企业，优秀水产品、畜产品生产企业，外商投资及港澳台农业企业。组委会还将组织"特色采摘＋特色旅游推介会"，在邀请各地农产品进京的同时，还将引导参展企业和相关机构宣传当地自然环境、风土人情，在深入宣传自己品牌的同时，也将当地的旅游资源介绍给北京市民，为十一黄金周市民出游提供更多的选择。

我们与众多媒体通力合作，全方位、多角度、深层次广泛宣传；并利用自身优势充分发挥在行业内的影响力和号召力，组织邀请大量的采购商（农产品进出口公司、各省市批发商、全国大型连锁超市等）前来采购与合作；印刷30万张参观请柬、门票，免费派发至大型农副产品批发市场、中央国家机关、各级政府部门、企事业单位、科研单位、干休所、外国使领馆等，使展会成为参展企业拓展市场、寻求项目合作的最佳机遇，更成为帮助采购经销商拓宽采购渠道、提高采购效率、降低采购成本的最佳途径。

会展地点：锦绣大地物流港南广场，预设室外标准展棚320个、特装展棚16个。锦绣大地市场作为北京最大的农副产品集散地和酒店用品批发市场，会吸引更多的厂家和商家参与。交通十分便捷，具体说明如下：

北京西站：乘运通102至锦绣大地市场站即到。

北京站：乘地铁至玉泉路站下车，换乘370路至廖公庄东站即到。

机场：乘机场巴士至公主坟，换乘370路至廖公庄东站即到。

此外，336路、355路、645路、746路、977路、981路、运通109均可到达。

驾车路线：

五环：走西五环晋元桥向阜成门方向出口，第二个红绿灯左转即到。

四环：走西四环定慧桥一直往西，过田村路口继续向西500米即到。

日程安排：

2009年9月18日全天：报到，布展；

2009年9月19～20日：展示交流、各地特色农产品及旅游信息发布会，项目洽谈（对专业人士开放），其中9月19日开幕式；

2009年9月21～27日：展示交流（对市民开放），9月27日下午16:30撤展。

提示：9月19～20日为专业展示交流，请带好名片和相关有效证件，入场前登记！

展览内容：

室外展棚A展区（180个标展、10个特展）：新鲜水果、新鲜蔬菜、食用菌类、特色农副产品及中药材类等。

新鲜水果：苹果、梨、柑橘、橙、柚子、葡萄、西瓜、枣、草莓、芒果、香蕉、荔枝、桂圆、菠萝、哈密瓜等各类新鲜瓜果；

新鲜蔬菜：大蒜、姜、西红柿、土豆、辣椒、红薯、大白菜、生菜、茄子、萝卜、青瓜等各类新鲜蔬菜；

食用菌类：各类蘑菇、香菇、木耳及其他珍稀菌类；

特色农产品及中药材类：山野菜、枸杞、五味子、人参、红花、貂皮、鹿茸等；

干果类：核桃、开心果、杏仁、板栗、瓜子等；

新鲜畜产品及水产品：新鲜海产品、水产品、禽、肉、蛋等。

室外展棚B展区（140个标展、6个特展）：粮、油及各类深加工制品、豆制品、乳制品、蜂产品、糖类、饮料类、高新技术食品、保健品等。

粮食及各种杂粮：优质大米、面粉、玉米、小米、薯类、杂粮等及其加工制品：方便面、挂面、麦片、面包、米粉等；

植物油：油料作物及菜子油、花生油、红花油、棕榈油等；

豆制品：豆腐、豆腐干、豆浆、豆皮等；

乳制品：鲜奶、酸奶、牛初乳、奶粉等；

蜂产品：蜂蜜、蜂胶、蜂王浆、花粉等；

糖类：甜菜、甘蔗及各种糖果制品；

饮料类：茶及各种茶制品、咖啡、可可、饮料、果汁、葡萄酒、黄酒等；

果蔬制品：各类冷冻水果、冷冻蔬菜、果蔬罐头、果脯、脱水蔬菜、腌制蔬菜等各类果蔬制成品；

肉类及水产品深加工制品：香肠、火腿、肉松、小包装熟肉食品等；

高新技术食品：生物技术食品（发酵技术、生物酶技术等）、微波食品、超高温灭菌食品、其他高新技术食品；

滋补类保健食品：保健代餐品、婴幼儿配方产品、生物制品。

参展费用：

室外展棚（一张洽谈桌、两把椅子、楣板）：4600元/个（3米×3米）/展期；3600元/个（3米×2米）/展期

特装展位：19000元/个（6米×6米）/展期

室外光地：500元/平方米/展期，20平方米起租

信息发布会：3000元/半小时

会务费：400元/人（午餐、会刊、登录代表名册、礼物等）

1200元/人（星级宾馆标准间10天住宿、午餐、会刊、登录代表名册、礼物等）

会刊广告：

规格 210m×285m	封面 四色精印	封底 四色精印	封二/扉页 四色精印	彩色整版 四色精印	黑白整版
价格	12000元	10000元	6000元	4000元	2000元

会场广告：

项　目	入场券 (91mm×210mm)	充气拱门 (跨度15m)	条幅 (1.4m×10m)	升空气球 (含条幅)	礼品袋	参展证/布展 证/代表证
费用（元）	5000元/万	5000元/展期	20000元/展期	5000元/展期	20000元/万	5000元/5000个

参展程序：

1. 填写《参展申请表》，加盖公章传真至组委会，将企业简介发至组委会邮箱。

2. 组委会收到回执表，确认参展资格，展位安排以先报名、先付款、先安排的原则进行。

3. 确认参展资格后，参展商应在一周内将所需费用汇入大会指定账户，如未按规定时间付款，所定展位不予保留。

4. 本届展览会报名截止日期为2009年9月10日。

北京特色农产品展览会组委会　北京万商隆鼎国际展览有限公司

组委会办公地址：北京市石景山区古城西路102号　景华丰大厦　邮编：100041

咨询热线：010－89163728 传真：010－52631819 联系电话：010－52631324/52631329/52631330/52631331

联系人：李小姐、张小姐、周先生、张先生

E-mail：ncpzl@126.com　ncpzl@163.com

网址：www.nyzl.org（中国农业展览网）

 **案例分析**

这是一份完整的展览会计划与实施案例，比较典型，对于公关人员进行展览会的策划、实施具有一定的借鉴价值与意义。显然，展览会需要综合地运用产品说明书、宣传手册、活页广告等文字媒介，照片、幻灯片、录像片及电影等音像媒介，讲解、交谈和现场广播等声音媒介，现场表演、示范等动作语言媒介以及实物媒介等多种传播手段，进行全方位的宣传和展现社会组织的成果、风貌、特征。确定展览的主题和目的，精心挑选、制作展览的实物，根据展览的主题确定参展单位、参展项目与参展标准，然后采取广告和发邀请信的方式召集参展者，确定展览的时间和地点，预测参观人数和参观者的类型，编印介绍展览会的宣传小册子，做好环境布置以及照明、音响、影像等设置，并做好调试工作，确保展览顺利进行。

案例讨论

1. 请按照展览的含义与特点，确定这一展览的类型。

2. 这一案例对于我们开展展览活动的推广具有借鉴价值与意义吗？为什么？

3. 对于展览的组织与策划，你按照这一案例来衡量，有何建议与要求？

公关知识库

一、展览的含义与特点

所谓展览，是指综合地运用产品说明书、宣传手册、活页广告等文字媒介，照片、幻灯片、录像片及电影等音像媒介，讲解、交谈和现场广播等声音媒介，现场表演、示范等动作语言媒介以及实物媒介等多种传播手段，进行全方位的宣传和展现社会组织的成果、风貌、特征的公关专题活动。

展览是综合性的传播媒介。因此，要办好展览会就需要了解其特点：

第一，它是一种十分直观、形象生动的复合型传播方式，直接冲击公众的视觉、听觉、触觉，并产生强烈效果。

第二，能有效地引起社会公众及新闻媒介注意。一个展览会可以集中许多行业的不同展品，也可以集中同一行业中多种牌号的同类展品，这就为参观者提供了更多的机会，而且价格也较优惠，可以为公众节约大量的时间和费用。因此，很多公众都比较喜欢这种形式，新闻媒介也常对其追踪报道。

第三，能给组织提供与公众直接双向沟通的机会，及时获得公众对新产品的反馈信息。现在不少工厂和商店的商品展一般都要安排专人在展览会上回答参观者的问题，并同参观者就其感兴趣的问题进行深入讨论。企业组织在让公众了解自身的同时，也在即时地了解公众对自身形象、展品等的意见、反应，并根据从公众中反馈的信息进一步改进各项工作。这种直接双向沟通针对性很强，能对个别公众或某一特殊情况进行交流，从而收到较好效果。

第四，它所传递的是最新的消息，展示的是最新的产品。展销会，也是展览会的一种形式，即便如广州每年春秋两季的出口商品交易会，也正是因为它力求展出新的商品和新的特色，方能吸引一批批国外及港澳台等地区的厂商前来观看、洽谈生意。

二、展览的类型

展览的类型，可从不同的角度来划分。

（一）从展览的时间来划分

从展览的时间来划分，可分为长期固定展览、定期更换内容的展览和一次性展览。

长期固定展览，如北京的故宫博物院、自然博物馆等。定期更换内容的展览，如北京的工业展览馆、农业展览馆等。一次性展览，如食品展销会、服装展示会等。

（二）从展览的地点来划分

从展览的地点来划分，可分为室内展览和露天展览。

室内展览较为隆重，不受天气影响，举办时间也较灵活，长短皆宜。但室内展览的设计布置较为复杂，所需费用也较多。露天展览的最大特点是设计布置比较简便，场地较大，可以放置大型展品，所需费用不多。但受天气的影响大，往往由于天气原因而影响展览效果。农产品展览、大型机器展览、花展等通常在露天举办，而较为精致、价值高的商品展览等则宜在室内举办。

（三）从展览的性质来划分

从展览的性质来划分，可分为贸易性展览和宣传性展览。

贸易性展览的特点是"展"且"销",展出实物产品,目的是打开产品的营销局面,提高产品的市场占有率,促进商品的销售,如"迎春节吃穿用商品大展销"。宣传性展览是只展不销,目的是宣传一种观念、思想、成就等,通常通过展出照片、资料、图表和有关实物达到宣传的效果,如北京的中国国际展览中心举办的国际图书博览会。

（四）从展出商品种类的多少来划分

从展出商品种类的多少来划分,可分为单一商品展览和混合商品展览。

单一商品展览又称纵向展览,是指展出商品品种的单一性,由于展出的商品品种单一型号和品牌相对较多,并出自同一行业的各个不同的厂家,因此这种展览竞争较激烈。混合商品展览又称横向展览,这种展览会展出的商品种类多,参加展出的厂家来自不同行业。

（五）从展览的规模来划分

从展览的规模来划分,可分为大型展览、小型展览和微型展览。

大型展览通常由专门的单位主办,参展企业则通过报名加入。这种展览的规模一般很大,参展项目多,搞好展览需要很高的展览会举办技术。小型展览的规模较小,一般是由企业自办,展出的商品也是由本企业所生产。这类展览经常选择图书馆门厅、车站候车室、酒店房间等地作为展出地点。微型展览有商店橱窗展览和流动车展览等。这类展览看似简单,但技巧性要求较高,要求更具吸引力。

（六）从展览的内容来划分

从展览的内容来划分,可分为综合性展览和专题性展览。

综合性展览全面介绍一个国家、一个地区或一个组织的情况,要求总揽全局,内容全面,有一定的整体性和概括性,既要突出重点,又要照顾一般,力求给观众以完整的印象,如每年春秋两季在广州举行的"广交会"。专题性展览是围绕某一专题、某一专业或某类产品举办的展览会,要求主题突出,内容集中,有一定的深度,如"摩托车展览会"、"科技图书展览会"等。

三、展览的组织与策划

不论何种类型的展览,均要求对展品进行筛选,紧扣展览主题,精心设计整个展览会,给观众留下深刻的印象。为办好展览会,需要具体抓好以下几个环节:

（一）展览的前期筹备工作

（1）确定展览的主题和目的。每次展览会都应有一个明确的主题和目的,并以此决定展览会中将使用的沟通方法、展览形式和接待形式。

（2）在主题思想的指导下去精心挑选、制作展览的实物,如图表、照片、文字、录像及音响等,设计不落俗套的会徽和纪念品。

（3）根据展览的主题确定参展单位、参展项目与参展标准,然后采取广告和发邀请信的方式召集参展者。广告和邀请信要写清楚展览会的宗旨、展出项目类型、对参观者人数和类型的预测、展览会的要求和费用等,给潜在的参展单位提供决策所需的资料。

（4）确定展览的时间和地点。展览的时间依据展览的内容和天气情况而确定。在地点的选择上,首先要考虑的是方便参观者因素,如交通要方便、易寻找等;其次要考虑展览会地点周围环境是否与展览主题相得益彰;最后要考虑辅助设施是否容易配备和安置等。

（5）预测参观人数和参观者的类型。参观者的类型将影响到信息传播手段的复杂性和多样性。如果参观者对展出项目有较深的了解和研究，展览会讲解人就需要是这方面的专家，介绍的资料要较为专业化和详细深入；如果是一般观众，则应采用通俗易懂的语言，进行直观、普及性的宣传。在展览会的策划阶段，就应该对展览会针对的公众及其所包括的范围有较精确的估测。

（6）编印介绍展览会的宣传小册子，撰写好精练的、深入浅出的前言、解说词和结束语。

（7）做好环境布置以及照明、音响、影像等设置，并做好调试工作，确保展览顺利进行。

（二）培训讲解及示范操作人员

展览既是组织产品、服务的展示，也是组织员工精神面貌和综合素质的展示。展览会工作人员的素质和展览技能的掌握程度，对整个展览效果有重要影响。必须对展览会工作人员，如讲解员、接待员、服务员、示范员等进行良好的公共关系训练，并对每次展出的项目进行起码的专业知识培训，以满足展览会的要求，使参观者满意。培训内容包括：

（1）各项目、内容的专业基础知识。

（2）公关接待和公关礼仪方面的基本知识。

（3）各自的职责、各种可能发生的突发性事件的处理原则和基本程序。

（三）成立专门对外发布新闻的机构

新闻媒介对展览会及展品的传播，会对公众产生很大的影响，参展单位对展览活动本身要有足够的宣传影响，通过新闻传播、广告、海报、宣传单、邀请函、入场券、门面装饰等方式将展览会的信息传送出去，吸引观众，并可以利用与新闻记者广泛接触的机会，搞好与新闻界的关系。展览会中会产生很多具有新闻价值的信息，需要展览会负责公共关系事务的人员挖掘，写成新闻稿发表，扩大展览会的影响范围和效果。专门的机构要负责制订新闻发布计划和组织实施计划，并负责与新闻界进行联系的一切事务。具体来说，该机构的工作内容是：

（1）在展览日期、地点确定后，举办记者招待会发布消息。

（2）邀请新闻界人士参加开幕式，尽可能多地在报刊、广播、电视上报道开幕式的消息和实况。这样做可以在展览开始之前起到宣传作用，也可以吸引更多的参观者。安排好新闻发布室，并准备新闻报道所需的各种辅助宣传材料。

（3）在展览期间，新闻发布室始终开放，随时收集参观者及展览活动的有关信息，并与新闻媒体保持密切联系。

（4）展览结束后，新闻发布室应注意收集新闻媒介对展览活动的有关报道，总结经验教训，留档保存，作为下次举办展览的参考依据。

（四）展览活动安排

（1）在入口处设立咨询台和签到簿，贴出展览会平面图，作为参观者的指南。

（2）搞好接待。展览活动面对人数众多的观众，接待的任务比较重。对于社会名流、新闻记者应该有专门的人员接待。

（3）注意采用展览技巧，使展览会办得生动活泼、新颖别致。

（五）做好展览会的效果测定

为使组织有更好的发展，每举办一次活动都应做事后效果测定工作。测定展览会效果的主要方法有：

（1）举办有奖测验活动。组织可根据展览内容，有重点、有选择地确定试题，答题方式以填空、选择、判断为主，当场解答，当场发奖。参观者踊跃应试，不仅能增强、活跃展览会气氛，而且能为测定展览效果提供统计依据。

（2）设置观众留言簿，主动征求意见。

（3）当场召开观众座谈会或茶话会，收集观众的意见。

（4）发放调查信件（表格），了解观众的意见。可采取问卷调查、统计参观人数、销售利润、有奖问答等多种方式来开展该项工作。

四、组织与策划展览的注意事项

目前，社会上举办的展览会太多太滥，几乎没有实效。企业应以少而精的原则选择参加；参加展览展示会要精心策划、独特新颖，以便在众多参展商中脱颖而出；要引起参展观众，尤其是新闻界的极大注意，扩大影响；参加或组织展览展示会费用较大，应做好费用预算和控制。

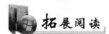

1. 明安香．公共关系——塑造形象的艺术．北京：科学普及出版社，1986.
2. ［美］斯科特·卡特利普等．公共关系教程（第8版）．北京：华夏出版社，2001.
3. 吴同光．企业公共关系．北京：人民日报出版社，1990.

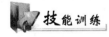

1. 展览会的类型有哪些？如何在相关实践中灵活运用？
2. 展览会的前期筹备工作如何做？
3. 如何策划一场关于快速消费品的展览会？

技能训练

如何开展展览会的策划工作

【情景设计】

小刘来自于某民营名企，因业务发展需要，在近期内要组织一场快速消费品的展览会，为了成功举办这次展览会，小刘必须设法与各部门交流，以便顺利完成工作任务。

【角色扮演】

以3~5人为单位，分别扮演不同的角色，尝试说服技巧，运用访谈法、座谈法、讨论法，施行沟通与交流。

【实训要求】

1. 按照个性特点，选择角色，确定负责人与助手；
2. 分组讨论如何模拟应对展览会的各项工作，各部门之间需要协调、沟通的基本内容；
3. 写出详细的展览会策划书。

【效果评价】

教师教学点评、打分。见表 8 – 4。

表 8 – 4   展览会计划实施表

专业		班级		学号		姓名	
考评场所							
考评内容							
考 评 标 准	项目内容			分值		评分	
	准备环节			10			
	计划实施步骤			10			
	协调技巧			20			
	言语技巧			20			
	认知技巧			20			
	应变能力			20			
	总计			100			

专题五 开 幕 典 礼

 案例学习

中国品牌年度盛宴在京盛大开幕
暨"第五届中国最佳品牌建设案例"颁奖典礼

2009 年 9 月 4 日，被业界誉为"世界顶级品牌对话殿堂"的"中国品牌价值管理论坛"在中国北京盛大开幕。本论坛是由中国顶尖财经媒体《21 世纪经济报道》携手全球最大的综合性品牌咨询集团 Interbrand 于 2004 年发起主办，迄今为止已成功举办了五届，是中国品牌界的一项年度顶级盛事。2009 年，百年一遇的经济危机，正在深刻地改变市场环境和游戏规则，与此同时，它也伴随着变革与创新的最好时机。如果经济危机导致外部环境的破坏，那么利用危机审视自身，进行品牌与价值链的重构，则是另一种角度的"破坏"。

9 月 4 日，"2009 年中国品牌价值管理论坛"将以"开启品牌未来：在'破坏'中创新"为主题，广邀国际、国内著名品牌专家及知名企业品牌决策者聚焦行业热点、围绕主题进行深度交流及探讨，为中国企业在不确定的经济形势下寻找出品牌建设的路径与方法，从而帮助企业提升综合竞争力，进一步推动中国产业升级。

本届论坛，组委会共邀请到来自企业咨询领域、汽车领域、金融领域、化工领域、媒体领域、快销领域等十余名全球顶级品牌领袖从"理解和把握中国市场品牌建设的新的机遇——本次经济危机带来的变化，及其对于中国市场品牌建设的意义；走在变化的前面，成为变化的塑造者——在新形势新环境下企业品牌建设的创新实践"等几个方面为参会嘉宾作精彩的演讲。

与此同时，为进一步推动中外品牌建设的健康发展，嘉勉在品牌建设方面有突出表现的优秀品牌企业，论坛组委会还推出了"第五届中国最佳品牌建设案例"评选活动。评选活动自2009年5月正式启动，经过近四个月的品牌案例征集，总共接受优秀企业报名案例百余个，涉及食品、IT、日用消费品、金融、汽车、通信、地产、保险等10余个行业，引起了行业内的强烈关注。在业界的热烈讨论和公众的强烈期盼中，由国内学术界和媒体界多名权威人士组成的案例评审委员会，本着客观、公正的原则，对数量庞大的参评案例进行了审慎严格的考量和筛选，最终有30个国内、国际优秀品牌建设案例进入"第五届中国最佳品牌建设案例"获奖名单。其中国内优秀品牌10个，国际优秀品牌10个，品牌贡献奖10个。

本次论坛高水准的嘉宾、精辟的观点、富有实效的主题、盛大的颁奖晚会、精英际会、强强对话，势必将使"2009年中国品牌价值管理论坛"暨"第五届中国最佳品牌建设案例"颁奖典礼成为2009年国内聚焦的业界盛典，并将以最有力的姿态，继续引领中国品牌的健康发展。

(选自和讯网，佚名)

这是一次成功的开幕典礼案例，高水准的嘉宾、精辟的观点、富有实效的主题、盛大的颁奖晚会、精英际会、强强对话，使"2009年中国品牌价值管理论坛"暨"第五届中国最佳品牌建设案例"颁奖典礼成为2009年国内聚焦的业界盛典，在业界及传媒造成极大的影响。

1. 这一案例典型吗？为什么？
2. 在开幕典礼安排上，本案例有何特点？
3. 品牌与价值链的重构有何妙处？为什么？

公关知识库

一、开幕典礼的含义和类型

开幕典礼又称开幕式，是指社会组织为第一次与公众见面和具有纪念意义的事件而举行的简短、庄重而又热烈的活动形式，是组织赢得公众的赞美和给公众留下美好记忆的关键性的第一步。

开幕典礼可包括各种重要工程的开工典礼、企业及商业的开张之喜、各种运动会和文艺会演第一天拉开序幕，以及新推出的重要的产品和服务项目第一次向公众开放等。例如，《新安晚报》2005年5月29日就以《"西瓜节"上，瓜农们笑了》为题报道了西瓜节上新推出的"无公害"西瓜热销的场面。

昨天上午，"第二届庐阳区三十岗西瓜节"在享有"西瓜之乡"美誉的合肥西郊三十岗乡隆重开幕。"西瓜节"带动了西瓜的销售，仅一上午时间，三十岗乡共售出1.5万公斤西瓜。

此次"西瓜节"最突出的亮点是让市民自己下田摘瓜，体会收获的乐趣。记者在瓜地里看到，很多市民一大早就赶来了，带着自己的孩子走进瓜地，寻找令自己满意的西瓜。一位李先生告诉记者，他曾经在三十岗乡工作过，这次西瓜节，他特意带着自己5岁的儿子来到这里，感受一下瓜农收获的乐趣。不少年轻时尚的女孩子也来到这里，她们学着瓜农的样子，对每一个西瓜拍拍打打，动作还颇专业。"开放式"的瓜地令常年生活在都市的人们流连忘返，而瓜农们凭借这一新鲜的销售方式，开幕当天西瓜卖得特"火"，当地有名的"西瓜大王"费维金两小时内卖出2000公斤西瓜。

三十岗的西瓜全是无公害西瓜。据该乡宣传委员王静介绍，瓜农种西瓜时，对农药、肥料的使用都有严格的控制。2002年，"三十岗"已经被注册成为当地西瓜的商标，打出了自己的品牌。

二、开幕典礼的组织与策划

开幕典礼，作为社会组织面向公众的第一次"形象亮相"，体现了组织者的社交水平以及社会组织的文化素养和内涵，往往成为公众亲疏取舍的重要标准，并成为组织事业发展的里程碑。因此，开幕典礼必须进行精心组织与策划。大致可归纳为：开幕典礼的准备工作、开幕典礼的仪式程序安排、开幕典礼的结束工作三项内容。

（一）开幕典礼的准备工作

（1）拟订严密的计划。计划应从全局出发，对整个活动的主题、日程、规模、场地、时间、内容、对象以及必要的人力、物力、经费预算等，都应列出详细清单。

（2）拟订邀请名单。精心拟订出席典礼的宾客名单，邀请出席开幕式的嘉宾要有代表性，一般包括政府有关部门负责人、社区负责人、同行业代表、社团代表、知名人士、新闻记者、公众代表及员工代表。名单拟订后，首先要征得领导同意，然后印制准确无误的请柬，一般需提前1~2周将请柬送交嘉宾，以便对方及早作出安排。

（3）确定主持人，为领导人拟好开幕词、致贺词、答谢词的提纲，确定致贺词的宾客名单并提出相应的要求。开幕词、致贺词、答谢词等均应言简意明、热情庄重，起到加深感情、增进友谊的目的。

（4）安排各项接待事宜。事先确定签到、接待、剪彩、摄影、录音等有关服务人员，典礼开始前这些人员应到达指定岗位。

（5）确定致辞、剪彩人员。一般情况下，参加致辞和剪彩的己方人员应是组织的主要负责人，客方人员应是地位较高、有一定声望的知名人士。致辞、剪彩人员以及主要宾客，应事先排定好他们的座次站位。

（6）做好摄影、录音、录像的安排，对开幕式环境、会场、照明、音响等应作认真准备，确保仪式顺利进行。

（二）开幕典礼的仪式程序安排

确定典礼程序，一般为：

（1）由主持人宣布典礼开始。

（2）宣读重要来宾名单。

（3）来宾代表致贺词（致贺词者名单及先后顺序应事先确定）。

（4）本单位负责人致答谢词。

（5）剪彩。

下面以全国九运会为例，说明开幕式程序安排有关事项。

精彩纷呈、美不胜收——九运会开幕式安排

时间：2001 年 11 月 11 日晚

地点：广州奥林匹克体育中心体育场

开幕仪式程序：

20:00 广东省副省长许德立宣布中华人民共和国第九届运动会开幕式开始

20:01～20:20 运动员、裁判员入场

20:21～20:23 升中华人民共和国国旗、奏中华人民共和国国歌、升中华人民共和国运动会会旗、升中华人民共和国第九届运动会会旗、奏第九届全运会会歌

20:24～20:28 广东省省长卢瑞华致欢迎词

20:29～20:33 国家体育总局局长袁伟民致开幕词，并请国家领导人宣布第九届全运会开幕

20:34～20:38 国家领导人宣布中华人民共和国第九届运动会开幕（全场气球升空，场外燃放烟花）

20:39～20:42 点燃主火炬

20:43～20:45 运动员、裁判员代表宣誓

20:46～20:50 运动员、裁判员退场，同时进行会歌演唱

（三）开幕典礼的结束工作

根据各类专题活动的规模和需要，开幕典礼结束后可有选择地开展一些其他的公关活动。

（1）安排必要的助兴节目，如题词、秧歌、舞狮耍龙、鞭炮锣鼓、表演节目等。

（2）组织参观生产、经营、服务现场，进一步展示组织新形象。

（3）通过座谈会和留言簿的形式广泛征求意见和建议，这些意见和建议经过综合整理也是很好的公关素材。

（4）宴请招待，要特别做好媒介人员和知名人士的招待工作。

（5）向嘉宾发放宣传材料和赠送有特殊标记的纪念品，增加纪念活动在公众中的持久影响。

（6）做好嘉宾的送别、感谢致意等工作。

三、组织与策划开幕典礼的注意事项

开幕典礼的举办，是为了让公众更熟悉自己，而不是让公众去认识别人，这是举办开幕典礼的指导思想。具体来说，应该注意以下事项：

（1）突出强调社会组织在公众心目中的第一印象，社会组织往往要通过别出心裁和富有创意的开幕式给公众留下一个经久难忘而又美好的回忆。

（2）开幕典礼的形式不要复杂，历时不宜过长，一般控制在 1 ~ 2 小时。

（3）开幕典礼的场面要办得热烈隆重、丰富多彩，体现喜庆、欢快的气氛，展示社会组织的雄厚实力，显示社会组织的生机和活力。

（4）公关人员应准备充分，接待周到热情、指挥有序，确保万无一失，多制订几套后备应急方案。

（5）所有宾客无论地位高低，均不得怠慢，对围观群众也应以礼相待。

1. 杜创国．公共关系实用教程．北京：清华大学出版社，2009.
2. 陈福明．公关实务．北京：清华大学出版社，2010.
3. 邓健．公共关系学．成都：西南财经大学出版社，2009.

1. 开幕典礼的类型有哪些？
2. 开幕典礼的前期准备工作如何做？
3. 如何策划一场开幕典礼？

技能训练

如何策划一场开幕典礼

【情景设计】

小吴来自于某名企，因业务发展需要，在近期内要拓展市场，董事会拟于下月中旬，在百龙商城举行×××新产品推广的开幕典礼，小吴必须设法与各部门交流，以便快捷、顺利地完成工作任务。

【角色扮演】

以 3 ~ 5 人为单位，分别扮演不同的角色，尝试说服技巧，运用访谈法、座谈法、讨论法，施行沟通与交流。

【实训要求】

1. 按照个性特点，选择角色，确定负责人与助手；
2. 分组讨论如何模拟应对新产品开幕典礼的各项工作，各部门之间需要协调、沟通的

基本内容；

　　3. 写出详细的开幕典礼策划书。

【效果评价】

　　教师教学点评、打分。见表 8－5。

表 8－5　　　　　　　　　　　　开幕典礼计划实施表

专业		班级		学号		姓名	
考评场所							
考评内容							
考评标准		项目内容		分值		评分	
		准备环节		10			
		计划实施步骤		10			
		协调技巧		20			
		言语技巧		20			
		认知技巧		20			
		应变能力		20			
		总计		100			

专题六　开放参观

 案例学习

胡锦涛主席参观日本松下电器公司

　　人民网大阪 5 月 10 日电（记者吴绮敏、于青）　正在日本进行国事访问的国家主席胡锦涛 10 日参观了国际著名企业日本松下电器公司。

　　当地时间 15 时 45 分，胡锦涛来到位于日本大阪府门真市的松下电器公司。松下电器公司会长中村邦夫、副会长松下正幸、社长大坪文雄和数百名员工列队在门口迎候。

　　中村邦夫致欢迎词后，松下电器公司为胡锦涛播放了纪录片《邓小平阁下与松下电器中国事业》。

　　随后，胡锦涛发表讲话。他指出，今年是中国改革开放 30 周年，也是邓小平先生访问松下公司 30 周年。正是这次访问，促成了中国与松下的合作，使松下电器公司成为最早参与中国现代化建设的日本企业。公司创始人松下幸之助为支持中国现代化建设作出了重要贡献。

　　胡锦涛指出，当前，中国正在建设资源节约型、环境友好型社会。松下公司在这方面也拥有世界先进的技术和经验。希望松下公司发挥优势，积极开展同中方在节能环保领域的合作，为中日互利合作再立新功。

胡锦涛表示，松下公司作为奥林匹克全球合作伙伴，为北京奥运会的筹办工作给予了多方面的支持。我代表中国人民向你们表示诚挚谢意。

在中村邦夫的陪同下，胡锦涛在员工会议室同中日员工和中国留学生进行了交流，并参观了松下电器公司产品展示。

松下电器公司是世界著名企业，是最早进入我国市场的外国企业之一。1978年10月，时任国务院副总理的邓小平参观松下电视机工厂，第二年松下幸之助访华。从此，松下电器公司开始同我国企业开展多方面合作。目前，松下已在华设立81家企业。

中共中央书记处书记、中央办公厅主任令计划，中共中央书记处书记、中央政策研究室主任王沪宁，国务委员戴秉国等参加上述活动。

（选自《人民日报》，2008年5月11日，第1版）

这是一则开放参观的经典案例，松下电器公司是世界著名的企业，也是最早进入我国市场的外国企业。30年前，邓小平同志莅临参观，30年后，胡锦涛同志再次莅临参观，代表中国人民对于松下公司作为奥林匹克全球合作伙伴，为北京奥运会的筹办工作给予了多方面的支持表示诚挚谢意，体现了中国政府期望中日关系朝着正常轨道发展的良好意愿与期望。

案例讨论

1. 你认为此次参观的意义何在？
2. 这次参观对于改善中日关系意义重大吗？为什么？

一、开放参观的含义与作用

开放参观，顾名思义就是社会组织为了让公众更好地了解自己，将组织内部有关场所和工作流程对外开放，组织相关的公众到组织所在地参观和考察，以事实说服公众，赢得公众理解和支持的公共关系活动。

开放参观，越来越受到很多社会组织的高度重视。其作用主要有以下几点：

第一，有利于扩大组织知名度。随着开放的程度越来越高、开放的范围越来越广，就会有越来越多的公众进一步加深对本组织的了解。

第二，有利于促进组织业务发展。日本松下电器公司松下幸之助深有体会地说："让人参观工厂是推销产品的最好、最快的方法之一。"该公司自1982年以来，每年都要接待700多万参观者。这些人参观后对该公司有了深刻印象，成为该公司产品的忠实顾客。

第三，有利于和谐社区关系。苏联切尔诺贝利核电站发生事故后，香港各界对我国广东大亚湾核电站的安全状况纷纷表示担忧，一时满城风雨。为了消除香港市民的恐慌心理，大亚湾核电站就组织香港市民代表前来参观，现场介绍安全情况，结果风波很快得以平息。

第四，有利于增强员工或家属的自豪感。北京长城饭店为了调动员工的积极性和工作热情，获得员工家属的支持和合作，决定在开业典礼半个月内，组织员工家属来饭店参观，并对这次参观活动作了精心安排。首先由饭店总经理和副总经理致欢迎词，介绍饭店情况；然后，由部门经理及各级主管与员工家属见面、交谈；最后，由两名导游带领员工家属以50人为一组，按事先计划好的路线和时间进行参观，气氛热烈，秩序井然。这次参观活动，使员工家属亲眼看到了饭店豪华的设施、高雅的气质、一流的服务、严格的要求，在饭店内外建立了一种和谐的人际关系和生活氛围，产生了强烈的向心力。

二、开放参观的组织与策划

（一）明确参观活动的目的和主题

开放参观不同于一般任意的参观游览。一般的参观游览，都没有明确的主题，随意性较强。而任何一次开放参观，都应确定一个明确的主题，并力图通过这次活动达到理想的效果，给参观者留下美好印象。例如，组织的科研生产技术先进，或该组织职工职业道德高尚，或该组织重视绿化、关注环境建设等，都可以是组织的某一次开放参观活动的主题。

（二）确定邀请对象

开放参观活动的邀请对象主要有三类：①员工家属。社会组织邀请员工家属前来参观，让他们了解自己亲人所从事的工作的重要性。②逆意公众。邀请对社会组织持怀疑态度和抵触情绪的公众参加参观活动，力图改变他们对社会组织的原有态度，使他们由逆意公众转化为顺意公众，从而能够得到更多公众的支持。③新闻媒介。邀请广大新闻记者参加参观活动，以便取得他们对本组织的了解和信任，借助新闻媒体及时对外发布组织的有关信息，从而扩大组织的社会影响。

（三）确定开放时间和参观线路

时间的确定，一方面要避开对组织不利的因素，如恶劣的气候；另一方面是要尽可能争取对组织有利的因素，如本组织的喜庆日子，因为这时更能感染公众的情绪。参观活动不是一种自由、随便的活动，不能任由参观者随意走动，因此，要提前拟定好参观路线，如有保密和安全需要，应注意防止参观者越过界限，以免发生意外的伤亡事故、影响正常的工作秩序。

（四）做好宣传工作

社会组织可以通过适宜的传播媒介，告知公众本次开放参观活动的有关安排，如日期、告示牌、路线图和方向标志等。必要时可印制各种说明书、宣传品及纪念品。这样做，既方便了公众，也有助于增强开放参观效果。

（五）搞好接待工作

对参观者应热情周到地做好接待工作，不能怠慢。应有专门的接待人员负责登记、讲解、向导等工作；安排休息场所和茶水饮食；联系车辆以及解决来宾遇到的各种意外问题；组织负责人必要时要亲自陪同参观。

三、组织与策划开放参观活动的注意事项

组织对外开放参观时应注意以下事项：

（1）兼顾公众的参观意愿和组织的整体利益。组织公众参观活动，既要有针对性地安排参观项目，使参观者对组织有较为深入的了解，又要能适合公众的兴趣爱好。如有公众指定参观某些项目，但社会组织不能满足，应妥善解释。

（2）周密安排，谨防意外。事先安排好参观的先后程序、持续时间等。介绍组织的相关情况，要综合运用多种手段，如文字、图形和模型等达到最佳传播效果。接待人员要妥善安排好参观活动的每一个细节，防止出现不必要的失误，并做好各种应急准备，并能确保及时妥善处理。

（3）搞好食宿、交通等后勤保障。组织对外开放参观活动，还要妥善安排宾客的就餐事宜，如就餐的时间、地点和规格等。对外地的参观者，还要安排住宿事宜。另外，为了确保交通安全，应对参观游览的出发时间、集合地点、车辆标志作出统一布置并告知全体参观人员。

（4）虚心征求参观者的意见和建议，积累经验，使开放参观活动产生更加积极的效果。

 拓展阅读

1. 李兰英. 公共关系理论与实务. 上海：上海财经大学出版社，2007.
2. 杨俊. 公共关系. 合肥：合肥工业大学出版社，2005.
3. 段淳林. 公共关系学. 广州：华南理工大学出版社，2002.

思考题

1. 开放参观的意义有哪些？
2. 如何做好开放参观工作？
3. 如何在开放参观中确定好路线？

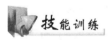 技能训练

如何做好开放参观

【情景设计】

小吴来自于某民营名企，因业务发展需要，必须接待上级及外地的干部考察、参观，为提高工作效率，小吴必须设法与他们交流，以便完成工作任务。

【角色扮演】

以3~5人为单位，分别扮演不同的角色，尝试说服技巧，运用访谈法、座谈法、讨论法，施行沟通与交流。

【实训要求】

1. 按照个性特点，选择角色，确定负责人与助手；
2. 分组讨论如何应对参观人员，各部门之间需要协调、沟通的基本内容；

3. 写出详细的策划书。

【效果评价】

教师教学点评、打分。见表8-6。

表8-6   开放参观交流计划实施表

专业		班级		学号		姓名	
考评场所							
考评内容							
考评标准		项目内容		分值		评分	
		准备环节		10			
		计划实施步骤		10			
		协调技巧		20			
		言语技巧		20			
		认知技巧		20			
		应变能力		20			
		总计		100			

专题七 联 谊

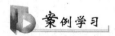

沟通无限——福田汽车新春媒体联谊会

为巩固和加深福田汽车与媒体间的良好关系，主办方福田汽车决定主动出击，在京、沪、穗三市分别举行媒体联谊会，借助媒体活动向外界传达福田汽车2005年的调整策略，其中，以在京的媒体联谊会最为盛大。

一、活动目标

此次媒体联谊的主要目标是正确传递主办方的9年发展历程、2005年主办方的调整策略以及主办方对媒体关系的重视程度等重要信息，以此强化主办方的品牌形象，增强主办方在媒体心目中的品牌亲和力。同时，借助本活动，主办方也将正式启动针对业绩发布的危机预案。

二、活动创意

（一）打破隔阂

为了方便记者采访，签到时，策划执行方为每位记者准备了包含有该桌就座人详细信息的桌次卡，便于相互熟悉，打破隔阂，活跃气氛。主办方相关领导及工作人员分桌入座，便于照顾同桌的记者，同时也方便与各位记者进行面对面交流，展现出主办方的品牌亲和力。

（二）鞠躬祝福

安排主办方新闻发言人动情讲述福田9年成长历程，并通过与会媒体记者向外界准确传达主办方2005年的调整策略。策划执行方特别安排主办方市场及公关部的全体同事上台，一同鞠躬，向与会记者送上新春的诚挚祝福，凸显主办方对媒体关系的重视程度。除活动环节中送出的礼品外，主办方特地为媒体朋友精心购买了其他价值不菲的礼品，并细心地提供了换购票据，这些细节上的处理让记者们感触至深。

（三）气氛喜庆

整个仪式现场制作物简单大气，风格统一，主题醒目；在灯光、音响、主题背板、签到背板等方面尽显喜庆和欢快的气氛。

（四）活动丰富

整场活动设计内容新颖活泼，主题醒目明确，通过青春律动的表演和趣味横生的游戏，让来宾深刻感受到主办方对自己的重视。整场活动丰富多彩：有游戏、有表演、有抽奖、有交流，轻松活泼，气氛融洽，和部分企业岁末相对拘谨的媒体关系活动相比，相信这次活动给媒体记者留下了较为深刻的印象，展现出主办方不拘泥于形式，富于创新的精神。

三、项目实施

（一）细致沟通，未雨绸缪

在预算紧张的情况下，也要实现最佳的现场效果：策划执行方考虑到活动场地入口较多，将展架的数量由两个增加至十个；在酒店酒水及饮料计时收费的情况下，为确保与会者感受良好，及时购买了干果，保证现场数量供应；此外，各处的鲜花摆放也为活动增色不少。

事前，针对各个环节可能出现的情况，应反复演练，要采取一系列防范措施杜绝问题发生：如在签到环节，需要向来宾索取名片、递送车马费、发放桌次卡及礼品券、签到、拍照、转动幸运转盘等，程序非常繁杂，但如果有细致的人员分工，以及热情的礼仪引领和礼貌的友情提示，近百位来宾自然可以顺畅通过签到环节。

（二）伸缩自如、进展有序

活动当天，因部分重要来宾入场较晚，导致活动延时，策划执行方安排小丑和大头娃娃进行场内巡回互动，调剂入场气氛。同时，提醒主办方工作人员入场与记者交流，消除了因活动延时给记者带来的不快和焦虑情绪。

同时，策划执行方对活动时长进行了严格控制，在活动延迟半小时开场的前提下，与主持人沟通压缩一个游戏的举办次数；当活动进行到另一游戏环节时，因现场记者参与游戏非常踊跃，场面极度热烈，策划执行方又与主持人沟通，临时追加该游戏场次，让欢乐的气氛得以延续。在游戏的设计上，策划执行方强调互动、有趣，追求营造"宾主一家亲"的现场感。事实证明，每个游戏环节都成为了当天活动的一个小高潮，借助"拍卖游戏"、"热线抢答"、"趣味球赛"这三个互动游戏，加上两位主持人幽默风趣的主持风格，拉近了来宾间的距离，让记者们在参与的过程中摆脱拘束，相互熟悉，乐在参与。

活动地点：北京

项目执行：北京致蓝经纬营销顾问有限公司

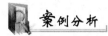

整个联谊活动衔接紧凑，用餐与游戏、表演、抽奖互不耽误；主舞台的设计加上视频灯光的配合使整个会场气氛高雅喜庆；笑脸抽奖的环节作为整个仪式的高潮十分突出。整场活动在节目选择上以热烈、激扬的基调为主，无论是开场歌舞《中国娃娃》、电子小提琴演奏，还是法国康康舞和西班牙踢踏舞，都让来宾很自然地联想到春节的喜庆和热烈；间插辅以模特秀、魔术表演等相对安静、高雅的节目，以提供时间让来宾彼此间相互沟通交流。

1. 这一联谊活动的案例成功吗？为什么？
2. 按照联谊活动的特点来衡量，上述案例属于哪种类型？
3. 这一联谊活动实施的关键点何在？为什么？

一、联谊活动的含义

联谊活动是指社会组织为了加深组织内部员工之间、社会组织与社会公众之间、社会组织与社会组织之间的感情，增进相互间的友谊而举行的活动。公共关系工作人员应有计划地经常举办一些联谊活动，这类活动既可以使人得到美的享受，又是创造组织内外"人和"的好方法，其目的主要是促进交往、增加感情、获取信息、增强合作。例如，浙江大学机械与能源工程学院（以下简称机能学院）同人文学院举行的研究生联谊会，就达到了这一目的。

破 冰 之 旅

——机能、人文学院研究生联谊活动成功举行

为构筑机能、人文两学院研究生博士生之间的沟通平台，加强两学院学生间的交流与合作，同时也为在紧张的期末考试后使同学们的精神得到放松，更好地投入到下一学期的学习和科研活动中去，机能、人文学院研究生会于 2004 年 11 月 27 日联合组织了一次盛大的"破冰之旅"联谊活动。活动前期两学院以海报和 BBS 的方式做了大量的宣传工作，充分调动了同学们的兴趣，大家踊跃报名参加。

"破冰"即为加强学院学生之间的互动与沟通，参加活动的同学按手机号码抽签分组，分组结束后宣布爬山之后要做的一则"比比谁高"游戏的规则，上山的过程中组内成员立即开始互相商讨对策，一路上欢声笑语，大家结伴同行，聊生活、聊学习，也聊彼此完全不同的研究领域。翻过老和山到达植物园，大家在草地上开始做游戏，有用扑克牌和回形针搭建的"比比谁高"；有大家自由沟通，在规定的时间内拿到不同纸牌的人按组队规则相互组合成一定团队的"最佳组合"；有"学学小猪做动作"；有搞笑级的人名、地点句子组合，等等。通过这一系列小游戏，增进了彼此之间的沟通和了解。

敞开心扉，拥抱阳光，破冰之旅联谊活动为丰富机能、人文学院的研究生生活搭建了一个成功的沟通平台。

二、联谊活动的层次及类型

（一）联谊活动的层次

联谊活动由低到高有以下三个层次：

1. 感情型

感情型联谊活动是以联络感情为主要内容的，如出席对方庆祝活动，互赠纪念品，使双方互相建立对对方的良好印象，为今后进一步加强团结联系或合作奠定基础。

2. 信息型

信息型联谊活动是以互通信息为主要内容的，努力使双方在市场变动中，能够保持联系，共同获利。

3. 合作型

合作型联谊活动是以经济合作为主要内容的，通过一些生产项目或经营项目的合作，促进双方经济效益共同提高。具体来说是参加行业组织活动、座谈会、茶话会、恳谈会，参加会员制俱乐部，参加企业家联谊会等。

（二）联谊活动的类型

两种常见的联谊活动分别是：

1. 文艺演出及电影招待会

邀请客方观看文艺演出、体育表演、电影等活动，可以增进客方对主方的了解和感情，同时又是一种艺术享受和娱乐活动。

2. 交际舞会

交际舞会是一种社交活动，也是公共关系部门经常举办的联谊活动的一种形式。有计划地举办交际舞会，不但可以使职工从中得到娱乐，同时也加深了职工与管理人员之间的感情和企业与社会各界的友好关系。

三、联谊活动的组织与策划

无论是哪一种类型的联谊活动，都需要做好以下基本的策划和组织工作：

（1）明确联谊目的，围绕目的去策划活动，同时又要兼顾客人的兴趣。一般应注意选择那些具有客人本国民族风格和客人所喜闻乐见的活动内容。

（2）提出活动预算，筹措必需的经费，购买必要的物品。

（3）根据场地、交通、气象、设备等条件，确定活动的时间、地点和场所。

（4）确定应邀对象，及早发送请柬和通知。发邀请时，要考虑场地的容纳量，一定要给客人准备足够的座位，避免座位不足的情况。

（5）安排活动程序，印刷节目单，并提前发给客人。

（6）精心布置联谊场所，并安排专人负责接待和保安工作等。对于为外宾举行的联谊活动，特别要注意符合联谊对象的国家或民族的文化背景、民俗风情。

四、组织与策划联谊活动的注意事项

（1）选择所需的联谊类型，最好是参加综合性的联谊会。参加联谊活动应有所值，不能无目的或仅以应酬为目的。

（2）联谊活动是合法的，涉及须审查的社团活动，应主动上报政府部门。

（3）联谊活动是健康、品位高尚的，不损人利己，也不损害社会公众利益。

（4）邀请人数要与场地相应，过多会显得拥挤，太少又会造成冷场。这是主办方要特别注意的。

 拓展阅读

1. 张岩松等. 公共关系学. 北京：经济管理出版社，2006.
2. 侯平等. 公共关系学. 北京：中国社会出版社，1999.
3. 周安华. 公共关系理论与实务技巧. 北京：中国人民大学出版社，2007.

 思考题

1. 感情型与合作型联谊活动的区别有哪些？
2. 如何做好联谊活动？
3. 谈谈联谊活动的创意策划。

 技能训练

如何组织一场富有创意的联谊活动

【情景设计】

小章来自于某民营名企，因业务发展需要，必须与某国企打交道，可是这家国企依然是计划体制下的工作模式，员工懒散惯了，影响工作效率。为了提高员工的工作效率，拟举办一场富有创意的联谊活动。小章必须设法与他们交流，以便完成工作任务。

【角色扮演】

以3～5人为单位，分别扮演不同的角色，尝试说服技巧，运用访谈法、座谈法、讨论法，施行沟通与交流。

【实训要求】

1. 按照个性特点，选择角色，确定负责人与助手；
2. 分组讨论如何模拟应对国企懒散的员工，各部门之间需要协调、沟通的基本内容；
3. 写出详细的联谊活动策划书。

【效果评价】

教师教学点评、打分。见表8－7。

表 8 - 7   **联谊活动创意计划实施表**

专业		班级		学号		姓名	
考评场所							
考评内容							
考评标准		项目内容		分值		评分	
		准备环节		10			
		计划实施步骤		10			
		协调技巧		20			
		言语技巧		20			
		认知技巧		20			
		应变能力		20			
总计				100			

模块九 公 关 礼 仪

学习目标与要求

　　熟练掌握公关礼仪的概念，了解礼仪的历史发展、特点及重要性，重点掌握日常生活中及一些特殊场合的交际方法和技巧。

十二次微笑的魅力

　　飞机起飞前，一位乘客请空姐给他倒一杯水吃药，空姐很有礼貌地说："先生，为了您的安全，请稍等片刻，等飞机进入平衡飞行后，我会立刻把水给您送过来，好吗？"

　　十五分钟后，飞机早已进入平衡飞行状态。突然，乘客服务铃急促地响了起来，空姐猛然意识到：糟了，由于太忙，她忘记给那位乘客倒水了。当空姐来到客舱，看见按响服务铃的果然是刚才那位乘客，她小心翼翼地把水送到那位乘客眼前，微笑着说："先生，实在对不起，由于我的疏忽，延误了您吃药的时间，我感到非常抱歉。"这位乘客抬起左手，指着手表说道："怎么回事，有你这样服务的吗？你看看，都过了多久了？"空姐手里端着水，心里感到很委屈，但是，无论她怎么解释，这位挑剔的乘客都不肯原谅她的疏忽。

　　接下来的飞行途中，为了弥补自己的过失，每次去客舱给乘客服务时，空姐都会特意走到那位乘客面前，面带微笑地询问他是否需要水，或者别的什么帮助。然而，那位乘客余怒未消，摆出不合作的样子，并不理会空姐。

　　临到目的地前，那位乘客要求空姐把留言本给他送过去，很显然，他要投诉这名空姐，此时空姐心里很委屈，但是仍然不失职业道德，显得非常有礼貌，而且面带微笑地说道："先生，请允许我再次向您表示真诚的歉意，无论您提出什么意见，我都会欣然接受您的批评！"那位乘客脸色一紧，嘴巴准备说什么，可是没有开口，他接过留言本，开始在本子上写了起来。

　　等到飞机安全降落，所有的乘客陆续离开后，空姐本以为这下完了，没想到，等她打开留言本，却惊奇地发现，那位乘客在本子上写下的并不是投诉信，相反，这是一封热情洋溢的表扬信。

　　是什么使得这位挑剔的乘客最终放弃了投诉呢？在信中，空姐读到这样一句话："在整

— 121 —

个过程中，你表现出的真诚的歉意，特别是你的十二次微笑深深打动了我，使我最终决定将投诉信写成表扬信！你的服务质量很高，下次如果有机会，我还将乘坐你们的这趟航班。"

这是一则十分经典的公关礼仪案例，突出反映了以公众利益为先、认真服务、勤于实践的精神。微笑体现出尊重他人、讲究礼节、注意仪表仪式的规范和程序，值得我们认真学习与借鉴。

案例讨论

1. 你认为这十二次微笑体现出现代公关礼仪的真谛了吗？为什么？
2. 如何在公关活动中运用微笑的魅力？

一、礼仪的特征和重要性

（一）礼仪的特征

孔子说："君子敬而无失，与人恭而有礼。四海之内，皆兄弟也。"礼仪的实质除了"敬"这一共性外，还有其特定的内容，那就是：平等待人，尊重别人，言行文雅，表里一致。礼仪的基本特征有：

1. 普遍性

普遍性，即礼仪作为一种文化现象在人类交际活动中无时不有、无处不在。不论是在结绳记事、刀耕火种的远古时代，还是在科技发达、文明程度日益提高的现代社会，也不论是达官贵人，还是布衣百姓，只要从事人类的交际活动，就必然遵循一定的交际礼仪规范。

2. 差异性

差异性，即不同的国家、地区和民族，礼仪的内容和形式有所不同。同一内容和形式的礼仪在不同的民族和地域有可能表达不同的含义，如掌握不好，就有可能给交往活动带来重大影响。

3. 继承性

继承性，即任何国家、地区和民族的礼貌、礼节、礼仪都沿袭了人们以往社会实践中的一些内容，没有这种继承性，民族性也就不复存在。

4. 变异性

变异性，即任何礼貌、礼节、礼仪都随时代的发展而发展，随时代的进步而革新。现代礼貌、礼节、礼仪随着现代社会的道德观、价值观、审美观、国际惯例和时代发展而发展。

（二）礼仪的重要性

为何要学礼？中国古代大思想家、教育家孔子说："非礼勿视、非礼勿听、非礼勿言、非礼勿动。"告诉人们要懂得礼节规范，不合礼节的不能看、不能听、不能说、不能做。学习礼仪并非是个人生活小节或小事，而是一个国家社会风气的现实反映，是一个民族精神文明和进步的重要标志。英国哲学家约翰·洛克曾说过："礼仪是儿童与青年所应该特别小心地养成习惯的第一件大事。"要使学生健康成长、全面发展，礼仪教育是不可缺少的内容。

我国是"礼仪之邦"，讲究礼仪不是"虚应故事"、"敷衍装假"，而是表现了人与人之间的理解、尊重和关怀、支持。它能使人际关系更加融洽、和谐，并能加强人们彼此间的信任理解和亲密友好。对社会来说，礼仪能够改善人们的道德观念，净化社会风气，提高社会文化素质。对个人来说，礼仪可以建立自尊，增强自重、自信、自爱，为社会的人际交往铺平道路，处理好各种关系。所以，礼仪既是文明社会交际活动的行为准则，又是塑造个人与社会组织良好形象的重要手段。1990年，美国 Syracuse 大学管理学院的研究人员对《幸福》杂志所列的100家大公司的高级执行经理和人事主管进行全面调查的结果显示：英国93%和美国96%的公司经理一致认为礼仪和个人形象对于获得成功非常重要。拿破仑·希尔曾说过："世界上最廉价，而且能得到最大收益的一项特质，就是礼节。"可以说，礼仪是21世纪迈向世界的通行证。

作为龙的传人，我们既要保持中华民族传统礼仪的精华，又要吸收国际通行的礼仪标准，适应现代开放社会中相互融合的趋势。通过礼仪教育训练，可以培养一种理解、宽容、谦虚、诚恳的待人态度，一种是非分明、与人为善、乐于助人的做人品行，一种彬彬有礼、落落大方、谈吐文雅、风度翩翩的行为举止。

二、公关礼仪概述

（一）公关礼仪的概念

公关礼仪是指社会组织的公关人员和其他人员，在公务交往中为了塑造个人和组织的良好形象所遵循的尊重他人、讲究礼节、注意仪表仪式的规范和程序。

（二）公关礼仪的特征

公共关系礼仪与一般的人际交往礼仪相似，但是公共关系礼仪的修养有着自身的规律和特征。第一，以学识为基础；第二，以组织的长远利益为宗旨；第三，以公众为对象；第四，以美誉为目标；第五，以自觉为桥梁；第六，以真诚为信条。

（三）公关礼仪在公关活动中的意义

公关礼仪是公关人员素质水平、文明程度的重要标志之一。懂礼仪和不懂礼仪的人进入社交场合，会收到两种截然不同的效果。规范优雅的礼仪是公关人员文明程度的具体体现，是公关工作取得成功的重要因素。

三、日常交往礼仪

构成礼仪最基本的三大要素是：语言（包括书面、口头和体态的）、行为表情、服饰器物。据此，我们可以将礼仪分为静态礼仪和动态礼仪两种。

（一）静态礼仪

1. 服饰礼仪

英国前首相撒切尔夫人是当今世界上出类拔萃的政治家，她十分注重自己的仪表风度。她的仪容顾问戈登·里斯，素有"撒切尔夫人塑造师"之称。人们评论说：撒切尔夫人雍容而又不过度华贵，庄重但不显老相，内心是"铁女人"，而仪表谈吐却温善柔和。这一切与戈登·里斯的贡献、与她本人注重仪表打扮是分不开的。公共关系人员与各种人打交道，在各种场合露面，应重视修饰自己的仪容仪表。

一个人无论以什么身份在社会上活动，在仪容方面都要有起码的要求：第一是整洁，第二是得体。在社交场合如何穿着，是懂不懂礼仪的重要体现，也是文明教养的一个窗口。穿着不当，往往会降低一个人的身份，很难使周围的人对他有良好的第一印象。

（1）一般着装的原则。①与年龄协调。老年人服装应体现成熟、稳重的特点，应穿结构简单、色彩简洁、质地较好的服装；青年人则应突出活泼、奔放的特点，选择色彩鲜艳、样式新颖、富有时代感的服装；少年儿童更有适应自己年龄特点的独特的学生装。②与身份协调。教师穿着朴素大方，样式不宜过于新颖，以免分散学生的注意力；医生宜穿浅色，显出清新、洁净，并力求稳重，给人以安全感；党政干部服装应力求简朴、庄重；青少年学生应保持纯真、活泼，不要过于成人化。③与个人条件协调。肤色深则穿较浅色，肤色白可穿深色等，用这种反衬突出形体的优势，遮掩不足。④与环境、场合协调。通常在选择服饰时必须符合时间（Time）、地点（Place）、场合（Occasion），即"TPO"三要素，这是选择服饰千古不易的原则。在喜庆场合，不能穿得太古板，诸如联欢晚会、节假活动、庆典、婚礼、生日宴会等气氛欢快热烈的场合，服饰上应注意色彩丰富，款式新颖，式样活泼、轻松；在庄重场合，穿着不能太随便，如出席重要会议、举行重要活动仪式，一般应穿礼服或套装，不宜穿夹克衫、牛仔裤，更不能穿短裤、背心，女子不宜赤脚或穿凉鞋；悲伤场合，不能太艳丽，如在殡仪馆向遗体告别、在病房探视危重病人，气氛比较肃穆，为了表示自己对病逝者及家属的尊重和同情，服饰应注意穿深色、素色，切忌大红大绿，色彩鲜艳，服装款式要给人以庄重感，不要穿宽松式、便装，更不能敞胸露怀，不宜佩戴装饰物，不宜化妆。

（2）具体穿着应注意的事项。任何服装均应注意清洁、整齐、挺直。衣服应烫平整，裤子烫出裤线。男子穿双排扣西装时一般应将纽扣都扣上；穿单排扣的西装，如是两粒扣的只扣上面一粒，三粒扣的则扣中间的一粒。在一些非正式场合，也可以不扣。但穿西装时衬衫袖口一定要扣上。另外，穿西装时，衬衫袖应比西装袖长出 1～2cm，衬衫领应高出西装领 1cm 左右。同时，凡参加正式交际活动时，都应系领带。领带长度以到皮带扣处为宜。若不系领带，衬衫的领口应敞开。穿长袖衫要将前后摆塞进裤内，袖口不要卷起。穿短袖衫（港衫），下摆不要塞进裤内。长裤不要卷起。任何情况下不应穿短裤参加涉外活动。西装应配皮鞋，庄重的西装要配深色的皮鞋。皮鞋要上油擦亮。袜子的颜色也应比西装深一些，花色要尽可能朴素大方。女子除军人、学生外，衣着尽量不要千篇一律，样式花色应有所差别。穿袜子时，袜口不能露在裤、裙之外。正式服装的外部衣袋里是不应放东西的，裤子背后的口袋里也不应放东西。皮夹、手帕、钢笔等应放在外衣里侧的口袋里。

参加各种活动，进入室内场所均应摘帽，脱掉大衣、风（雨）衣、套鞋等，并送存衣处。男同志任何时候在室内不得戴帽子、手套。西方妇女的纱手套、纱面罩、帽子、披肩、短外套等，作为服装的一部分则允许在室内穿戴。

在室内一般不要戴黑色眼镜。就是在室外，遇有隆重仪式或迎送等礼节性场合，也不应戴黑眼镜。有眼疾须戴有色眼镜时，应向客人或主人说明，或在握手、说话时将眼镜摘下，离别时再戴上。

在家中或旅馆房间内接待临时来访的外国客人时，如来不及更衣，应请客人稍坐，立即换上服装，穿上鞋袜。不得赤脚或只穿着内衣、睡衣、短裤接待客人。

（3）饰品礼仪。随着人们生活水平的不断提高，各类饰物逐渐走进人们的家庭，装点着人们的服饰，增添了新时代人们的神采。然而，饰品的佩戴也是有讲究的。要注意与服装搭配，与自己的肤色、脸形、年龄、性别相吻合。这里提到的饰品主要包括项链、耳环、戒指和手镯等。一般来说，参加一些社交活动时可适当佩戴一些高质量的饰品，可显示出高雅的气质。比如，女士脖子较短可佩戴长而细的项链，身材小巧可戴小耳环，手腕较细的则以选择较窄的手镯为宜。但戴手表时就不宜再戴手镯了。

（4）服饰的配色原则。一般来说，服饰色彩要求鲜明开朗，富于变化而又协调统一，求得一种和谐美。这也是服饰色彩美的最高原则。具体搭配方法有同种色搭配、相似色搭配、主色调搭配以及对比色搭配四种。比如相似色中的一条基本原则就是——"三色原则"，就是要求我们在正式场合，在服饰配色时，包括服装、饰品、配件等在内的一切服饰，不应超过三种以上颜色。

2. 仪容礼仪

（1）发型。

在现代社会，男子留中、短发（5~7cm）才是文明的标志。男子的发型有平头、分头、背头和波浪头等。女子的发型相对来说就比较复杂了，有直发、烫发、马尾辫等发型，一般应根据自己的年龄、脸形、体型、职业和活动场所来选择合适的发型。例如，个头高的人配上长发就显得活泼脱俗、飘逸自如。

（2）化妆。

化妆既是一门综合艺术，又是一种技术、技巧。选择适当的化妆品和与自己气质、脸形、年龄等特点相符的化妆方法能显著增添自己的魅力。化妆要注意以下几点：①化妆要自然。②化妆的浓、淡要视时间、场合而定。③不要在公共场所化妆。④不要在男士面前化妆。⑤不要非议他人的化妆。⑥不要借用他人的化妆品。⑦男士不要过分化妆。

（二）动态礼仪

这也是礼仪中的重点内容。包括见面礼仪、介绍和交谈礼仪、姿态和举止礼仪及拜访和告别礼仪四种。

1. 见面礼仪

（1）问候与称谓。

①问候。在我国人们相见习惯说"你吃饭了吗"、"你到哪里去"等，有些国家不用这些话，甚至习惯上认为这样说不礼貌。

在西方，一般见面时先说"早安"、"晚安"、"你好"、"身体好吗"、"最近如何"、"一切都顺利吗"、"好久不见了，你好吗"、"夫人（丈夫）好吗"、"孩子们都好吗"、"最近休假去了吗"，对新结识的人常问"你这是第一次来我国吗"、"到我国来多久了"、"这是你在国外第一次任职吗"、"你喜欢这里的气候吗"、"你喜欢我们的城市吗"，分别时常说"很高兴与你相识，希望再有见面的机会"、"再见，祝你周末愉快"、"晚安，请向朋友们致意"、"请代问全家好"等。在社交场合，还可谈论天气、新闻、工作、业务等方面的内容。

最常用的礼貌用语有：请、您、您好、早上好、不客气、对不起、没关系、请原谅、谢谢等。礼貌用语要做到："请"字开路，"谢谢"压阵，"对不起"不离口，"上午好"、"下午好"、"晚上好"、"晚安"这类的问候语天天说。我们应该养成礼貌用语的习惯。因为说"你好"可显示你的修养，表示对别人的尊重而拉近与人的关系；说"谢谢"可让别人感到心情愉快，对微不足道的事情也坦率表达谢意的人是广受欢迎的。

②称谓。指的是人们在日常交往应酬之中，所采用的彼此之间的称呼语。记住对方的名字，并把它叫出来，等于给对方一个很巧妙的赞美。而若是把他的名字给忘了或写错了，你就会处于非常不利的地位。在人际交往中，选择正确、适当的称呼，能够反映自身的教养和对对方尊敬的程度，甚至还体现双方关系发展所达到的程度和社会风尚，因此对它不能随便乱用。选择称呼要合乎常规，要照顾被称呼者的个人习惯，入乡随俗。在工作岗位上，人们彼此之间的称呼是有其特殊性的，要庄重、正式、礼貌。

a. 职务性称呼：在职务前加上姓或名，适用于正式的场合。如"李处长"、"王主任"、"×××主席"、"×××省长"。b. 职称性称呼：在职称前加上姓或名，适用于十分正式的场合。如"刘教授"、"张工程师"。c. 行业性称呼：对于从事某些特定行业的人，可直接称呼对方的职业，如老师、医生、会计、律师等，也可以在职业前加上姓氏、姓名，如"李老师"、"张医生"。d. 性别性称呼：一般对男子称先生，对女子称夫人、女士、小姐。已婚女子称夫人，未婚女子统称小姐。不了解婚姻情况的女子可称小姐，对戴结婚戒指的年纪稍大的可称夫人。如"布莱克先生"、"怀特夫人"。e. 姓名性称呼：一般限于同事、熟人之间。可以直呼其姓名；只呼其姓，要在姓前加上"老"、"大"、"小"等前缀；只呼其名，通常限于同性之间。上司称呼下级，长辈称呼晚辈，亲友、同学、邻里之间，也可使用这种称呼。对复姓（欧阳、司马、诸葛、西门等）可直接呼姓。

俄罗斯的未婚女性用父姓，已婚女性用夫姓，父亲名和本人名不变，口头称呼一般可只称姓或只称名。对日本人一般可只称姓，熟人间也可只称名，对男士表示尊重，可在姓后加上"君"，如"岗村君"。口头称呼英美人，一般只称姓，亲密的朋友间可只称名。女性结婚一般都不再用自己的姓，而改为丈夫的姓。

称呼注意事项：a. 要区分不同对象和场合。如到同学或同事家，对其父母就不能称职务或同志，要称"伯父、伯母"或"叔叔、阿姨"。小名、昵称不宜在公开场合出现。称绰号要讲分寸。一般只用于同龄人之间，在非严肃场合显得亲切，但不能伤害对方的自尊心，更不能侮辱人格。b. 语言文明。如有些人开口就是"喂"、"老头子"、"卖菜的"、"当兵的"等，既贬低了别人，也抹黑了自己。c. 在多人交谈的场合，要顾及主从关系。称呼人的顺序，一般为先上后下，先长后幼，先疏后亲，先女后男。d. 要考虑习惯。如称"老大爷"，农民感觉亲切。又如天津人称年轻姑娘为"大姐"，陕西人习惯称"师傅"，山东农村的男子乐于被称为"二哥"。

（2）见面动作礼仪。

①握手礼。一定要用右手握手。以手指稍用力握住对方的手掌时间一般以 1～3 秒为宜，双目注视对方，微笑致意或问好，上身要略微前倾，头要微低。当然，过紧地握手，或是只用手指部分漫不经心地接触对方的手都是不礼貌的。姿态要正确。右手握右手上下摇晃三下

后松开，一般不用双手相握。握手时应站立，微笑，目光热情，握姿沉稳。双方的距离以一步为宜。

伸手的顺序：主人、年长者、身份高者、女士先伸手，然后客人、年轻者、身份低者、男士再伸手迎握。通常，长幼之间，长辈先伸手；男女之间，女方先伸手；上下级之间，上级先伸手；身份高的先伸手，身份低的立即回握；主客之间，主人先伸手；接待来宾时，女主人先伸手；对年长者、职务高者都应稍稍欠身表示尊敬。但在任何情况下，都不要拒绝他人先伸过来的手。无论什么人如果他忽略了握手礼的先后次序而已经伸了手，对方都应毫不迟疑地回握。

②拱手礼。拱手礼，又叫作揖礼，在我国至少已有 2000 多年的历史，是我国传统的礼节之一，常在人们相见时采用。作揖的基本手势是右手握拳，左手搭于右手之上，表示左阳右阴；两手相抱，是以双手代表自己的头；双手以臂为轴，旋转运动下垂，表示叩头与点头之意，表示对别人的尊重。目前，它主要用于佳节团拜活动、元旦春节等节日的相互拱手致意祝贺等。

③鞠躬礼。鞠躬的意思是弯身行礼，是表示对他人敬重的一种郑重礼节。一般只行一鞠躬，"三鞠躬"为最尊敬的礼节。鞠躬时，两臂自然垂直或双手在体前搭好（右手搭在左手上），两腿并拢站直，以腰部为轴，上身向前倾斜，目光向下，弯腰鞠躬30°。有时还要在鞠躬的同时向对方问好。行鞠躬礼时忌不站立或站立不直，随意点头弯腰，边走边鞠躬或其他不礼貌的行为动作。一般情况下，鞠躬时必须脱下帽子，因为戴帽鞠躬是不礼貌的。鞠躬时目光应该向下看，表示一种谦恭的态度，不可以一面鞠躬一面翻起眼睛看着对方。鞠躬时，嘴里不能吃东西或叼着香烟，不能够把手插在衣袋里。鞠躬礼节在直起身时，双眼应该有礼貌地注视着对方，如果视线移向别处，即使行了鞠躬礼，也不会让人感到是诚心诚意的。若是迎面相遇，则在鞠躬后，向右边跨出一步，给对方让开路。鞠躬礼一般在下列场合使用：表演谢幕、演讲、发言、领奖、馈赠、婚礼、谢宴、悼念、辞别、表示谢意、迎送宾客、追悔、谢罪等。

④拥抱礼。拥抱礼是流行于欧美的一种礼节，通常与接吻礼同时进行，也是世界各国政府首脑外交场合中的见面礼节。拥抱礼行礼方法：两人相对而立，右臂向上，左臂向下；右手挟对方左后肩，左手挟对方右后腰。握各自方位，双方头部及上身均向左相互拥抱，然后再向右拥抱，最后再次向左拥抱，礼毕。

⑤亲吻礼。有关亲吻来历流传最广的说法是，古罗马时严禁妇女喝酒，男子外出归来，常常要检查一下妻子是否饮酒，便凑到她的嘴边闻一闻、嗅一嗅。这样沿袭下来，夫妇把嘴凑到一起的举动逐渐成为夫妇见面时的第一道礼节。后来，这种礼节逐渐普及，范围逐渐扩大，终于演化成今天的亲吻礼。亲吻礼包括吻手礼和接吻礼。

吻手礼。男子同上层社会贵族妇女相见时，如果女方先伸出手做下垂式，男方则可将指尖轻轻提起吻之；但如果女方不伸手表示，则不吻。如女方地位较高，男士要屈一膝做半跪式，再提手吻之。此礼在英法两国最流行。

接吻礼。多见于西方、东欧、阿拉伯国家，是亲人以及亲密的朋友间表示亲昵、慰问、爱抚的一种礼节，通常是在受礼者脸上或额上接一个吻。接吻方式为：父母与子女之间是亲脸，亲额头；兄弟姐妹、平辈亲友是贴面颊；亲人、熟人之间是拥抱，亲脸，贴面颊，在公共场合，关系亲近的妇女之间是亲脸，男女之间是贴面颊，长辈对晚辈一般是亲额头，只有情人或夫妻之间才吻嘴。

亲吻礼的注意事项：一般而言，长辈与晚辈之间，宜吻脸颊和额头；平辈之间，宜轻贴面；关系亲密的子女之间可吻脸；异性之间，宜贴面；男士对女士表示敬意可吻手。行亲吻礼时，动作要轻快，勿过重、过长或出声；要注意口腔清洁无异味，不要把唾沫弄在对方脸上、额上或手背上；如果不是特殊关系和特殊场合，年轻、地位低者，不要急于抢先施亲吻礼。

⑥合十礼。合十礼又称合掌礼，流行于南亚和东南亚信奉佛教的国家。其行礼方法是：行礼时应面对受礼者，两个手掌在胸前合拢并齐，掌尖和鼻尖基本相对平齐，手掌向外向下倾斜，微微向下，以示虔诚，头略低，面带微笑。受礼者应以同样礼节还礼。

⑦脱帽礼。见面时男士应摘下帽子或举一举帽子，并向对方致意或问好；若与同一人在同一场合前后多次相遇，则不必反复脱帽。进入主人房间时，客人必须脱帽。在庄重、正规的场合应自觉脱帽。

⑧点头礼。点头礼是可与握手同日而语的最普遍的见面礼仪，盛行于世界各国和各民族。在剧院、会场、展览会等不宜随便走动的公共场所，朋友远距离相见时也可用点头致意，用右手打招呼，如果戴着帽子还应脱帽再点头示意。由于点头礼简单、随意、方便，不受时间、地点、对象的限制，故深得世界各民族的青睐，一直盛行不衰。

⑨举手礼。举手礼也是一种常见的见面礼仪，在学校、军队中使用频繁。举手礼起源于中世纪的欧洲。当时，骑士们常常在公主和贵妇面前比武，在经过公主的坐席时，他们还要唱歌来赞美公主，歌词往往把公主比作光芒四射、美丽绝伦的太阳。因而，武士们看到公主时总要把手举起来做挡住太阳的姿势。久而久之，就演变成举手到眉的"敬礼"了。

2. 介绍和交谈礼仪

（1）介绍。

一般来说，介绍分三种形式：自我介绍、他人介绍和互相介绍。正确的介绍顺序应该是：把年轻的先介绍给年长的；把身份低的先介绍给身份高的；把与自己关系较密切的先介绍给与自己关系较疏远的；把男士先介绍给女士；把晚辈先介绍给长辈。

介绍时要遵循以下原则：①记住被介绍人的姓名，至少要记住他的姓。记住别人的名字是表示自己重视他了，他自然会对你表示好感。②表示出亲热和友善。当你被介绍给一位陌生朋友时，你一定要表示出热情、友善，体现出"认识你"很高兴的神态，为今后的交往铺平道路。

现在比较流行的见面介绍方式是送名片。递交名片时要注意双手奉上。接受名片时通常也应双手呈接，接过后应看一看，最起码也应记住姓名。不要马上收起来或随意一放了事。不要乱发你的名片，不然你不是令你的名片贬值，就是使它们没有发挥应有的作用。你的名片应放在便于拿出的地方——兜里或公文包里。花钱买一个好的名片盒是明智的。为避免寻找名片时在衣兜或包里乱摸一气，你应总把它们放在固定的位置，西服或夹克衫上衣的内兜就是好地方。你出示的名片应有型有款，不能又皱又褶。

（2）交谈。

①必要的寒暄。诚恳的态度，能使人感到亲切自然，容易被人接受。无论是说还是听，神情专注，都是对对方最大的尊重。应以微笑、点头等动作或以"嗯"、"是"等表示认可。在对方需要理解、支持时，要用"对"、"没错"、"我有同感"给以呼应。必要的话，还要在自己讲话时，适当引述对方刚刚发表的见解，或者直接向对方请教高见。这些都是用语言和对方进行合作。不要去迫不及待地直接陈述让对方不快或反感的事。另外，用语要含蓄、婉转，这样才有利于创造一个融洽的氛围。

②用语文明礼貌。我们要避免使用气话、粗话、脏话等。那些不但有失身份、让人反感，而且不利于谈话气氛的营造。另外不要抢先说话、不要议论不在场的人、不要谈别人的缺点和不足、不发火、不说粗话、不造谣。

③注意语气语调，把握好分寸。交谈中，说话过快、过慢或是忽快、忽慢都会影响交谈效果。少用方言土语，即使有一个人听不懂，也不要用方言土语，以免让人产生被排斥、被冷落的感觉。还要注意对方的思维习惯。比如在赞美女性的时候，我们要考虑中国人说话的思维和意识，不能直接说对方"性感"，而只适合说"迷人"。另外说话时要认清自己的身份，说话要客观。

④注意说话方式，多用婉言表达。其功效是免除怨怒，促进尊重，让人与人之间充满友好和谐的气氛。

丘吉尔说："要让一个人有某种优点，你就要说得好像他已经具备了这种优点。"如果有人遇到困难畏首畏尾，或者办起事来犹豫不决，那么你不妨适时而委婉地对他说"这样前怕狼后怕虎的可不是你以前的表现呀"，"你是个很有决断力的人"。先给他戴上他应该具备的优点的帽子，予以鼓励。由于给了他一个良好形象的"定位"，所以他会为此而努力奋斗，从而改变目前的不好做法。而不应直说："你这个人真笨，什么事都办不成！"这样一锤子把他给打死了，对方也就更加丧失勇气和信心。此外，不要开门见山、直截了当说："你错了，因为……"这就意味着完全否定了对方的能力，只能伤害对方的自尊心，使他觉得难堪，丧失了尊严。这时，他会为自己的态度找出种种辩护理由，甚至强词夺理，很可能会使交谈陷入难以挽回的僵局。

⑤谈话的表情要自然，语气和气亲切，表达得体。说话时可适当做些手势，但动作不要过大，不要手舞足蹈，不要用手指指人。与人谈话时，不宜与对方离得太远，但也不要离得过近，不要拉拉扯扯、拍拍打打。谈话时不要唾沫四溅。谈话要专注，忌在大庭广众面前耳语。异性之间交谈时眼睛不能老是盯着对方；在路上与妇女交谈应当边走边谈，不能停下站着说话。

⑥参加别人谈话要先打招呼，别人在个别谈话，不要凑前旁听。若有事需与某人说话，应待别人说完。有人与自己主动说话，应乐于交谈。第三者参与说话，应以握手、点头或微笑表示欢迎。发现有人欲与自己谈话，可主动询问。谈话中遇有急事需要处理或需要离开，应向谈话对方打招呼，表示歉意。

⑦谈话现场超过三人时，应不时地与在场的所有人攀谈几句。不要只与一两个人说话，不理会在场的其他人。也不要与个别人只谈两个人知道的事而冷落第三者。如所谈问题不便

让旁人知道，则应另找场合。

⑧在交际场合，自己讲话要给别人发表意见的机会，别人说话，也应适时发表个人看法。要善于聆听对方谈话，不轻易打断别人的发言。一般不提与谈话内容无关的问题。如对方谈到一些不便谈论的问题，不对此轻易表态，可转移话题。在相互交谈时，应目光注视对方，以示专心。对方发言时，不要左顾右盼、心不在焉，或注视别处，显出不耐烦的样子，也不要老看手表，或做出伸懒腰、玩东西等漫不经心的动作。

⑨谈话的内容一般不要涉及疾病、死亡等不愉快的事情，不谈一些荒诞离奇、耸人听闻、黄色淫秽的事情。也不要涉及私人生活方面的问题。与西方人交谈时注意"八不问"（年龄、婚姻、收入、住址、信仰、经历、工作、身体）原则。男子一般不参与妇女圈内的议论，也不要与妇女无休止地攀谈而引起旁人的反感侧目。与妇女谈话更要谦让、谨慎，不与之开玩笑，争论问题要有节制。

（3）接电话礼仪。

①电话预约基本要领：力求谈话简洁，抓住要点；考虑到交谈对方的立场；使对方感到有被尊重的感觉；没有强迫对方的意思。

②打电话、接电话和挂电话的基本礼仪：

打电话时最好用自然音调，不必提高，更不能装腔作势，嗲声嗲气。说话时口齿清楚，保持正常速度，使人听了清晰、明了。如果要找的人不在，可将自己的姓名、电话留给对方，以便转告要找的人。

接电话时一般在铃响后马上去接，最好不要超过五声。态度要彬彬有礼、和蔼可亲。应满足对方要求找到要找的人接电话，如人不在，应向对方说明并表示歉意。

挂电话时要有礼貌地说声："再见！"并轻轻地挂上。不能太重，否则会使对方产生疑虑而留下不良印象。

3. 姿态和举止礼仪

姿态与举止是一种人际交往中的"无声语言"，要做到彬彬有礼、落落大方，遵守一般的进退礼节，尽量避免各种不礼貌、不文明习惯。古人主张，人的姿态要"站如松、行如风、坐如钟、睡如弓"，这是对姿态美的形象概括。

（1）站姿。挺拔、优美、典雅。站立时，上身要稳定，双手安放两侧，不要背手，也不要双手抱在胸前，身子不要侧歪在一边。

（2）坐姿。在社交场合，不论是坐在椅子上还是沙发上，最好不要坐满，上身应端正、挺直，这样显得比较精神。坐的时间长了如感觉疲劳可靠在沙发背上，但不可把脚一伸，半躺半坐，更不可歪斜地倒在沙发上。男性可跷"二郎腿"，但不可跷得太高，不可抖动；女性可采取小交叉的姿势，但不可向前直伸。

（3）步态。上体应保持正直，抬头两眼平视，精神饱满，面带微笑，步履协调稳健、轻盈自然。

（4）动作。不要当着对方的面，擤鼻涕、掏耳朵、剔牙齿、修指甲、打哈欠、咳嗽、打喷嚏，实在忍不住，要用手帕捂住口鼻，面朝一旁，尽量不要发出声音。不要乱丢果皮纸屑等。女性最好不要在人前化妆。

（5）表情。美国心理学家梅拉别思总结出这么一个公式：感情的表达＝7％言语＋38％语音＋55％表情。可见表情在日常交往中的重要性。所以，交往时表情要自然、真诚且要符合周围环境氛围。

（6）交际中的空间距离。一般分为4个层次：①亲密空间：15～46cm，这是最亲的人，如父母、恋人、爱人。②个人空间：46cm～1.2m，一般亲朋好友之间，促膝谈心，拉家常。③社交空间：1.2～3.6m，社交场合与人接触，上下级之间保持距离，会产生威严感、庄重感。④公众空间：大于3.6m，社交场合与人接触，上下级之间保持距离。

4. 拜访和告别礼仪

登门拜访要注意时间、服装的选择。一般来说，访问某人，应事先选择好时间，不宜选择对方较忙或三餐时间，晚上不宜太迟。尽量不做不速之客，不请自到。预约好的拜访，宾主都要守时、守约、守信。衣服要整洁、朴素、大方，不必太过华丽。蓬头垢面、衣冠不整是对主人的不敬。

进门时先敲门或按门铃。敲门要有节奏感，不轻不重，不急不慢，敲两三下为宜。虚掩着或开着的门也不可破门而入，给主人一个措手不及则很失礼，进室后最好等要拜访的人来后才落座。如果需要较长时间等候，可先落座与接待者交谈或看些报纸、杂志之类的读物，要拜访的人来后应起立寒暄。对于约好的正式拜访，无论事情多急，拜访的时间多紧，在门口也只能寒暄问候，不要谈正题，入室落座后再谈正题，否则会给对方留下不成熟的印象。

交谈过程中，谈话要简要，少说消极、沉闷的话。善于倾听，作出积极反应，不要随意中断别人的谈话。客人在主人家不宜东张西望。不要随便走进主人的卧室，除非主人主动邀请。

掌握好告辞的最佳时机。一般性拜访，时间不宜太长，也不宜太匆忙。一般以半小时到一小时为宜。若是事务性、公务性拜访，则可视需要决定时间的长短。客人提出告辞的时间，最好是在与主人的一个交谈高潮之后，或者是在又有新客人来时，交谈中主人若有疲劳感或有家人来提示有什么急事要办等情况时，适时告辞较为得体。告辞时应对主人及家人的款待表示感谢。如果主人家有长辈，应向长辈告辞。

综上所述，作为客人应遵守的基本礼节概括为：事先预约，不做不速之客；如期而至，不做失约之客；彬彬有礼，不做冒失之客；衣冠整洁，不做邋遢之客；举止端庄，谈吐文雅，不做粗俗之客；适时告辞，不做难辞之客。

四、一些特殊场合的礼仪

（一）宴会礼仪

1. 举办宴会礼仪

（1）较正式的宴请要提前一周左右发请柬，已经口头约好的活动，仍应另外送请柬。

（2）在确定客人名单时，第一不要有所遗漏，第二不要邀请正在闹纠纷的人同时参加，第三尽可能使出席的人数为偶数，男女客人人数大致相等或男士多一点。

（3）正式宴会时，人数较多，作为主人在客人到达之前，要安排好座位以便客人来了入座。一般情况下，主人坐上座，然后按来宾的身份遵循右高左低的习惯依次排开。如遇主宾身份高于主人，也可为表示尊重，把主人和宾客的位置对调。关于男宾和女宾，按外国习惯是间隔安排；我国习惯则是按各人的职务、身份来考虑。另外，安排桌次时，最好将年龄、身份、习惯、兴趣和语言相似的人安排在一桌。

（4）招待客人进餐时，要注意：①穿正式的服装，整洁大方。②要做适当化妆，显得隆重、重视、有气氛。③头发要梳理整齐。④夏天穿凉鞋时要穿袜子。⑤宴会开始之前，主人应在门口迎接来宾。⑥宴会开始后，主人应及时招呼客人，并是第一位敬酒的人。⑦宴会即将结束时，主人应先行离席，并客气地对来宾说："各位慢慢吃。"然后走到门口站立，与一些已经吃完并准备离去的宾客握手告别。一定不能自顾自地大吃大喝。

2. 赴宴礼仪

接到对方请柬后，要及时告诉对方，自己是否能按时出席。一般情况下，要愉快接受邀请，如因特殊原因不能赴宴，也应回电表示感谢和歉意。如当初答应后有急事不能赴宴，一定及时告知对方，并婉言道歉。

出席宴会时要注意仪容和穿戴，男士要剃面刮须，女士要适当化妆。尽量做到仪容整洁、穿戴雅观大方。

不要过早抵达宴会厅，以免给主人增加负担。最好是在宴会开始前十分钟之内到达。当然也不能迟到，那表示对主人的不尊重。

就座进餐时，要注意对号入座，服从主人安排，同时要主动和周围的人打招呼。当主人敬酒时，要起身回敬；对美味可口的菜肴要适当赞扬；喝酒要适度，不能贪杯喝多，弄出笑话。进餐时要举止文雅，服务员送来第一道湿毛巾主要是用来擦手的，有的人一上来就擦脸，甚至连脑袋也擦一遍，显得很不雅观。

用餐时中餐用筷子，需要用汤匙时，应先放下筷子。使用筷子应文雅，不能乱舞，不能用筷子指点人，不能胡乱翻动菜肴。离席时，筷子不可插在碗里，而应当轻放在餐碟边或筷架上。西餐用刀叉，一般左手持叉，右手持刀，而且每用完一份菜，就换一副餐具。餐桌上刀叉往往很多，它们的摆放顺序一般是根据上菜的先后顺序，从外到内摆放，不要打乱秩序使用刀叉。在使用刀叉时，假如将刀叉呈"八"字形摆放在垫盘上，则表示客人已吃完或不再想吃这道菜，而在等待服务员撤下。

喝茶或喝咖啡时，送上的小茶匙是专为加牛奶和白糖用的，加上以后可以用它搅拌一下，然后就将茶匙放回茶碟上，千万不能用它来喝咖啡。喝时右手拿杯把，左手端茶碟。吃水果时，如梨和苹果都不要整个拿着咬，应先去皮切成几块，用手拿着吃。面包要撕着吃。

注意进餐速度，不能自己"埋头苦干"，也不要不顾同桌人都已吃完，自己还在慢悠悠地吃。另外，宴会进行中要注意女士优先的原则。

宴会上应与大众交谈，不要只与某人交谈，也不要对某人评头论足，更不要说那些与宴会主题无关的无聊话题。

用餐完毕，要等主人宣布散席后方可轻轻离座，并在离去前和主人握手言谢道别。

（二）舞会礼仪

（1）参加舞会前应做好准备。要注意服装整洁、美观。男性要透露出稳重成熟的气质，而女性则应表现出高雅大方的气质。同时不要事先吃一些带有强烈刺激性气味的食物，如蒜、葱、萝卜等。

（2）邀请舞伴时应男方主动，可以向女方半鞠躬，轻声地说："请您跳舞！"或说："您喜欢随这支舞曲跳舞吗？"当女方接受邀请后，可以马上起身随乐曲同男方一起跳舞。舞曲结束后，不论跳的时间长短，男方都应说："谢谢！"女方也可以说"我很高兴"表示谢意。

（3）跳舞时要有良好的姿态。男方不可把女方的手握得太紧，更不要把女方的身体搂得过近或紧盯着对方的脸，以免引起女方反感，造成误会。女方跳舞时，态度应和蔼可亲，但不能乱送秋波，有失自己的稳重。

（4）患感冒或其他传染性疾病的不要去参加舞会。

（5）舞会结束后，男方可以送女方回家。如果女方想拒绝他，这时可以礼貌地说"对不起"并告诉他已经有人送了。说话要婉转得体，使对方不会难堪，也不致苦缠下去。

（三）外事礼仪

1. 外事礼仪含义

所谓外事礼仪，指的就是在参与涉外交往时公关人员所须遵守的基本礼仪规范。

2. 外事接待礼仪

第一，了解来访者情况，索取必要的资料。为安排好接待工作，首先需了解来访者对这次访问的具体要求，弄清下述情况：代表团名称、性质、访问目的和要求，代表团生活习惯、饮食爱好和禁忌，有无亲属在本地，懂中文的程度，我方接待方针、礼遇规格、参观、座谈、专业考察、业务洽谈、生活接待等方面的要求，外宾抵离日期，火车、飞机班次，行李件数，陪同人员的姓名、性别及身份等情况。如系再次来访的外宾，要查阅档案，了解过去接待情况。

来访人员的名单，是安排接待工作的重要依据，各项礼仪活动以及住房、乘车安排都需有准确的名单。因此，需请对方尽早提供全体人员按礼宾顺序排列、注明各人职务、性别的名单。

第二，根据上级主管部门的通知精神，结合地方的具体情况，制订接待计划。计划包括接待规格及各项主要活动的安排，通常为迎送、宴请、会见、会谈、晚会、签字仪式、参观游览、外地访问、交通工具、下榻宾馆等项目，以及日程的安排。参观游览和赴外地访问，不仅应考虑对方的意愿，还要考虑对方的风俗习惯和宗教信仰。

日程确定后，应译成外宾使用的文字，并印制好，届时放在外宾住房的桌上。接待规格高低表现在安排礼仪活动多少、规模大小、隆重程度，以及由哪些领导人出面等。接待规格反映对外宾的重视程度和欢迎的热烈程度。规格往往视政治需要而有所差异，但在国际交往中，都比较注重必要的平衡，不给人以厚此薄彼之感。

为保证接待方案圆满实施，在组织每一项礼宾活动中，要拟制周密计划，严密组织安排，定任务、定内容、定时间、定地点、定单位和人员，严格执行责任制，使各项活动都能落实。

第三，做好接待准备。在接待重要外宾的准备工作中，要抓住如下重点环节：①根据外事工作的特点和规律，准备工作的重点是组织欢迎队伍（含仪仗队）。②布置会见、会谈现场。根据礼宾规格和工作需要，要准备好必需的接待物品，现场要严肃庄重、整洁大方。③准备参观和游览项目。每个参观点要定内容、定人员、定路线、定时间。④安排接见、宴请。接见和宴请要定时间、地点、参加人员、座位安排和菜单。⑤搞好安全保卫。根据外宾身份和接待规格，制订警卫方案。⑥安排好住房、乘车及外出的交通工具。住房分配，由东道主根据来访人员身份作出安排，然后征询对方意见。有时由东道主将房图交对方，请其自行安排。安排乘车要根据外宾身份、规格、人数确定。对重要代表团，派开道车，以示重视。除必要礼宾、安全官员安排在主车后外，其余人员原则上按礼宾顺序安排。对大型代表团安排乘坐大轿车。赴外参观访问时，根据需要，其交通工具通常由东道主负责提供。

接待准备除物质准备外，还要做好宣传方面的工作。首先是出面领导人和外事人员，要经常学习有关对外方针、政策，统一表态口径，掌握宣传依据；了解外宾基本情况，包括该国政治、历史、地理知识，对外政策，风土人情，来访目的和要求等，便于有针对性地做好工作。在宣传准备上，视情况和需要，还要做好摄影、录像等新闻报道准备工作。

3. 涉外交往礼仪

（1）礼宾次序的含义与方法。

①含义。所谓礼宾次序，是指国际交往中对出席活动的国家、团体、各国人士的位次按某些规则和惯例进行排列的先后次序。一般来说，礼宾次序体现东道主对各国宾客所给予的礼遇；在一些国际性的集会上则表示各国主权平等的地位。礼宾次序安排不当或不符合国际惯例，会引起不必要的争执与交涉，甚至影响国家关系。因此，在组织涉外活动时，对礼宾次序应给予一定的重视。

②方法。第一种方法，按外宾的身份与职务高低顺序排列。在官方活动中，通常采用这种方法安排礼宾次序。第二种方法，按参加国国名的字母顺序排列。在国际会议和国际体育比赛中，一般都采取这种方法，并按英文字母顺序进行排列。第三种方法，按派遣国通知代表团组成的日期排列，若各国代表团的身份、规格大体相等，通常采用这种方法。有时，还可以按照各国代表团到达活动地点的时间先后，来排列礼宾次序。

（2）国旗的悬挂。

国旗是一个主权国家的标志，它代表着一国的地位和尊严。

世界上各国国旗的颜色主要有红、白、绿、蓝、黄、黑等，这些颜色各有一定的含义：红色象征国家为独立和解放而斗争的精神，绿色是吉祥的标志，蓝色代表海洋、河流、天空，这三种颜色在各国国旗中出现得最为频繁。

悬挂国旗视不同的场合有不同的规范。在室外的旗杆或建筑物上挂旗，一般是日出升旗，日落降旗，司职人员表情应庄严、肃穆。升旗的时候，护旗人要托起国旗的一角，国旗触地是极不严肃的。在重要的场合，例如一国政府所在地，升旗需有专职人员严格按升旗规范行事。重要的时刻，譬如外宾来访、国际体育比赛、国庆庆典，升旗时需以国歌相伴奏。

遇到一国元首来访时，外宾通过的主要街道应悬挂两国国旗，在其住所及交通工具上也应悬挂国旗。

悬挂双方国旗的以右为上、左为下，客在右、主在左。汽车上挂旗，以驾驶员为基准划分左右。在外宾所在的重要场所挂旗，升旗时应有专职仪仗兵负责，并要向其他国国旗行军礼。

举行国际会议、展览会、体育比赛，应悬挂所有参加国的国旗；即使没有外交关系的国家，只要它是所举办活动的组织成员，东道主都应悬挂该国国旗。悬挂的次序是从左至右，以英文国名的第一个字母为序。

国旗不能够倒悬，一些国旗因字母和图案原因，不能竖挂。有的国旗竖挂则另外制旗。

各国国旗的颜色长宽比例均由本国宪法明文规定，国旗图案不能在商品广告、产品宣传等非正规场合乱用。另外，撕扯、践踏、焚烧国旗的行为都是不允许的。

悬挂国旗，有并挂、竖挂、交叉挂几种。如果并排悬挂两面国旗时，其规格、尺寸应大致相等。国旗挂在墙壁上时应挂其正面，而不能用反面。

当某位领导人逝世，为表示哀思，国旗要下半旗。下半旗时要首先把旗升至杆顶，再下降至离杆顶1/3处。

五、节日习俗和忌讳

（一）节日习俗

1. 中国节日习俗

（1）春节。习惯上称"过年"，是一年中最隆重的传统民俗节日。中国农历年的岁首称为春节，是中国人民最隆重的传统节日，也是象征团结、兴旺，对未来寄托新的希望的佳节。据记载，中国人民过春节已有4000多年的历史，它是由虞舜兴起的。公元前2000多年的一天，舜即天子位，带领着部下人员，祭拜天地。从此，人们就把这一天当做岁首，算是正月初一。据说这就是农历新年的由来，后来叫春节。春节过去也叫元旦。春节所在的这一月叫元月。临近春节，人们采办年货。除夕时，全家团聚在一起吃年夜饭、贴年画、贴春联，迎接新的一年来临。

（2）元宵节。农历正月十五是元宵节，又称"上元节"、"元夜"、"灯节"。元宵节吃汤圆、赏灯观灯、踩高跷、舞狮，一直闹到深夜。

（3）清明节。清明节古时也叫三月节，已有2000多年历史。公历4月5日前后为清明节，是二十四节气之一。在二十四个节气中，既是节气又是节日的只有清明。清明节流行扫墓，但清明节还有许多失传的风俗，如古代曾长期流传的戴柳、射柳、打秋千等。据载，辽代风俗最重清明节，上至朝廷下至庶民百姓都以打秋千为乐，仕女云集，踏青之风也极盛。

（4）端午节。农历五月初五为端午节，又称"端阳节"、"午日节"、"五月节"、"艾节"、"重午"、"夏节"。虽然名称不同，但各地人民过节的习俗是相同的。端午节是我国2000多年的旧习俗，每到这一天，家家户户都悬钟馗像、挂艾叶菖蒲、赛龙舟、吃粽子、饮雄黄酒、游百病、佩香囊、备牲醴。

端午节的第一个意义是为纪念历史上伟大的民族诗人屈原。端午节的第二个意义是伍子胥的忌辰。端午节的第三个意义是为纪念东汉孝女曹娥救父投江而死。端午节的第四个意义是纪念现代革命女诗人秋瑾。

（5）立秋。二十四节气之十三，每年农历七月间，公历8月8日前后太阳到达黄经135°时开始。民间习惯把它当做秋季的开始。时值末伏前后，气温开始下降，中部地区早稻成熟收割，并开始后季稻移栽和管理。立秋日又为民间传统节日，称"立秋节"。在这一天备办三牲粉果酬神，邀集亲朋团聚。

（6）中秋节。每年农历八月十五，是我国传统的中秋佳节。这时是一年秋季的中期，所以被称为中秋。这也是我国仅次于春节的第二大传统节日。八月十五的月亮比其他几个月的满月更圆、更明亮，所以又叫做"月夕"、"秋节"、"八月节"、"八月会"、"追月节"、"玩月节"、"拜月节"、"女儿节"、"团圆节"，是流行于全国众多民族中的传统文化节日。此夜，人们仰望天空如玉如盘的朗朗明月，自然会期盼家人团聚。远在他乡的游子，也借此寄托自己对故乡和亲人的思念之情，所以中秋又称"团圆节"。中秋节要吃月饼和石榴来赏月、玩月。

（7）重阳节。农历九月初九，二九相重，称为"重九"。又因为在我国古代，六为阴数，九是阳数，因此，重九就叫"重阳"。古代，民间在该日有登高的风俗，所以重阳节又叫"登高节"。

重阳节有赏菊、饮菊花酒、插茱萸的风俗。除了佩戴茱萸，也插菊花。唐代就已经如此，历代盛行。清代，北京重阳节的习俗是把菊花枝叶贴在门窗上，"解除凶秽，以招吉祥"，这是头上簪菊的变俗。宋代，还有将彩缯剪成茱萸、菊花来相赠佩戴的。

2. 外国节日习俗

（1）圣诞节。是西方最大最热闹的节日，定为每年 12 月 25 日。圣诞节原是基督徒为庆贺耶稣诞辰而定的一个节日。但耶稣究竟是哪一天诞生，谁也无从知晓。圣诞节是公元 354 年由罗马天主教教会规定的。但近几十年，圣诞节已不再只是宗教节日了，而逐渐社会化，成为政府规定的公众假期。

圣诞夜是一个狂欢的夜晚。西方人常常通宵达旦地举行庆祝活动。他们有的聚在酒馆、舞厅、俱乐部中尽情欢乐；有的全家共进丰盛的晚餐，然后围坐在熊熊燃烧的火炉旁，弹琴唱歌，共享天伦之乐；那些虔诚的信徒则在灯火通明的天主教堂里，参加纪念耶稣诞生的午夜礼拜，有些人还在家中摆起"圣诞马槽"。待到圣诞节黎明时，熟人相见，都要亲切地互致问候。但他们不是像往常那样说声"早安"，而是说"圣诞快乐"。圣诞节这一天，人们个个兴高采烈，家家户户、大街小巷都要举行各种庆祝活动，还要装饰圣诞树、吃圣诞蛋糕。

（2）万圣节。在西方国家，每年 10 月 31 日，有个 Halloween，词典解释为"The eve of All Saints' Day"，中文译作"万圣节之夜"。这是一年中最"闹鬼"的日子，这天夜里，各种妖魔鬼怪、海盗、外星来客和巫婆纷纷出动。现在，孩子们带着开玩笑的心理穿戴上各种服饰和面具参加万圣节舞会，这些舞会四周的墙上往往悬挂着用纸糊的巫婆、黑猫、鬼怪和尸骨，窗前和门口则吊着龇牙咧嘴或是面目可憎的番瓜灯笼。美国和加拿大的孩子们在这天穿戴上古怪的服饰去按邻居家的门铃，并按传统发出"是款待我还是要我耍花招"的威胁。邻居们不管是否被吓着，总是会准备一些糖果、苹果等，孩子们则一一收入自己的袋内。

（3）情人节。每年 2 月 14 日，是西方传统的圣瓦伦丁节，又称"情人节"。在美国，圣瓦伦丁节已不仅是青年人的节日。亲人朋友之间，不论年龄大小，都可以互送小礼品以表达感情，增进友谊。美国有不少商店专门出售这类礼品，如装饰成心形的高级巧克力糖盒，或者系着红缎带的郁金香花束等。至于各式各样饰有花边、洒上香水的情人卡，更是比比皆是。特别引人入胜的是情人节之夜的化装舞会。圣瓦伦丁节就是这样一个充满爱情和友谊的欢乐节日。

（4）感恩节。每年11月的最后一个星期四是感恩节。感恩节是美国人独创的一个古老节日，也是美国人合家欢聚的节日，因此美国人提起感恩节总是倍感亲切。每逢感恩节这一天，举国上下热闹非常。城乡市镇到处举行化装游行、戏剧表演和体育比赛等，学校和商店也都按规定放假休息。孩子们还模仿当年印第安人的模样穿上离奇古怪的服装，画上脸谱或戴上面具到街上唱歌、吹喇叭。当天教堂里的人也格外多，按习俗人们在这里都要做感恩祈祷。感恩节的食物除火鸡外，还有红莓苔子果酱、甜山芋、玉蜀黍、南瓜饼、自己烘烤的面包及各种蔬菜和水果等。这些东西都是感恩节的传统食品。

（5）愚人节。每年4月1日，是西方的民间传统节日——愚人节，它起源于法国。愚人节时，人们常常组织家庭聚会，用水仙花和雏菊把房间装饰一新。愚人节最典型的活动还是大家互相开玩笑，用假话捉弄对方。

（6）复活节。每年在教堂庆祝的复活节指的是春分月圆后的第一个星期日，如果月圆那天刚好是星期天，复活节则推迟一星期。因而复活节可能在3月22日到4月25日之间的任何一天。复活节是最古老、最有意义的基督教节日。因为它庆祝的是基督的复活，世界各地的基督徒都要庆祝这一节日。典型的复活节礼物是春天鸡及娃娃玩具等。

（二）各国忌讳

1. 颜色

一般来说，红色使人精神饱满，黄色使人情绪高涨，绿色使人心旷神怡，蓝色使人宁静，棕色使人情绪低落，灰色使人心情沉重。伊斯兰国家喜欢绿色，视绿色为吉祥的标志；日本人却忌讳绿色，他们认为绿色不祥。美国男士穿一身蓝色西装，被认为是最佳办公服装；在比利时蓝色却受到诅咒，只有办不吉利事时才穿蓝色的服装。红色在中国受敬重，在非洲一些国家里，它却是丧服的颜色。埃及、埃塞俄比亚认为黄色意味着不幸。拉丁美洲各国忌讳黑色。巴西人以棕黄色为凶丧之色，巴基斯坦忌黄色是因为那是僧侣的专用服色，但委内瑞拉却用黄色作为医务标志。

2. 数字

西方人认为"13"是不吉利的，应当尽量避开，甚至每个月的13日，有些人也会感到忐忑不安。并且人们还认为星期五也是不吉利的，尤其是逢到13日又是星期五时，最好不举办任何活动。在日常生活中的编号，如门牌号、旅馆房号、层号、宴会桌次等编号、汽车编号也尽量避开13这个数字。其原因主要源于基督教传说，耶稣的十二门徒之一犹大，为了贪图三十个银币，出卖了耶稣，结果使耶稣被钉死在十字架上。在那天最后的晚餐上的第十三个人就是犹大，这天又是星期五。人们将13日又逢星期五的日子称为"黑色星期五"，有些人就会因此而闭门不出，唯恐发生不吉利的事情。

"4"在中文和日文中的发音与"死"相近，所以在日本与朝鲜等东方国家将它视为不吉利的数字，因此这些国家的医院里没有4号病房和病床。在我国也是如此，如遇到"4"，且非说不可时，忌讳的人往往说"两双"或"两个二"来代替。另外，在日语中"9"发音与"苦"相近似，因而也属忌讳之列。

3. 食品

伊斯兰国家和地区的居民不吃猪肉和无鳞鱼；日本人不吃羊肉；东欧一些国家的人不爱吃

海味，忌吃各种动物的内脏；叙利亚、埃及、伊拉克、黎巴嫩、约旦、也门、苏丹等国的人，除忌食猪肉外，还不吃海味及各种动物内脏（肝脏除外）。到阿拉伯国家做客不能要酒喝。

4. 花卉

德国人认为郁金香是没有感情的花；日本人认为荷花是不吉祥之物，意味着祭奠；菊花在意大利和南美洲各国被认为是"妖花"，只能用于墓地与灵前；在法国，黄色的花被认为是不忠诚的表示；绛紫色的花在巴西一般用于葬礼；在国际交际场合，忌用菊花、杜鹃花、石竹花、黄色的花献给客人，已成为惯例；在欧美，我们被邀请到朋友家去做客，献花给夫人是件愉快的事，但在阿拉伯国家，则是违反了礼仪。

5. 其他忌讳

在使用筷子进食的国家，不可用筷子垂直插在米饭中；在日本，不能穿白色鞋子进房间，这些均被认为是不吉利之举。佛教国家不能随便摸小孩的头顶，尤其在泰国，认为人的头是神圣不可侵犯的，头部被人触摸是一种极大的侮辱，住宅门口上也禁止悬挂衣物，特别是内衣裤；脚被认为是低下的，忌用脚示意东西给人看，或把脚伸到别人跟前，更不能把东西踢给别人，这些是失礼的行为。在欧洲国家，新人在婚礼前是不试穿结婚用的礼服的，因为害怕幸福婚姻破裂；还有些西方人将打破镜子视作运气变坏的预兆；另外，西方人不会随便用手折断柳枝，他们认为这是要承受失恋的痛苦的；在匈牙利，打破玻璃器皿，就会被认为是厄运的预兆；中东人不用左手递东西给别人，认为这是不礼貌的；英美两国人认为在大庭广众中，节哀是知礼，而印度人则相反，丧礼中如不大哭，便有失礼仪。

拓展阅读

1. 廖为建等. 公共关系学. 北京：高等教育出版社，2005.
2. 林友华，杨俊. 公关与礼仪. 北京：高等教育出版社，2008.
3. 何春辉. 现代社交礼仪. 杭州：浙江大学出版社，1995.

思考题

1. 简述公关礼仪与一般礼仪的区别。
2. 简述公关礼仪的特征。
3. 简述与人交谈的要诀。

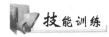

如何以公关礼仪应对懒散的国企工作人员

【情景设计】

小吴来自于某民营名企，因业务发展需要，必须与某国企打交道，可是这家国企依然是计划体制下的工作模式，员工懒散惯了，不讲礼仪，影响工作效率。小吴必须设法与他们交流，让他们认识到：良好的礼仪与文明规范是事业取得成功的基本保障，务必懂礼仪、自觉运用公关礼仪，以便出色地完成工作任务。

【角色扮演】

以 3～5 人为单位，分别扮演不同的角色，尝试说服技巧，运用访谈法、座谈法、讨论法，施行沟通与交流。

【实训要求】

1. 按照个性特点，选择角色，确定负责人与助手；

2. 分组讨论如何模拟应对国企懒散的员工，各部门之间需要协调、沟通的基本内容；

3. 写出详细的礼仪沟通策划书。

【效果评价】

教师教学点评、打分。见表 9－1。

表 9－1　　　　　　　　礼仪沟通交流计划实施表

专业		班级		学号		姓名	
考评场所							
考评内容							
考评标准		项目内容			分值	评分	
		准备环节			10		
		计划实施步骤			10		
		协调技巧			20		
		言语技巧			20		
		认知技巧			20		
		应变能力			20		
总计					100		

模块十　公共危机

● 学习目标与要求 ●

　　认识公共关系危机的含义、特征、类型，掌握正确处理危机的原则、措施和技巧，积极预防与监控危机，将压力化作发展的契机。

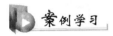
案例学习

"丰田汽车召回"事件的背后

　　由于系列制动系统的设计缺陷问题，继去年召回美国市场的 426 万辆问题车辆之后，丰田公司在包括日本和中国在内的全球范围内召回的问题车辆已超过 800 万辆，涉及 8 款车型，超过了去年的销售总和。受事件影响，丰田公司蒙受巨额亏损，股价缩水 1/4。美国连续召开两次听证会，运输部长发表谈话，对日本施压，问题已超越个别公司所引发的纯经济问题的界限，呈现向其他领域渗透的扩大效应。"日本制造"的形象，有可能遭受更广泛的质疑，甚至关系到整个日本制造业的名誉和前途。

　　被认为此番事件的"始作俑者"，是普锐斯系列的自动制动控制系统（ABS，即 Anti-lock Brake System，主要起防止刹车时车体纵横向滑动的作用）的问题。随着投诉案例的增多，来自各方面的压力陡增，丰田公司不得不承认在设计上存在安全隐患问题，并开始在全球范围内大规模召回问题车辆，无偿维修、改造。

　　众所周知，丰田汽车公司是代表日本工业最高水平的"优等生"、看板企业，是日本最富竞争力、最国际化的跨国公司之一。20 世纪 70 年代，以低价策略打入美国市场，其卓越品质、优质服务、富于现代感的工业设计迅速博得了美国用户的青睐，得以站稳脚跟，行销欧美，所谓"车到山前必有路，有路必有丰田车"，对扭转日本产品此前"质次价廉"的形象起了重要的作用。不仅是技术、产品，它所创造的号称零库存模块化生产的所谓"丰田生产方式"，已成为日本式资本主义文明的核心遗产，对世界其他国家的工业生产管理具有相当的辐射效应。

　　随着发达国家消费者环境意识的提高，丰田公司很早就前瞻性地致力于混合动力车型（Hybrid Vehicle，HV）的研发，今天已俨然成为环保型机动车的工业标准。而普锐斯系列便是这种环保型混合动力乘用车中的看板产品。即使在被认为"最挑剔"的日本国内市场，也稳坐销售第一，甚至用户从交款订货到拿到车钥匙要等几个月的时间。

然而，如此车界"奇葩"缘何遭遇被大批召回的命运？其背后到底有哪些发生机制？我们认为，主要有三方面的原因。

首先，产业构造的变化。汽车制造业是最能代表全球化发展水平的产业，作为世界第一大汽车制造商，过去 10 年，丰田在海外的生产链越拉越长，规模越铺越大，海外生产车辆从 2000 年的 175 万辆猛增至 2007 年的 430 万辆。但凡事都有其限度，在生产规模急速扩张的过程中，对那些海外生产基地，日本传统的品质管理难免有鞭长莫及之处，从而存在质量隐患。

其次，汽车原本是机械工业的集大成产物。但近年来，随着 IT 业的发展，车载电子控制系统和软件技术的比重大大增加，这对制造商的技术和品质管理提出了更高的要求。能否确保顺应信息时代的新型质量管理体系的行之有效至关重要。此次事件的"罪魁祸首"便是软件系统问题。

最后，丰田为提高竞争力，一再削减成本，甚至到了超出合理水平的残酷程度。日产汽车原本就经过最优化设计，降低成本的空间已然有限，但过快的生产规模扩张，致使成本居高不下，而要想维持世界第一的地位和竞争力，只有"强行瘦身"。据英国《金融时报》驻东京记者报道，去年年底，丰田公司在其零部件供应商会议上表示，面向预期于 2013 年下线的新车型，公司为采购相关零部件而支付的成本将减少三成。而对仰仗丰田吃饭的下游零部件供应商来说，这是一个非达标不可的"硬指标"。明知不可为而为之，只有在不该节省的环节"开源节流"，最终成为系统风险分母的增量。

丰田的悲剧，在今天的日本并非孤案，且近年来有增加的趋势。其成因呈多重构造，殊难一概而论。但其中一个深层原因，仍然是产业构造问题：一方面是老龄少子化社会，劳动力不足的矛盾愈加深刻，但同时，制造业规模却基本未见缩小，过剩的制造能力亟待消化。于是，生产基地迁移海外，产业链拉长，管理成本和风险增加。而企业要保持国际竞争力，不得不忍痛削减成本。于是，能砍的砍；不能砍的，"创造条件也要砍"。从这种观察出发，此番丰田"召回门"事件也许仅仅是一个开始。

（选自盖世汽车网）

 案例分析

丰田的危机，证明其质量的确出现了问题，尽管其总裁去美国参加听证会，到中国北京召开新闻发布会，林林总总，均体现了强烈的扑灭危机之火的愿望与态度，从危机公关角度而言可谓仁至义尽；但是，这并不是危机公关的最高境界，化解危机是中策，预防危机才是上策，而极力掩盖危机，则是下下策了。我们从丰田危机的案例中所得到的启迪远远不止于其应对的举措与态度啊！

案例讨论

1. 你认为丰田危机的背后说明了什么？
2. 如何从其危机事件本身得到有益的借鉴？

公关知识库

一、公关危机的含义、特征和种类

（一）公关危机的含义

公关危机是指在公关活动中，由组织内外的某种非常性因素所引发（起）的非常性或失常性事态。英文为 Public Relations Crisis，专指灾难或危机中的公共关系。在汉语中，危机含义有两种：一是指潜伏的祸根，如危机四伏；二是指严重困难或生死成败的紧要关头，如经济危机。从社会组织角度而言，危机是指由于组织自身或公众的某种行为而引起和导致组织环境恶化的突发性事件。乔恩·怀特在《危机管理三部曲》中指出："危机是一种不可预见的突发事件。组织由于不可预见的威胁、事故或灾难而进入危机状态。"罗伯塔·沃尔斯泰特在针对 1941 年日本突袭珍珠港的研究中指出，以美国政府和军队的力量而论，预防这种突然袭击是完全可能的。

（二）公关危机的特征

危机来势凶猛，一般具有如下特征：

1. 突发性

公关危机大多数是突发性的事件，一般在难以预料的时刻突然爆发。如 2004 年 9 月 17 日，在西班牙的埃尔切城，16 个集装箱的中国鞋被当地暴徒焚烧，造成直接经济损失约 800 万元。中国鞋城的 50 多位鞋商和鞋城仓库内价值几十亿元的温州鞋处于被焚烧的威胁之中。又如"非典"、"禽流感"等，这均让人在毫无准备的情况下感到意外、吃惊，以致带来一定程度的恐惧、混乱。

2. 未知性

未知性又称潜伏性。指危机中包含着诸多未知因素，具有不可预测的特征。诸如某航空公司可能遇到的空难事故，人们难以预测在何时何地可能发生。某家企业在难以预测的关键时刻却遭受舆论、公众的批评、指责。1993 年美国百事可乐罐中发现注射针头事件，一周内又出现七例同类针头事件，导致谣言四起，使其蒙受 2500 万美元的经济损失。

3. 危害性

危机一旦发生，将对组织形象造成严重危害。如俗语所说，好事不出门，坏事传千里。据美国学者调查表明，每有一名通过口头或书面直接向公司提起投诉的顾客，就有约 26 名保持沉默的感到不满意的顾客。这 26 名顾客每个人都有可能会对另外 10 名亲朋好友造成消极影响，而这 10 名亲朋好友中，约有 33% 的人又会有可能再把这个坏消息传给另外 20 个人。可见，只要有 1 名顾客不满意，就会产生 1 + （26 × 10）+（10 × 33% × 20）= 327 人的不良影响。这就清楚地解释了 1992 年 3 月 15 日中国化妆品行业的"灾难日"，使处于化妆品销售黄金时节的化妆品企业濒临倒闭，预计损失高达 5 亿元。"霞飞"遭受了灭顶的危机。

4. 普遍性

危机的发生大多带有普遍性，所有知名不知名的企业在其发展历程中都经历过或大或小的危机。1985 年，美国莱克西肯传播公司对美国主要企业领导的一项调查表明，89% 的领导人均认为"企业发生危机如同死亡和税收一样，是不可避免的"。

5. 关注性

危机事件由于事发突然，内容往往又与公众直接相关，常常成为社会舆论关注的焦点和热点。如1984年美国联合碳化物公司在印度博帕尔邦化工厂的毒气（甲基乙氰酸酯）渗漏事件，1986年苏联的切尔诺贝利核电站的核泄漏事故，一夜之间成为全球关注的焦点。

6. 复杂性

危机的产生、爆发、影响均有较显著的复杂性。一旦发生，往往涉及方方面面，解决危机要耗费大量物力、人力和时间；倘若发生灾难事故，又造成相关人员伤亡，又将牵涉到相当多的单位、部门和人员。

（三）公关危机的种类

危机降临，准确认识和判断其类型就十分必要，一般来说，从不同角度就可以划分出不同类别的危机，以便采取相应举措。

1. 从存在状态角度分类

从存在状态角度来看，可将其分为一般性公关危机和重大性公关危机。

（1）一般性公关危机。主要指常见的公关纠纷，从某种意义上看，这些纠纷还算不上真正的危机，仅仅是一种征兆、信号或暗示。诸如内部组织关系纠纷、消费者关系纠纷、同业关系纠纷、政府关系纠纷、社区关系纠纷等。

（2）重大性公关危机。主要指重大工伤事故、重大生产失误、火灾等造成的严重损失、突发性商业危机、劳资矛盾纠纷等。诸如产品或企业信誉危机、股市交易中突发性大规模收购等。

2. 从危机同企业的关系程度及归咎对象分类

从危机同企业的关系程度及归咎对象来看，可将其分为内部公关危机和外部公关危机。

（1）内部公关危机。发生在企业组织内部，主要由该企业的成员直接造成，责任主要由其成员来承担。范围不太广。

（2）外部公关危机。发生于组织外部，影响到多数公众利益的一种危机。范围广，不可控因素较多，一般较难处理。

3. 从损失的表现形态分类

从损失的表现形态来看，可将其分为无形公关危机和有形公关危机。

（1）无形公关危机。这种危机所引发的损失表现不够明显，易被忽略，损失是慢性的，但若忽略，将会逐渐增大。

（2）有形公关危机。这种危机所引发的损失较直接而明显，难以挽回，易于评估，只能采取其他措施来弥补。

4. 从公关危机产生的主客观原因分类

从公关危机产生的主客观原因来看，可将其分为人为公关危机和非人为公关危机。

（1）人为公关危机。指由于人的某种行为所引起的危机，具有可预见性和可控性的特征。

（2）非人为公关危机。指不是由于人的行为直接造成的某种危机，具有大部分无法预见、不可控性、损失有形性等特征。

5. 从公关危机外显形态分类

从公关危机外显形态来看，可将其分为显在公关危机和内隐公关危机。

（1）显在公关危机。指已发生的危机或危机趋势非常明朗，何时爆发仅是时间先后问题。

（2）内隐公关危机。指潜伏性危机，具有更大的危险性。

此外，还可根据公关危机的性质，将其划分为灾变性公关危机、商誉公关危机、经营公关危机、信贷公关危机、素质公关危机、形象公关危机、环境公关危机、政策公关危机等。

二、公关危机的成因与处理原则

（一）公关危机的成因

美国危机管理专家诺曼·奥古斯丁说过："危机就像普通感冒病毒一样，种类繁多，难以一一列举。"固然如此，诸如自身经营管理不善、市场信息捕捉不够、同行恶意陷害、谣言诽谤、不可抗力因素等，都能让某一组织处于四面楚歌的危机之中。而分析危机产生的原因就显得十分必要。

根据国外危机管理专家的调查统计表明，可能引发危机的因素主要有：

（1）生产性意外。

（2）环境问题。

（3）劳资争论及罢工。

（4）产品质量。

（5）股东信心丧失。

（6）具有敌意的兼并或股市上大股东的购买。

（7）谣言或向大众传媒泄露组织内的秘密。

（8）恐怖破坏活动。

（9）组织内人员的贪污腐化。

（10）安全因素。

针对不可预测的危机来临，公关人员在弄清其形成原因的同时，应掌握处理原则，将矛盾化解，使损失降低，以收到事半功倍的效果。

（二）公关危机的处理原则

危机事件的处理应遵循下列原则：

1. 及时

这是处理危机的首要原则。鉴于危机事件的突发性、危害性、严重性，处理时一定要迅速及时，包括迅速了解基本情况，迅速作出正确判断，迅速控制事态发展，及时向领导及有关部门汇报，快速与新闻媒体沟通，向相关部门和人员呼吁帮助，隔离危机，以便将可能的损害降到最低程度。

2. 诚恳

这是处理危机的关键。对问题要是非分明，冷静、客观、公正，一旦查清责任，就应当勇于承担，尊重事实，诚心向受害者及社会公众道歉，积极主动地消除不良影响，为最后解决问题奠定基础。

3. 准确

这是处理危机的前提。要率先弄清时间、地点、缘由、性质，对内对外宣传要准确，确保事实的真实、客观、精确，各种材料、数字要准确无误，禁止使用"估计、可能、大概、也许、差不多、左右"等模糊字眼，既不夸大，也不缩小。

4. 冷静

当危机发生后，公关人员应保持冷静、沉稳、镇静，切忌急躁、烦闷、信口开河，以积极、负责任的心态，沉着镇定，坚持不懈，应对自如，游刃有余。

5. 全面

危机将涉及或影响企业内、外等诸多方面，公关人员应遵循全面考虑的原则，既考虑内部公众，又兼顾外部公众；既注意监控公众目前的反响，又预防对公众未来或潜在的影响，全程跟踪，周密布置，防患于未然。

6. 公正

在处理危机过程中，要积极排除主观、情感因素的干扰，公正地对待受损害的公众，力求坦诚、客观、实事求是。

7. 灵活

鉴于危机事件可能随情况的发展而会不断地发生变化，原定的预防措施、抢救方案可能不能尽善尽美，公关人员务必随形势变化而及时更正修订原计划、方案，确保组织形象和声誉不再受到损害，与时俱进，灵活变通，在发展变化中求完善。

至于英国危机公关专家里杰斯特所提出的"三 T"原则，在处理危机的实际操作中就尤为值得推崇。①Tell your own tale（以我为主提供情况）；②Tell it fast（尽快提供情况）；③Tell it all（提供全部情况）。

在危机处理过程中，危机管理小组需要在一个设备齐全的危机控制中心办公，设备应当有：

（1）充足的通话线路。

（2）足够的内线电话。

（3）无线电设备。

（4）处在危险情况下的各种装置的显示图，应标明：

——危险物质方位。

——安全设备位置。

——灭火水源系统或其他水源。

——其他灭火器材的储备。

——工厂通道的最新状况，尤其需明了哪条路不通。

——伤亡处理中心。

——工厂四周社区方位。

（5）能说明下列问题的显示图：

——危机影响波及范围或危险区域。

——应急车辆和人员调度。

——出现特别问题的区域。

——撤离区域。

——其他有关信息。

（上述显示图应用塑料或玻璃予以罩覆，以便于使用水笔随意书写、涂擦）

（6）用于记录信息或其他任何需要发出指示用的笔记本、钢笔、铅笔等。

（7）雇员名单。

（8）重要人物的地址及电话。

这说明在处理危机时，组织应掌握信息发布的主动权，尽快地个不断将最重要信息及时公布，确保全面、真实、准确，维护组织声誉。

总之，公关危机处理的总原则应是真实传播，挽回影响，减轻损失，趋利避害，维护声誉。

三、公关危机处理程序

公关危机的处理，指危机爆发后，为减少损失与危害，按照一定处理计划和应对策略所采取的直接、妥当、必要的处理措施。只有采取正当而合适的举措，组织才能避免工作的随意性、盲目性，防止事态进一步恶化，使危机在有效的监控下得到缓解，将损失与危害降到最低点。具体处理程序如下：

（一）迅速反应，隔离危机

危机一旦发生，组织就应当在第一时间内迅速作出反应，成立相关处理危机的专门机构，机构组成人员应包括组织负责人、公关部门负责人、相关组织与部门负责人、新闻发言人、值班人员等，这是有效处理危机的组织保证。

危机仿佛危害人们身心健康的病毒，滋长蔓延将十分可怕。组织在危机降临时，就应当迅速将其隔离，以免蔓延、扩大。首先，采用人员隔离。将人员分为处理危机与维持日常工作两部分，既安排好专管危机的管理人员，又稳定好日常工作，以免相互干扰，造成不必要的损害。其次，对危机本身施行隔离。在危机发生时就应当施行隔离，如列车、空难事故，除做好抢救外，应立即开通线路，保证24小时全程监控，避免其影响全局工作。

（二）收集信息，确定对策

危机发生后，组织应迅速及时地联络相关专家、公关人员、记者、群众等组成调研机构，详尽、全面、细致地收集与危机相关的各种综合信息，如事件发生的时间、地点、原因、人员伤亡、财产损失、事态发展、控制举措和公众、舆论的反应等，得天时与地利，为赢得"人和"创造良好条件，以便有针对性地安排应对举措，以免无的放矢。

（三）分析症结，控制事态

在调研事实真相后，组织就应当将收集的各种相关材料汇总，在高层领导、专家们的评估研究后，采取相应对策、措施，全盘考虑，将眼前危机与长期发展联系起来考虑，正确处理危机所涉及的各方面关系，努力不懈，透过危机看到发展的态势，以便迅速控制事态，使其朝着有利于组织的方向发展。

（四）组织力量，处理善后

在组织制定危机处理对策后，就应当积极组织力量，实施既定方案，协调好各方面的关系，采取有效行动，收集、整理、分析媒介对危机事件的报道，对于客户和消费者则处理好善后赔偿、安慰、关怀等工作，让其满意。

（五）总结评估，吸取教训

在事件平息后，组织应当从社会效应、经济效应、心理效应和形象效应等方面评估处理危机相关举措的合理性、有效性，对危机处理情况作全面总结评估，将结果向董事会和股东们报告，向社会公众和报界公布。对于某些重大事故可采取刊登广告的形式向社会公众作检讨，并改进所存在的薄弱环节，将教训写成书面材料，以此来教育本组织及其员工，加深印象，从而积极纠正失误，弥补过失，修正危机管理计划，居安思危，防患于未然。

四、公关危机处理对策与技巧

当危机降临时，因类型不同、对象不同，处理方式也会有差异，没有固定不变的模式，只有随机应变，处乱不惊的对策，一种有的放矢的思路，一种因人因事而异的原则性提示。

当机立断、立即成立专门处理机构，确定主要负责人全权负责，制定处理危机的基本对策，相应举措和良好有序的善后工作则是上上之策。至于不同公众对象构成不同的公众关系，则应采取不同的对策。

（一）组织内部对策

（1）要动员全体员工齐心协力、共渡难关。负责人应将处理危机的基本原则、方针、具体程序和对策向内部全体员工通报，确定对外的统一口径、统一思想，以便协同行动。

（2）尽快组建处理危机的专门机构。确定由本组织领导担任机构负责人，由公关部会同相关部门组成富有权威性、高效率的工作机构。

（3）迅速确定危机事件的类型、特征，准确把握事态进展情况，判明情景，以便尽快确认相关公众对象。

（4）与媒体保持密切沟通、联系，及时向外界报告事态的进展情况，将本组织所持态度、处理危机的原则、立场、程序及对策快速通报，以求得公众的理解、认同与支持。

（5）对于因危机而造成的意外伤亡，一方面应立即进行救护工作或作善后处理，另一方面应立即通知其家属，并提供一切条件以满足其家属的探视或要求。

（6）迅速调查引起危机事件的原因，并对处理工作进行客观评估，奖励有功者，处罚主要责任者，并通告有关各方。

（7）倘若是因不合格产品所引起的危机，应不惜一切代价立即收回不合格产品，或立即组成检修小组，对不合格产品认真逐次检验。

（8）如果是因外界误解或人为破坏所造成的企业信誉危机、重大劳资纠纷或股票交易危机和市场危机，应立即查明原因，及时公布事实真相，调动一切力量缓解矛盾、挽回影响。

（二）受害者对策

（1）立即认真调查受害者真实情况，实事求是地承担责任，并诚恳地道歉。

（2）冷静耐心地听取受害者及其家属的意见和要求。

（3）尽量避免在事故现场与受害者及家属发生纠纷与争执，即使受害者有一定责任，也不要在现场追究。

（4）组织应避免发出为自己辩护的言辞。

（5）立即向受害者及其家属公布赔偿方法及标准，并尽快实施。

（6）应由专人负责与受害者及其家属谨慎地接触，给其安慰与同情，并尽可能为其提供所需服务，尽最大努力做好善后工作。

（7）在处理危机过程中，如无特殊情况，不要随意更换负责处理工作的人员。

（三）消费者对策

（1）立即查清和判明消费者的类型、特征、数量、范围等，以便有的放矢。

（2）妥善接待消费者投诉，公布事故经过、处理方法和预防举措，并表示歉意。

（3）注意听取和收集受到不同程度影响的消费者对事件处理的意见和愿望。

（4）通过零售代销部门向消费者公布说明事故梗概的书面材料。

（5）对于涉及面广的案例，可通过报刊、广播、电视、网络等媒体公告事故真相、进展情况及应急处理办法。

（四）新闻界对策

（1）保持一条开放的信息渠道，及时公布事实真相，确保真实传播。

（2）迅速成立临时记者接待机构，由专人负责发布消息，集中处理与事件有关的新闻采访，提供权威可信的资料。

（3）确定新闻发言人，由他全权负责向新闻界发布事故产生的原因、经过及补救措施。

（4）对于重要事项，宜以书面材料，谨慎、扼要，避免使用技术术语和晦涩难懂的词汇。

（5）对于新闻界应尽量主动合作，如遇不便发表的消息，应妥善说明理由，不宜用"无可奉告"来搪塞，求得记者的同情与谅解。

（6）注重以公众的立场和观点来进行报道，不断提供他们所关注的信息，诸如善后举措、补偿办法等。

（7）在刊登相关事件消息的报刊上发布道歉广告，及时向公众公布事实起因、经过及事态进展真相，并向相关公众表示道歉及承担相应责任。

（8）当记者发布失实报道时，应注意及时纠正错误信息，并向新闻界提供全部与事实相关的真实、详尽的材料，安排相关人员参观、接受专访，新闻发言人可接受咨询、访谈，表明真实、客观、公正的立场，尽量避免使公众产生敌意。

（五）上级主管部门对策

（1）在事件发生后应及时向上级主管部门实事求是地汇报，争取其援助、支持与关注。

（2）在事件处理过程中，应定期汇报事态发展状况，求得上级主管部门的指导。

（3）在事件处理后，应详细汇报处理经过、事件起因，解决办法及以后的预防举措等。

（六）社区居民对策

（1）查清危机事故的原因，倘若事故给社区居民造成损害，应主动上门道歉，赢得谅解。

（2）根据事件的性质，也可派人到每一户家庭分别致歉，请求理解、支持。

（3）在有影响的报刊上分别刊登致歉谢罪广告，旗帜鲜明地表达勇于承担责任、知错必改的态度。

（4）必要时，应向社区居民赔偿经济损失或提供其他相关补偿。

此外，还应根据具体情况，分别与市政、公安、工商、交通、消防、消协、兄弟单位等公众保持密切无间的沟通关系，运用妥当合适的传播策略，通报情况，回答咨询，调动各方面力量，反复解释，以帮助企业尽快渡过难关，将受损危害降低到最低限度。

五、危机的预防与监控

国内外危机处理实践证明，预防与监控是解决危机的最好办法。

国外危机管理专家曾对《幸福》杂志排名前500名的大公司的董事长和总经理就危机事件所展开的调查表明，所有组织都存在着遭遇危机的可能性，而对危机早作预防的组织，其损失相对要少些。

如何预防与监控是危机管理中十分必要的组成部分。预防是危机管理中的关键，而捕捉先机则是关键中的关键。

（一）快速收集危机信息

任何危机降临前总有不同程度的异常先兆，公关人员可从不同方面来捕捉第一手信息，诸如从消费者、营销部门、财务后勤部门、生产管理部门和人事工劳部门等方面收集显性的和隐性的危机信息。同时，一般企业或组织应组建舆论监测或信息反馈系统来捕捉危机先兆信息。

（二）组建专家队伍

由相关行业权威、政府官员、高级记者、教授、研究员、公关专家等组成，形成预防危机的智囊团。

（三）分析鉴别相关危机信息

将收集来的各种显性、隐性信息集中汇合，通过分类、整理、甄别，统计出危机可能出现的概率，以便制定相应对策。

（四）制订妥当的预警方案

针对所收集的各种危机信息，有针对性地制订相应预警方案，诸如危机管理计划手册、应对策略等，内容全面、规范统一、实用便捷。

（五）对照方案，认真督察

在预警方案制订妥当后，还应提醒相关领导、责任人定期检查，如何应对紧急情况，如何撤离相关区域、人员，如何控制危急局面，如何应对新闻记者的来访等。对特定区域可能存在的隐患应予以特别关注、督察，以便危机降临时能采取应急举措，控制局面。

（六）培养全员危机的观念

务实、仔细、全面、可行是每一项危机预警计划的关键因素，也是考验新闻发言人、组织领导人临危不惧、镇定自若的必要前提。只要上下齐心合力，树立"预防就是一切"的危机管理意识，共渡危难，团结协作，始终将顾客利益、公众利益、企业信誉、企业良好形象放在首位，就一定能稳操胜券，勇往直前，消除隐患，建立良好声誉，赢得社会公众广泛认同与支持。

拓展阅读

1. 诺曼·奥古斯丁等．危机管理．北京：中国人民大学出版社，2001.

2. 罗伯特·希斯．危机管理．北京：中信出版社，2001.

3. 迈克尔·里杰斯特．危机管理．上海：复旦大学出版社，1995.

1. 有形公关危机与无形公关危机的联系与区别有哪些？

2. 如何做好危机管理工作？

3. 谈谈危机的预防，如何做好危机监控？

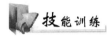

如何应对危机

【情景设计】

小吴来自于某民营名企，因业务发展需要，必须与某国企打交道，可是这家国企依然是计划体制下的工作模式，员工懒散惯了，没有危机意识，影响工作效率。小吴必须设法与他们交流，让其树立危机公关意识，以便完成工作任务。

【角色扮演】

以 3 ~ 5 人为单位，分别扮演不同的角色，尝试说服技巧，运用访谈法、座谈法、讨论法，施行沟通与交流。

【实训要求】

1. 按照个性特点，选择角色，确定负责人与助手；

2. 分组讨论如何模拟应对国企懒散的员工，各部门之间需要协调、沟通的基本内容；

3. 写出详细的危机管理策划书。

【效果评价】

教师教学点评、打分。见表 10 - 1。

表 10 - 1　　　　　　　　　　公关危机管理计划实施表

专业		班级		学号		姓名	
考评场所							
考评内容							
考评标准	项目内容			分值		评分	
	准备环节			10			
	计划实施步骤			10			
	协调技巧			20			
	言语技巧			20			
	认知技巧			20			
	应变能力			20			
总计				100			

模块十一　网络公关

学习目标与要求

　　了解网络公关的概念、界域和特点，熟悉网络公关策划的类型，熟练掌握网络公关的策划和组织工作，能运用有关理论分析网络公关策划的案例。

案例学习

"贾君鹏"网络蹿红的背后

　　7月16日上午10点59分，一位IP为"222.94.255.＊"的网友在百度"魔兽世界"贴吧中发了一则名为《贾君鹏你妈妈喊你回家吃饭》的帖子，帖中内容只有"RT"两个字母，意思为"如题"。然而令人意想不到的是，这篇只有标题的空帖在发出短短6小时内获得了39万多的点击率，超过17000名网友参与回帖。截至20日18时，回帖数已经达到31万多，点击率已达1084万多，而这仅用了4天时间。

　　一个看似平淡无奇的帖子在一天之内被"顶"到7000页，并且回复和点击还在不断激增中，这被不少网友称为"中文网络世界的奇迹"，而对于这样一个原本名不见经传的"贾君鹏"突然火起来的背后到底说明了什么，是寂寞的网络文化，还是幕后的推手炒作？网友、专家一时众说纷纭。

网友："我们跟的不是帖子，是寂寞"

　　帖子让贾君鹏以火箭式的速度蹿红网络，平均每秒钟就有千余新的跟帖。在回帖中，大量网友还将网名改为"贾君鹏妈妈"、"贾君鹏爸爸"、"贾君鹏爷爷"、"贾君鹏姥爷"、"贾君鹏奶奶"等，模拟相应人物的口吻回帖恶搞。随着回帖数几何级攀升，贾君鹏的"七大姑八大姨们"纷纷现身贴吧，形成一个庞大的"贾君鹏家族"。就连"贾君鹏的同学"和"贾君鹏的班主任"也赶来凑热闹，回帖内容也越发无厘头。

　　贾君鹏究竟何许人？不少网友都通过原发帖者的IP地址对"贾君鹏"进行人肉搜索，然而都未果。一位名叫"荆雀"的网友自称自己就是原发帖人，"贾君鹏"乃他本人虚构而成，但这一说法未得到确切证实。截至目前，依然没有任何证据证实"贾君鹏"究竟是谁，为什么发帖。在贴吧中，已有不少网友开始以此为题材写起了"连载小说"，另有不少网友创作了《贾君鹏你妈妈喊你回家吃饭》的主题曲、漫画以及恶搞的PS图片等。

其实，这则帖子所在的"魔兽世界"帖吧里，"×××你妈妈喊你回家××"之类的句式，对于很多魔兽世界的玩家来说并不陌生。每年高考、母亲节等特别时候，在魔兽世界游戏的一些公共贴吧或是社区聊天室都会多次出现"×××，你妈喊你回家，你已经通宵多天了"等"故事"，最早这样的"故事"或许真的是某个家长因找不到孩子，而到孩子所在游戏里去寻找其回家，但后来大量"故事"往往都是网友们恶搞寻找趣味的作品。

为什么这个"贾君鹏"的个案在网上迅速蹿红？一个被反复引用的网友回帖或许说明了原因："我们跟的不是帖子，是寂寞。"

据中国互联网络信息中心（CNNIC）7月16日发布的《第24次中国互联网络发展状况统计报告》显示，截至今年6月，中国网民数达3.16亿，继续保持世界第一的位置。其中，青少年网民已达到1.75亿，在总网民中占比51.8%。此外，目前网民中心仍在逐渐向低学历倾斜，学历程度在小学以下和高中的网民占比有所上升，网民的最大群体仍是学生，占比31.7%。

帖子所在的魔兽吧，大部分吧友都是魔兽世界的玩家。6月初，"魔兽世界"由于运营权的改变，游戏服务器开始暂时关闭，目前已经超过了40天，这使得上百万名魔兽玩家处于焦急等待中。

在贴吧，在"贾君鹏"事件中，众多玩友给其中一个帖子"下班之后还能干什么"盖楼，众多网友纷纷表示，"魔兽是我们生活的一部分，停服之后回到家都不知道干什么了"。网友们深深的空虚感由此可见一斑。"无法上线玩游戏真让人抓狂，无聊的日子没有了寄托。"许多玩友这样感叹，"这则帖子的标题勾起了我对游戏的记忆。"

荆楚网编辑吴彬彬对此认为，这则没有内容的帖子之所以引发如此多的人跟帖回复，一方面是众多年轻网友，特别是这些玩游戏的年轻人无聊心态在作祟，人云亦云，进行跟风式的回复；另一方面也显示出了当下网民内心的浮躁与空虚，这则帖子的莫名蹿红仅仅是这些寂寞网民自我发起的一次无聊的集体狂欢。

这可能是一次有预谋、有组织的网络眼球经济事件

对于"贾君鹏"事件所创造的中文互联网奇迹，不少业内人士都认为，这可能是一次由幕后推手进行操作的有预谋的炒作。

腾讯网站网络策划人王嘉亮表示："贾君鹏你妈妈喊你回家吃饭"这句如此简单的话，能引起如此轩然大波，如果不是专业推手的幕后操作很难达到如此效果。魔兽游戏停服已达40多天，上百万玩家在焦急等待中，"贾君鹏"事件可以分散玩家的注意力，也可以为游戏造势。

不少网友表示，这很可能是一次成功地利用网络进行营销推广的典型案例。IT人网就发表文章《从"贾君鹏"事件看互联网推广的奇迹》，从网民的好奇心、网络的即时性和开放性、推广的零成本三个角度分别进行了分析。艾瑞网扬扬博客专栏也发文《浅谈"贾君鹏"事件给推广带来的启发》，分析了此次事件的炒作力量，从而给推广带来几点启发。

据中关村在线的报道，资深网络策划人温浩溟先生对此次具有中国特色的网络事件特别指出：此次"贾君鹏"事件是一次有组织、有纪律、有预谋的网络眼球经济事件，显而易见，贾君鹏的大红大紫正是网络推手机构幕后操作的结果。

享有"社会解剖师"之称的武汉大学政治与公共管理学院的尚重生教授认为，帖子的标题"贾君鹏你妈妈喊你回家吃饭"是典型的生活形态语言，它一语道出了沉迷游戏的少年被母亲呼唤的人生常态，然而又极具生活典型意义和煽情力，如果真是一次有预谋的幕后推手操作事件，那么它也非常高明地把握住了社会的心态，也是此次传播成功的核心之所在。

"贾君鹏"热议之后的"零度"思考

与早先的竹影青瞳、芙蓉姐姐、天仙妹妹、网络小胖等网络红人相比，这个以光速蹿红的"贾君鹏"，只因一句"你妈妈喊你回家吃饭"而扩张成为无数网友的"群体性事件"，乃至变成一场盛大的网络狂欢。一句呼喊，难道就喊出了千千万万寂寞的灵魂？

对此，武汉大学新闻与传播学院媒体发展研究中心副主任王瀚东教授指出："作为拥有3亿网民的网络来说，一篇帖子一天几十万的点击率其实并不稀奇，尤其是在刷屏技术如此发达的今天，如果有人刻意而为之更是易如反掌。此次贾君鹏跟帖事件引发的热潮可以说完全是网友的无聊之为，从原帖内容来看，帖子本身毫无意义，跟帖内容也是如此。关于此次事件的诸多看法，或网民寂寞狂欢也好，或幕后操纵也好，或呼唤真情也好，不过都是媒介所赋予的外界解读，帖子本身是没有包含任何语境的。"

有网友也指出，法国后结构主义领袖人物罗兰·巴特于1953年在《写作的零度》一文中提出了一个在当时引起巨大反响的词语——"零度写作"。在罗兰·巴特看来，字词即一种一般形式，是一个"类"，"类"既包含了所有的个性，又否定了所有的个性。字词由于蕴涵过多而充满不确定的特征；正是存在一切的可能性，使得每一种可能性都"不在场"，一种可能性与另一种可能性或者互相加强，或者互相冲突，而最终，它们因此又产生了新的更多的可能性。意义在字词的连续中不断产生，无法停留，即"既无意图的预期，也无意图的永久性"。字词的连续是一个不断否定的过程，充满可能性，没有趋向，处在运动当中却在势均力敌的对立因素中保持静止状态，中性、自足、饱和、客观。这就是罗兰·巴特一再强调的语言行为：零度写作。

零度写作强调由字词独立品质所带来的多种可能性和无趋向性，然而这种无趋向性在今天越来越被狭隘地理解和使用了。有网友指出，此次的贾帖正是如此，或许本身帖子只是一次无意之指，但是外界的过度关注才给予了太多超脱帖子本身之解读。帖子本身对于说明事件的起因，对背后原因与以后意义的延展并不具备说明意义。

对于"贾君鹏"事件的发展，也有网友指出，网络世界的语义进化速度之快，就如同打个哈欠的时间，从"俯卧撑"到"躲猫猫"，从"楼脆脆"到如今的"贾君鹏"，网络流行语不断变换。或许当我们再转个身的时候，"贾君鹏"早已淹没在"陈君鹏"之类的汪洋之中了。

案例分析

"贾君鹏"事件是一场网络公关的狂欢，几多欢乐几多忧愁，也是寂寞网民自我发起的一次无聊的集体狂欢，更是一次有组织、有纪律、有预谋的网络眼球经济事件，留给现代网络话语背景下的公共关系以更多的思考与回味。我们的组织机构与社会公众有着剪不断、理还乱的千丝万缕的联系，网络在其间充当着非常重要的桥梁、纽带作用，网民的力量不可低估，谁无视网络的巨大震撼力，就会受到不可估量的损失。从"躲猫猫"、"艾滋女"、"华南虎"、"周久耕"到"日记门"，我们已经充分地感受到网络及网民的巨大监督力量。

1. 你认为"贾君鹏"事件是一场网络公关吗？
2. 如何应对网络危机事件？
3. 如何理解"我们跟的不是帖子，是寂寞"的含义？

公关知识库

一、网络公共关系概述

网络公关的兴起缘于互联网和电子商务的发展、网络传播方式较之传统传播方式的创新，以及公关业发展的需要。由于网络公共关系刚刚兴起，目前业界还没有一个统一的定义，下面是几种有代表性的定义：

（1）网络公关（PR on line）又叫线上公关或 e 公关，它利用互联网的高科技表达手段营造公关组织形象，为现代公共关系提供了新的思维方式、策划思路和传播媒介。

（2）"公共关系"的英文原文 Public Relations，简称公关，那么网络公关也就是指公关组织在网络空间的公众关系。网络的空间存在着形形色色的"大众群体"，公关组织通过其网络上的各种存在形式，以及通过采取各种方式与网络公众增进了解，进而维持与公众的良好关系与互动，以此来加强公关组织形象的影响力，促进公关组织形象的推广。

（3）网络公关是由于计算机网络的迅猛发展而给传统公关带来的一种创新形式，它以互联网作为信息传播的手段来开展公关活动，为公关组织改善自身形象、提升公关组织知名度创造更多的隐性价值。

第一和第三个定义指出了网络公关的手段是互联网，公关的目的是营造公关组织形象，但没有涉及网络公关对象。第二个定义公关的三个基本要素主体、客体和手段都有所描述，尤其是对客体阐述比较详细。

综合以上三种定义，网络公共关系就是公关组织以互联网为手段针对网络公众进行的一种新型公关活动主体是公关组织，传播媒体主要是指互联网，客体是网络公众，网络公关的目的是维护和改善公关组织形象，提升公关组织知名度，以获得更多的隐性价值。但是这些定义不够准确、全面。下面从公共关系结构三个基本要素来分析网络公关的内涵和外延。①网络公关的主体。公关组织主体是网络公关主体组成部分，但不是唯一主体，包括政府等各种社会组织以及个人，统称为网络化的社会组织。而公关组织网络公关是网络公关发展的动力，是探索网络公关发展的"先锋"。②公关手段。从网络公关字面意思上来理解，网络公关的媒介是网络，从技术角度来看，网络包括电信网络、有线电视网络和计算机网络，并且这三种网络中的每一种都是公共关系的重要传播手段，因此，网络公关的媒介不仅包括计算机网络，也包括电信网络和有线电视网络。③网络公关的客体。网络公关的客体是网络公众，首先只有经常浏览网页的网络用户才有可能成为网络公关的对象。公关对象是有针对性的目标受众，网络公关也不例外。网络公关的客体就是经常浏览网页的、与网络组织有实际或潜在利害关系或相互影响的个人或群体的总和。

综上所述，网络公关的定义根据网络媒介的三种不同类型，分为狭义和广义两种定义：广义上的网络公关是指网络化组织以电信网络、有线电视网络以及计算机网络为传播媒介，来实现营造和维护组织形象等公关目标的行为。狭义上的网络公关是指组织以计算机网络即互联网为传播媒介，来实现公关目标的行为。我们主要使用的是狭义上的网络公关概念。

二、网络公共关系界域

网络公关是由于计算机网络的迅猛发展而给传统公关带来的一种创新形式，它以互联网作为信息传播的手段来开展公关活动，为公关组织改善自身形象、提升公关组织知名度创造更多的隐性价值。较之传统的公关，网络公关具备了更强的整合力。奥美公关中国区董事、总经理柯颖德曾提出"360 度整合营销传播"的理念。所谓"360 度"指的便是一种全方位的、整合了公关、公关组织形象设计、广告、促销、媒介投放、媒介互动等各方面的公关手段。显然，无论从时效性，还是从覆盖面，或者互动性以及经济性等诸多方面来考虑，网络公关都具备这种全方位整合营销的能力。

从某种意义上来说，网络公关是一种直复公关，这里的"直"指的是网络公关主体与公众之间绕开了传统公关所无法避免的各种节点，如媒体、意见领袖、时间差、地域差等，从而明显缩短了相互之间的作用路径，能够保证公关活动的有效到达率；而"复"则是指公关主体与公众之间即时、高效的互动性，这种互动可以使公关活动这种"软"营销工具的威力更加淋漓尽致地发挥。

就目前的实践来看，网络公关主要是以公关组织站点宣传、网上新闻信息发布、其他组织网络赞助活动（如协办网络 FLASH 大赛、网上征集创意等）、制造网络媒介事件（如对某重大现实事件动向的实时发布、发起网络票选活动等）、建立网络互动虚拟社区等形式展开。公关组织有了自己的站点，便等于拥有了一个具备很强自主性的宣传媒体，依靠这个媒体，公关组织可以实时通过网络发布公关组织新闻、及时与其公众进行互动交流等。这里需要注意的是，公关组织的站点建设不是一件一劳永逸的事情，建立起来之后还要不断地维护、更新，添加能够吸引受众的新鲜内容，而不是如一个荒芜的弃舍，任蜘蛛结满罗网。由于受众对事物的认知需要一个过程，在公关组织网站建立初期，公关组织可以在公关组织的相关宣传媒介上（如公关组织报刊、公关组织活动宣传活页等）来推广公关组织网站，这一时期，公关组织的网络公关可以借助专业的门户网站来进行，依靠这些网站的人气来提升公关组织的知名度，并且为公关组织的网站聚敛人气。

当前，网络公关的概念虽然在美国刚刚兴起，但中国公关业不甘人后，此概念在"2000 年中国国际公共关系大会"上成为热门话题，到 2001 年则开办了"中国公关网"，而公关组织自身的公关网络更是如雨后春笋般生长起来。中国公关业和其他行业有了自己的门户网站和宣传平台，可以以最快捷的速度与国内外交流行业的信息。

公关界敏感人士看到，互联网的普及宣告了传播方式的革命，这正是 e 公关的生长点。网络传播与传统传播相比，非常突出的特征在于个性化、互动性、信息共享化和资源无限性。由此可见，网络信息传播的方式是全新的，它已集个人传播（如电子邮件）、组织传播（如电子论坛）和大众传播为一体，e公关也正是对这些传播方式重新进行的整合公关方式。

随着市场竞争的日益激烈，各公关组织都使出了浑身解数提高自身形象、扩大自己的知名度。在开展公关活动时，越来越多的公关组织意识到网络公关的重要性，它已经成为公关组织整体策略中的热点领域。

现在，大多数学者认为网络公关指公关组织借助联机网络、电脑通信和数字交互式媒体的威力来实现公关目标的行为。网络公关的兴起，是新科技时代公关特征与网络特征交叉促成的公关业发展的必然趋势。分析网络公关，必须了解网络传播的特征及其对传统公关组织公关观念的冲击，并据此分析网络公关的基础理念和策略。

三、网络公共关系特点

一般来看，网络公关这个名字似乎富有强大的生命力，但实际上网络公关只是告诉我们如何去达到预期的效果。除了像传统公关那样一再强调创意之外，在策略上，一些新的、可供公关组织依循的路径，正在进行计划并推进解决方案，而关于网络公关的案例，近几年在国内已如雨后春笋般出现了。因此，对于网络公关，现实问题是，我们该利用网络公关的哪些特点？并且这些特点是否是切实可用的？而且是能基于一个公关目标策略、并能按该策略不断推进？经过大量的公关传播实践和研究发现，互联网的普及宣告了公关传播方式的革命。

网络公关传播与传统公关传播相比，在公关传播规律上，网络公关主要具有以下特点：

（一）交互性

网络公关传播不是媒体向接受者传递信息的单向传播，不仅媒体作用于用户（传递信息），用户也可以作用于媒体，他们可以对网络公关传播的信息进行加工、处理、修改和重新组合等。

（二）多媒体传播

网络公关传播不仅能向用户显示文本，还能同时显示图形、活动图像和声音。用户可以自主决定某条信息最终以何种面貌呈现，同时，网络还能根据用户的需要将同一条信息由一种媒体形式转换为另一种媒体形式。

（三）容量无限性

信息传输的即时性和全球性。由此可见，网络公关传播信息的方式是全新的，网络公关传播已经成为个人传播（如电子邮件）、组织传播（如电子论坛或电子讨论组）和大众传播的统一体。

（四）六度传播

六度传播是指网络公关信息传播也表现为六度分隔理论，该理论由美国著名社会心理学家米尔格伦于20世纪60年代最先提出。

六度传播理论在网络上表现明显，简单地讲，从任何一点发出的信息，经过6次传递之后，可能会到网络上的任何一个人那里。这也是由网络的互动性所决定的。在2005年上半年，网上流传的"史上最牛女秘书"案就是经过电子邮件的传播，在很短的时间里广为人知，从侧面很好地验证了六度传播。而从前几年开始网络上掀起了很多企业的"揭丑"，负面信息在短时间内造成"风暴"，也能在六度传播上得到解释。

（五）个性化

网络公关传递信息在形式上是个人选择的结果，网络受众可以根据自己的需要和兴趣选择信息，将信息"拉"过来享用。

（六）具有公共话题

所谓公共话题，是指任何在网络上迅速、广泛传播的信息，都是围绕公共话题进行的，即使该信息本来是以某个个人或组织为核心，但有效扩散的必要条件是公共话题。从心理学上看，人们也只会关心和自己有关的信息，从组织或个体到公共话题，是扩散的前提条件。

四、网络公共关系策划

（一）制订网站推广计划

网站推广计划是网站推广策略的组成部分。制订网站推广计划本身也是一种网站推广策略，网站推广计划不仅是推广网络公关策划的行动指南，同时也是检验推广效果是否达到预期目标的衡量标准，所以，合理的网站推广计划也就成为网站推广策略中必不可少的内容。网络公关策划包含的内容比较多，如网站的功能、内容、商业模式和运营策略等，一份好的网站推广计划书应该在网站正式建设之前就完成，并且为实际操作提供总体指导。网站推广计划通常也是在网站推广策略阶段就应该完成的，甚至可以在网站建设阶段就开始网站的"推广"工作。

与完整的网络公关策划相比，网站推广计划比较简单，然而更为具体。一般来说，网站推广计划至少应包含下列主要内容：

（1）确定网站推广的阶段目标。如在发布后一年内实现每天独立访问用户数量、与竞争者相比的相对排名、在主要搜索引擎的表现、网站被链接的数量、注册用户数量等。

（2）在网站发布运营的不同阶段所采取的网站推广方法。如果可能，最好详细列出各个阶段的具体网站推广方法，如登录搜索引擎的名称、网络广告的主要形式和媒体选择、需要投入的费用等。

（3）网站推广策略的控制和效果评价。如阶段推广目标的控制、推广效果评价指标等。对网站推广计划的控制和评价是为了及时发现网站推广策略过程中的问题，保证网站推广策略的良好发展。

（二）正确对待网络舆论管理

在网络公关传播的实施上，世界品牌实验室（www.dianliang.com）在两个月的时间里，从新闻源和舆论引导两个方面进行了策划和传播。具体而言，网络新闻发布新闻信息按公众乐于接受的方式，以邮件等最快的形式向3000多家媒体上发布，包括各门户的新闻和专业频道，很快在网站上形成热点新闻，并不间断地形成一个7×24小时虚拟的网络新闻发言人制度；而在网络舆论引导上，主要针对28家主流网站的近5000个论坛和网络虚拟社区，从多个方面策划不同的话题，以受众易于接受的方式，以帖子的形式，网络公关传播既定的信息内容，并很快被转载，形成密集的扩散效果。

网络新扒粪运动、博客的普及使传统媒体的规则和版图发生很大变化。新规则正在建立，在中国，传统的依靠媒体关系建立起的公关模式正受到强烈冲击。相比传统的公关方式而言，网络公关由于本身的特点，越来越受公关客体的欢迎。不依赖于某几家媒体的版面，却依然使信息广泛传播，因此，网络公关的核心在于对网络舆论的管理。

在网络舆论管理上，世界品牌实验室认为稳定可靠的信息源、有效的信息扩散以及巧妙的网络公关传播策略是三个重要方面，目前网络公关传播提供了网络新闻发言人解决方案和论坛、网络虚拟社区传播方案两种配合使用，使网络公关传播策略依照不同的对象指定进行。

对于个人或组织而言，可引导的公众意见必须建立在稳定可靠的信息源上，无论是有利信息还是负面消息，类似于传统的新闻发言人的角色都是不可或缺的，否则谣言和混乱将会发生。网络公关传播网络新闻发言人解决方案即针对3000多家媒体即时、迅速地传递信息。而如果是一个希望被广泛关注的信息，扩散的最好选择莫过于论坛社区，28家主流网站的5000家论坛已经成为中国网民发表意见的大广场，正在影响着网络乃至中国社会，网络公关传播论坛和网络虚拟社区传播解决方案即帮助个人或组织，将目标信息进行策略性的扩散。因此，当一个公共话题在论坛出现后，网民会相互传播、转帖、发表评论，从而推动网络公关传播并成为热点，这就决定了一个话题是否最终流行。在这一阶段，如果能够有计划地进行网络舆论管理，就可以控制话题的发展方向，并在适当的时机引爆话题。

（三）掌握网络公关的炒作技巧

在网络上，没有人知道你是一条狗。这句话放在初级网络时代来说，尚具有一定的道理，而历经网络的快速进化，如果还把网络当成大众娱乐时代的主力推进器的话，这无疑是对网络的贬低。在传统的媒体发掘近乎枯竭之时，传统的公关模式太过老套而濒于徒劳无功，网络公关将以颠覆性的面孔出现，而伴随着各类层出不穷的网络热点事件，网络公关将以时代进步为标志出现在公关活动中。

如今，网络已成为最大、分化最多、覆盖受众最广的媒体。一个网站往往能够会聚最具有显性习惯的特定人群，这些人群的数量随着网络的迅速普及正在以几何级的数量增长，对于公关活动来说，这将是一个前所未有的、庞大的公关活动对象。在这个媒体当中，能够会聚人眼球的热点事件将成为网络公关活动最大的目标，如何借助这类事件或者运用公关手段来策划制造这样的热点事件，将是未来网络公关策划的方向。

案例：2006年，天涯社区曾经产生过一个热点，那就是上海华普汽车的老总徐刚和一名天涯网友的对辩。上海华普汽车，这个远远没有吉利、奇瑞知名的民族汽车生产厂家，很多消费者甚至不知道华普汽车的样子，也不了解华普这个汽车生产商，经过短短半月的一个网络事件炒作俨然已经被更多的人知道并被认可。尽管很多人认为这是华普徐刚自导自演的一次炒作，但也有人坚信徐刚是在诚挚地面对一个普通消费者的质疑，却意外地得到收获。不管何种论调，从这件事本身而言，上海华普卓越的公关意识很值得推崇，在热点的媒体，用热点的形式，形成了一件热点的事件，短期内集聚了大量的人气，吸引受众的关注，这不能不说是网络时代善用创意公关工具的天分。

如果说这个事件是华普的自我炒作，那么华普依然具有高明之处。众所周知，网络不同于传统的媒体，对于普通消费者的话语权没有强权的限制，所以网络的事件素材能够做到更为生活化和真实。在网络上，经常充斥着消费者最为真实的抱怨，处理不好，往往会对企业的品牌损伤巨大。当网络上太多的人共同指向一个企业或者品牌时，如果不加应对，随时可能爆发前所未有的危机。华普的成功之处就在于选对了媒体，以危机为突破，进行公关活动。

至此，我们不禁要想，网络是个东边日出西边雨的怪胎，了解的人，往往能够借助网络这一特性，策划一出，谋求收益。华普就是通过这次网络公关策划，先抑后扬，这样既化解了危机，又受到了广泛关注，提高了自己的知名度。如果这是一次自身的炒作而且还是华普自己刻意策划的，这样还真可以算得上是网络公关策划的高手，需要十二成的功力修炼才能在网络上长袖善舞。当然，功力不济的也随时面临失足危机，自己搬石头砸了自己的脚。这些网络公关策划的策略可以说是若干年之后的绝技了，对于尚在发展中的网络媒体和发展中国家的中国公关组织来说，当前最重要的还是保持灵光和先进性的头脑，解决好当前的网络公关策划问题，虚心向网络时代学习修炼自己。

网络是危机的显性阵地，处理危机应从网络入手。网络的开放性，为普通公众话语权的运用提供了大环境，所以网络经常会成为危机的发源地。很多传统媒体不能够曝光的事件，往往最先通过网络渠道向四面传播，而且极具杀伤力，会在极短的时间内形成恶性影响。

华普通过这次网络公关策划，在一时间聚集了大量的观众，很多人从中对华普汽车形成了最初的印象，就是车烂、技术差。如果上海华普能搞好这次网络公关策划，也不会引发大的危机，但不排除引发"蝴蝶效应"的可能。华普的聪明之处就在于能够应对任何微小的风吹草动，以从容开放之态应对一件小事情。作为国内知名企业的老总，徐刚亲自操刀对一件小事进行回复，也可以说是用心良苦，开了天涯的先河。徐刚的行为正好体现了华普在网络公关策划上面的聪明，细微之处见真功。经天涯的推荐，普通公众会为徐刚和华普的行为喝彩。公关活动的目的已然达到，细小的危机已经处理，还能够最大程度地博得公众好感，让公众见证华普的胸怀。

从反方面来说，暂定这件事情是华普的自我炒作，这种以危机为切入点的方法也可以说是创意十足。网络原本就充斥着对很多事件的质疑，很少有企业能够单独出面来应对这些质疑。华普选择在这样的背景下出面，很有点横空出世的意味，更能够形成热点，会聚人气，达到自我炒作的预期目的。

公关组织花大力气投注在传统媒体上，越来越面临着公关模式的老套，公关活动客体开始对传统媒体上的公关文稿抱有防范心理，很多公关的形式逐渐等同于广告，被受众所识别，而媒体也因此赔上了功利化的骂名。面临此种情形，有远见的公关组织纷纷将眼光投到了网络媒体之上，以网络为公关活动平台，主动进行公关活动的宣传。

时下最为流行的网络选秀，实则也是一种公关。许多企业希望自己的行为能够被社会更多地理解，同时在社会上形成热点，吸引更多的关注，故而借用网络，以此为平台展开宣传，会聚全社会的力量，面向公众，达成公众和企业之间的某项合作，以求得双方利益的互惠，并且在开放、平等和公平的条件下进行，这本身就是一种公关。

对于公关组织而言，大公关的意义正在于聚众而谋，公关组织在网络上抛出一个公共话题，吸引各个方面的参与和关注，开放式交互式的环境，能够满足各方言语的喜恶，展示各方的不同观点，对于公关组织来说，正好展示了自己的开放胸怀和与公众共生存、同发展的态度。这样的公关组织势必会引发公众的好感，也能对公关组织在公关活动过程中的症状得以多方会诊。这同时，也可以看得出公关组织对网络媒体的重视，一个能够会聚高人气的网站也正好满足了公关组织传播公关活动的需求，网络的影响力越大，作为公关组织而言，巧妙选择网络媒体进行公关活动传播就越必要。在网络时代，这样的合作势必会带来双赢。

得民心者得天下，这是教训古代天子勤政爱民的一句古训，应用于现代公关组织来说，也不为过。不管华普的做法是好是坏，可以说深谙此道，同时善于运用网络工具，一个帖子，一些积极主动的回应，面对普通公众的质疑，如此"兴师动众"的背后，被人记住的不仅是公关形象的品牌效应，还有公关组织开放的胸怀。即便被称为炒作，但炒作的背后丝毫不存在恶意，而且使公关组织的信誉得以更好地宣扬。

网络穿越时空，已经成为现代社会不可缺少的媒体和社会生活各方面的纽带。如果一个公关组织，在网络上，态度诚挚地抛出务实求发展的论调，在公平的平台上谋求社会公众的发展大计，这种公关活动将被公众所理解，而且还会有更多的人愿意为公关组织的长久发展倾注更多力量、投入更多关注。

具体来说，网络公关的炒作主要通过以下四种形式进行：

1. 新闻组

新闻组中聚集着有共同话题的公众，他们就共同感兴趣的话题进行讨论、评论和分析。新闻组可以建立和巩固公关组织与新老顾客的关系，开展公关活动所需的市场调查研究，通过信息监测，可以进行危机预防与控制。目前新闻组已成为国际公关界交流中最重要的一个渠道。

2. 发送新闻

通过在公关组织本身网站、有影响力的门户网站或与传统媒体相结合发送新闻来实施网络公关的炒作。通过传统媒体发布新闻时，更应注意与新闻记者建立友好关系，原则是开诚布公，成为其可依赖的有效信息来源，因为记者利用网络更容易查清组织公布的信息是否真实。

3. 电子邮件

个性化的电子邮件会增加人情味，实现一对一传播。此外，公关组织可以通过网络开展一些公关活动、公益性活动，如帮助网络虚拟社区成员解决问题，以提高公关组织形象、建立公关组织的网上信誉；为网络虚拟社区成员安排活动，吸引网民；举办网上新闻发布会或网上年会等。

4. 论坛

论坛是网络上一种广泛应用的信息交流工具，不论是公开浏览方式还是管理严格的远程登录方式，对公共关系而言，都具有特殊的传播沟通功能。首先是信息发布功能。组织和受众都可以通过 BBS 发布信息。其次是非实时讨论功能。公关组织可以将要发表的信息写成文章后，以比较条理和完整的方式发表在 BBS 相应的讨论区。最后是实时讨论功能。公关组织可与公众在"聊天区"进行实时交流，来拉近公关组织与公众之间的距离。一则新闻在论坛的新闻库里保留很长时间，选择在与公关组织相关的论坛上贴新闻，可能会带来长达几年的效益。

（四）正确处理网络危机公关

网络媒体已经成为强势媒体，尤其是在中国，网络媒体不仅极大地改变了中国人的阅读模式，而且在中国的强势地位更是超过了美国。因此，在危机公关处理过程中，不应忽视网络媒体的重要作用。

网络媒体传播的特性具有以下几点：

（1）"好事不出门，坏事传千里。"网络媒体在舆论导向方面限制比较少，完全市场化。它的新闻排列完全按照点击率排列，所以充分反映了人性的趋向，而人性的最深刻的一点就是"偷窥欲"，所以网络媒体的头版头条往往是一些"坏消息"。

（2）放大效应。一个小地方的传统媒体的报道，经过新浪、搜狐转载后会立即成为全国性的新闻。

（3）二次传播效应。一篇报道上网以后，往往会引发传统媒体的跟进。这是因为上网频率最高的人是记者，他们要找新闻线索。一个记者看见一篇文章以后，他会接着写，第二篇会带来第三篇、第四篇，最后变成一个专题。

（4）复制成本极低，传播速度极快。传统报纸如果要转载另外一家报纸的文章，一般要先剪下来，然后复印一下，或者是重新录入一遍。网络媒体只要复制一下，甚至系统可以自动发过去。

（5）新闻严谨性低。删除后可再发，位置调低了也可以再调高。网上报道不需要很严谨，甚至可以造谣；传统媒体对新闻严谨性的要求比较高，而互联网这方面要求相对低得多，甚至某种程度上可以造谣。它可以发一些小道消息，这篇报道写得再差也可以发，甚至可以没事找事。所以这些年大部分负面新闻，尤其是小道消息都是从网上发出的，而不是传统媒体。

（6）负面报道发表频率远高于传统媒体。传统媒体如果报道一家企业负面新闻的时候，它最多说两次，第一因为要有素材，第二要把它的新闻点挖掘出来。但是网络媒体只要有任何传统媒体发了这个负面报道，它都可以转载，它的发表频率特别高。

（7）可补救性：删除新闻或调整位置。网络媒体的新闻是可以删除的，即使不能删除，也可以改变位置。从首页撤到一个频道的首页，撤到栏目的首页，最后撤到最低层，每撤一次，它的浏览量就会削减 1/20 ~ 1/10。

针对网络传播的特点，基于网络的危机公关管理应注意以下一些要点：

（1）预防为主，在第一时间阻止上网。

（2）万一发生，以最快的速度封堵。

（3）转移话题。

（4）堵不住的话就冷处理，不要推波助澜，切忌因主动提供新的炒作话题，引发和推进波浪式传播。

（5）不要刻意追求将新闻彻底删除。

（6）平时多做工作永远比临时抱佛脚管用。

（7）与媒体善意沟通，而非强势公关。应分析媒体发表负面文章的动机，一般情况下大致有如下几点情况：①出于新闻理念而揭黑幕，如《财经》杂志；②出名、炒作，这需要搞清是个人行为还是机构行为；③拉广告；④报复。

（8）以平和心态看待网络危机公关。实际上，发生公关危机和由此引发负面报道是正常的事情，不必为此针对媒体采取非常强势的压制做法。

（9）尽量不要找政府主管部门强行施压。这种做法虽然短期内见效最快，但长期来说负面效应更大。

（10）除非万不得已并有十足把握，绝不诉诸法律。这是因为打官司只会吸引更多人的注意，而且，名誉权官司组织很难赢媒体，即使打赢官司，媒体的道歉也是微不足道的，赔偿更不足以弥补组织的损失。此外，这种做法容易结怨，长远来说置组织于更不利的地位，甚至会激起整个新闻界的同仇敌忾。

五、网络公关的优势及注意问题

（一）网络公关的优势

1. 网络公关主体的主动性增强

网络公关突破了传统公关的时空限制、传统媒体的限制，使公关组织拥有更大的主动权和传播优势。网络媒体具有即时性、互动性、无地域时间限制、信息化、全球化多媒体、低成本以及全方位传播等多重特性，摈弃了传统公关必须借助传统传媒以及必须通过其"把关人"信息过滤，使公关组织能够即时发布信息而不必借助传统媒体，可以直接与公众交流对公众产生影响，从而绕开新闻媒体严格的审查，不致贻误时机。同时，网络公关可以充当公关组织的新闻发言人，成为媒体获知公关组织最新信息的新闻源。网络公关即时、灵敏的反应速度为公关组织的信息传播提供了有力的工具，也为公关组织提供更多人性化的增值服务创造了可能。

2. 成本低、效果佳

传统公共关系策略在实施过程中，财力、物力是制约其发展的重要因素，而网络公关的开展却相当方便，一封友好的电子邮件、一个引人注目的论坛都可以成为公关开展的方式。在效果方面，传统公共关系的效果一般都是潜在的、远期的，且很难量化。而网络公关有着立竿见影的效果，且容易进行统计。如一个简单的计数器就可以统计本网页的浏览量。

3. 网络公关客体的能动性提高

（1）网络媒体的互动性。网络媒体的互动性使公关组织和公众都拥有了更大的主动性，这一点对公关的客体来说意义更大。在互动过程中，客体不只是单一的信息接收器，也成为信息传播源，公众可以对网络信息进行自由选择、编辑、加工等。

（2）"一对一"模式可能实现。美国公共关系学者格鲁尼格在《公共关系管理》一书中指出，公共关系实践有四种模式：新闻代理模式、公共信息模式、双向非对称型模式和双向对称型模式。双向对称型模式被认为是最理想的模式。传统媒体传播过程中，受众是被动地接受信息，没有发言权，是"一对多"传播。网络媒体使上网的每个人都可以通过论坛、电子邮件等互动形式将自己的观点、看法等传达给很多人，从而实现"多对多"传播。"多对多"传播从本质上保证了传播的双向性和对称性，提高公众的参与度，从而使公关组织在公共关系实践中有可能实现双向对称型模式。

此外，传统公共关系的受众是信息传播者按照人口统计的某些标准归类为具有相同特征的群体，公关组织的公关活动基本上是针对目标公众群体设计的，但具体说来，公众仍是模糊的、难以把握的；网络媒体使公关组织与公众建立起"一对一"互动的新型关系，在"一对一"的接触中，了解公众在使用产品或接受服务时遇到的问题和对产品或服务的意见和建议，实现公关组织对公众的个性化服务，以此来进行有效的市场运作，甚至拓展新的市场。同时，也使得消费者得到了来自公关组织的更大需求满足，两者相互促进，形成公关组织与公众良好的动态循环。

（二）网络公关应注意的问题

1. 网络"虚拟性"带来的弊端

网络的"虚拟性"，存在由鼠标和键盘带来的隔膜，及由于网络传递带来的心理距离，使网络公关易缺乏人情味。在网络社会，人们处在一个相对封闭的环境当中：一方面，新型全球化网络虚拟社区通过传播传输技术正在或者已经形成。而另一方面，整个社会却成为一个"熟悉的陌生人"的虚拟社区；技术可以超越空间，却不能够代替情感，技术可以促进沟通，却不能确保彼此建立信任；网络技术改变了人际和社会关系的质、量、度，却削减了社会作为一个共同体的内在和谐关系。

在网络上公关组织的真实性、可靠性等信誉由于网络发展过程中存在的一些弊端更难建立。但是随着网络逐渐成为人们工作、生活不可或缺的辅助工具时，必然会采取各种方式来增强其可靠性，如目前正在推行的"网络实名制"、"网络新闻规范制度"等，都是对这一"囚徒困境"的突破。另外，公关组织在现实社会中切实的良好口碑也有利于其在互联网上建立信誉，使公关组织在网络上长期与公众平等、真诚地沟通，也会使公关组织逐渐建立公信力。

2. 安全方面存在的问题

（1）网络技术方面的问题。来自网络技术方面的主要是指有针对性的网络犯罪，如电子交易支付中的漏洞。安全软件专家认为，在电子商务的网络零售站点里，全部的购物应用软件中，约有1/3的程序设计易被掉换价格标签的欺骗性手段攻击。

（2）不利信息传播速度更快，易形成"公关危机"。不利信息主要来自两个方面：一是网络上的恶意攻击行为。如竞争对手对公关组织形象的恶意丑化，散布流言，黑客的入侵并对公关组织网站的恶意涂改等行为。二是公关组织负面事件形成的不利信息。与公关组织正面信息相比，负面的内容往往容易扩大。在互联网上，借助网络传播面广、速度快等特性，"坏事传千里"的负面效应更加凸显，使世界上任何角落的一个小小信息都可能对组织造成灭顶之灾。以日本"东芝事件"为例，一位顾客购买东芝录像机时，因销售人员对他言辞欠妥，结果被顾客录下来并贴到网上，引得500万人次去听，最后东芝社长不得不亲自出面道歉，但这件事仍对组织产生了极为不利的影响。

六、网络公关的独特优势和决胜关键

较之于网络广告，网络公关活动含蓄的、富有文化魅力的宣传方式不仅更易深入人心，以广告无法实现的方式提高产品、服务的可信度；而且网络公关活动的费用通常比网络广告更为低廉，在成本上占有更大的优势。同时，网络公关自身更是拥有许多独特的优势，这主要表现在以下两个方面：

（1）通过建立公关组织网络虚拟社区，网络公关有助于建立和公众"一对一"的良好合作关系，二者以电子邮件、电子留言板或公关组织QQ群的方式相互沟通，借此，公关组织可以很容易得到消费者对产品及服务的评价、获悉消费者的个性化需求，为公关组织的发展方向提供宝贵的思路，消费者也可以从与公关组织的沟通中获得更细致的解答和更周到的服务。需要指出的是，公关组织对建立起来的网络虚拟社区，要投入相关的人力资源来进行维护和优化，要对网络虚拟社区成员反映出的问题及时加以回复解答，使得网络虚拟社区真正成为公关组织与公众即时、平等、真诚互动交流的平台，而不是一个简单意义上的留言板、牢骚板。网络虽然是虚拟的，可是通过网络上的真诚沟通在彼此之间建立起来的感情却是真实的，这种感情又会直接反映到公关组织与公众之间的现实关系上来，良好的情感沟通，无疑会提升公关组织的公信力、美誉度和竞争力，最终实现公关组织经济效益和社会效益的全面增长。

（2）网络公关还可以培养公众对公关组织的信任度。按照美国学者阿里德安·佩恩等在其著作《关系营销——形成和保持竞争优势》中的观点，发展新客户的成本要高于维持老客户，而客户保持率将直接关系到公关组织的盈利情况，数量仅占客户总量20%的"金卡"客户（具有长期合作关系的老客户），却可以为公关组织带来80%的利润。如前所述，借助网络公关直复性的特点，我们可以更加容易地实施ABC分析法（ABC-Analysis，又叫重点管理法），区分出对于公关组织来说重要的少数（高信任度的"金卡"客户）和不重要的多数（低信任度的普通客户），继而更有针对性地进行省力高效的客户关系管理（CRM）。对于客户之于公关组织的信任度，美国学者塞利弗（Sherif）和肯切尔（Cantril）在研究社会判断理论时提出了"涉入理论"，指出品牌忠诚只有在高涉入的情况下才会形成，因为得到"信任"的品牌，是消费者经过广泛的信息收集、处理、评估之后选出的最合意的品牌，其背后有牢固的信念支持。要提高这种涉入度，公关组织就要充分发挥网络虚拟社区的作用，通过网络公关活动，吸引公众不断光顾自己的社区，成为其中稳定的一员，与公众不断进行深入沟通，并使公众在该社区内享受一定额外的增值服务，从而对该社区产生一种归属感和认同感，实现其信任度等级的不断提升。

如前所述，网络公关虽然拥有不拘一格的开展形式和得天独厚的自身优势，然而，形式终究无法取代内容，优势并不等同于胜局。

无论是对于网络公关，还是传统的公关，要提高公关组织的知名度、美誉度与和谐度，必须坚持诚信的根本原则，"言必信，行必果"，必须像对待朋友一样善待公关组织所面对的公众，加强同公众、同网络虚拟社区以及同媒体之间的沟通合作，以可亲可感的诚信态度取代冰冷生硬的技术，以双向互动的沟通热情取代一相情愿的苍白表演。否则，单纯依靠空洞的形式而无先进的理念，单纯凭借花哨的表象而无真诚的内涵，所有的优势都将在网络的

虚拟中成为泡影，在真实的现实中演化为败局。

在这里，套用一句广告语："Anything is possible."（一切皆有可能）诚然，网络公关只是为公关组织的进一步腾飞提供了一种可能，如何将这种可能转化为现实将是公关组织在具体的公关活动中面临的首要问题。网络公关不像广告，可以不断融入各种创意、推出各种版本，好的广告可以立竿见影，而好的公关却不一定能即刻显效，但是其持久的辐射力绝非一般广告所能企及的。

另外需要指出的是，网络公关并不是完全在虚拟化的网络空间中运行，它是在传统公关的基础上衍生和拓展出来的一种数字化环境下的公共关系。

最后，我们相信当网络公关成为一种习惯，当所有的刻意都成为一种发自内心的不经意，当公众与公关组织的信任关系由对程序、对制度的信任回归到对人与人关系的信任上的时候，我们所能够看到的将不仅仅是公关组织从中获益，更重要的是我们实现的将会是彼此的双赢。

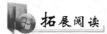

1. [美] 尼葛洛·庞蒂. 数字化生存. 海口：海南出版社，1997.
2. [美] 格鲁尼格. 卓越公共关系传播管理. 北京：北京大学出版社，2005.
3. [美] 大卫·菲利普斯. 网络公关. 北京：北京大学出版社，2005.

1. 网络公关与传统公关的联系与区别有哪些？
2. 如何理解网络公关的交互性、多媒体传播、容量无限性特点？
3. 谈谈网络传播的利弊，如何做好网络传播工作？

如何开展网络公关

【情景设计】

小吴来自于某民营名企，因业务发展需要，必须与某网络公司打交道，可是这家网络公司依然是计划体制下的工作模式，员工懒散惯了，影响工作效率。小吴必须设法与他们交流，以便完成工作任务。

【角色扮演】

以 3~5 人为单位，分别扮演不同的角色，尝试说服技巧，运用访谈法、座谈法、讨论法，施行沟通与交流。

【实训要求】

1. 按照个性特点，选择角色，确定负责人与助手；
2. 分组讨论如何模拟应对网络公司懒散的员工，各部门之间需要协调、沟通的基本内容；

3. 写出详细的网络公关策划书。

【效果评价】

教师教学点评、打分。见表 11 – 1。

表 11 – 1   网络公关计划实施表

专业		班级		学号		姓名	
考评场所							
考评内容							
考 评 标 准		项目内容		分值		评分	
		准备环节		10			
		计划实施步骤		10			
		协调技巧		20			
		言语技巧		20			
		认知技巧		20			
		应变能力		20			
		总计		100			

模块十二 公关法规

学习目标与要求
　　掌握公关工作中要注意的主要法律问题，掌握公关职业责任的类型和处罚的方式。

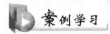 案例学习

新疆"7·5"事件所折射的法律法规问题

　　2009年7月5日20时左右，一些人在乌鲁木齐市人民广场、解放路、大巴扎、新华南路、外环路等多处猖狂地打、砸、抢、烧。当晚就造成多名无辜群众和一名武警被杀害，部分群众和武警受伤，多部车辆被烧毁，多家商店被砸、被烧。

　　7月6日凌晨，乌鲁木齐市政府发布维护社会正常秩序紧急通告。新疆维吾尔自治区主席努尔·白克力在6日凌晨发表电视讲话时指出，5日晚乌鲁木齐发生的打、砸、抢、烧严重暴力犯罪事件，是一起典型的境外指挥、境内行动，有预谋、有组织的打、砸、抢、烧事件。

　　7月6日中午，"7·5"事件已造成140人死亡，816人受伤，196辆机动车被砸、被焚烧（其中有两辆警车），部分商铺门面及两座楼房被焚烧。公安机关抓获打、砸、抢、烧犯罪嫌疑人百余名。截至6日19时，乌鲁木齐市"7·5"打、砸、抢、烧严重暴力犯罪事件死亡人数增至156人，其中，男性129人，女性27人；受伤人员1080人。截至6日24时，警方已留置审查"7·5"打、砸、抢、烧严重暴力犯罪事件犯罪嫌疑人千余人。

　　7月8日，来自台湾的11名游客由深圳抵达新疆乌鲁木齐，开始为期12天的新疆之旅。据了解，这是乌鲁木齐"7·5"打、砸、抢、烧严重暴力犯罪事件后首批来自台湾的游客。

　　7月10日，在乌鲁木齐"7·5"事件善后处理工作新闻发布会上公布：自6日乌鲁木齐"7·5"事件善后处理工作小组成立以来，已经接待无辜死亡群众家属2400余人次，受伤人员家属220余人次，183名工作人员和40多辆汽车全程负责接待伤亡人员家属，并为他们提供医疗保障、住宿和接送服务。《乌鲁木齐"7·5"打、砸、抢、烧严重暴力犯罪事件无辜死亡者、伤残者抚恤办法》草案也将尽快出台，草案中已经确定将对在乌鲁木齐"7·5"事件中无辜死亡的群众，一次性发放特殊抚恤金每人20万元、丧葬补助金每人1万元。据不完全统计，此次事件约需各类抚恤费用1亿元人民币。

7月12日，"7·5"事件已造成184人死亡，1680人受伤，在医院救治的939人中，重伤216人，病危74人。

7月12日统计数字表明，乌鲁木齐"7·5"事件中，暴力恐怖分子砸烧公交车、小卧车、越野车、货车、警车等共计627辆，其中184辆车被严重烧毁；共导致633户房屋受损，总面积达21353平方米，其中受损店面291家，被烧毁的房屋29户、13769平方米。

7月12日商务部公布，乌鲁木齐、伊犁、喀什等地各大超市、商店等主要商业零售网点已全面恢复营业，肉类、蔬菜等重要生活必需品市场供应充足，价格回落到"7·5"事件发生前的水平。7月6～11日，仅乌鲁木齐市就调入1500吨蔬菜。同时，商务部、财政部启动了国家储备肉投放机制，根据市场实际需要安排中央储备牛羊肉投放计划。

7月12日中午，已有2630余人报名加入志愿者行列，服务乌鲁木齐"7·5"事件善后事宜。

新疆"7·5"严重暴力犯罪事件震惊了中国乃至全世界。在境内外"三股势力"（"三股势力"是对境内外民族分裂势力、宗教极端势力和暴力恐怖势力的简称）的精心准备、策划下，暴徒们在有着200多万人口的自治区首府乌鲁木齐市大肆打、砸、抢、烧，造成重大人员伤亡和经济损失，也让世人再次见证了"三股势力"的血腥与残忍。

对于新疆"7·5"事件的本质，我们应当有着清醒的认识：这次事件既不是民族问题，也不是宗教问题，而是一系列有预谋、有组织的严重暴力犯罪事件，具有反国家、反民族、反人类之性质。理智地思考，新疆"7·5"事件对于我国法治建设具有几点重要启示。

"疆独"犯罪活动的新特点

"9·11"事件后，一些"疆独"势力迫于国际反恐的大背景，开始宣称自己是"非暴力"、"与恐怖主义毫无牵连"的团体，以人权、民主、维护少数民族权利的幌子掩盖其分裂的本质。

然而，从"7·5"事件来看，"疆独"犯罪活动之境外指挥、境内实施的方式没有变，其谋求分裂的企图没有变，血腥暴力的本质也没有变。同时，可以发现"疆独"犯罪活动具有以下新的特点：

一是主体的变化。为揭露"疆独"势力的暴力恐怖本质，我国曾于2003年、2008年分两批认定了"东突厥斯坦伊斯兰运动"等4个恐怖组织和19名恐怖分子。而在"7·5"事件中，热比娅领导的"世界维吾尔代表大会"成为主要策划者。

二是方式的变化。为避免被贴上人人喊打的恐怖主义标签，"疆独"势力的行动方式从过去的恐怖袭击，演变为煽动、裹胁多人实施打、砸、抢、烧，此举可能导致民族关系恶化，实现策划者的罪恶目的。

三是范围的变化。"7·5"事件发生后，中国驻荷兰使馆和驻慕尼黑总领馆分别遭到"东突"分子和不明身份人员的袭击。"疆独"势力在我国境内和境外同时对我国实施暴力犯罪，其活动范围的扩大是前所未有的。

四是时机的变化。"疆独"势力大肆炒作，假借广东韶关发生的普通治安案件来策动骚乱。"7·5"事件发生在2009年6月25日韶关事件之后、新中国成立60周年大庆之前，这充分表明，"疆独"势力精心选择了活动的时机，具有极强的预谋性。

五是危害的变化。"7·5"事件造成逾千人死伤，在社会上制造广泛而持续的恐怖气氛。这是新中国成立以来新疆发生的性质最恶劣、伤亡人数最多、财产损失最严重、破坏程度最大、影响最坏的一次暴力犯罪事件。

对此，我们应保持足够的理性和冷静，深入分析"疆独"犯罪活动的社会根源和现实特征，采取有针对性的立法和司法惩治防范措施。

应尽快加强社会安全预警立法

种种迹象表明，"疆独"势力对"7·5"事件进行了较长时间的精心准备。"世界维吾尔代表大会"利用互联网和手机等现代通信工具，在境外直接遥控指挥境内的民族分裂分子，利用网络散播谣言，迅速聚拢起大批不明真相的群众上街聚集，导致事态迅速扩大升级，酿成骚乱。如此规模的准备，很难做到"神不知鬼不觉"，但"7·5"事件前，社会公众可以说是没有防备的，这也反映出我国社会安全预警体系的缺失。

根据我国突发事件应对法规定，突发事件包括自然灾害、事故灾难、公共卫生事件和社会安全事件4种类型，但该法仅明确了前三者的预警体系，确定了相应的发布主体、预警级别和后续措施，但对社会安全事件的预警体系尚缺乏规定。

事实证明，由于我国社会安全预警体系尚不够完善，使得情报研判与应急处置之间缺乏过渡，形成了立法和工作机制的空白地带。当社会安全事件发生时，处置力量依据具体指令展开行动，通常缺乏充分准备和预防措施；社会公众作为潜在被袭击对象，更是缺乏足够的警惕和防范，进而导致极其严重的后果。

当然，"7·5"事件的规模和危害的不确定性很强，时间、地点和方式也很难预测，这也是事件造成严重后果的重要原因。因此，要有效防范日益猖獗的"疆独"犯罪活动，必须注重敌情预警，提高情报分析的准确性和预警体系的完备性。

我们建议，应尽快加强社会安全预警立法，建立和完善监测、预测、预报、预警体系，对可能发生的社会安全事件尤其是恐怖袭击进行预警，不断提高预警的准确度和时效性。

切实贯彻宽严相济的刑事政策

在果断处置"7·5"事件的同时，当地政府还组织警力依法留置、审查打、砸、抢、烧犯罪嫌疑人1000余名。尽管"7·5"事件造成了极为严重的后果，公安、司法机关在处理这一事件时，同样应贯彻宽严相济的刑事司法政策，不能受非理性因素影响而违反法律规定。

宽严相济是我国的基本刑事政策，它对刑事司法活动具有重要的指导意义，对维护社会稳定和国家安全具有重大的影响。

具体来说，公安、司法机关应甄别不同的犯罪人类型，区别对待：对于在事件中起组织、策划作用的犯罪分子，实施严重打、砸、抢、烧、杀行为的犯罪分子，应依法及时处置，给予严厉打击，这体现了宽严相济刑事政策之"严"的一面；对于在事件中被煽动、蛊惑甚至被裹胁的犯罪分子，没有实施严重打、砸、抢、烧、杀行为的，应本着教育、感化的方针，体现宽严相济刑事政策之"宽"的一面。

同时，还应根据局势变化对宽严相济刑事政策之"宽"和"严"的幅度与比例进行微调，适时强调打击和感化，切实达到"相济"的要求，以收到良好的法律效果、社会效果和政治效果。

我们应该清楚地认识到，"7·5"事件中的少数犯罪分子大肆杀人、纵火，侵害包括老弱妇孺在内的无辜平民，其行为与民族习惯、宗教信仰、生产生活方式并无联系，而是违背了现代法治社会乃至人类共同的伦理价值。对于那些手段残忍、甚至具有恐怖主义色彩的犯罪分子，应根据其社会危害性与人身危险性，依法及时从严惩处。

高度重视善后恢复立法

"7·5"事件的直接后果是重大人员伤亡和财产损失，但对社会来说，其最大危害莫过于社会秩序遭到破坏，并由此带来的社会心理恐惧。此外，"疆独"势力还企图通过此次暴力犯罪事件，制造民族间的隔阂与矛盾。为消除此次事件带来的危害和影响，当地政府迅速组织各部门维护各民族群众生活秩序，采取了各方面的措施，保证了生活必需品的供应和调运。

同时，事件的善后工作也在迅速开展，除了鉴别死者身份之外，乌鲁木齐市政府还准备了1亿元的抚恤资金，对受害人的人身、财产损失进行弥补。

目前，我国针对严重暴力犯罪的善后恢复立法还处于空白状态，没有建立稳定的长效机制。应该说，在类似事件发生之后，完善的法律机制可以使恢复工作迅速有序地展开，弥补各民族群众的物质损失与精神创伤，确保社会秩序的稳定和社会生活的连续性。

我们建议，应建立健全善后恢复立法，保证国家、地方财政的必要支出，为受害人和参与处置任务的军、警等专业力量提供各种形式的社会援助，例如心理、医疗、法律、就业、住房和日常生活等方面的援助等。如此，不仅使受害人或其家属得到经济上的补偿，还有利于政府发挥在政治、经济、文化等领域的管理职能，动员全社会力量的参与，尽快营造正常的生产、生活和法律秩序以及和谐的民族关系。

新疆"7·5"事件是一系列有预谋、有组织的严重暴力犯罪事件，具有反国家、反民族、反人类之性质。我们应深入分析"疆独"犯罪活动的社会根源和现实特征，采取有针对性的立法和司法惩治防范措施。

对"7·5"事件的处理同样应贯彻宽严相济的刑事司法政策，不能受非理性因素影响而违反法律规定。应尽快加强社会安全预警立法，建立和完善监测、预测、预报、预警体系，对可能发生的社会安全事件尤其是恐怖袭击进行预警，不断提高预警的准确度和时效性。

 案例分析

新疆"7·5"事件是一系列有预谋、有组织的严重暴力犯罪事件，具有反国家、反民族、反人类之性质。我们应深入分析"疆独"犯罪活动的社会根源和现实特征，采取有针对性的立法和司法惩治防范措施。从现代公关角度而言，我们务必把行为控制在法律法规之中，积极宣传与预防危机，面临突发事件，就更应当运用法律武器消除危机及任何危害公共安全与人民生命财产安全的行为。

案例讨论

1. 你认为应如何控制危害国家安全及人民生命、财产安全的行为？

2. 如何应对突发事件？

3. 如何从根本上消除类似于新疆"7·5"事件的行为？

 公关知识库

一、我国的法律规范体系与公共关系

我国公关法规体系包括宪法、法律、行政法规、行政规章等，相对国外公关法规来说我国缺少核心的行业公关法。我国公关法规体系包含的具体内容如下：

（一）宪法

宪法是国家根本大法，它具有最高的法律地位和效力。它是制定其他法律法规的依据，也是司法和执法的基础。公民、组织、政府一切行为都必须符合宪法的要求。《中华人民共和国宪法》是全国人民代表大会于 1982 年 12 月通过的，并经过 4 次修改。它是适应我国现代化建设新形势的根本法。它规定了公民的权利和义务。国家的职责等一系列重大问题。任何公关组织必须以此为依据来处理涉及公共关系的各类问题。

（二）法律

法律是国家最高权力机关根据立法程序制定和颁布的规范性文件。在我国专指全国人民代表大会以及人大常委会制定和颁布的规范性文件。法律的效力次于宪法，它是以宪法为依据的。我国法律对公关传播活动也作出了相应的规定，我国现行法制中一些基本法律如民法、刑法、合同法、反不正当竞争法、消费者权益保护法、广告法、知识产权法、著作权法、劳动法等同公关活动都有十分密切的关系。比方说我国刑法规定禁止"公然侮辱他人或者捏造事实诽谤他人"。我国民法通则规定："公民、法人享有名誉权，公民的人格尊严受法律保护，禁止用侮辱、诽谤等方式损害公民、法人的名誉。"保守国家秘密法对国家秘密的范围、保密制度和泄密的法律责任作了完整的规定等。

（三）行政法规

行政法规是政府行政管理机关为执行法律和履行职能，在其职权范围内，根据宪法和法律赋予的权限所制定的和颁布的规范性文件。在我国国务院是制定和颁布行政法规的最高权力机关，有权根据宪法和法律规定行政措施，制定行政法规，颁布决定和命令。我国的公关活动很多是依据行政法规来进行的，与公关有关的行政法规主要有《广告管理条例》、《化妆品卫生监督条例》等。

（四）地方性法规

地方性法规是指省级人大和人大常委会为执行和实施法律法规，根据本地区的具体情况和实际需要，依据法律规定的程序和权限，在不违背宪法、法律、行政法规情况下制定和发布并报全国人大常委会备案的规范性法律文件。地方法规适用范围是本地区，其表现形式有条例、规定、办法、细则、规则等。

（五）部门规章

部门规章是指政府管理部门会同有关部委局联合制定的规范性法律文件。我国部门规章也有不少是针对公关活动的。主要有《广告管理条例施行细则》、《关于禁止"有偿新闻"的若干规定》、《关于进一步做好公益广告宣传的通知》、《报纸管理暂行规定》、《关于加强

通过信息网络向公众传播广播电影电视类节目管理的通告》、《互联网从事登载新闻业务管理暂行规定》、《关于印发〈改进和加强国内突发事件新闻报道工作的实施办法〉的通知》、《关于禁止侵犯商业秘密行为的若干规定》、《广告语言文字管理暂行规定》、《关于禁止有奖销售活动中不正当竞争行为的若干规定》等。

另外，还有一些国际条约对我国公关活动产生制约作用，我国已经加入的国际公约和条约有《世界知识产权组织公约》、《公民权利和政治权利公约》、《世界版权公约》等。

二、公共关系人员需要了解和掌握的法律知识

根据《公关员国家职业标准》（新版）规定，公共关系人员需要了解和掌握的法律知识主要有：①合同法的相关知识；②反不正当竞争法的相关知识；③消费者权益保护法的相关知识；④涉外经济法的相关知识；⑤广告法的相关知识；⑥知识产权法的相关知识；⑦著作权法的相关知识；⑧劳动法的相关知识；⑨国家有关新闻出版、信息传播等方面的法规等。下面按类别予以分析：

（一）经济秩序的法律

经济秩序的法律是指规范经济组织行为、维护市场公平竞争秩序的法律规范的总称。它包括合同法、反不正当竞争法、消费者权益保护法、产品质量法、反垄断法、证券法、广告法、房地产管理法等，其目的是维护社会经济秩序。这里主要介绍合同法、反不正当竞争法、消费者权益保护法和产品质量法、反垄断法、广告法。1999年以前是三大合同法：《中华人民共和国经济合同法》、《中华人民共和国涉外经济合同法》、《中华人民共和国技术合同法》。1999年3月统一合同法，通过《中华人民共和国合同法》，共23章，428条，它规定的合同是指平等主体的自然人、法人、其他组织之间设立、变更、终止民事权利和义务关系的协议。合同法是调整平等主体之间的交易关系的法律，主要规范合同的订立、合同的有效和无效即合同的履行、合同的变更和转让、合同的权利和义务终止、违约责任等问题。合同法在我国并不是一个独立的法律部门，它是民法的重要组成部分。《中华人民共和国反不正当竞争法》是1993年9月通过，1993年12月施行的。反不正当竞争法是指调整在制止不正当竞争行为过程中发生的社会关系的法律规范的总称。它制定的目的是为保障社会主义市场经济健康发展，鼓励和保护公平竞争，制止不正当竞争行为，保护经营者和消费者的合法权益。《中华人民共和国广告法》于1994年10月通过。广告法是指调整国家对广告活动实施管理过程中发生的社会关系的法律规范的总和。它的目的是规范广告活动，促进广告业的健康发展，保护消费者的合法权益，维护社会经济秩序，发挥广告在社会主义市场经济中的积极作用。《中华人民共和国消费者权益保护法》是1993年10月通过、1994年1月施行的。它是调整在保护消费者权益过程中发生的经济关系的法律规范的总称。消费者的权利和经营者的义务是消费者权益保护法的核心。企业公关人员要特别注意这一方面的法规。

（二）涉外经济法规

涉外经济法规是调整涉外经济法律关系的法律法令的总称。涉外法律关系是指法律关系中有一方含有涉外因素。它的主体是自然人、法人、国家、国际组织，其基本原则是尊重国家主权和平等互利等。它主要包括中外合资经营企业法、中外合作经营企业法、外资企业法以及中国加入的国际条约和世界贸易组织中关于经济方面的规定等。下面对三资企业法作简要介绍：《中华人民共和国中外合资经营企业法》于 1979 年 7 月通过并于 1990 年 4 月修正。它主要调整中国合营者与外国合营者的关系；调整我国主管部门与中外合资经营企业的关系；调整中外合资经营企业的内部关系。《中华人民共和国中外合作经营企业法》于 1988 年通过，2000 年 10 月修改。制定本法是为了扩大对外经济合作和技术交流，促进外国的企业和其他经济组织或者个人按照平等互利的原则，同中华人民共和国的企业或者其他经济组织在中国境内共同举办中外合作经营企业。《中华人民共和国外资企业法》于 1986 年 4 月全国人民代表大会通过，2000 年 10 月修改。它是为了扩大对外经济合作和技术交流，促进中国国民经济的发展，中华人民共和国允许外国的企业和其他经济组织或者个人在中国境内举办外资企业，保护外资企业的合法权益。随着改革开放的进一步进行和世界经济一体化进程的参与，公关人员了解此类涉外公关有关的法规有利于投身涉外公关活动。

（三）知识产权法律制度

知识产权是人们基于民事主体对自己的智力活动创造的成果和经营管理活动中的标记、信誉、经验、知识而依法享有的权利。知识产权是一种无形财产权，是一种特殊的民事权利。知识产权的范围在广义上主要有两个保护知识产权的国际公约所界定，即《世界知识产权组织公约》和世界贸易组织（WTO）的《与贸易有关的知识产权协议》（又称 TRIPS 协议）所划出的范围。知识产权法是调整因创造、使用智力成果而产生的，以及在确认、保护和行使智力成果所有人的知识产权的过程中所发生的各种社会关系的法律规范的总称。狭义的知识产权即传统上的知识产权，通常仅指著作权（含邻接权）、商标权和专利权三个主要组成部分。因而狭义的知识产权法包含商标法、专利法、著作权法等。这里对这三法作简要介绍。商标法是调整在确认保护商标专用权和商标使用过程中发生的社会关系的法律规范的总称。《中华人民共和国商标法》于 1982 年通过，1993 年和 2001 年进行了修改，其基本任务是加强商标管理保护商标专用权促使生产者保证商品质量和维护商标信誉，以保障消费者的利益，促进社会主义商品经济的发展。专利法是指调整因发明创造的开发、实施及其保护等发生的各种社会关系的法律规范的总称。专利权是发明人基于发明创造，通过申请专利的方法，公开自己发明创造的技术内容，经审查程序而取得的专有权。《中华人民共和国专利法》于 1984 年 3 月通过，并于 1992 年和 2000 年修正。我国著作权法中又把著作权称为版权，是指著作权人对其创作的文学艺术和科学作品所享有的权利。《中华人民共和国著作权法》产生于 1990 年，并于 2001 年修订。现在公关活动涉及的知识产权问题日益突出，因此公关人员要掌握此类法规，在进行公关活动时不要侵犯别人的知识产权，同时也要维护本组织的合法知识产权权益。

（四）劳动法规

这类法规主要涉及组织如何处理与员工的关系，它是内部公关活动的法律依据。1994 年 7 月 5 日第八届全国人民代表大会常务委员会第八次会议通过的《中华人民共和国劳动法》，它是新中国第一部调整劳动关系、确定劳动标准的基本法。此后，我国又颁发了一大批配套法规以及地方性法规。这些法律法规对劳动者基本权利和义务、劳动合同制度、工资制度、劳保制度、劳动争议处理等都作了明确的规定。我国劳动法是调整劳动关系以及与劳动关系密切相联系的其他社会关系的法律规范的总称。其调整的对象主要是劳动关系。所谓劳动关系，是指在社会劳动过程中劳动者与用人单位之间发生的社会关系，它包含的主要内容有劳动者的基本权利和义务。公关人员对此类法规也要了解。

（五）新闻与信息相关法规

这类法规从各个方面涉及传播沟通协调问题。我国宪法和民法等作了相应的规定，比方说宪法规定公民有言论自由等；民法也规定不能侵犯他人的名誉和隐私等。我国地方法规和政府规章也涉及新闻和公益广告发布、关于新闻报道和信息传播、关于禁止"有偿新闻"等新闻与信息相关法规。

1. 新闻和公益广告发布

新闻和公益广告发布涉及的有国务院办公厅关于在京举办新闻发布会问题的补充通知（1993 年 8 月 8 日）规定和中共中央宣传部、中央文明办、国家工商行政管理总局、国家广播电影电视总局、新闻出版总署关于进一步做好公益广告宣传的通知（工商广字［2002］第 289 号）规定。

2. 关于新闻报道和信息传播

1987 年 7 月，中央宣传部、中央对外宣传小组和新闻通讯社出台了《关于改进新闻报道若干问题的意见》；1989 年 1 月，国务院办公厅和中央宣传部发出了《关于改进突发事件报道工作的通知》；2003 年，中共中央办公厅、国务院办公厅发出了《关于进一步改进和加强国内突发事件新闻报道工作的通知》，同年，中央宣传部发出了《关于印发〈改进和加强国内突发事件新闻报道工作的实施办法〉的通知》；1997 年，国务院新闻办公室下达《利用国际互联网开展对外新闻宣传的注意事项》；1999 年 10 月 16 日，中共中央办公厅转发《中央宣传部、中央对外宣传办公室关于加强国家互联网络新闻宣传工作的意见》，国家广播电影电视总局随即发出《关于加强通过信息网络向公众传播广播电影电视类节目管理的通告》；2000 年 11 月 6 日，国务院新闻办公室和信息产业部出台了《互联网从事登载新闻业务管理暂行规定》；2000 年 3 月，新闻出版总署下发《关于进一步加强报刊摘转稿件管理的通知》等。

3. 关于禁载

关于禁载涉及的有新闻出版署 1990 年 12 月 25 日颁布的《报纸管理暂行规定》。

4. 禁止"有偿新闻"

中央宣传部、新闻出版署发出了《关于加强新闻队伍职业道德建设、禁止"有偿新闻"的通知》（1993 年 7 月 31 日），根据中共中央办公厅、国务院办公厅《关于严禁党政机关及其工作人员在公务活动中接受和赠送礼金、有价证券的通知》精神，对禁止"有偿新闻"作出了相应的规定。

三、公关活动中涉及的法规问题

由于公关涉及面广，公关活动竞争激烈。公关人员和公关组织面临越来越复杂的法律环境。法律对公关实践和组织声誉产生重要影响。比方说危机管理，舆论卷入法律纠纷中对组织的巨大影响。企业在进行危机处理时作何反应？在企业利益与公众利益发生冲突时如何解决？在媒体的报道和连续攻击下应如何面对？对此，公关人员和公关组织必须留意法规是如何影响传播的。也就是说公关人员和公关组织必须直面法律。因此，对于企业公共关系和公共关系从业人员来说，既要树立法律意识，运用法律知识去维护公共关系的有效性和可操作性，合法地保护组织利益；又要正确行使公共关系的职能，有效地服务于公众的利益，处理好公众关系行为与法律行为两者之间的关系。下面对公关活动涉及的一些重要的法规问题作一概述。

（一）公民有言论的自由

我国宪法规定："中华人民共和国公民有言论、出版、集会、结社、游行、示威的自由。""中华人民共和国公民有进行科学研究、文学艺术创作和其他文化活动的自由。"同时宪法还规定"禁止用任何方式对公民进行侮辱、诽谤和诬告陷害"，"中华人民共和国公民必须保守国家秘密"。这就是说公民有言论的自由，但不得损害国家的、社会的、集体的利益和其他公民的合法的自由和权利。每个公民都要把维护自己的自由和权利同维护国家的、社会的、集体的和他人的自由和权利结合起来，不得滥用权利。在公关活动中，公民有对公关组织的产品和活动自由自主进行发表意见和表达观点等言论自由，对此国家法律予以保护。但同时公民在言论自由的时候不得损害公关组织合法的利益和其他公民的合法自由和权利。

例如，2004年上海消费者朱燕翎在瑞士留学期间曾经参观了全球著名的雀巢公司总部。偶然的机会她看到自己经常给儿子购买的"雀巢巧伴伴"中含有转基因成分的报道，然而雀巢产品外包装上却没有相关的标志，在多次交涉无效后，她向社会公布事实的真相并把上海雀巢公司告上了法庭。

此案涉及公民的言论自由。它是公民享有的基本权利和自由，也是国际人权公约规定的基本人权之一。言论自由的目的是保护国家政治和社会经济生活中国家的利益。言论自由也是公民知情权的体现。此案中朱燕翎对于雀巢产品的缺陷向社会公布是言论自由的表现。

（二）知识产权和隐私权的保护

现实公关活动中存在大量的侵犯知识产权和隐私权的行为，比方说某些公关企业的盗版行为和引用员工的私生活照等，对此作为公关人员必须了解相关知识产权和隐私权保护的规定。

1. 著作权、版权和商标的保护及其合理使用

我国著作权法对于著作权的保护作出相应的规定：①引用需说明出处，否则容易变成剽窃行为。②保护的标的物需以固定形态存在，适用所附之实体物。保护期是权利人从获得著作权之日起有生之年及死后五十年。③保护需先公告，须标有著作权（Copyright）或缩写Copr或©和作品首次出版年份以及所有人姓名及缩写、别名。

同时，我国著作权法还规定了不属于侵害著作权的方式：合理使用和法定许可。我国合理使用是法律许可的使用，不视为侵犯著作权的行为。我国著作权法对合理使用的情形规定有12种情形：①为个人学习、研究或者欣赏，使用他人已经发表的作品；②为介绍、评论某一作品或者说明某一问题，在作品中适当引用他人已经发表的作品；③为报道时事新闻，在报纸、期刊、广播电台、电视台等媒体中不可避免地再现或者引用已经发表的作品；④报纸、期刊、广播电台、电视台等媒体刊登或者播放其他报纸、期刊、广播电台、电视台等媒体已经发表的关于政治、经济、宗教问题的时事性文章，但作者声明不许刊登、播放的

除外；⑤报纸、期刊、广播电台、电视台等媒体刊登或者播放在公众集会上发表的讲话，但作者声明不许刊登、播放的除外；⑥为学校课堂教学或者科学研究，翻译或者少量复制已经发表的作品，供教学或者科研人员使用，但不得出版发行；⑦国家机关为执行公务在合理范围内使用已经发表的作品；⑧图书馆、档案馆、纪念馆、博物馆、美术馆等为陈列或者保存版本的需要，复制本馆收藏的作品；⑨免费表演已经发表的作品，该表演未向公众收取费用，也未向表演者支付报酬；⑩对设置或者陈列在室外公共场所的艺术作品进行临摹、绘画、摄影、录像；⑪将中国公民、法人或者其他组织已经发表的以汉语言文字创作的作品翻译成少数民族语言文字作品在国内出版发行；⑫将已经发表的作品改成盲文出版。上述行为可以不经著作权人许可，不向其支付报酬，但应当指明作者姓名、作品名称，并不得侵犯著作权人享有的其他权利。

我国对其合理使用也可参照美国的"合理使用"判断准则：①使用目的及性质：包括商业用途和非营利和教育用途；②著作之性质；③所利用之质量及其在整个著作中所占比例，如使用的比例很小，并且非核心质量，那么侵权的可能性就小；④所利用之结果对著作潜在市场及现在价值的影响，部分引用不得有损著作之价值。

法定许可，是指在法律直接规定的范围内对作品进行某种使用时，可以不经著作权人的同意，但应当向著作权人支付报酬。法定许可使用作品必须具备以下条件：第一，许可使用的作品必须是已经发表的作品；第二，使用作品应当向著作权人支付报酬；第三，著作权人未发表不得使用的声明；第四，不得损害被使用作品和著作权人的权利。比方说公关人员在散发的宣传广告中引用竞争对手出版的一本书里的一句经典广告词并说明出处，这种使用属于合理使用。如果公关人员想使用对手书里的一章，但对方不同意，公关人员取得有权机关的法定许可进行使用。这也是合法行为，但是其必须向对方著作权人支付报酬。

对于版权和商标的保护，涉及版权的要公平适当引用，涉及商标的引用要遵守商标法规。

2. 隐私权的保护

隐私权一般是指自然人享有的对自己的个人秘密和个人生活进行支配并排除他人干涉的一种人格权。隐私权的客体是隐私，隐私一般是指仅与特定人的利益或者人身发生联系，是权利人不愿为他人所知晓的私人生活和私人信息。隐私权具有专属性、秘密性和可放弃性。隐私权的内容包括：①个人生活安宁权；②个人信息和生活情报的控制、保密权；③个人通信秘密权；④个人对其隐私的利用权。

新闻和合意作为抗辩的理由（合理合法使用不属于侵权）。新闻作为辩护的理由，新闻机构可以使用。公关只能用合意抗辩，这里的合意是指对方同意使用。合意作为抗辩的理由要注意以下事项：①同意书最好采用书面形式；②正确的当事人（未成年人须代理人同意）；③付出对价，即支付相当的金钱或实物；④同意范围愈广愈好；⑤有约束的文字；⑥将同意书并入合约；⑦无其他动机。

（三）不正当竞争行为

不正当竞争行为是针对市场竞争中的正当竞争行为而言的，它泛指经营者为了争夺市场竞争优势，违反公认的商业习俗和道德，采用欺诈、混淆等经营手段排挤或破坏竞争，扰乱市场经济秩序，并损害其他经营者和消费者利益的竞争行为。由于不正当竞争行为对市场经济秩序的危害非常严重，世界各国大多通过反不正当竞争法律对其进行规制。因而公关企业在进行公关活动或营销活动时，要遵守反不正当竞争法，避免违法而受到法律的制裁从而破坏企业的形象和信誉。公关人员在进行公关活动时要避免下列不正当竞争行为。

1. 不正当有奖销售行为

有奖销售是指经营者销售商品或提供服务时，附带性地向购买者提供物品、金钱或者其他经济上利益的一种促销行为。它实际上是一种赠与行为，但是这种赠与和市场竞争密切相关，因此要受到竞争法的规制。有奖销售作为一种促销手段，在引发消费欲望，促进销售增长，刺激经济发展方面有一定的作用。然而随着有奖销售的愈演愈烈，其严重违反了公平竞争原则的消极作用也越来越明显。有奖销售对市场秩序的危害主要表现为：①强势企业对弱势企业的不公平竞争；②消费者的利益受到损害；③市场供求信息失实。

有奖销售具有以下特征：①有奖销售是销售商品或提供服务的经营者向购买者提供的，购买者一般为消费者；②有奖销售的目的是为了招徕顾客；③用于进行有奖销售的赠品包括物品、金钱或者其他经济上的利益；④有奖销售中存在着主从关系，即提供商品或服务的交易关系与给付赠品的赠与关系，后者附属于前者。

各个国家都存在有奖销售行为，只是表现程度、表现形式有所不同。从各国的竞争立法来看，限制和禁止的有奖销售大致可以划分为附赠式有奖销售和抽奖式有奖销售两种。

附赠式有奖销售，也称普遍有奖的销售，即经营者对购买指定商品或达到一定购买金额的所有购买者予以奖励。其特点是达到同一购买水平的购买者均能获得相同的奖励，但奖品价值或奖金金额较小，如购买一套西服赠送一条领带等。这种行为之所以有失公平，是因为一方面对消费者具有搭售的作用，使消费者因商品或服务的价格结构不明显而产生误解，认为高价变为低价误导消费者，购买了不需要的商品；另一方面对于竞争者或者赠品的供应商市场可能造成妨碍竞争的影响。因此，大多数国家对附赠式有奖销售进行了规制，规定赠品只能在一定限度内。我国目前的商业竞争中附赠式有奖销售的行为已经十分普遍，对市场竞争秩序产生了很大的影响，我国立法中对此应该进一步加以具体化。

抽奖式有奖销售是销售方以抽奖等带有偶然性的方法决定购买方是否中奖，并提供奖品或奖金的销售方式。抽奖式销售是利用购买者贪小便宜的心理促销商品。尽管获得巨奖的概率极低，但其巨大的诱惑力能使不少购买者的投机赌博心理急剧膨胀起来，即使购买一些本来不急需甚至根本不需要的商品也要去碰碰运气，从而给经营者带来更多的利润。这容易导致社会风气的衰退。至于利用有奖销售推销劣质产品更是为市场秩序所不允许。根据我国反不正当竞争法的规定应禁止以下几种欺骗性的抽奖式有奖销售行为：

（1）欺骗性有奖销售。我国《反不正当竞争法》第 13 条规定，"采用谎称有奖或者故意让内定人员中奖的欺骗方式进行有奖销售"的行为性质都属于欺骗性有奖销售行为。如经营者对外诈称其商品为有奖销售，实则并未采取任何有奖销售或者只设小奖而不设大奖；或者故意将设有中奖标志的商品、奖券不投放市场或者不与商品、奖券同时投放市场；或故意将带有不同奖金金额或者奖品、奖券按不同时间投放市场，致使许多购买者上当受骗；或故意让内定人员中奖，即将有奖号码作特殊处理的行为，此奖只能由其内定的人员得到，而广大购买者虽然从理论上有中奖的可能性，但实际上却无法得奖。

（2）巨额奖品的有奖销售。所谓巨奖是指抽奖的奖品、奖券超过法律规定的允许设奖的金额限度。我国反不正当竞争法规定，抽奖式的有奖销售，最高奖的金额不得超过5000元。若以非现金的物品或者其他经济利益作奖励的，按照同期市场同类商品或者服务的正常价格折算其金额。

（3）利用有奖销售推销质次价高的商品。利用购买者的投机获利的侥幸心理，搞有奖销售来推销质次价高的商品，对于市场秩序和整个社会公共利益都是有害的。这里所谓"质次价高"的商品需要由工商行政管理部门根据同期市场同类商品的价格、质量和购买者的投诉进行认定。

2. 虚假广告宣传行为

反不正当竞争法认为，虚假广告宣传行为是指经营者为获取市场竞争优势和不正当利益，利用广告或者其他方法，对产品或者提供的服务、商品的质量、制作成分、性能、用途、生产者、有效期限、产地等作虚假广告或其他形式的引人误解的宣传行为。根据我国广告法的规定，广告是指"商品经营者或者服务提供者承担费用，通过一定的媒介和形式直接或者间接地介绍自己所推销的商品或者所提供服务的商业宣传行为"。虚假广告宣传行为往往通过巧妙的措辞暗示，或者故意隐瞒、遗漏一些对消费者进行判断决策至关重要的资料，促使消费者对其所宣传的事实作出错误的理解，从而产生背离其真实状况的市场效果。一般认为，一切具有或可能具有欺骗、误导消费者的购买倾向或决策能力的商业宣传，若导致相当数量的消费者实质性地陷入错误的判断时，就构成了虚假广告宣传行为。虚假广告宣传行为以虚伪不实的宣传进行引诱，极易引起消费者及用户误认和误购产品或接受服务，同时使付出努力的诚实经营者遭到连带的伤害。它是违反"诚实信用"经济法律原则的不正当竞争行为。

虚假广告宣传行为具有以下法律特征：

（1）其行为的主体包括商品经营者、广告经营者及以其他方式进行引人误解虚假宣传的其他经营者。

（2）其行为在主观上表现为故意或者过失。行为人在主观上表现为故意的心理状态，但是如果行为人主观上表现为过失，但是造成或者足以造成购买者产生错误的，仍属于不正当竞争行为。

（3）其行为在客观方面表现为对商品或服务作虚假宣传或者引人误解的虚假表示，即宣传的内容与客观事实不相符，或完全是捏造。宣传是为了影响消费者，对商品的真实情况产生错误的联想，可能导致消费者的误购。

（4）通过大众传播媒介，制造舆论。引人误解的虚假宣传同虚假的商品标志行为有共同的本质，都属于欺骗性交易行为。所不同的是，引人误解的虚假宣传是主要利用广告或其他宣传方法，规范这类行为的除反不正当竞争法外还适用广告法、消费者权益保护法等。

对虚假广告宣传行为进行规范，还要对虚假广告宣传行为的性质进行认定。从多数国家的法律规定来看，对虚假广告宣传行为的认定应当从以下几个方面进行：

（1）其主体是商业竞争者。制约虚假广告宣传行为的目的就是规范经营者的市场竞争行为。

（2）其内容表现为虚伪不实。我国的广告法规定，"广告应当真实、合法"，"广告不得含有虚假的内容，不得欺骗和误导消费者"。而虚假广告宣传行为的重要特征就是虚伪不实，行为人总是通过一些表述上的失实、语义含混、内容虚假来蒙骗消费者和竞争者。

（3）其后果是引人误解。只要消费者产生了误解，也就构成了虚假不实的广告。判断引人误解行为的关键不在于表示的真假，而在于是否容易引起相关大众陷入实质性的错误，通常应以一般消费者的认知为标准，以一般公众或受广告影响的人对广告的认识和判断力为标准。

虚假宣传形式具有多样性，我国在反不正当竞争法规定利用广告或者其他方法，对商品的质量、制作成分、性能、用途、生产者、有效期限、产地等作引人误解的虚假宣传都是法律规范的范围。表现形式有：①商品质量的虚假表示；②商品价格的虚假表示；③诋毁性广告宣传行为；④引诱性广告宣传行为；⑤变相广告行为等。

经营者利用虚假广告宣传进行促销的行为，通常都为各国的反不正当竞争法律所限制，并受到相应的处罚。我国由于广告法后于反不正当竞争法，故而在法律责任的规定上，应以广告法为主要依据。它包含行政责任、民事赔偿责任、刑事责任。

3. 低价倾销行为

低价倾销行为又称低于成本价销售行为，是指经营者在依法降价处理商品之外，为排挤竞争对手或独占市场，以低于成本的价格倾销商品，扰乱正常的生产经营秩序，损害国家利益或者其他经营者合法权益的行为。《反不正当竞争法》第11条规定："经营者不得以排挤竞争对手为目的，以低于成本的价格销售商品。"此外，价格法以及《关于制止低价倾销行为的规定》也作了相应的规定。

理解低价倾销行为，应注意以下两个问题：

第一，行为人应为具有市场支配地位的经营者。其目的是排挤竞争对手。

第二，低于成本，是指经营者低于其所经营商品的合理的个别成本，且行为人实施了压价销售行为。

当然，也有不属于低价倾销行为的情况。《反不正当竞争法》第11条第二款规定："有下列情形之一的，不属于不正当竞争行为：①销售鲜活商品；②处理有效期限即将到期的商品或者其他积压的商品；③季节性降价；④因清偿债务、转产、歇业降价销售商品。"

4. 商业诽谤行为

商业诽谤行为也称诋毁竞争对手的行为，是指经营者自己或利用他人，通过捏造、散布虚伪事实等手段，对竞争对手的商业信誉进行恶意的诋毁、贬低，以削弱其市场竞争能力，并为自己谋取不正当利益的行为。客观上表现为捏造、散布损害他人商誉权的虚假事实。这一行为包括两种具体的行为：一是捏造虚假事实的行为，二是散布虚假事实的行为。我国《反不正当竞争法》第14条规定："经营者不得捏造、散布虚伪事实，损害竞争对手的商业信誉、商品声誉。"

商业诽谤的特点：①大多时候涉及个人、公司及组织的名誉；②具有诽谤的文字或言论可出现在各种传播工具中；③损赔额大，它对公关组织的诚信、效率及商业特质产生不利影响。因此，公关活动要入境随俗，即公关要符合当地的风俗和法规。那么，如何辨别诽谤或造谣诽谤呢？一般认为诽谤的内容是虚假的或公众知道谈的是受害人，且已对外公开，这就是诽谤。

诋毁竞争对手采取的手段是故意捏造、散布虚伪事实。在现实经济生活中，商业诽谤的表现形式是多种多样的。大体上，根据商业诽谤的具体手段的不同，可以将商业诽谤归纳为以下几类：①产品附属资料中的商业诽谤；②产品交易中的商业诽谤；③新闻、广告中的商业诽谤；④直接在公众中散布谣言；⑤组织、唆使、利用他人进行商业诽谤等。

一般来说，商业诽谤行为的表现形式有：

（1）经营者以消费者的名义，向有权管理机构进行虚假投诉，通过加大竞争对手的投诉量来贬低对手的形象和商誉的行为。

（2）在对外经营活动中，向社会公众和客户恶意散布和传播对竞争对手不利的言论，摧毁其在公众中的形象和信誉，从而拉拢其客户或顾客的行为。

（3）利用诋毁性的对比广告和新闻发布会、展销会等机会捏造和歪曲虚假事实诋毁竞争对手的商誉和声誉来抬高自己的地位的行为。

案例： 因经常当众被侮辱性语言侵犯，女店主将诽谤者告上法庭。自诉人李某与男被告何某，在同一市场内经营音像制品。李某诉称，今年以来，何某天天在李的店门口，或在市场的走道上、商店内，面对顾客、路人和其他业主，捏造事实对李某进行诽谤。何某甚至多次通过"麦克风"在市场内进行广播。直到自诉人提起诉讼时，何某还在市场内对李某继续实施诽谤。由此，自诉人李某称：自己精神上的痛苦已忍无可忍，终日恍惚，甚至欲寻短见。李某请求法院依法追究何某的刑事责任，并承担诉讼费用。

本案例属于直接在公众中散布谣言诋毁竞争对手的商业诽谤行为。这种行为是我国反不正当竞争法所禁止的。

但现实公关活动中无意或不小心对竞争对手进行了"诽谤"。对此免责的辩护理由有：① 对于一般人的免责理由是一般性疏忽，它是指陈述事实是真实的、特权或公正合理评论。这里事实是动机纯正及合法。这里特权是以公众利益作为沟通前提，即公关是为公众利益的。有限的特权即诚实公关情况下可以予以免责。但对于造成的不利后果，公关人员和公关组织应予以纠正、道歉和赔偿。②公众人物、官员的免责理由是公平及正确报道或当事人同意等。

5. 商业贿赂行为

我国的商业贿赂是指经营者在市场活动中，为争取交易机会，通过秘密给付财物或者其他报偿等不正当手段收买客户的负责人、雇员、合伙人、代理人和政府有关部门工作人员的行为。商业贿赂的形式除了金钱回扣之外，还有提供免费度假、旅游、高档宴席、色情服务、赠送昂贵物品、房屋装修以及解决子女、亲属入学、就业等多种方式。商业贿赂在后果上侵犯了同业竞争者的公平竞争权，扰乱了社会经济秩序。

（四）消费者权益保护

我国消费者权益保护法规定，消费者享有下列九项权利：①安全保障权；② 知悉真情权；③ 自主选择权；④公平交易权；⑤ 要求赔偿权；⑥ 结社权，即成立维护自身合法权益的社团的权利；⑦ 获得有关商品知识权；⑧ 受尊重权；⑨ 监督经营者的权利。除了消费者权益保护法外，我国的合同法、产品质量法、广告法、商标法、食品卫生法等也对消费者权益作了相应的规定。

根据以上法规，公关人员和公关企业在保护消费者权益方面，要做下面主要工作：

1. 提供商品和服务的真实信息

消费者享有知情权。知情权是指消费者在购买、使用商品或者接受服务时，有对商品和服务的有关情况进行了解的权利。为保证知情权的实现，消费者根据商品或者服务的不同情况，有权要求经营者提供具体信息。对此《消费者权益保护法》第 19 条规定："经营者应当向消费者提供有关商品或者服务的真实信息，不得作引人误解的虚假宣传。经营者对消费者就其提供的商品或者服务的质量和使用方法等问题提出的询问，应当作出真实、明确的答复。商店提供商品应当明码标价。"消费者了解商品和服务的权利，也就是经营者向消费者提供有关商品和服务信息的义务。这一义务具体包括三方面内容：①向消费者提供有关商品或服务的真实情况，不得利用广告或其他方法作引人误解的虚假宣传；②对消费者的询问如实答复；③应当明码标价。

案例：张某去某电子器材厂下属的零售部购买录音机。在挑选的过程中，售货员向其推荐一种新产品，声称其功能是目前市场上同类产品中最全的，如定时、自动倒带等新功能。张某又详细看了产品的说明书，确与售货员所说的一样，于是便购买了一台。后发现录音机所谓的新功能均无法使用，于是找零售部要求退货，售货员以该产品无质量问题为由拒绝退货，张某遂起诉至人民法院。

此案售货员没有向消费者提供有关商品或服务的真实情况，他的行为侵犯了消费者的知情权，对于张某的诉讼请求法院应予以支持。

2. 保证商品或者服务质量

经营者有保证消费者所期待的商品或服务的使用价值，即商品或服务应当具有的质量、性能、用途和有效期限的义务。《消费者权益保护法》第 22 条规定："经营者应当保证在正常使用商品或者接受服务的情况下其提供的商品或者服务应当具有的质量、性能、用途和有效期限；但消费者在购买该商品或者接受该服务前已经知道其存在瑕疵的除外。经营者以广告、产品说明、实物样品或者其他方式表明商品或者服务的质量状况的，应当保证其提供的商品或者服务的实际质量与表明的质量状况相符。"此外，我国《广告法》第 7 条还规定，"广告不得使用国家级、最高级、最佳"等绝对化的用语。为此，公关人员和公关企业必须把好质量关，保证企业提供的产品或服务的质量与其表明的相同或相符。

3. 不得以格式合同、店堂告示等损害消费者合法权益

经营者不得以格式合同、店堂告示等损害消费者合法权益。《消费者权益保护法》第 24 条规定："经营者不得以格式合同、通知、声明、店堂告示等方式作出对消费者不公平、不合理的规定，或者减轻、免除其损害消费者合法权益应当承担的民事责任。格式合同、通知、声明、店堂告示等含有前款所列内容的，其内容无效。"《合同法》第 39 ~ 41 条也作了相应的规定。这里格式合同指含有格式条款的合同。格式条款是为了重复使用而预先拟定，并在订立合同时未与对方协商的条款。格式条款须进入合同才能被引用。法律对提供格式合

同一方当事人进行了必要的限制，主要有：①提供格式合同一方当事人负有向对方提示、说明格式条款的义务；②格式条款中，免除自己的责任、加重对方的责任、限制或排除对方的主要权利等严重损害对方利益的内容无效；③当事人对格式条款的理解发生争议时，应作出有利于对方的解释；④格式条款与非格式条款不一致时，应采用非格式条款。

格式合同现实生活中大量存在。以店堂告示为例。如"小心扒手"、"打折商品，概不退换"、"偷一罚十"等，具有合理合法性。但是有的却违法了，如以上"打折商品，概不退换"、"偷一罚十"，这属于单方面免去自己的责任和加重对方责任，违背了合同法和消费者权益保护法相关规定，对此消费者可以要求对方退换或拒绝对方罚款，必要时可以拿起法律武器来维权。许多酒店、餐馆有"禁带酒水"的规定，这也是格式合同的体现。《消费者权益保护法》第9条规定："消费者有权自主选择提供商品或者服务的经营者，自由选择商品品种或者服务方式，自主决定购买或者不购买任何一种商品，接受或者不接受任何一项服务。是否自带酒水进入酒楼、饭店消费是消费者的权利，经营者不得进行限制。"这些酒楼、饭店自主约定禁带酒水，其实也就使得前来这里消费的消费者选择消费的权利受到了限制，而且这也是一种附加且带强制性的服务方式，是对消费者选择权和决定权的剥夺。另外，一些档次较高的酒店里规定最低的酒水消费金额，如果消费没有达到规定的标准，仍然按规定额计算，这显然也是一种强制交易行为。

4. 警示、说明和标明

《消费者权益保护法》第18条规定："经营者应当保证其提供的商品或者服务符合保障人身、财产安全的要求。对可能危及人身、财产安全的商品和服务，应当向消费者作出真实的说明和明确的警示，并说明和标明正确使用商品或者接受服务的方法以及防止危害发生的方法。"

消费者有安全保障权。这里的安全保障权是指消费者的生命安全、身体健康和财产不受损害的权利。对此，消费者在购买、使用商品和接受服务时，经营者应当向消费者作出真实的说明和明确的警示，并说明和标明正确使用商品或者接受服务的方法以及防止危害发生的方法，比方说所购机器的正确使用、化妆美容的风险等予以提示或说明。

5. 听取消费者意见，接受其监督

《消费者权益保护法》第17条规定："经营者应当听取消费者对其提供的商品或者服务的意见，接受消费者的监督。"监督权是指消费者对商品和服务的质量、价格、计量、侵权行为等问题以及消费者权益的保护工作有进行检举、控告或提出批评、建议的权利。这一权利的内容包括两个方面：①商品和服务的监督权，主要指对商品或服务的质量、价格、计量、品种、供应、服务态度、售后服务、侵权行为等进行的监督；②保护消费者权益工作的监督权，指对消费者保护机构或组织的工作的监督。

对此，公关组织和公关人员听取消费者意见，接受其监督，这是法定的义务，也是消费者监督权得以实现的基础。这有利于促进公关企业与公众关系的良性发展。因此，在日常公关工作中可以采取设立意见箱或热线电话等方式来接受公众的意见和监督。

（五）公民的人身权

人身权是指法律赋予民事主体与其人身生命、身份延续不可分离而无直接财产内容的民事权利。人身权可以分为人格权和身份权两种。人格权是指法律上享有民事主体资格所应具备的权利。它主要包括生命权、健康权、姓名权、名称权、肖像权、名誉权、荣誉权、自由权。与公关有关的主要指的是人格权，主要指名称权、肖像权、名誉权。这里对名誉权、肖像权进行介绍。

名誉权是指民事主体就自身属性和价值所获得的社会评价和自我评价享有的原有和维护的权利。名誉的含义除了通常所讲的社会综合评价，即外部名誉这层含义外，还应包括民事主体的自我评价和自我认识，即内部名誉，也称为名誉感。名誉权的内容包括：①名誉保有权；②名誉维持权；③名誉利益的有限支配权。

肖像权指自然人所享有的对自己的肖像上所体现的人格的一种人格权。肖像权所体现的基本利益主要是精神利益，但也体现一定的物质利益；肖像权是自然人专有的民事权利；肖像权的客体即肖像具有可重复利用性和再生性。肖像权的主要内容：①维护肖像完整权；②肖像使用权。

杨某楚楚动人，画家张某请其做人体模特以便练习人体写生，但未告知将此画卖与某出版社并被编入画像出版。后来杨的裸体画像结集出版，杨某的亲友、邻居纷纷谴责，杨某也痛苦万分。这是对肖像权和名誉权侵犯的一个案例。

 拓展阅读

1. 李显冬，张今．民法基础课堂笔记．北京：九州出版社，2004．
2. 隋彭生．合同法基础课堂笔记．北京：九州出版社，2004．
3. 李建伟．国家司法考试专题讲座．北京：人民法院出版社，2006．
4. 倪新兵．法律基础教学案例．北京：北京大学出版社，2006．
5. 曲振涛，黄洁．经济法案例教程．北京：经济科学出版社，2002．

思考题

1. 公共关系人员需要了解和掌握的常用法律知识有哪些？
2. 如何做好公关人员法规宣导工作？

技能训练

如何应对不遵守法规的国企工作人员

【情景设计】

小吴来自于某民营名企，因业务发展需要，必须与某国企打交道，可是这家国企依然是计划体制下的工作模式，员工懒散惯了，不遵守法律法规，影响工作效率。小吴必须设法与他们交流，以便完成工作任务。

【角色扮演】

以3~5人为单位，分别扮演不同的角色，尝试说服技巧，运用访谈法、座谈法、讨论法，施行沟通与交流。

【实训要求】

1. 按照个性特点，选择角色，确定负责人与助手；

2. 分组讨论如何模拟应对国企懒散的员工，各部门之间需要协调、沟通的基本内容；

3. 写出详细的策划书。

【效果评价】

教师教学点评、打分。见表12－1。

表12－1 沟通交流计划实施表

专业		班级		学号		姓名	
考评场所							
考评内容							
考评标准	项目内容			分值		评分	
	准备环节			10			
	计划实施步骤			10			
	协调技巧			20			
	言语技巧			20			
	认知技巧			20			
	应变能力			20			
总计				100			

综 合 案 例

案例一　徽商集团：打造中国徽商品牌

从国内市场走向国际市场、从单一传统营销方式到连锁经营现代流通方式、从多元化发展到打造品牌质量效益型综合商社……多年来，作为我省最大的流通企业，徽商集团一直以搞活"大流通"为己任，创新流通发展模式，争做行业"领跑者"，已成为国家重点培育的20家大型流通企业之一，连续5年进入中国企业500强。今年一季度，集团销售额同比增长17%，继续保持稳健发展的好势头。

目光向外：拓展国际市场

4月12日，阿根廷大企业集团之一 Unitec Agro 股份公司董事长爱德瓦多先生一行抵肥，与徽商集团商谈合作事宜，并实地考察了徽商集团在建的省名优特农副产品批发市场体系肥东中心市场、肉食品贸易加工和黄山东大门旅游综合开发三个项目。此次该公司与徽商集团签署协议，牵手合作，意味着徽商集团在"走出去"战略上迈出新步伐。

此前，省政府经贸团于去年6月份访问阿根廷时，徽商集团在阿方就国际贸易、农产品和畜牧业开发等开展合作。目前，徽商集团已在阿国购置2000公顷土地，设立公司，派驻人员，启动农产品贸易、加工、种植一体化项目。

随后，澳大利亚富卓公司高管于4月15日访问徽商集团，就与徽商农家福公司的合作事宜进行了又一次深入而友好的会谈。澳方公司致力于为农业生产商提供服务、开拓市场，其运作模式已成功复制到新西兰。双方都是农资连锁模式，经营理念、方式方法相似，具备良好的沟通渠道和合作基础。他们对农家福公司产生了浓厚的兴趣，先后多次来人考察洽谈，据悉目前已基本进入运作程序。

徽商集团董事长、党委书记许家贵介绍说："发达国家的经济崛起，都伴随着向外拓展空间、调整结构、实现产业升级转型的过程。我们得赶紧'走出去'，用好国际国内两个市场、两种资源，在更大的空间内调整、优化结构。我们'相中'阿根廷开展经贸合作项目，就是利用我们在国内网络分销优势，引进阿根廷的大豆、玉米、牛肉等丰富的农牧产品，再把我省的'拳头'产品推到国外去，实现双赢。我们还与韩国、中东、越南和南美等地开展了贸易往来。漫漫征程必然会有艰难险阻，但只有经历国际市场的磨炼，才能使集团又好又快地发展。"

创新模式：建设现代流通

一买一卖，是传统的贸易形式，即买进来再销出去。跳出这种传统营销模式，大力推动流通创新，发展连锁经营、物流配送、电子商务等现代流通方式，提高流通科技含量和效益，一直是徽商集团孜孜以求的目标。

徽商集团连锁经营高歌猛进，步入健康发展的快车道，进入中国连锁经营30强行列，其展店速度和销售规模增幅在30强中分别居第6位和第7位。旗下拥有商之都、徽商农家福、红府超市等连锁品牌。其中，商之都在省内已形成15家门店的百货连锁经营网络，连锁经营面积逾30万平方米。徽商农家福农资连锁加盟店已突破1400家，销售网络覆盖我省及河南固始、江西彭泽等55个县市区1000多个乡镇，服务600多万农户。"红府"农家店数量超过100家，经营面积近5万平方米。在开拓农村市场方面，该集团还捧回了商务部颁发的"万村千乡市场工程优秀试点企业"荣誉称号。

加快构建多层次、多类型的物流体系，发展社会化的"第三方物流"，提升物流的社会化、市场化、专业化、现代化水平是徽商集团发展现代物流的努力方向。"这不仅需要有强大的仓储运输、装卸搬运和信息与通信处理能力，还必须具备比较先进的物流技术、管理和服务水平。"许家贵介绍说，"我们作为传统的国有物资企业，长期从事物资流通工作，拥有规模庞大、功能齐全的仓储设施，有比较完善的、兼顾生产资料和生活资料的分销网络。众多的资源积累，得天独厚的优势，具备了领跑我省物流的雄厚基础。"

据悉，徽商集团从信息化建设入手，整合资源，统一调配，专注发展，与上下游优势企业开展深度合作，保持物流、资金流、信息流的通畅。目前在合肥、芜湖、蚌埠等地拥有仓储物流设施，年实现物流配送额达90多亿元。其中，钢材物流量达180万吨，占全省市场份额2～3成；煤炭物流量达120万吨，基本主导了全省无烟煤市场；腈纶物流量超过了全国市场5%的份额；种子、化肥等农业生产资料物流配送额达13亿多元。

多元发展：打造综合商社

作为转型项目之一，省名优特农副产品批发市场体系已进入省"861"行动计划。其省级中心市场占地1100多亩，并已在安庆、阜阳、池州等地设立公司，开办分市场。该体系主要分为省、市、县及省外窗口城市四个层次，以绿色、无公害农产品流通为核心，建设一个融农产品交易、信息、服务为一体，解决农民"卖难与买难"的问题，构建覆盖全省、辐射华东乃至全国部分大中城市的农副产品市场体系。

经过持续不断地结构升级、业务转型和改革创新，徽商集团现已初步形成为大宗商品批发贸易、商业连锁、房地产、农副产品市场和黄山东大门旅游开发五大业务板块的综合性企业。

在做精、做专、做强流通主业的基础上，延伸产业链，拓宽供应链。他们以项目为载体，着力推进业务转型，提升核心竞争力。目前正在组织实施的9大项目，涉及批发贸易、商业连锁、对外贸易等诸多领域，其中有4个项目已进入省"861"行动计划。

同时，徽商集团还着力推进区域发展战略，在池州等地"一揽子"推进商业连锁、农副产品市场建设等项目，改变以往各成员企业"单兵作战"的传统套路，向"大兵团作战"和区域化集成运作的现代经营方式迈进。

"转变企业发展方式，实现由规模扩张型向效益型转变，由粗放型向集约型转变，由'大'与'快'的表象向'强'与'好'的实质转变，"许家贵在介绍集团"十一五"发展目标时说，"在科学发展观的指导下，建设大市场，发展大贸易，搞活大流通，力争到2010年实现销售额550亿元，全力打造品牌质量效益型综合商社。"

在打造"徽商"品牌的道路上，徽商集团取得了令人鼓舞的成绩。4月份，从北京传来消息，徽商农家福公司荣膺中国"2006~2007十大优秀特许品牌"桂冠。此前，"徽商"、"商之都"已成为"安徽省著名商标"，徽商创元公司连续两次蝉联"中国建筑装饰企业百强"，摘取"全国建筑工程装饰奖"这一行业最高奖项。徽商金属公司优质高效的钢材加工服务配送体系，商之都国旗队、礼仪队每天庄严的升旗仪式，徽商农家福公司深入到田间地头的农技服务、农技课堂以及空中广播，组成了一道道亮丽的风景线。"人才强商"是徽商集团的又一大亮点。3月30日，省政府批复同意设置徽商职业学院，此举标志着安徽省物资学校正式升格为专科层次的职业学院，徽商集团已经有了自己的人才培训平台。

（选自《安徽日报》）

案例二　从广告语看温州鞋类品牌个性

大凡上规模，想做品牌的企业，一般都会根据自己企业或品牌的特点精心提炼出个性鲜明的广告语，用于提升品牌形象，促进市场营销。在中国市场经济的发祥地温州，绝大多数的大中型民企都或多或少、或早或晚地推出过广告。为求广告语一语中的、一鸣惊人，有的企业还不惜重金公开登报征集。鞋服企业中的康奈、奥康、红蜻蜓、吉尔达、美特斯·邦威、庄吉、报喜鸟等民企，家家都有自己的广告语，而且各企业不同时期、不同产品品牌的广告语均有不同。但是总的来讲，大多数广告语都能不同程度地体现出各自企业和品牌的"个性"，有的堪称是"绝配"。

康奈：舒适源自细节

"舒适源自细节"这个广告语是康奈集团2004年下半年开始启用的，之前用的是"感受细节之美"。比较一下可以看出这两则广告语有个共同点：抓住"细节"两个字不放！康奈为什么这么关注"细节"？了解康奈的人士都知道，康奈老总郑秀康在1980年下海之前是原温州通用机械厂管技术的副厂长。做机械出身的郑秀康办厂25年来最懂得"欲善其事，先利其器"的道理。所以，他对制鞋装备的配置，制鞋工艺的钻研近乎达到"苛求"的地步。"我们康奈就是要做中国最好的鞋！世界最好的鞋！"这句话他曾不止一次在各类公开场合说过。为了达到这个目标，20多年来，康奈的制鞋装备始终本着一个原则：不惜代价选用世界上最先进的、最精良的。如今，意大利、西班牙、英国、德国、中国台湾等国家和地区的各种制鞋机械在康奈都能找到它们的踪影。据了解，从创业至今，康奈用于更新技术装备的资金高达1亿元。温州鞋业第一个实施机械化制鞋的、第一个拿到"中国真皮鞋王"和"中国驰名商标"的都是康奈。"高品质的鞋是由高素质的人造出来的。我们公司在人才培养上是舍得花钱的。"郑秀康这样告诉记者，最近10年间，康奈用于员工国内国外培训的资金总额超过1000万元。在业界大刮"挖人"风的时候，康奈却每年都要办几期技工培训班，涉及制鞋的整个流程、各个岗位。表现优秀的一线工人都有可能被选出来参加培训，教

— 187 —

师是公司从专业皮革院校高薪聘请来的制鞋高工。有的还要送到温州、杭州、北京等地的高校进修。同时康奈还会大量引进皮革专业的大学生进厂。经过车间一线再学习、再实践然后才能分配到开发、设计、制作岗位。

2007年年初，康奈集团包括郑秀康总裁在内，共有66名员工被温州市人事局认定为制鞋专家，占全部认定人数104人的一大半，足见康奈强大的人才优势。装备先进、制作精良成就了康奈一如既往的高品质、好口碑。至今为止，康奈几乎囊括了中国鞋业界的所有荣誉，如中国真皮领先鞋王、中国名牌产品，全国"守合同重信用"企业等，各类荣誉近300项。蝉联三届"真皮标志杯"全国鞋类设计大赛特等奖，从1993年的"中国十大鞋业大王"到如今蝉联"中国真皮领先鞋王"，康奈做了12年的"常胜将军"，这在中国鞋业界不能不说是个奇迹，应该说这与康奈矢志不移地关注"细节"是密不可分的。

从33岁学做皮鞋，到现在叱咤风云的中国鞋王，郑秀康也由一名普通机械技工成为高级制鞋工艺师，成为国内大名鼎鼎的制鞋专家。他在业内的众多头衔足以体现他的举足轻重的专家地位：中国轻工业联合会常务理事、中国皮革协会副理事长、中国皮鞋旅游鞋专委会主任、中国鞋类设计师评审委员会副主任等。郑秀康用他专业的眼光和技能，一步步践行着他的"做中国最好的鞋，做世界最好的鞋"的光辉理想。

2000年，郑秀康特意把他的儿子郑莱毅送到英国的百年名校莱斯特大学主攻皮鞋设计与制作。现在这位"海归少帅"已在康奈担任分管技术研发的副总裁。2004年9月，康奈投资1000万元与世界最著名的鞋类认证机构SATRA，合作共建符合国际标准的鞋类实验室，尝试参与国际标准的制定。康奈此举被龙永图等专家誉为"开辟了破解国际贸易壁垒的第四条道路"。从这一个个"大动作"看来，郑秀康真是把康奈皮鞋的"细节之美"做到极致了。康奈的成功还引起政府和各界的广泛关注，温家宝等近40位党和国家领导人到过康奈视察，无疑是对康奈和郑秀康的最好的评价。

据最新消息，康奈皮鞋已在全球20国开出了90多家专卖店，成为中国第一家成功以品牌专卖店形式走出国门的鞋业品牌。康奈有关负责人称，这些皮鞋平均售价达到60美元以上，不仅华人华侨喜欢买，老外们也很青睐，占顾客的八成比例。

奥康：梦想是走出来的

从"穿奥康走四方"到"梦想是走出来的"，奥康一直在不停地"走"。从永嘉黄田走向全国，并一步步地从鞋业跨入地产、生物制药等领域。当年那位小木匠王振滔历经小鞋贩、个体户也一跃成为中国鞋王、中国营销大师、中国十大杰出青年。虽然是几届"中国真皮鞋王"，据知情人透露王振滔并不精通"鞋技"。王振滔最初接触鞋是在20世纪80年代的中期。贫苦农民家庭出身的王振滔当年刚20出头，高中入学不久就因家贫辍了学，跟着别人在武汉学着推销皮鞋。1987年，杭州"火烧温州鞋"终结了他的卖鞋生涯——因为全国都不要温州鞋了，说温州鞋全是"假冒伪劣"。1988年，23岁的他只好自筹3万元买来设备，请了有经验的制鞋师傅，正式办起"永嘉奥林鞋厂"，奏响了他成为"中国鞋王"的第一乐章。

从"奥林"到"奥康"，企业虽然名称变了，没变的是他的当家人——那位中等身材、白白胖胖、一脸福相的王振滔。饱尝异地他乡卖鞋之难的王振滔深知把货物卖出去意味着什么。家境的贫困，出道时的艰辛逼着他拼命地"吸吮"着来自八方的生意经。他深信"卖出去才是硬道理"！学生时代曾经当过班长的他非常富有悟性和组织能力，他很快地成长为一名出色的商业奇人。凭借他过人的营销天赋，他先后摘取了"浙商十大风云人物"、"中华管理英才"、"中国经营大师"、"中国十大策划风云人物"等荣誉称号，奥康集团也成为中国鞋业界一颗耀眼的明星。奥康的许多策划实例被营销学界奉为经典，甚至被编进大学教材。"梦想是走出来的"，是不断地开拓、创新干出来的。在王振滔的一手导演下，"西部鞋都"轰轰烈烈地开建，"中瑞财团"在全国关注的目光中闪亮登场，意大利制鞋名企 GEOX漂洋过海握手奥康……王振滔，这位时不时要在业界"放一炮"的营销奇才，他从来就没有"安分"过。为了奥康的"温州心、世界梦"，开朗奔放、敢说敢做的王振滔用勇气和智慧谱写了一曲曲奇妙的商业神话。

红蜻蜓：走过四季都是情

在中国人眼里，红蜻蜓始终是美丽、清纯的化身，谁见了她都会不由自主地多看她几眼，甚至主动接近她、观赏她。作为中国鞋业界的后起之秀——成立于 1995 年的红蜻蜓鞋业，以惊人的速度迅速走遍了大江南北，闯进中国鞋业十强。这不能不说是个奇迹！现在提起这个品牌，人们很自然地会记起那句耳熟能详的广告语：红蜻蜓——走过四季都是情。应该说，撇开其他因素，这句自然亲和、与品牌载体浑然天成的广告语，对于红蜻蜓的近乎"疯长"般地在全国打开市场绝对有密不可分的关系。钱金波，红蜻蜓的创始人，中分头，金丝边眼镜，白西装，红衬衫，加上那张始终带着微笑的大方脸的组合，让人看上去他根本不像一个办企业的人，倒像是一个儒雅博学的官员、教授，平添几分文化人的气息。

近几年来，红蜻蜓创出了三个中国第一：中国第一家鞋文化研究中心、中国第一家鞋文化展馆、中国第一本鞋履文化词典。乍看起来让人不可思议，办鞋厂就想着把鞋子做好，卖出去不就得了，干吗做什么鞋文化，然而这就是钱金波的高明之处。钱金波剑走偏锋，可谓深得"差异化营销"的个中三昧！少年之际，钱金波与王振滔同做木匠活，后又一起到外地卖鞋、合办鞋厂，直到 1995 年另起炉灶自己兴办红蜻蜓鞋业。虽然王振滔与钱金波性格迥异，前者个性率直、开朗健谈，后者不动声色、含蓄内敛，但是二者现在看来绝对都是一等一的营销高手。王振滔喜欢大张旗鼓，先声夺人；钱金波似乎更喜欢"做了再说"，追求不鸣则已、一鸣惊人的瞬间爆炸效果。从起用清纯可爱的童星舒畅，到帅气阳光的奥运冠军田亮，再到红遍大江南北的十二女子乐坊，红蜻蜓请来的形象大使哪一个不是那么养眼、富有亲和力，那么恰到好处呢？借文化开道，唱经营大戏，十年光阴弹指一挥间，但是楠溪江畔的这只红蜻蜓已经长成一只翱翔长空的大鹏鸟，成为中国最年轻的真皮鞋王、中国鞋业首批名牌产品。产业已涉及地产、百货、教育、金融等领域。钱金波本人也摘取了中国五四青年奖章，受到中央领导的亲切接见。红蜻蜓——十二女子乐坊——走过四季都是情，堪称完美的绝配！毫无疑问！

走笔至此，记者想起一句在温州鞋业界广为流传的顺口溜：康奈的质量、奥康的营销、红蜻蜓的文化。不能不说，这句话是如此的画龙点睛、切中肯綮。当然，这并不是说康奈不抓营销，奥康、红蜻蜓不抓质量。每家都超过 10 个亿的产值足以说明，大腕们"戏法人人会变，各有巧妙不同"。

（选自中国公关网）

案例三　公关助燃 TCL 女性 PC

将苹果横着切开，你会看到一颗五角星。而将个人 PC 市场纵向剖开，你会发现一个高利润的细分市场。

2005 年的 PC 产业正面临着历史上最重要的时期。

摩尔定律的逐渐失效，价格战、规模战的日益惨烈，无疑使整个行业的发展面临前所未有的困境。整体利润的不断稀释，使整个 PC 行业已经挣扎于边际负利润的临界点。

而 TCL 在女性 PC 上的成功，不仅让 TCL 电脑在终端市场上的销售全线飘红，全面突破价格竞争的旋涡，也给整个 PC 行业带来了一股新风。

2005 年 9 月 8 日，经过《21 世纪经济报道》以及全球著名品牌机构 Interbrand 联合数十名国内外专家评委的严格评审，TCL 女性 PC 的成功案例从大量备选案例中脱颖而出，被评为"2005 中国品牌建设年度十大案例"。而长期致力于战略传播的注意力公关顾问公司也因其在本项目中的卓越贡献而备受瞩目。

突破价格旋涡

中国 PC 行业近几年面临的一个现实问题就是同质化竞争严重，整个国内的 PC 行业竞争主要以价格战为主，以联想为首的 PC 厂商依靠规模效应下的价格战来提高市场占有率，PC 企业要在如今白热化的价格战局势中保持生存空间，就必须形成拥有绝对优势的差异化竞争策略。

但是实际上，规模战在企业层面上只能解决暂时之虞，而且这种策略是只有少数具备雄厚实力的厂商，如联想等，才能采取的独有策略。就整个 PC 行业的发展而言，规模化的发展思路依然未能从本质上摆脱同质化的竞争形态，PC 产业目前更需要的是能够使全行业突围价格战旋涡的发展模式。

2005 年年初，由 TCL 数码和以"战略公关的领先者"著称的注意力公关顾问公司共同组成女性 PC 研究小组，提出了"女性 PC"这一前所未有的概念。在此之前，没有一家 PC 厂商将电脑的消费者按性别细分，而且更多 PC 厂商倾向于认为，男性才是 PC 的主要使用者，因此"女性 PC"是一个非常大胆的概念，这个大胆的概念若想变成一个成功的市场策略，从产品定位到销售渠道以及广告和公关方面都需要给予一定的配合。

但是，这个小组经过反复研究认为，在坚持以"价值战"应对"价格战"的总体发展思路下，只有依靠"创新价值"战略才能建立 TCL 在 PC 领域的核心竞争力。而且 TCL 在运作细分市场方面也有一定的经验，早在 2003 年，TCL 就推出过专门针对游戏爱好者的"海盗 PC"，因此"女性 PC"的创意这一次也得到了 TCL 电脑的认同和支持。

在经过长达数月的市场调研后，小组成员一致认为，女性 PC 要在恶劣的市场环境中取得成功，必须掌握住最佳利润点的市场空间，而要占领利润高地，首先则必须具备精准的市场定位。

精准定位抢占利润高地

通过 TCL—注意力研究小组的调查数据显示，目前已经有 70% 以上的社会购买力掌握在女性手中。随着女性素质的不断提高，她们的自我意识越来越强，她们已经不再简单地满足于产品的基本功能，而是希望通过产品体现自己的品位和个性。可以说，一个以"她时代"为主流的消费时代已经到来。

因此，围绕女性PC，TCL从消费者实际出发，以制造符合精准定位的创新设计产品。

"SHE"不仅仅只是一种概念创新，事实上从设计理念到产品品位、从硬件配置到软件应用、从ID设计到细节雕琢，TCL—注意力研究小组都对其进行了全方位的创新，以满足女性对PC雅致与柔美的美丽主张。

"SHE"的创意灵感源自于极富异国情调的荷兰郁金香，其体贴舒适的细节设计，纤巧、轻薄的外观极富审美情趣，刚好符合女性对雅致柔美的追求。在功能上，更是充分考虑到女性的稳定易用的需求，开发出一键杀毒等"处处一键通"功能。可以说，TCL女性液晶PC以其美丽雅致、健康环保、稳定易用的全方位创新，造就了真正属于女性的PC新概念。

而女性PC上市后的市场反应情况一度印证了"SHE"的精准定位，自今年3月女性液晶PC正式上市以来，该款产品不但在情人节试销期出现一上市即脱销的火暴场面，更在其后的2个月呈现出PC市场难得一见的持续旺销局面，在今年的"五一"黄金周期间，由于受女性PC的市场刺激，TCL电脑在家用市场的销量比去年同期飙升80%。

女性液晶PC的横空出世，无疑为PC业的健康发展提供了良好的发展思路。

业界一致认为，女性钻石液晶PC的出现，意味着PC产业开始全面走向细分市场的消费时代，它不仅使电脑与人们的工作、生活及生活感受自然地结合在一起，更是突破了电脑行业的传统运营观念，推动了一个PC消费细分化时代的到来。

在保障规模稳步增长的情况下，TCL电脑在利润上的重要突破，体现出了其细分化创新战略的正确性。而此次在女性液晶PC市场的彻底成功，则无疑成为确立TCL在PC细分市场领袖地位的标志性事件，也使TCL一跃而成为PC产业健康发展的引领者。

女性PC的市场策略帮助TCL占领了PC的一部分细分市场之后，TCL已经把女性PC进行更加细化，并作为PC市场的一个长期战略去执行，虽然后面已经有不少PC厂商跟风，但TCL作为女性PC的先行者，已经奠定了一定的市场优势。

联想因为凭借多年来在PC行业发展的深厚根基，以其大规模的作战方式而拥有绝对成本优势，占据市场主流地位。但TCL历时7年的探索与布局，把握PC行业的发展规律，先人一步在细分市场中也占据了一个有利位置。

波纹传播引发营销热潮

著名经济学家舒尔茨有一句名言：营销即传播。

女性PC在营销上的大获全胜，与其成功的传播策略无可置疑地有着紧密的联系。在整个女性PC的传播上，TCL—注意力研究小组始终遵循波纹传播法则，经过周密的策略分析，一步步引发市场销售热潮。

首先，TCL—注意力研究小组通过层层的论证之后，提出了在产品上市之前，利用2月14日情人节进行市场预热。通过"TCL在情人节推出999台女性PC"的爆炸性信息，分别从女性网络和网络调查两个角度同时进行传播，全面激发舆论和消费者的关注。进而通过悬念造势，引起舆论对女性PC的争议，引发目标群体对女性PC的关注，从而顺利过渡到TCL女性PC的产品上市。

其次，在"三八"节前夕，TCL—注意力研究小组结合产品上市从高空到地面，在全国范围内掀起了女性PC正式上市的第二轮聚焦传播。

由于成功实现了女性市场销售关键时间节点的卡位，创新设计的产品加上持续的公关活动和有力的传播规划，使女性PC在市场上立刻掀起了销售狂潮。TCL—注意力研究小组成功地为产品的预热和推广做好了铺垫。

接着，通过产品卖点、品牌理念等层面的诉求，以平面大众类媒体为主，从行业角度挖掘TCL女性PC的深远意义，使女性PC品牌进一步落地生根，并且树立了TCL的行业领导者形象。

随后，在"五一"黄金周前夕，针对女性PC的技术升级，TCL—注意力研究小组进一步抛出"女性钻石液晶PC璀璨上市"的重磅信息，对TCL在PC细分市场的成功与战略思想进行重点传播，同时兼顾消费者的情感沟通，再一次将女性PC的销售推向高潮。

持续化多种角度的传播无疑给市场销售带来了极大的影响力，由于传播中所诉求的女性消费心理也完全迎合了女性对美丽和渴望被关注的消费需要，女性PC在市场终端一炮蹿红！正是由于女性PC的成功传播和市场热销，方正和同方随后不久也相应推出鼠米电脑和火影PC等细分产品，这无疑是对女性PC的成功印证和发扬光大。

案例四　百安居之痛

——透过雅迪尔停止供货百安居事件，浅谈企业危机意识

背　景

21世纪的中国人从小卖部走进了诺马特、家乐福，从商场的家电专柜走进了国美、苏宁，从建材市场、家具市场走进了百安居、宜家。零售业的快速发展，正在史无前例地改变着我们的生活，便利性、性价比、安全感等因素使消费者更愿意光顾大型的零售卖场。随着零售卖场业绩的提升，供应商更是对这些零售巨头们趋之若鹜，为了能进入卖场或达成战略联盟，不断地牺牲自己的利益以满足零售巨头们的胃口。

2007年2月，海尔集团首席执行官张瑞敏就对外界宣称家电行业的利润就像刀片一样薄。企业的利润在各个环节被蒸发，零售业无疑是最大的利润蒸发器。虽然零售巨头们拿走了企业利润的大头，但不可否认的是成熟的零售终端给企业带来了大量的订单，销售业绩可以得到最大限度的保障，这正是企业所需要的。虽然零售巨头们处于绝对的强势地位，但还是有企业不堪忍受奋起反抗。雅迪尔就是为数不多的反抗者之一，雅迪尔停止供货百安居事件本属商业纠纷，极为常见，但为什么该事件会引来众多媒体的关注，以至于给百安居的品牌形象带来了巨大伤害？这充分暴露了众多强势企业在危机防范上的意识非常薄弱，甚至像百安居这样的跨国企业同样存在着这方面的问题。这不得不令我们的企业家们深思……

事件主角

百安居（中国）有限公司（以下简称"百安居"），百安居BQ隶属于世界500强企业之一的英国翠丰集团（Kingfisher Group），是世界第三、欧洲第一的大型国际装饰建材零售集团。翠丰集团是英国伦敦交易所上市公司，《金融时报》百强指数股，为欧洲最大的非食品专业零售投资集团。翠丰集团拥有30多年成功经营管理经验，企业实力雄厚，发展速度

极快，旗下拥有众多著名零售品牌，如英国的百安居，Screwfix，法国的 Castorama，Brico Depot，并在波兰、意大利、中国、土耳其、韩国、俄罗斯、西班牙都有商店。

翠丰集团为进一步扩大在全球的发展范围。1996 年，在中国台湾地区开设了第一家 BQ 连锁店，成功跨出向中国市场发展的第一步。1999 年，在上海地区开设了大陆第一家百安居连锁店——上海沪太店。截至 2006 年 12 月底，百安居在中国 25 个城市共计拥有 58 家终端卖场。

上海雅迪尔居饰用品有限公司（以下简称"雅迪尔"）是一家从事中高档橱柜设计和生产的专业橱柜制造公司，是中国橱柜业中产销量最大的企业之一。主要业务包括橱柜的设计、制作和安装。雅迪尔已进入中国 20 余个大城市，设有 50 余家橱柜展示厅，形成了以北京公司、北京工厂为中心的包括东北、华北、内蒙古、新疆、山西、西安等地的北方市场格局，以上海公司为中心的包括华东、河南、湖北、成都等地的华东市场，年销售额 1.5 亿元左右，以百安居为主销售渠道。

事件回放

雅迪尔称：自 2005 年到 2007 年 5 月 25 日百安居累计拖欠雅迪尔货款 1000 多万元。更在 2007 年春节至今累计欠款已高达 5628853.26 元，百安居未付雅迪尔一分钱货款。在多次讨要未果的情况下引发了讨款事件。

2007 年 6 月 4 日，发生雅迪尔职工群体向百安居索讨货款的事件。

2007 年 6 月 4~6 日，连续 3 天，几十名职工号称为了生活、为了工作、为了公司的权益，持续 3 天在百安居中国总部（浦东龙阳路）办公大楼前，群体向百安居追货款，期间双方曾发生肢体冲突。

2007 年 6 月 5 日，上海《新闻午报》以《百安居拖欠供货商 1600 万》为题，报道了这一事件。

2007 年 6 月 5 日，北京《京华时报》标题为《百安居被讨债》报道现场状况。

2007 年 6 月 5 日，百安居与合作公关公司启动危机公关。

2007 年 6 月 6 日，《北京商报》以《百安居被指拖欠雅迪尔货款 1600 万元》，整版大篇幅报道了百安居拖欠货款的新闻。

2007 年 6 月 6 日，雅迪尔向社会公开宣布"由于百安居拖欠货款不付，正式在全国范围内对百安居停止供货"。

2007 年 6 月 6 日下午，在警方的介入下雅迪尔员工撤离百安居上海总部。

2007 年 6 月 8 日下午，由浦东新区政府委托外商投资投诉中心及行业协会出面协调。雅迪尔总经理崔寿官与百安居亚太区域总裁马立思进行了电话沟通，后又与执行副总裁徐成栋进行了闭门会谈，但最终谈判破裂双方没有达成任何协议。

2007 年 6 月 11 日，雅迪尔向百安居所在地浦东新区政府，雅迪尔向注册所在地普陀区政府申诉，以百安居不遵守中国商务部、公安部、发改委、工商部局、税务总局五部委于 2006 年 7 月 13 日商务部第七次会议审议通过（并已实施）的 2006 年第 17 号文件为由，请求政府帮助。

2007 年 6 月 14 日，《北京商报》吴厚斌记者，发表了署名文章《百安居、欧典成"难兄难弟"》。

2007年6月14日，《北京商报》署名文章《业内揭秘，百安居欠款源于内部腐败》报道了百安居的内部黑幕。

2007年6月16日，北京图腾宝佳家具有限公司因为百安居拖欠货款，正式宣布停止供货，要求百安居将1000万元非法扣款和800万元货款归还图腾宝佳。

2007年6月，百安居为对其他试图跟进雅迪尔的供应商进行安抚，出台了"苹果计划"。

2007年6月21日，上海市浦东新区人民法院就正式受理了百安居诉雅迪尔名誉纠纷权一案。

2007年6月，百安居就雅迪尔事件发布媒体声明。

2007年6月29日下午3点，雅迪尔、图腾宝佳等"家居产业贯彻五部委2006年17号令暨供货商联合声讨百安居霸王条款及拖欠款"新闻发布会在中国国际展览中心1号馆4层召开，中国建筑装饰协会信息咨询商会、厨卫工程委员会秘书长田万良、工商联北京厨卫商会秘书长牟勇、雅迪尔橱柜总经理崔寿官、图腾宝佳橱柜总经理董纯微、宏耐地板宋辉、豪赛尔橱柜总经理于长宏、欧韵诺维橱柜总经理周友恒、万家乐橱柜总经理刘立丰、北京美驰建筑装饰材料有限公司营销总监曹阳等出席会议并发言声讨百安居。来自北京及其他地区的近50家媒体参加了新闻发布会。

点 评

雅迪尔和图腾宝佳两个企业向百安居追讨货款这件事在业内引起很大反响，媒体也非常关注该次事件，包括电视、平面、网络等媒体相继进行了大量报道。由于行业协会及业内专家对百安居的高扣点率的合理性提出质疑，在社会引发了广泛的讨论，同时也使其他企业在与这些零售巨头们合作时提高了警惕。

百安居虽然在事发后立即采取了危机公关与安抚计划，但该次事件无疑给百安居的品牌形象带来很大的伤害。缘何合作了6年之久曾经还号称是铁杆合作伙伴会闹到如此地步？除了当事企业的不冷静以外，更重要的是百安居的管理层不具备强烈的危机意识。

我们可以在整个事件的发生过程中看到百安居有很多次机会可以将事件平息下来，但却选择了消极的处理方法，无论是发布事件说明，还是媒体声明，或是采取法律手段等做法来看，完全采取的是对抗的策略。虽然采取了危机公关，却没有将危机的源头扑灭，以至于看着事件一步一步地扩大，一步一步地升级，甚至逐步成为社会讨论的焦点话题。

我们再来回顾一下雀巢公司碘超标事件和宝洁公司的SK-II事件，我们总结出一个相同的错误，那就是"不具备强烈的危机意识"。因为没有强烈的危机意识，所以导致在处理问题的开始阶段，没有及时地作出正确的决定，从而导致事件逐步升级。雀巢在碘事件中据不完全统计，共计损失达27亿元人民币，SK-II更是付出了曾经退出中国市场的惨痛代价。

为什么这些跨国企业如此缺乏危机意识？笔者认为，首先是其良好的业绩与跨国企业的背景滋生了狂傲自大的心理，认为没有人能动摇我们这样的企业。其次是心怀侥幸，总以为我是处于强势地位，事情即使闹大了也不会有太大影响。以上两点足以使企业的管理层淡漠了对危机的认识。

这些问题在很多的企业里都普遍存在，特别在一些业绩较好、成长较快、在行业具有相对优势的企业里这种现象尤为突出。微软之所以能雄霸天下，最重要的一点就是具有强烈的危机意思。比尔·盖茨的一句名言就是："我们离破产永远只有90天。"

在当今这个信息以惊人速度传播的时代，任何小的事件都有可能被媒体无限放大，我们已经进入了一个危机高发的时代，企业必须具备强烈的"危机意识"。在处理危机事件中没有小事，任何小的疏忽都可能酿成巨大的危机，无论是大企业还是小企业，在危机面前都是平等的，只是承受的限度不同。雀巢可以承受27亿元的损失，SK-II退市以后可以重新来过，那我们中国广大的企业主可以自问一下是否可以承受这样巨大的损失？

百安居与雅迪尔的事件到目前为止双方还没有罢手的迹象，到最后事件会朝着什么方向发展，我们还不好断言，但可以肯定的是，百安居将会成为最大的受害者。虽然有国际著名的爱德曼公关公司在为其进行危机公关，却无法改变企业对危机在深刻意义上的认识，更无法修复失掉的人心。

在危机管理领域里有一句名言："坦诚是化危为机的里程碑，对抗是走向死亡的墓志铭。"只有真正做到坦诚相待，才能最大限度地化解危机，要做到坦诚相待离不开危机意识，一个没有经历过危机的企业不算真正成功的企业，只有经历过危机而自己却始终保持不败，且在不断地壮大的企业，才是真正成功的企业。中国的企业在未来将面对更多的国际竞争，所有的企业都将面临不同的危机，要在危机中生存与发展，就首先要具备强烈的危机意识，企业没有危机意识才是最大的危机，只有具备了强烈的危机意识才可能在危机来临时帮助"化危为机，转危为安"。

我无意于评论百安居与雅迪尔当事双方谁对谁错，仅透过该次危机事件对企业危机意识作一番浅谈。

（选自全球品牌网）

案例五 "大白兔"成功突围"甲醛门"的启示

国家质检总局局长李长江在国新办20日举办的新闻发布会上说，中国上海冠生园食品有限公司的大白兔奶糖在生产过程中没有添加甲醛，质量是安全有保证的。随着李长江掷地有声的"新闻发布"和权威检测报告的公布，海外经销商对"大白兔"的疑虑消除，纷纷来电要货，在经过4天的滞销后，10个货柜大白兔奶糖被迅即解冻，7个发往新加坡、哥斯达黎加、马来西亚、印度、尼泊尔、美国……（7月21日《大众日报》）

此前，上海冠生园集团国际贸易公司接到菲律宾经销商来电称，菲律宾食品药品局（BFAD）对从中国进口的部分食品进行检验，被检大白兔奶糖含有福尔马林（甲醛）。随后，菲律宾方面将大白兔奶糖从超市下架，并劝市民不要购买，同时要求出口商召回相关产品。此消息已于7月16日由菲律宾GMA电视新闻网公布后，美国、新加坡、中国澳门地区、中国香港地区等多家媒体都作了报道，引起海内外强烈关注，以致连香港、广州部分超市也将大白兔奶糖撤柜。

众所周知，上海冠生园的大白兔奶糖已有50多年的历史，是新中国第一代奶糖，也是目前国内最知名的糖果品牌之一。自1959年开始发售以来，深受欢迎。在20世纪六七十年

— 195 —

代，曾出现过排队购买这种奶糖的盛况。大白兔奶糖曾被评为中国驰名商标、中国名牌产品和国家免检产品，获得过上海市质量金奖等各种荣誉称号，国内销售达 30 亿元人民币，目前还远销 50 多个国家和地区，已累计出口创汇 1.6 亿美元。在突然遭遇"甲醛门"事件后，冠生园与主管部门积极应对，在 4 天时间内便成功"突围"，给人以四点启示：

首先，生产厂家高度重视。从相关报道中我们得知，"甲醛事件"曝出后，冠生园集团自己主动停顿了"大白兔"产品的出口，并在 3 天内做完了三件重要的事情：给菲律宾方面发函沟通；请权威检测机构 SGS 对生产线的产品进行检测，并得出没有甲醛的结论；召开中外媒体见面会宣布检测结果。不仅如此，冠生园还对菲律宾食品药品机构在既未公布相关检测报告又未得到生产企业确认的情况下，贸然通过媒体发布消息，给"大白兔"品牌造成损害的极不负责行为，保留诉诸法律的权利。

其次，权威机关及时发声。获知大白兔奶糖被禁售的消息后，上海市质监部门和国家质检总局及时派员在第一时间介入，出具了权威检测报告。特别是国家质检总局局长李长江在国新办 20 日举办的新闻发布会上的权威发言更是让海内外消费者疑虑顿消。李长江说："第一，我们没有接到菲律宾政府有关方面的情况沟通。第二，我们同菲律宾驻中国使馆进行联系，想取得这方面的资料，他们表示无法提供。第三，我们经过了认真的检查测试，大白兔奶糖在生产过程中没有添加甲醛。"

再次，媒体报道客观公正。传媒因素是食品安全事件中的一个重要因素，在"危机公关"中是一把双刃剑。这次大白兔"甲醛门"事件，尽管海外媒体炒得热火朝天，但国内传媒在对待这一民族品牌上，汲取了以往"见风就是雨"的教训，在报道时不是盲目跟风、夸大其词，而是遵循新闻游戏规则，冷静而又客观地在第一时间传递最新的来自权威管理部门和权威检测机构的消息，因而没有出现"越描越黑"、"一地鸡毛"的怪象。

最后，"第三方"鉴定功不可没。7 月 18 日，新加坡政府的检验机构从冠生园新加坡经销商福南公司仓库中抽样大白兔奶糖进行检验，检测结果：大白兔奶糖不含甲醛，符合世界卫生组织的安全标准；7 月 19 日，国际公认的权威检测机构 SGS（通标标准技术服务有限公司上海分公司）对大白兔奶糖检测得出结果：未检出甲醛（福尔马林）；7 月 20 日，文莱卫生部发表声明，宣布经过该部检测表明，中国产的"大白兔奶糖"不含甲醛，完全可以放心食用……面对这些"完全一致"的检测结果，不知菲律宾食品药品局有何感想？近段时间，境外查出中国产品存在质量安全的事件频频发生，从宠物食品、牙膏、轮胎，到现在的大白兔奶糖，甚至连"发生"的规律都极为相似：先是境外媒体曝光，紧接着内地厂家马上通过权威机构进行澄清，再后来大多是子虚乌有、空穴来风，但厂商却损失巨大，甚至遭受灭顶之灾。这次"大白兔"突围"甲醛门"的成功实践告诉我们，对民族品牌的呵护不是一个人的事，而是全中国人的事，只要我们的产品质量过得了关，不管国外一些别有用心者是"阴谋"还是"阳谋"，都不会得逞！

（选自红网）

综 合 测 试

一、单项选择题

1. 公关定义中的"咨询说"是（　　）提出的。
   - A. 熊源伟
   - B. 蔡尔兹
   - C. 弗兰克·杰夫金斯
   - D. 国际公关协会

2. 公关定义中的"传播说"是（　　）提出的。
   - A. 王乐夫
   - B. 弗兰克·杰夫金斯
   - C. 詹姆斯·格鲁尼格
   - D. 蔡尔兹

3. 公关定义中的"协调说"是（　　）提出的。
   - A. 雷克斯·哈罗
   - B. 弗兰克·杰夫金斯
   - C. 国际公关协会
   - D. 王乐夫

4. 美国文化体系的三大特性是（　　）。
   - A. 个人主义、集体主义、英雄主义
   - B. 个人主义、理性主义、英雄主义
   - C. 集体主义、官僚主义、英雄主义
   - D. 个人主义、理性主义、资本主义

5. 公关体系中的"四步工作法"是（　　）提出的。
   - A. 格鲁尼格
   - B. 蔡尔兹
   - C. 雷克斯·哈罗
   - D. 卡特利普和森特

6. 公关体系学的创始人是（　　）。
   - A. 艾维·李
   - B. 格鲁尼格
   - C. 爱德华·伯尼斯
   - D. 蔡尔兹

7. 公关体系的创始人是（　　）。
   - A. 艾维·李
   - B. 格鲁尼格
   - C. 爱德华·伯尼斯
   - D. 蔡尔兹

8. "公众的声音就是上帝的声音"是（　　）提出的。
   - A. 保罗
   - B. 彼得
   - C. 爱德华·伯尼斯
   - D. 蔡尔兹

9. 公关的基本原则是指在社会组织中必须遵循的指导思想和（　　）。
   - A. 性质
   - B. 目的

C. 职能   D. 行为准则

10. 公关是一门富有超前意识的（　　）艺术。

    A. 管理   B. 安排

    C. 工作   D. 经营管理

11. 塑造良好的（　　）是现代公关的根本目的与神圣职责。

    A. 气氛   B. 渠道

    C. 形象   D. 艺术

12. （　　）是建立良好的沟通协调关系的最近法则。

    A. 友爱   B. 和谐

    C. 平等   D. 公正

13. （　　）是沟通协调中最关键的因素。

    A. 任务   B. 倾向

    C. 时间   D. 目的

14. 公关是（　　）立体化工作。

    A. 协助性   B. 全方位

    C. 全面性   D. 辅助性

15. 衡量组织形象的硬性指标是（　　）。

    A. 知名度   B. 美誉度

    C. 信誉度   D. 知名度和美誉度

16. 报纸、杂志、电视属于组织的（　　）。

    A. 政府公众   B. 社区公众

    C. 名流公众   D. 媒介公众

17. （　　）的公关部，在对内对外的交往中有一定的决策权和指挥权，并能独立地开展各项公共关系活动。

    A. 部门并列型   B. 职能分散型

    C. 领导直属型   D. 部门隶属型

18. 发生在两个人之间的面对面的信息交流属于（　　）。

    A. 亲身传播   B. 个体媒介传播

    C. 小组传播   D. 群体传播

19. 被称为"支撑性公众"的是（　　）。

    A. 媒介公众   B. 顾客公众

    C. 社区公众   D. 政府公众

20. 人数在6~10人之间进行的信息交流活动被称为（　　）。

    A. 小组传播   B. 群体传播

    C. 亲身传播   D. 人际传播

21. 信任度是（　　）。

    A. 社会评价组织好坏程度的指标   B. 表示社会公众对组织信任的程度

C. 评价组织名气大小的客观尺度　　　　D. 社会公众和舆论对组织的客观评价

22. （　　）是社会公众对一个组织机构的全部看法和评价。
    A. 组织形象　　　　　　　　　　　B. 组织信誉
    C. 公众态度　　　　　　　　　　　D. 企业美誉

23. 在形象评估坐标图中说明组织的公共关系状态极佳，应当保持和发扬的区域是（　　）。
    A. 表示高知名度，高美誉度　　　　B. 表示低知名度，高美誉度
    C. 表示低知名度，低美誉度　　　　D. 表示高知名度，低美誉度

24. 公共关系的"四步工作法"，是"公共关系教父"（　　）对公共关系一个重大贡献，它使公共关系工作更具有可操作性。
    A. 艾维·李　　　　　　　　　　　B. 斯科特·卡特利普
    C. 巴纳姆　　　　　　　　　　　　D. 伯内斯·爱德华

25. 调查人员能够与被调查对象面对面地交流，使反馈和交流同时、同地进行且回答率高的调查方法是（　　）。
    A. 观察调查法　　　　　　　　　　B. 实验法
    C. 问卷调查法　　　　　　　　　　D. 访谈调查法

26. 下列属于公关日常工作的是（　　）。
    A. 赞助活动　　　　　　　　　　　B. 开放参观
    C. 展览会　　　　　　　　　　　　D. 来访者接待

27. 下列属于公共关系专题活动的是（　　）。
    A. 电话接待　　　　　　　　　　　B. 来访者接待
    C. 新闻发布会　　　　　　　　　　D. 办理内部刊物

28. 某人在组织公关部中主要负责评估组织的形象和公关工作的效果，以寻找出现问题的原因。他属于（　　）。
    A. 公关计划人员　　　　　　　　　B. 公关技术人员
    C. 公关传播人员　　　　　　　　　D. 公关调查分析人员

29. 下列属于组织外部公共关系的是（　　）。
    A. 员工关系　　　　　　　　　　　B. 董事关系
    C. 股东关系　　　　　　　　　　　D. 科研教育关系

30. 下列特征中不是对外公共关系所应体现的组织形象的是（　　）。
    A. 亲善　　　　　　　　　　　　　B. 至诚
    C. 敬业　　　　　　　　　　　　　D. 功利

31. 以下不属于公关专题活动的是（　　）。
    A. 新闻发布会　　　　　　　　　　B. 赞助活动
    C. 联谊活动　　　　　　　　　　　D. 社会问卷调查

32. 组织要想建立良好的内部公共关系，首要的问题是（　　）。
    A. 掌握用人之道　　　　　　　　　B. 进行感情沟通
    C. 理顺内部关系　　　　　　　　　D. 满足员工物质和精神需要

33. 目前，我国较为盛行的公关人员应急培养方式是（ ）。
    A. 公关培训班　　　　　　　　B. 函授教育
    C. 大专培训班　　　　　　　　D. 见习培训

34. 递接文件或名片时应当注意字体的（ ）。
    A. 正面朝向对方　　　　　　　B. 侧面朝向对方
    C. 反面朝向对方　　　　　　　D. 以上选项都对

35. 客人来访时，我们要为客人打开房门，当房门向外开时（ ）进。
    A. 客人先进　　　　　　　　　B. 我们先进
    C. 同时进门　　　　　　　　　D. 随意

36. 为他人作介绍时，方法不正确的是（ ）。
    A. 先把男士介绍给女士
    B. 先把长辈介绍给晚辈
    C. 先把晚到的客人介绍给先到的客人
    D. 先把职位低的介绍给职位高的

37. 行握手礼时，礼貌的伸手方式是伸出右手（ ）。
    A. 手掌与地面垂直　　　　　　B. 掌心向下倾斜
    C. 随意　　　　　　　　　　　D. 掌心向上倾斜

38. 介绍他人或为他人指示方向时的手势应该用（ ）。
    A. 食指　　　　　　　　　　　B. 拇指
    C. 掌心向上　　　　　　　　　D. 掌心向下

39. （ ）是人们在社会交往中由于受历史传统、风俗习惯、宗教信仰、时代潮流等因素的影响而形成，既为人们所认同，又为人们所遵守的。
    A. 礼仪　　　　　　　　　　　B. 礼节
    C. 礼貌　　　　　　　　　　　D. 规矩

40. 在正式场合，女士不化妆会被认为是不礼貌的，要是活动时间长了，应适当补妆，但要在（ ）补妆。
    A. 办公室　　　　　　　　　　B. 洗手间
    C. 公共场所　　　　　　　　　D. 特定场所

41. 在社交场合初次见面或与人交谈时，双方应该注视对方的（ ）才不算失礼。
    A. 双眉到鼻尖的三角区域内　　B. 上半身
    C. 胸部　　　　　　　　　　　D. 腰身以上

42. 英文 Public Relations Crisis，专指灾难或（ ）中的公共关系。
    A. 危机　　　　　　　　　　　B. 生机
    C. 机缘　　　　　　　　　　　D. 时机

43. 根据存在状态，可将危机分为一般性和（ ）两类。
    A. 比较性　　　　　　　　　　B. 重大性
    C. 危害性　　　　　　　　　　D. 独特性

44. 危机一旦发生，组织就应当在（　　）内迅速作出反应。

    A. 第二时间　　　　　　　　　　　B. 第三时间

    C. 第一时间　　　　　　　　　　　D. 第四时间

45. 国内外危机处理实践证明，预防和（　　）是解决危机的最好办法。

    A. 监控　　　　　　　　　　　　　B. 控制

    C. 防止　　　　　　　　　　　　　D. 隔离

46. 处理危机应遵循（　　）、诚恳、准确、冷静、全面、公正和灵活的原则。

    A. 适时　　　　　　　　　　　　　B. 及时

    C. 恒时　　　　　　　　　　　　　D. 改时

47. "预防是解决危机的最好办法"是英国著名的危机管理专家（　　）说的。

    A. 迈克尔·森里　　　　　　　　　B. 迈克尔·斯偌夫

    C. 迈克尔·里杰斯特　　　　　　　D. 迈克尔·里杰斯夫

48. 在处理危机的过程中，如无特殊情况，不要（　　）负责处理工作的人员。

    A. 代替　　　　　　　　　　　　　B. 转移

    C. 转换　　　　　　　　　　　　　D. 随意更换

49. 如果说预防与监控是危机管理中的关键，而捕捉（　　）则是关键中的关键。

    A. 时机　　　　　　　　　　　　　B. 机缘

    C. 先机　　　　　　　　　　　　　D. 危机

50. 下列不是网络公关特点的是（　　）。

    A. 交互性　　　　　　　　　　　　B. 多媒体传播

    C. 容量无限性　　　　　　　　　　D. 平面传播

51. 下列不是网络公关进行炒作的形式是（　　）。

    A. 新闻组　　　　　　　　　　　　B. 发送新闻

    C. 做广告　　　　　　　　　　　　D. 电子邮件

52. 今天的 Internet 开始于 1969 年，其前身便是美国国防部所建的（　　）。

    A. ARPAnet　　　　　　　　　　　B. NSFnet

    C. LAN　　　　　　　　　　　　　D. WAN

53. 在公关传播媒介中，被称为"无边界的媒介"的是（　　）。

    A. 广播　　　　　　　　　　　　　B. 电视

    C. 互联网　　　　　　　　　　　　D. 报纸

54. 下列媒介中，与现代公关所倡导的"双向交流与沟通"主旨最为吻合的是（　　）。

    A. Internet　　　　　　　　　　　B. 报纸

    C. 电视　　　　　　　　　　　　　D. 广播

55. 通过报纸、电台、电视等媒介形成的热点舆论，称为（　　）。

    A. 大众舆论　　　　　　　　　　　B. 人际舆论

    C. 社会舆论　　　　　　　　　　　D. 正面舆论

56. 以下（　　）不是网站推广计划的主要内容。

A. 确定网站推广的阶段目标

B. 在网站发布运营的不同阶段所采取的网站推广方法

C. 网站推广策略的控制和效果评价

D. 网站推广策略的研究和制定

57. 以下（　　）不是网络公关的主要特点。

A. 交互性与容量无限性　　　　　　　　B. 多媒体传播与六度传播

C. 个性化与具有公共话题　　　　　　　D. 正面性与社会性

58. 同一城市中两家销售同样商品的商店，一家因其价格公道、售后服务周到，生意特别好；另一家则派人窃取到该店的进货渠道及价格等商业秘密后，采取压价的方法与其竞争，该商店的做法（　　）。

A. 违法　　　　　　　　　　　　　　　B. 不违法

C. 不违法也不合法　　　　　　　　　　D. 不违法但合理

59. 某商场为了促销，在店堂内发布告示，所售商品概不退换，其内容（　　）。

A. 有效　　　　　　　　　　　　　　　B. 无效

C. 是广告行为　　　　　　　　　　　　D. 是公关行为

60. 公关职业道德准则是公关的（　　）。

A. 基础　　　　　　　　　　　　　　　B. 生命线

C. 出发点和归宿　　　　　　　　　　　D. 未来

61. 知识产权是一种（　　）。

A. 精神权利　　　　　　　　　　　　　B. 有形财产权

C. 无形财产权　　　　　　　　　　　　D. 物质权益

62. 死亡公民的名誉权（　　）。

A. 受法律保护　　　　　　　　　　　　B. 不受法律保护

C. 属于刑法保护的范围　　　　　　　　D. 有没有都没什么意义

63. 职业道德是社会道德在（　　）的具体体现。

A. 职业领域　　　　　　　　　　　　　B. 文化领域

C. 教育领域　　　　　　　　　　　　　D. 精神领域

64. 公关活动通过（　　）而得以生存和发展。

A. 满足人的求知欲　　　　　　　　　　B. 满足企业需要

C. 满足人的交往需要　　　　　　　　　D. 满足社会需要

65. 公关人员的最终目的是（　　）。

A. 服务企业　　　　　　　　　　　　　B. 服务大众

C. 服务领导　　　　　　　　　　　　　D. 回报社会

二、多项选择题

1. 公共关系的特征体现其特点的（　　）。

A. 征象　　　　　　　　　　　　　　　B. 特殊性

C. 标志　　　　　　　　　　　　　　　D. 象征

E. 核心性

2. "愚弄公众的时期" 又被称作（　　　）。

   A. 反公共关系时期　　　　　　　　B. 副公共关系时期

   C. 公共关系的黑暗时期　　　　　　D. 公共关系的阴谋时期

   E. 公共关系的光明时期

3. "清垃圾运动" 又称（　　　）。

   A. 揭丑运动　　　　　　　　　　　B. 泼脏运动

   C. 露丑运动　　　　　　　　　　　D. 扒粪运动

4. 爱德华·伯尼斯被国际公关界誉为（　　　）。

   A. 公关之父　　　　　　　　　　　B. 现代公共关系学之父

   C. 国际关系泰斗　　　　　　　　　D. 现代公关创始人

5. 艾维·李公关思想的核心是（　　　）。

   A. 讲真话　　　　　　　　　　　　B. 门户开放

   C. 《原则宣言》　　　　　　　　　D. 尊重他人

   E. 友善至爱

6. 公关要素包括（　　　）。

   A. 组织　　　　　　　　　　　　　B. 群众

   C. 公众　　　　　　　　　　　　　D. 大众

   E. 传播

7. 公共关系学的研究方法有（　　　）。

   A. 哲学方法　　　　　　　　　　　B. 实践法

   C. 社会调查法　　　　　　　　　　D. 情景模拟法

   E. 案例分析法

8. 现代公关的基本原则是（　　　）。

   A. 真实性原则　　　　　　　　　　B. 公共利益优先原则

   C. 创新原则　　　　　　　　　　　D. 互惠互利原则

   E. 全员公关原则

9. 真实原则要求（　　　）。

   A. 以事实为基础　　　　　　　　　B. 以信用为基础

   C. 尊重客观事实　　　　　　　　　D. 考虑大多数人的利益

   E. 着眼客观事实

10. 公共利益优先，要求公关人员务必做到（　　　）。

   A. 勇于承担社会责任　　　　　　　B. 不断提供优质产品服务

   C. 关注民生　　　　　　　　　　　D. 关注社会问题

11. 创新性原则体现在（　　　）。

   A. 别出心裁，与众不同　　　　　　B. 善于结合，融汇成章

   C. 变换角度，识人未见　　　　　　D. 深入钻研，比较综合

E. 多取所长，为我所取

12. 沟通协调的办法有（　　　）。

A. 针对法 　　　　　　　　　　　B. 协调法

C. 座谈法 　　　　　　　　　　　D. 情感法

E. 自律法

13. 采集信息的办法有（　　　）。

A. 文献法 　　　　　　　　　　　B. 观察法

C. 调查法 　　　　　　　　　　　D. 当家法

E. 会议法

14. 塑造组织形象的方法有（　　　）。

A. 扩大知名度 　　　　　　　　　B. 提高美誉度

C. 促成和谐度 　　　　　　　　　D. 展示形象度

E. 拓展影响度

15. 咨询建议的特征有（　　　）。

A. 信息性 　　　　　　　　　　　B. 层次性

C. 变通性 　　　　　　　　　　　D. 主动性

E. 变化性

16. 构成公共关系的三大要素分别是（　　　）。

A. 社会组织 　　　　　　　　　　B. 社会公众

C. 协调关系 　　　　　　　　　　D. 管理工作

E. 信息传播

17. 信息传播的基本类型主要有（　　　）。

A. 人际传播 　　　　　　　　　　B. 组织传播

C. 网络传播 　　　　　　　　　　D. 大众传播

E. 谣言传播

18. 大众传播媒介一般有（　　　）。

A. 报纸和杂志 　　　　　　　　　B. 广播和电视

C. 墙体和人体 　　　　　　　　　D. 书籍和电影

E. 书信和电子邮件

19. 根据公众对组织的态度分为（　　　）。

A. 顺意公众 　　　　　　　　　　B. 受欢迎公众

C. 逆意公众 　　　　　　　　　　D. 不受欢迎公众

E. 中立公众

20. 网络传播的特点是（　　　）。

A. 传播速度快

B. 克服大众传播"单向性"的局限性，可以互动

C. 可以集文字、图形、声音和图像于一体

D. 不受文化限制

E. 即时性强

21. 公共关系策划的原则是（　　　　）。

　　A. 目的性原则　　　　　　　　　　B. 整体性原则

　　C. 创新性原则　　　　　　　　　　D. 可行性原则

　　E. 灵活性原则

22. 公共关系四步工作法是（　　　　）。

　　A. 公共关系调查　　　　　　　　　B. 公共关系策划

　　C. 公共关系咨询　　　　　　　　　D. 公共关系实施

　　E. 公共关系效果评估

23. 以下问题形式（　　　）属于封闭式问卷。

　　A. 填空式　　　　　　　　　　　　B. 是否式

　　C. 单项选择式　　　　　　　　　　D. 论述式

　　E. 简答式

24. 公共关系调查方法包括（　　　　）。

　　A. 观察调查法　　　　　　　　　　B. 实验法

　　C. 问卷调查法　　　　　　　　　　D. 文献资料研究法

　　E. 访谈调查法

25. 我们将"形象"这一主观概念分解为（　　　）三项指标。

　　A. 知名度　　　　　　　　　　　　B. 认可度

　　C. 美誉度　　　　　　　　　　　　D. 批评度

　　E. 信誉度

26. "全员 PR 管理"要求组织上下必须达到（　　　　）。

　　A. 领导有强烈的公关意识　　　　　B. 领导必须抓住每一个公关环节

　　C. 全员加强公关配合　　　　　　　D. 每个员工都成为职业公关员

　　E. 营造良好的公关氛围

27. 下列属于公关专题活动的是（　　　　）。

　　A. 赞助活动　　　　　　　　　　　B. 开放参观

　　C. 展览会　　　　　　　　　　　　D. 来访者接待

　　E. 新闻发布会　　　　　　　　　　F. 联谊

28. 新闻发布会的功能体现在（　　　　）。

　　A. 提高组织形象　　　　　　　　　B. 传播领导意见

　　C. 信息反馈　　　　　　　　　　　D. 协调公共关系

　　E. 引导舆论倾向

29. 组织自我形象分析一般包括（　　　　）。

　　A. 组织实态的调查分析　　　　　　B. 组织拟态的调查分析

　　C. 员工阶层的调查研究　　　　　　D. 管理阶层的调查分析

E. 决策阶层的研究分析

30. 进行赞助活动必须注意以下原则（　　）。

  A. 全局考虑与整体策划   B. 传播目标明确

  C. 活动合法性   D. 受资助者的声誉和影响

  E. 本组织的经济承受能力

31. 公共关系人员职业道德和工作准则的主要内容是（　　）。

  A. 公正和正派   B. 知识和创造性

  C. 对社会负责   D. 经验和技能

  E. 真实和保密

32. 公共关系人员的职业素质包括（　　）。

  A. 强烈的公关意识   B. 良好的心理素质

  C. 高尚的职业道德   D. 合理的知识结构

  E. 全面的工作能力

33. 处理员工关系的主要途径有（　　）。

  A. 开展各种联谊活动   B. 开展员工教育和培训

  C. 建议领导改进工作作风   D. 建立正常的沟通渠道

34. 对索取名片的方法描述正确的有（　　）。

  A. 交易法：首先递送名片

  B. 激将法：递送同时讲"能否有幸交换一下名片"

  C. 平等法："如何与你联系"

  D. 谦恭法：对于长辈或高职务者，"希望以后多指教，请问如何联系"

35. 双方通电话，应由谁挂断电话（　　）。

  A. 主叫先挂电话

  B. 被叫先挂电话

  C. 尊者先挂电话

  D. 不作要求，谁先讲完谁先挂，最好同时挂

36. 当你的同事不在，你代他接听电话时，应该（　　）。

  A. 问清对方是谁

  B. 告诉对方他找的人不在

  C. 问对方有什么事

  D. 记录下对方的重要内容，待同事回来后告诉他

37. 电话通话过程中，以下说法正确的有（　　）。

  A. 为了不影响他人，不使用免提方式拨号或打电话

  B. 为了维护自己形象，不边吃东西边打电话

  C. 为了尊重对方，不边看资料边打电话

  D. 以上说法都不正确

38. 商务交往中女性佩戴首饰的原则是（　　）。

A. 符合身份，以少为佳

B. 同质同色

C. 不佩戴珍贵的首饰

D. 不佩戴展示性别魅力的首饰（如胸针、脚链）

39. 对于汽车上座描述正确的有（   ）。

A. 社交场合：主人开车，副驾驶座为上座

B. 商务场合：专职司机，后排右座为上（根据国内交通规则而定），副驾驶座为随员座

C. 双排座轿车有的 VIP 上座为司机后面那个座位

D. 在有专职司机驾车时，副驾驶座为末座

40. 下列关于语言礼仪正确的有（   ）。

A. 交往中应该遵循"六不问原则"

B. 语言要正规标准

C. 商务语言的特点："少说多听"

D. 双方初次见面无话可说时，可以"聊天"——谈天气

41. 关于握手的礼仪，描述正确的有（   ）。

A. 先伸手者为地位低者

B. 客人到来之时，应该主人先伸手；客人离开时，客人先伸手

C. 忌用左手，握手时不能戴墨镜

D. 男士与女士握手，男士应该在女士伸手之后再伸手

E. 不要戴帽子，不要戴手套握手

F. 下级与上级握手，上级应该在下级伸手之后再伸手

42. 危机的含义是（   ）。

A. 潜伏的祸根   B. 严重困难

C. 环境困难   D. 危机四伏

E. 生死存亡关头

43. 公关危机的特征是（   ）。

A. 突发性   B. 未知性

C. 危害性   D. 普遍性

E. 复杂性

44. 依据其外显形态，可把公关危机分为（   ）。

A. 人为公关危机   B. 非人为公关危机

C. 显在公关危机   D. 内隐公关危机

E. 无形公关危机

45. 公关危机的处理原则是（   ）。

A. 及时   B. 诚恳

C. 准确   D. 冷静

E. 灵活

46. 公关危机处理的程序是（   ）。
    A. 迅速反应，隔离危机　　　　　　B. 收集信息，确定对策
    C. 分析症结，控制事态　　　　　　D. 组织力量，处理善后
    E. 总结评估，吸取教训

47. 公关处理危机的专家队伍包括（   ）。
    A. 政府官员　　　　　　　　　　　B. 行业权威
    C. 教授　　　　　　　　　　　　　D. 高级记者
    E. 公关专家

48. 培养全员危机观念，应当（   ）。
    A. 实事求是　　　　　　　　　　　B. 务实
    C. 仔细　　　　　　　　　　　　　D. 全面
    E. 可行

49. 处理公关危机针对消费者的对策，应当首先（   ）。
    A. 查清和判明消费者类型　　　　　B. 了解消费者的特征
    C. 判明消费者的数量　　　　　　　D. 确定消费者的范围
    E. 鉴别消费者的差别

50. 制订网站推广计划应包含以下哪些内容？（   ）
    A. 确定网站推广的阶段目标　　　　B. 网站推广策略的控制和效果评价
    C. 培养公众对公关组织的信任度　　D. 建立公关组织网络虚拟社区
    E. 在网站发布运营的不同阶段所采取的网站推广方法

51. 网络媒体传播的特性具有以下哪几点？（   ）
    A. 放大效应　　　　　　　　　　　B. 可补救性
    C. 二次传播效应
    D. 复制成本极低，传播速度极快
    E. 负面报道发表频率远高于传统媒体
    F. 删除后可再发，位置调低了也可以再调高

52. 舆论主要有以下哪几种形态？（   ）
    A. 社会事件　　　　　　　　　　　B. 社会问题
    C. 社会热点　　　　　　　　　　　D. 社会冲突
    E. 社会运动

53. 网络公关的独特优势，主要表现在以下哪几个方面？（   ）
    A. 建立公关组织网络虚拟社区，建立和公众"一对一"的良好合作关系
    B. 网络公关还可以培养公众对公关组织的信任度
    C. 网络公关还可以突破传统公关的时空限制
    D. 网络公关还可以提升公关组织的形象

54. 网络公关的安全方面存在哪些问题？（   ）
    A. 网络技术方面的问题

B. 软件问题

C. 硬件问题

D. 不利信息传播速度更快，易形成"公关危机"

55. 网络公关的优势有哪些？（　　）

    A. 网络公关主体的主动性增强　　　　　　B. 成本低、效果佳

    C. 网络公关客体的能动性提高　　　　　　D. 传播速度快

56. 网络公关客体的能动性提高表现在哪几个方面？（　　）

    A. 网络媒体的互动性　　　　　　　　　　B. "一对一"模式可能实现

    C. 网络媒体的传播性　　　　　　　　　　D. "一对二"模式可能实现

57. 以下哪些是网络的危机公关管理应注意的要点？（　　）

    A. 预防为主，在第一时间阻止上网

    B. 万一发生，以最快的速度封堵

    C. 与媒体善意沟通，而非强势公关

    D. 不要刻意追求将新闻彻底删除

    E. 平时多做工作永远比临时抱佛脚管用

58. 在现实生活中，道德具有（　　）影响人们的行为和意识的作用。

    A. 教育示范　　　　　　　　　　　　　　B. 言传身教

    C. 潜移默化　　　　　　　　　　　　　　D. 调节规范

59. 消费者权益保护法的核心是（　　）。

    A. 消费者的权利　　　　　　　　　　　　B. 经营者的权利

    C. 消费者的义务　　　　　　　　　　　　D. 经营者的义务

60. 公关人员的职业道德主要包括（　　）。

    A. 道德规范　　　　　　　　　　　　　　B. 法律意识

    C. 行为准则　　　　　　　　　　　　　　D. 言谈举止

61. 经营者销售的食品质量不合格，侵犯了消费者的权益，其应承担的责任包括（　　）。

    A. 刑事责任　　　　　　　　　　　　　　B. 行政责任

    C. 民事责任　　　　　　　　　　　　　　D. 违约责任

62. 公共关系具有（　　）等职能。

    A. 沟通信息　　　　　　　　　　　　　　B. 增加了解

    C. 化解矛盾　　　　　　　　　　　　　　D. 促进协调与合作

63. 在现实环境中公关人员必须做到讲（　　）。

    A. 诚信　　　　　　　　　　　　　　　　B. 信誉

    C. 义气　　　　　　　　　　　　　　　　D. 原则

64. 我国公关法规体系包括（　　）等。

    A. 宪法　　　　　　　　　　　　　　　　B. 法律

    C. 行政法规　　　　　　　　　　　　　　D. 行政规章

65. 下列哪种情况不构成侵犯肖像权？（　　）

A. 在新闻报道中合理使用相关人物的肖像

    B. 为执行公务或者社会公益而举行特定活动使用他人肖像

    C. 为记载或宣传特定公众活动使用参与者的肖像

    D. 为肖像权人自身利益而使用其肖像

    E. 基于科研、教育在一定程度、范围内使用他人肖像

三、判断题

1. 公共关系源于英文 Public Relations 的译名，缩写为 PR。（　　）

2. 20 世纪初叶公共关系在英国诞生。（　　）

3. "传播管理说"是英国著名的公共关系学者弗兰克·杰夫金斯提出的。（　　）

4. 经济发展是现代公关产生的主要条件。（　　）

5. 危机是任何组织都必须面对的、不容回避的重要课题，在国外亦称问题管理。（　　）

6. 公关学科特征是应用性、边缘性、多维性和综合性。（　　）

7. 公共关系学的研究方法有哲学方法、实践法、社会调查法、情景模拟法、案例分析法和比较法。（　　）

8. 现代公共关系学是一门多学科综合的理论性学科。（　　）

9. 创新形式是公关总原则的核心所在。（　　）

10. 全员公关是现代公关的最基本范式。（　　）

11. 公共关系是一门富有超前意识的经营管理艺术。（　　）

12. 公众利益优先是公关人员的一项职业道德准则。（　　）

13. 塑造良好的形象是开展公关活动的前提。（　　）

14. 时间不是沟通协调的最关键因素。（　　）

15. 组织形象优劣不是组织生存的一个重要因素。（　　）

16. 决策的民主化、科学化有利于公关目标的最终实现。（　　）

17. 潜在公众的形成时期是开展公共关系工作的最佳时机。（　　）

18. 一个组织在社会公众心目中的良好形象的树立，只有通过信息传播工作来实现。（　　）

19. "顾客永远是正确的"是指每一位顾客所作所为都是正确的。（　　）

20. 在市场经济条件下，与政府之间的关系对企业来说是无所谓的。（　　）

21. 组织中的成员既是组织公共关系的主体又是组织公共关系的客体。（　　）

22. 逆意公众是组织最讨厌的公众，组织要回避这些公众。（　　）

23. 人际传播由于传播面窄，在公共关系传播中不重要。（　　）

24. 股东是企业重要的内部公众。（　　）

25. 设置公共关系部的企业，就不需要借助公共关系公司开展公共关系工作了。（　　）

26. 低谷时期公共关系传播的内容主要是组织如何面对困难和克服困难。（　　）

27. 良好的组织形象完全靠组织的公共关系活动造就。（　　）

28. 公共关系效果评估，可以使公共关系工作不断得到完善。（　　）

29. 调查研究是"四步工作法"中的基础性工作。（　　）

30. 只要企业有很高的知名度，塑造企业形象工作就比较简单。（　　）

31. 在公共关系专项活动中，只要策划方案好，公共关系活动就一定能成功。（　　　）

32. 一个好的公共关系策划方案可能被无效的实施所诋毁，而一个有着欠缺的公共关系策划方案也会因为有效实施而得到完善。（　　　）

33. 媒体选择的原则是媒体覆盖面越广越好。（　　　）

34. 在公共关系活动经费预算中既要考虑公共关系工作或公共关系活动本身对经费的客观需要，又要考虑组织的经费承受能力。（　　　）

35. 公共关系的实施是实现组织公共关系目标的关键环节。（　　　）

36. 公共关系效果评估是"马后炮"，没有什么实质的意义。（　　　）

37. 公共关系专题活动是组织以公共关系为主题，有计划、有步骤地开展的各种有特定目的和内容的社会活动。（　　　）

38. 内部公共关系是社会组织公共关系的重要组成部分，也是开展各类公共关系活动的前提。（　　　）

39. 公众舆论在公共关系过程中是一个确定不变的因素。（　　　）

40. 企业内刊的对象是社会公众。（　　　）

41. 组织形象受损的内在原因有误解、谣言，甚至人为的破坏，致使组织的形象受到损害。（　　　）

42. 展览会是社会组织通过实物的展示和文字、图表等的说明以及示范表演来配合宣传组织形象和推广产品的专题活动。（　　　）

43. 开放参观实际上是一个组织的公开展览。它有助于提高组织经营管理的透明度，增进外界公众对组织的了解和认同，形成组织良好的公共关系。（　　　）

44. 赞助活动是社会组织向社会表示其承担的责任和义务，以扩大组织影响，提高知名度和美誉度的公共关系活动形式。（　　　）

45. 享用自助餐时，应遵守的基本原则是"多次少取"，还要注意不要围在餐台边进食。（　　　）

46. 在公共场所的礼仪要求中，有"禁止吸烟"标志的地方，没有人时可以吸烟。（　　　）

47. 观看文艺演出或体育比赛时，为了方便可以不关手机，不必考虑对他人有无影响。（　　　）

48. 递接物品时应该用左手递接。（　　　）

49. 与多人同时握手时，可以交叉握手。（　　　）

50. 接打电话时不能吃东西、喝水等。（　　　）

51. 仪表仪容在人际交往的最初阶段并不是重要的，语言才最重要。（　　　）

52. 对一个国家来说，个人礼仪是一个国家文化与传统的象征。（　　　）

53. 未知性危机又称危害危机。（　　　）

54. 从危机产生的主、客观因素来区别，可分为无形、有形两类。（　　　）

55. 公关危机处理的总原则是真实传播，挽回影响，减轻损失，趋利避害，维护声誉。（　　　）

56. 危机一旦发生，就应当立即隔离危机源。（　　　）

57. 当机立断，立即成立专门处理机构，确立主要负责人全权负责，是处理危机的上上之策。（   ）

58. 对于重要事项，宜用书面材料，少用统计术语和晦涩难懂的词。（   ）

59. 预防与监控并非解决危机的最佳办法。（   ）

60. 每一次危机预警的关键因素是：务实、细微、全面和可行。（   ）

61. 网络公关（PR on line）又叫线上公关或 e 公关，它利用互联网的高科技表达手段营造公关组织形象，为现代公共关系提供了新的思维方式、策划思路和传播媒介。（   ）

62. 网络传播的方式主要有"广播式"和"面对面"两大类。（   ）

63. 网络公关通过新闻组、发送新闻、电子邮件、做广告等形式进行炒作。（   ）

64. 网站推广计划是网站推广策略的重要组成部分。（   ）

65. 与完整的网络公关策划相比，网站推广计划比较重要，也更为具体。（   ）

66. 网站推广计划不仅是推广网络公关策划的工作指南，同时也是检验网络公关策划推广效果是否达到预期目标的衡量标准。（   ）

67. 网络公关是由于计算机网络的迅猛发展而给传统公关带来的一种创新形式，它以互联网作为传播交流的手段来开展公关活动。（   ）

68. 网络公关是一种直复公关。（   ）

69. 公关活动主要靠拉关系，走后门，只要肯花钱，头脑灵活，嘴巴会讲就行，懂不懂关系不大。（   ）

70. 王某和几位朋友在某饭店就餐，结账时发现酒店收了 100 元开瓶费，王某对此提出异议，称酒店并未明示并告知，侵犯了消费者的知情权，因而拒付 100 元开瓶费。（   ）

71. 公关人员不需要有信守真实与品位高尚的标准，只要努力塑造好的形象，竭诚为公众服务，尽心尽力完成本职工作就可以。（   ）

72. 刘某因有生理缺陷而不能生育，此事只有其妻子及其医院医生吴某知悉。后刘某因意外而死亡。吴某认为其人已死，不存在为其保密的义务。因而无意中向别人透露出刘某之生理疾患，并很快传播开来。刘某之妻一怒之下，将其告到法院，法院判吴某败诉。（   ）

73. 某工厂为追求经济效益，工人平均日工作时间超过 8 小时，且节假日常常加班，而工厂既不付加班费，也不予工人补休。工人向厂方提起交涉，厂方负责人表示，现在劳动力多的是，要干就干，不干就走人。工人将厂方告到法院，一审法院判工人败诉。（   ）

74. 公关活动强调的是智慧和拍马屁，懂不懂法关系不大。（   ）

75. 公共关系与商品经济和法规存在着天然联系。商品经济越发达，市场竞争越激烈对法规要求也就越高，公共关系活动也就越重要。（   ）

76. 道德是人类社会评价个体行为的基本尺度，调整集体之间、个人之间、个人和集体与社会之间关系的行为规范的总和。它是人类社会特有的、普遍的主流意识。（   ）

四、名词解释

1. 传播说

2. 传播管理说

3. 协调说

4. 公关之父

5. 公共关系学之父

6. 情景模拟法

7. 真实性原则

8. 公众利益优先原则

9. 全员公关原则

10. 标志形象

11. 专家法

12. 全局原则

13. 社会组织

14. 公众

15. 传播

16. 大众传播

17. 首要公众

18. 顾客

19. 组织形象

20. 知名度

21. 美誉度

22. 策划

23. 风俗习惯

24. 抽样调查

25. 访谈调查法

26. 开放性问卷

27. 电子问卷

28. 公众意见测验法

29. 新闻发布会

30. 公共关系专题活动

31. 展览会

32. 赞助活动

33. 开放参观

34. 联谊

35. 礼仪

36. 礼节

37. 礼貌

38. 表情

39. 手势

40. 茶会

41. 公关危机

42. 重大性公关危机

43. 有形公关危机

44. 内隐公关危机

45. "三 T"原则

46. 公关危机处理总原则

47. 网络公关

48. 六度传播

49. 公关话题

50. 新闻组

51. 论坛

52. 道德

53. 平等权

54. 人身权

55. 隐私权

56. 知识产权

57. 公关职业责任

五、简答题

1. 何谓公关?

2. 公关有何特征?

3. 现代公关诞生的基本条件是什么?

4. 简述公关学的研究办法。

5. 学习研究公关有何意义?

6. 公关创新原则的体现何在?

7. 公关有何职能?

8. 组织形象的构成要素有哪些?

9. 采集信息的方法有哪些?

10. 简述咨询建议的作用。

11. 公共关系公司在开展公共关系工作方面有哪些优势?

12. "大众"与"群众"相比具有哪些特殊的含义?

13. 简述逆意公众形成的原因及对策。

14. 公关传播的要点是什么?

15. 社区关系有何意义?如何处理好社区关系?

16. 公共关系调查法有哪些?

17. 公共关系调查法有何特点?

18. 公共关系策划实施的意义有哪些?

19. 公共关系策划实施的主要因素是什么?

20. 公共关系效果评估有何重要意义?

21. 如何举办新闻发布会?

22. 赞助活动的公关意义何在?

23. 展览会的种类有哪些?

24. 简述典礼的意义与价值。

25. 开放参观的程序如何安排?

26. 联谊活动的组织应注意哪些问题?

27. 简述礼仪、礼貌、仪表和仪式的联系与区别。

28. 简述公关礼仪与一般礼仪的区别。

29. 简述公关礼仪的原则。

30. 简述公关礼仪的特征。

31. 简述公关危机的特征。

32. 简述公关危机的成因。

33. 简述公关危机的处理原则。

34. 简述组织内部应对危机的对策。

35. 如何预防公关危机?

36. 网络公关主要有哪些特点?

37. 网络公关的优势何在?

38. 如何正确对待网络公关?

39. 网络公关常用的炒作形式有哪些?

40. 网络危机公关管理应注意什么?

41. 职业行为准则有哪些显著特征?

42. 怎样正确认识公共关系纠纷?

43. 有奖销售具有哪些特征?

44. 公共关系人员需要了解和掌握的常用法律知识有哪些?

45. 常见的公共关系纠纷有哪些?

六、案例分析题

1. 阅读下列案例,回答问题。

　　针对印度尼西亚苏门答腊海域一场突如其来的大海啸,国际社会高度关注,中国政府和人民也以史无前例的高涨热情,向全世界展示了一个慷慨、负责任的大国形象和一种成熟宽容的国民心态,这非凡之举赢得了受灾地区和国际舆论的一致赞誉。2005 年 1 月 6 日,温家宝总理出席在印尼首都雅加达举行的由 22 国政府和国际组织共 100 多人参加的救灾峰会,发表了《同舟共济　共建美好家园》的重要讲话,并积极响应联合国呼吁,决定在已有捐助基础上再增加 2000 万美元。国际社会好评如潮,法新社报道:"中国的这笔救灾款明确地显示出,世界上的人口第一大国正在世界舞台上扮演着越来越重要的角色。"路透社称:"外交力量滞后于经济发展的中国,已经承诺为亚洲海啸灾民提供创纪录的人道主义援助,这可能会扩大它在这个地区的影响力。"埃菲社说："中国启动了为其他国家募集援助的机制，这种机制在中国前所未有。作为经常遭受自然灾害的发展中国家，中国以往更习惯于接受援助，而不是提供援助。"

（1）有人认为，中国政府此举代价太大，请从公共关系学角度提出自己的见解。

（2）从此举可以看出现代公关的基本原则，请指出。

2. 阅读下列案例，回答问题。

2005 年 1 月 18 日，卡塔尔半岛电视台报道努曼旅绑架 8 名中国人质，中国政府当即指示中国外交部和驻伊大使馆迅速采取有力措施，全力解救。经多方努力，中国政府成功化解人质危机，8 名中国公民获救，既维护了国家的尊严，又提高了中国政府的声誉。

（1）这体现了现代公关的力量与价值，请结合公关原理进行评述。

（2）人质危机的成功化解预示着中国政府的公关能力，请予以点评。

3. 阅读下列案例，回答问题。

1984 年 4 月 26 日到 5 月 1 日，美国总统里根将访问中国。北京长城饭店立即着手了解里根访华的日程安排和随行人员。当得知随行来访的有一个 500 多人的新闻代表团，其中包括美国的三大电视广播公司和各通讯社及著名的报刊之后，北京长城饭店的这位公关经理真是喜出望外，她决定把早已酝酿的计划有步骤地付诸实施。首先，争取把 500 多人的新闻代表团请进饭店。他们三番五次免费邀请美国驻华使馆的工作人员来长城饭店参观品尝，在宴会上由饭店的总经理征求使馆对服务质量的意见，并多次上门求教。在这之后，他们以美国投资的一流饭店应该接待美国的一流新闻代表团为理由，提出接待随同里根的新闻代表团的要求，经双方磋商，长城饭店如愿以偿地获得了接待美国新闻代表团的任务。其次，在优惠的服务中实现潜在动机，长城饭店对代表团的所有要求都给予满足。为了使代表团各新闻机构能够及时把稿件发回国内，长城饭店主动在楼顶上架起了扇形天线，并把客房的高级套房布置成便利发稿的工作间。对美国的三大电视广播公司，更是给予特殊的照顾。将富有中国园林特色的"艺亭苑"茶园的六角亭介绍给 CBS 公司、将中西合璧的顶楼酒吧"凌霄阁"介绍给 NBC 公司、将古朴典雅的露天花园介绍给 ABC 公司，分别当成他们播放电视新闻的背景。这样一来，长城饭店的精华部分，尽收西方各国公众的眼底。为了使收看、收听电视、广播的公众能记住长城饭店这一名字，饭店的总经理提出，如果各电视广播公司只要在播映时说上一句"我是在北京长城饭店向观众讲话"，一切费用都可以优惠。富有经济头脑的美国各电视广播公司自然愿意接受这个条件，暂当代言人、做免费的广告，把长城饭店的名字传向世界。有了这两步成功的经验，长城饭店又把目标对准了高规格的里根总统的答谢宴会，要争取到这样高规格的答谢宴会是有相当大难度的，因为以往像这样的宴会，都要在人民大会堂或美国大使馆举行，移到其他地方尚无先例。他们决定用事实来说话。于是，长城饭店在向中美两国礼宾司的首脑及有关执行部门的工作人员详细介绍情况、赠送资料的同时，把重点放在了邀请各方首脑及各级负责人到饭店参观考察上，让他们亲眼看一看长城饭店的设施、店容店貌、酒菜质量和服务水平，不仅在中国，即使是在世界上也是一流的。到场的中美官员被事实说服了，当即拍板，还争取到了里根总统的同意。获得承办权之后，饭店经理立即与中外各大新闻机构联系，邀请他们到饭店租用场地，实况转播美国总统的答谢宴会，收费可以优惠，但条件当然是：在转播时要提到长城饭店。答谢宴会举行的那一天，中美首脑、外国驻华使节、中外记者云集长城饭店。电视上在出现长城饭店宴会厅豪华的场面时，各国电视台记者和美国三大电视广播公司的节目主持人异口同声地说："现在我们是在中国北京的长城饭店转播里根总统访华的最后一项活动——答谢宴会……"在频频的举杯中，长城饭店的名字一次又一次地通过电波飞向了世界各地，长城饭店的风姿一次又一次地跃入各国公众的眼帘。里根总统的夫人南希后来给长城饭店写信说："感谢你们周到的服务，使我和我的丈夫在这里度过了一个愉快的夜晚。"通过这一成功的公关活动，北京长城饭店的名声大振。各国访问者、旅游者、经商者慕名而来；美国的珠宝号游艇来签合同了；美国的林德布来德旅游公司来签合同了；几家外国航空公司也来签合同了。后来，有38个国家的首脑率代表团访问中国时，都在长城饭店举行了答谢宴会，以显示自己像里根总统一样对这次访华的重视和成功的表示。从此，北京长城饭店的名字传了出去。

（1）北京长城饭店争取举办里根总统访问的答谢宴会，是一次成功的公关，意义何在？

（2）北京长城饭店的举措体现了现代公关的基本特征，请予以点评。

4. 阅读下列案例，回答问题。

危机在每个人、每个企业身边，有危机不可怕，可怕的是企业没有处理危机的意识，缺乏危机公关的艺术。产生危机的因素有很多。一是不可抗力因素产生的风险。2004年年初由于受到禽流感疫情的影响，市民们谈"鸡"色变，这种情景的蔓延，一方面有可能会形成社会恐慌心理，对社会安定不利。另一方面，又直接影响禽类产品销售，影响相关产业的收入。人民的收入受损，又会影响小康进程的速度。"禽流感"已经形成公共危机，在这一时期，我们在新闻媒体上不断地看到这样的报道："上海市副市长杨晓渡一行走进甜爱路上的'上海人家'餐馆，在向店方详细询问了原料冻鸡的产地及检疫情况之后，这位上海分管医疗卫生的副市长在此吃了一顿'两菜一汤'的工作午餐：鸡汤、炒鸡蛋和红烧鸡块。""禽流感在全球多个国家发生后，很多政府官员都带头吃鸡，比如泰国总理他信、中国广东省委副书记欧广源及农业部、卫生部官员等。"他们的行为无非是代表着政府应对危机的一种姿态。通过形象的手法与公众达到有效沟通的目的，消除大家不必要的恐惧心理，提升对政府处理危机能力的信心。二是组织自身行为不当产生的风险。如2005年年初，靠"鸡"吃饭的肯德基万万没想到鸡年伊始就面临安全危机。据估算，因5种"拳头"产品全都牵扯进了"苏丹红"事件而被停售，肯德基全国1200家店在这次事件中4天来至少损失进账3000万元。面对危机，肯德基积极应对，一方面肯德基所属的中国百胜集团通过多家媒体向全国发出声明，"本着对广大消费者的食品安全负责的一贯原则，决定从3月16日起立即在全国所有的肯德基餐厅停止售卖新奥尔良烤翅和新奥尔良烤鸡腿堡两种产品，同时销毁所有剩余调料"。在声明的最后，肯德基表示："对此次食品安全事件，肯德基深表遗憾，并向公众致歉。"另一方面，及时将整改的信息向消费者传递，北京肯德基130多家餐厅同时张贴《告消费者通知》，称上述三种产品经北京市政府食品安全办公室检验复查合格，已不含"苏丹红"，消费者可放心食用。肯德基在这次事件中唯一所得就是，面对危机的诚信态度获得了人们的好感与谅解，"涉红"并没有使其损失太多的顾客。三是由于社会公众的误会所产生的风险。由于风险是因"误会"产生的，因而有的组织可能会出现反应迟钝的现象，以导致组织面临信用危机。如高露洁牙膏被曝光该产品"含有化学物质三氯生，而这种物质长期使用会致癌"。对此报道，高露洁3天之后才作出反应，其生产商广州高露洁棕榄有限公司发表声明称，"高露洁全效牙膏已经由全球各相关权威机构审查与批准"。由于高露洁反应迟缓，不仅品牌形象受到损害，而且销量锐减。通过合理的方式及时与社会公众沟通，化解误会是这个时期公共关系传播的重点。

（1）从肯德基应对"苏丹红"事件中，你能得到哪些启示？

（2）你认为高露洁的失误说明了什么？请替它设计一套整改措施。

5. 阅读下列案例，回答问题。

虽然西方的一些公共关系学者曾自豪地宣称亚里士多德的《修辞学》是人类历史上最古老的公共关系经典，但他们也不能回避这样的事实：早在2500年前的我国春秋战国时期就已经存在着公共关系思想萌芽。如郑相子产的"不毁乡校"，让公众在合法场所发表意见，议国政、听民声；孔子的"己所不欲，勿施于人"、"仁"、"和为贵"思想，表现出对和谐关系的重视与期盼；墨子的"兼相爱，交相利"主张，体现出对良好公众关系的追求；冯谖客孟尝君，为替孟尝君树立爱民如子的新形象，实施"狡兔三窟"计划，则是一次古代成功的公关策划活动。孟子的"仁政"、"民本"思想则是当时罕见的富有超前意味的公共关系新思想，与现代意义上的公关思想和意识具有某种相通相融之处。有人就指出，中国公关思想要远胜于西方，即使放到当今社会也丝毫不逊色。

请结合公共关系发展史进行评析。

6. 阅读下列案例，回答问题。

英国航空公司的波音747客机008号班机，准备从伦敦飞往东京，因故障推迟飞行20小时，为不耽误乘客行程，航空公司帮助乘客换乘其他公司的飞机。但其中一位日本老太太叫大竹秀子，不肯换机，坚持要乘英航的008号班机。于是，一个罕见的情景出现了，东京—伦敦，航程13000公里航线上的英航008号班机上只载着一名旅客，就是大竹秀子，她一人独享353个席位及6位机组人员和15位服务人员。据统计，此次航行使英国航空公司至少损失10万美元，可是，正由于英航公司一切为顾客服务的行为，在世界各国的顾客中换取了一个用金钱也难以买到的良好公司形象，这是一个无法估价的收获。

你认为英国航空公司的波音747客机008号班机的做法妥当吗？为什么？

7. 阅读下列案例，回答问题。

作为全球最大的微波炉、光波炉生产企业，号称"价格屠夫"的格兰仕集团成功地完成了市场洗牌，占据了微波炉（包括光波）市场这块大蛋糕的大部分市场份额。从1995年开始，格兰仕在全国300多家报纸、电视媒体开辟"微波炉知识窗"等，并随机免费向用户赠送《如何选购微波炉》、《格兰仕菜食谱》及光波炉等VCD光碟，2001年3月开通了全球第一个专门为微波炉消费者服务的中文专业网——微波美食家，总投资已超过31亿元人民币。因为重视对顾客的教育引导，不断维系顾客与企业的关系，微波炉在大中城市的普及率也由过去的不到1台/百户提升到50台/百户以上。这中间，格兰仕使用了短期（直接）维系、长期（间接）维系等多种方式的手段，来密切与顾客、政府、媒体及业内人士的关系。

格兰仕的做法有何新意与值得借鉴的地方？

8. 阅读下列案例，回答问题。

　　1957年，哥伦比亚广播公司在"面向全国"这一节目里，邀请苏联共产党第一书记赫鲁晓夫发表了一篇演说。赫鲁晓夫却借此机会说："我可以预言，你们美国人的子孙后代将在社会主义制度下生活。"第二天清晨，许多报纸便以醒目的标题报道了这一演讲。从而在全美引起了轩然大波，总统艾森豪威尔恼羞成怒。哥伦比亚广播公司的编委们面对政府的反应诚惶诚恐。他们害怕国会搞限制立法，甚至还害怕被吊销该公司5个电台的执照。

　　怎样摆脱困境呢？哥伦比亚广播公司采取进攻型的公关活动，开始起来反驳，在"面向全国"的节目里夸耀自己为增进世界各国之间的相互了解作出了重大贡献，而不能因为给一位苏联领导提供了一次直接向美国人说话的机会而感到内疚。结果奇迹出现了。哥伦比亚公司这一反击，不仅再次引起纽约和华盛顿各大报纸的整版报道，而且还为争取广播事业的言论自由打响了第一炮。这一事件持续了好几个月，最终以要求宣传保护广播的言论自由而结束。

　　请替哥伦比亚广播公司设计一套整改措施。

9. 阅读下列案例，回答问题。

　　1989年，刚面世半年的广东太阳神集团有限公司，选择上海鸣响第一枪。但是，1990年，"太阳神"总销售额不过2亿元，在上海仅3000万元。这一时期，上海有300多种新型补品，随着"性激素"、"儿童性早熟"等字眼在保健品中出现，连在上海红了10年的"蜂皇浆"也开始大退潮。人们对"太阳神"不屑一顾。"太阳神"接受挑战，展开公关。当时汉城奥运会余热未退，名闻世界的体坛超人约翰逊等人因服用激素被曝光。而此次比赛捧回10多枚金牌的中国体育健儿服用的保健饮品就是"太阳神"。因此，此时"太阳神"抛出了最有权威的材料。同时，"太阳神"还定期将产品送到市防疫站等权威检测机构，及时公布检测结果，让上海市民监督。同时，采取相应的其他公关活动，上海大门从此被"太阳神"打开。

　　你认为"太阳神"的策划妥当吗？为什么？

10. 阅读下列案例，回答问题。

　　2005年3月1日，上海《新闻晚报》以较大的篇幅刊登了《百座椅遭遇"零认领"》的报道。报道说，上海松江区旅游事业管理委员会为建设松江这座历史名城，为营造独特的文化氛围，特别选定了5处景区（点），向社会发出了100只座椅的捐赠倡议书，捐赠者可以是单位。捐赠者可以在椅背、扶手等镶有铜牌处刻上姓名、单位和想说的话语，所有捐赠者都将得到由主办方颁发的荣誉证书和捐赠纪念册。利用民间资金改善公共设施，可谓是一种新的尝试。认捐者花800元认捐一把座椅，不仅具有特殊的纪念意义，更重要的是体现了回报社会的爱心。但这项富有创意的活动推出两个月来，竟然遭遇了"零认领"。这种尴尬是主办方始料未及的。为此，主办方打算将捐赠活动延长两个月，一位负责人在解释原因时称，推动这项活动最大的难点在于人们的文明程度还不够。

　　你认为主办方的做法妥当吗？请分析原因并提出解决方案。

11. 阅读下列案例，回答问题。

经理给员工父母拜年

淮北市南湖大酒店是一家民营企业，由于酒店菜肴的口味和质量都很好，酒店的服务水平高，在当地很有名气。很多单位重要的商务接待、家庭节日聚会一般都到这里。

每年春节的时候，酒店的生意十分的红火，一些家在外地的员工就无法回家过年。春节是中国最重要的传统节日，给父母拜年也是春节时子女对父母孝敬的表示。总经理充分理解员工的心情，在春节到来之时，一方面安排好员工的工作和生活；另一方面备好年货，驱车亲自到员工家拜年。此举得到员工的一致好评，使他们工作积极性更高。

请根据公关原理，说明处理好内部公共关系的重要性。

12. 阅读下列案例，回答问题。

际恒公关志愿者助力北京奥运

万众期盼的奥运会即将在北京举行。在这神圣时刻即将到来之际，除了更加出色地为奥运赞助商客户服务之外，际恒公关全体员工将尽自己最大的力量，祝福奥运，参与奥运，为奥运助力。

为了能够更真切地融入奥运气氛，际恒不仅在公司内部显要位置悬挂了奥运海报与比赛赛程表，更设置奥运金牌猜想榜，每名员工都可贴上神圣的一票支持自己最看好的项目。更值得一提的是，际恒的两名员工王司和褚京伟被挑选成为奥运志愿者，在盛会的第一线为奥运提供服务。

两位志愿者忙碌的身影早已出现在奥运场馆和北京的各个旅游景点：王司身兼数职，一方面配合奥组委管理200多位奥运志愿者，一方面还是奥运火炬展示区的主要负责人。另一名志愿者褚京伟，凭借流利的英语和德语水平，以及扎实的导游功底，在北京几大著名旅游景点，为游客提供咨询、讲解和翻译服务。

际恒负责人表示，际恒一向鼓励和支持员工服务社会，这也是公司一直以来秉承的理念。希望更多的际恒员工亲身参与奥运，为奥运献出自己的力量，他们既是际恒的代表，也是际恒的骄傲。

(1) 际恒公司为什么要鼓励和支持员工服务社会？

(2) 际恒公司两位志愿者参与奥运会上的服务活动，对际恒公司有何影响？

13. 阅读下列案例，回答问题。

身为职场人士，有心人巧绘"人脉图"

身为职场人士，您的通讯录是什么样的？是否仅是一个普通的电话号码本那么简单？时下，一些职场有心人十分善于管理自己的通讯录，有的甚至将其绘制成了一张一目了然的"人脉图"，并定期进行整理和保持联络。这种"人脉图"，往往为其职场成功添力不少。

"以前，我哪有什么通讯录啊？也就是一堆没有整理过的名片。后来业务联系越来越广，我发现散乱的人脉信息给我的工作带来了很多的不方便，才想到要做相应的整理。"昨日，汉口某企业市场部经理林先生，向记者展示了他"地图式"的通讯录：这张大型的区域人脉覆盖表，其实就是在一张标准大小的中国地图上，在有朋友的城市画个圈；而在另一张附表上，先以省做大划分，然后再按城市进行编辑，在每个朋友的人名后，添加上他们的联系方式。如此一来，便能一眼看清自己的人脉关系在全国各地的分布状况，联系起来也得心应手。林先生打趣地说："等将来业务做到海外去了，我还得准备一张世界地图呢！"

身为公关部经理的李晓娥，她的通讯录则是一张行业人脉覆盖图。她在每个行业下面的栏目内，标明所有的人脉关系情况，"没有的就先空着，还能随时提醒自己去挖掘和逐步完善。"李晓娥说，她每个月都会对这张人脉图做一次整理，不断丰富该图的内容，就等于她的工作已经不断深入到了各行各业。当然，她还会根据各个朋友的综合资料分析，制定出不同等级的联系频率，以有助于提醒她与所有朋友保持定期联系。

采访中，不少白领告诉记者，精心绘制人脉图，其实是对人脉资源的有效整合。但其中最重要的环节，是与朋友们保持适当的联系频率。因为不可能和每个人都保持很密切的联系，这就需要根据各个朋友的情况，制定出不同等级的联系频率。联系办法也有很多种，如打电话、寄明信片、电邮、短信、QQ、MSN等，都可以成为保持联系"温度"的有效方式。

你认为"人脉图"对于做好公共关系工作有无作用？

14. 阅读下列案例，回答问题。

顾客争座时，肯德基怎么办

2000年8月，江西第一家肯德基餐厅落户南昌，开张数周，一直人如蜂拥，非常火暴。不想一月未到，即有顾客因争座被殴打而向报社投诉肯德基，造成一场不小的风波。

事件经过大致如下：一位女顾客用所携带物品占座位后去排队购买套餐时，座位被一位男顾客坐住而发生争执。先是两位顾客因争座发生口角，尽管已引起其他顾客的注意，但都未太在意，此时餐厅的员工未能及时平息两人的争端。接着两人争吵上升到大声争吵，店内所有顾客则都开始关注事态，邻座的顾客则停止用餐，离座回避，带小孩的家长担心事态危险和小孩受到粗话影响，开始领着小孩离店。最后二人争吵上升到斗殴，男顾客大打出手，殴伤女顾客后离店，别的顾客也纷纷离座外逃和远远地看热闹。女顾客非常气愤，当即要求肯德基餐厅对此事负责，并加以赔偿。到此时，其影响面还局限于人际范围，如果餐厅经理能满足顾客的要求，女顾客就不至于向报社投诉。但餐厅经理表示"这是顾客之间的事情，肯德基不应该负责"，拒绝了女顾客的要求。女顾客马上打电话向《南昌晚报》和《江西都市报》两报投诉。两报立即派出记者到现场采访。女顾客陈述了事件的经过并坚持自己的要求，而餐厅经理在接受采访时对女顾客被殴打表示同情和遗憾，但是认为餐厅没有责任，不能做出道歉和赔偿。两报很快对此事作了报道，结果引起众多市民的议论和有关法律专家的关注。事后，根据《消费者权益保护法》，肯德基被认为对此事负有部分责任，向女顾客公开道歉，并赔偿了部分医药费，两报对此也都作了后续报道。

(1) 从公共关系角度来看，顾客争座，肯德基到底该不该管？

(2) 通过这一事件，我们应该吸取哪些教训？

15. 阅读下列案例，回答问题。

假如我是广州市长

广州市委、市政府先后举办过直接为市长做参谋的"假如我是广州市长"征文活动（后定名为"市长参谋活动"），为政府职能部门出谋献策的"房政方案千家谈"、"菜篮子工程千家谈"等"千家谈系列活动",讨论广州市风和广州人精神的"羊城新风传万家"和"羊城居委新形象"等大型公众活动等,运用报纸、杂志、广播、电视等媒介,动员了成千上万的市民参政议政,各抒己见,都收到了良好的社会效果,提高了政府对市民的凝聚力。

试运用公共关系学中的相关知识分析点评这一案例。

16. 阅读下列案例,回答问题。

英特儿公司应当如何应对媒体的错误报道

生产多美滋奶粉的英特儿营养乳品有限公司,于1992年在上海正式成立。作为丹麦独资、专业生产乳制品的企业,英特儿营养乳品有限公司是丹麦在华投资的最大项目之一。英特儿公司自成立以来就致力于将国际化的管理经验、先进的研发和生产技术与国内丰富的乳品原料资源相结合,逐步成长为国内专业生产婴幼儿乳品的知名企业和婴幼儿系列配方奶粉和儿童营养品的专家。由英特儿营养乳品有限公司在国内独家生产和销售的"多美滋"品牌奶粉系列在全国取得了良好的声誉和消费者的广大好评,成为中国乳品市场的领先者。

正是这样一个优秀的企业与品牌在2002年7月中旬却遭遇了一场空前的危机:7月中旬,南京的一家媒体在转载国外报道时,未加核实地将在泰国被召回的 Mamex 和 Mamil 产品与上海英特儿营养乳品有限公司生产的多美滋奶粉加以混淆并报道。该消息一经刊登,立刻引起了各方关注,很多网络媒体加以转载,部分重要城市的主流媒体也对此事进行了报道,一时间,以误传误,负面消息在全国一度呈蔓延之势,致使广大公众对于多美滋奶粉的质量产生了疑惑和不信任感,众多消费者纷纷提出质疑,要求英特儿营养乳品有限公司作出相应解释。与此同时,部分地区销售店内的多美滋奶粉也因被误解而被迫下架,退出销售。上海英特儿营养乳品有限公司和多美滋品牌面临并遭受着一场巨大的损失和危机。

（1）你认为英特儿营养乳品有限公司是否应当委托公共关系公司来处理危机?

（2）根据上述情况,请你设计一份处理危机的方案。

17. 阅读下列案例,回答问题。

陕西的危机公关让《长恨歌》一票难求

由于受"5·12"汶川大地震影响,西安市各主要景点自地震至今接待人数大幅下降。为了消除地震对西安市旅游业的负面影响,迅速恢复旅游市场,西安市旅游局采取各种手段和措施弥补震情对旅游业造成的损失,力争实现今年预定的目标。华清池旅游公司通过抗震救灾系列慰问演出、《长恨歌》高端论坛、王蒙专论《长恨歌》及正在进行的10场千人评说《长恨歌》活动使华清池已率先走出灾害阴影,迈上了和谐发展的快车道。

《长恨歌》是根据白居易的叙事长诗改编的大型山水实景历史舞剧,该舞剧自2006年在故事的原发生地华清池公开上演以来一直受到广泛好评,同时也使华清池的游客量呈现出稳步增长的态势,但自汶川地震发生以来,华清池游客接待数量持续下降,其中,5月份共接待游客16万人次,比去年同期减少90823人次,降幅达36.2%;6月份共接待游客75416人次,比上年同期减少74220人次,下降49.6%;上半年接待人数63万人次,同比减少16.7万人次,下降21%,总收入3762万元,减少617万元,下降17.5%;7月1~15日共接待游客75616人次,比去年同期减少14834人次,下降16.4%。

基于这一情况，华清池旅游公司展开危机公关，在抗震救灾取得阶段性胜利的时候，立即筹划举办抗震救灾新闻媒体英雄、四川籍在陕工友、抗震救灾医护人员暨灾区伤员、抗震救灾部队官兵、全省民政系统抗震救灾突出贡献者等5场"我们在一起"——《长恨歌》抗震救灾慰问演出。在此基础上，6月底，中共陕西省委宣传部、光明日报社总编室又联合主办"大型实景历史舞剧《长恨歌》的探索与创新高端论坛"。来自国内文学界、音乐界、舞蹈界、美术界及评论界的17位知名专家学者观赏了舞剧《长恨歌》，并围绕舞剧《长恨歌》在文化产业的创新与探索方面所取得的成果进行研讨。这两大活动对华清池产生了积极的社会影响和宣传效应，使《长恨歌》再现一票难求景象，平常容纳1000人的观众席，几乎每场都要加座到1500个座位，为了观赏这台精彩的演出人们已不再考虑观看位置是否最佳。7月19日，华清池接待游客8597人次，较6月3日增加7287人次，增长556%，门票收入458995元，较6月3日增收386085元，增长530%，达到了震前的较高水平；同日，《长恨歌》演出票销售1381张，较6月10日增加1289张，增长逾14倍，收入213806元，较6月10日增收201350元，增长16倍以上，创下了《长恨歌》演出以来的最高纪录。

这一系列活动不仅使舞剧《长恨歌》再次受到国内文化艺术界和旅游界的高度关注，同时也使舞剧《长恨歌》在历史文化展示方式上的变革与创新、在舞剧艺术大众化方面的探索与实践得到了业内专家的充分肯定和赞誉。另外舞剧《长恨歌》在旅游、文化、经济等方面起到的积极作用也得到了进一步总结、概括和升华，进一步确立了舞剧《长恨歌》在国内旅游文化创意产业的领军地位，也使舞剧《长恨歌》的提升和完善的方向更加明确。

本次活动受到了众多新闻媒体的热切关注。人民日报社、光明日报社、中央电视台、中国青年报社、凤凰卫视等34家国家级和省级新闻媒体，共计70余名记者参与论坛活动采访报道。同时还首次通过新华网、华商网等网络媒体进行现场直播。参与本次论坛活动的媒体等级之高、辐射范围之广前所未有，对《长恨歌》进一步立足市场，带动旅游市场恢复起到了非常积极的宣传作用。使《长恨歌》品牌朝着"政治上树得牢、艺术上立得起、市场上站得稳"这一奋斗目标迈进了一大步。

通过《长恨歌》的强势推广，华清池的知名度和游客的认可度明显增强，参观人数大幅增长。从4月6日改版公演到现在共演出93场次，接待各界观众12万人次（含免费接待），创造直接经济收入760多万元。2009年1～7月，华清池接待中外游客112万人次，同比增加19万人次，增长21%；旅游收入6500万元，同比增长46%。7月17日，华清池被授予全国首批5A级旅游景区，前不久，华清池还被欧洲旅游组织评为欧洲人最喜爱的中国十大旅游景区之一。

（1）华清池旅游公司为什么要开展这次危机公关活动，效果如何？

（2）华清池旅游公司为什么要以《长恨歌》历史舞剧，作为活动的切入点？

18. 阅读下列案例，回答问题。

"一枚金牌，一所希望小学"

在奥运期间，海尔正式启动了"一枚金牌，一所希望小学"计划，即在北京奥运会上，中国运动员每获得一枚金牌，海尔就将为贫困地区的孩子捐建一所希望小学。让金牌托起希望——海尔的这项计划不但完美地诠释了奥运精神，更使金牌"增值"、承载了更为深刻的社会意义。

为期17天的北京奥运会已经圆满闭幕，通过健儿们的奋力拼搏，中国体育代表团交出了一份堪称优异的答卷，在邹市明和张小平为中国夺得两枚奥运拳击金牌之后，中国以51枚金牌的成绩傲居金牌榜第一，并在女子体操、射箭、击剑、赛艇、蹦床、拳击等多个项目上取得历史性的突破。相应的海尔"一枚金牌，一所希望小学"计划也遍地开花——共捐建希望小学51所，遍布全国25个省，其中就包括四川北川地震灾区的15所，3万多名贫困地区的孩子也因此收获了"希望"，有了新的学校。

海尔集团新闻发言人张铁燕表示，海尔一直积极支持希望工程，将反哺社会、致力公益作为企业的使命，而北京奥运是全人类的盛会，是中国的盛事，所以海尔"一枚金牌，一所希望小学"计划就是为了让更多贫困地区的孩子也能感受到奥运的喜庆气氛，分享奥运带来的"希望"。

奥运会不仅是体育盛会，也是企业公共关系活动聚焦点，在奥运期间，海尔正式启动了"一枚金牌，一所希望小学"计划，在社会中引起很大的反响，你认为海尔这项公共关系活动的成功之处在哪里？

19. 阅读下列案例，回答问题。

IBM公司的"金环庆典"活动

美国IBM公司每年都要举行一次规模隆重的庆功会，对那些在一年中作出过突出贡献的销售人员进行表彰。这种活动常常是在风光旖旎的地方，如百慕大或马霍卡岛等地进行。对3%的作出了突出贡献的人所进行的表彰，被称作"金环庆典"。在庆典中，IBM公司的最高层管理人员始终在场，并主持盛大、庄重的颁奖酒宴，然后放映由公司自己制作的表现那些作出了突出贡献的销售人员工作情况、家庭生活，乃至业余爱好的影片。在被邀请参加庆典的人中，不仅有股东代表、工人代表、社会名流，还有那些作出了突出贡献的销售人员的家属和亲友。整个庆典活动，自始至终都被录制成电视（或电影）片，然后被拿到IBM公司的每一个单位去放映。

IBM公司每年一度的"金环庆典"活动，一方面是为了表彰有功人员，另一方面也是同企业职工联络感情、增进友情的一种手段。在这种庆典活动中，公司的主管同那些常年忙碌、难得一见的销售人员聚集在一起，彼此毫无拘束地谈天说地，在交流中，无形地加深了心灵的沟通，尤其是公司主管那些表示关心的语言，常常能使那些在第一线工作的销售人员"受宠若惊"。正是在这个过程中，销售人员更增强了对企业的"亲密感"和责任感。

IBM公司的庆功会在公司内部有哪些重大意义？这种活动对其他公司有何借鉴呢？

20. 阅读下列案例，回答问题。

"三高"为中国申奥放歌

2001年6月23日晚，昔日皇家禁苑中乐声翩翩，弦歌阵阵。世界著名三大男高音歌唱家在紫禁城午门广场联袂演出，在"'6·23'国际奥林匹克日"掀起北京申奥活动的高潮。国务院副总理李岚清和数万热情的中外观众一同观赏了这场精彩的演出。

当晚三位"歌剧之王"身着黑色燕尾服，站在了紫禁城的古老红墙之间的舞台上神采奕奕，他们演唱了近30首脍炙人口的歌剧选段或歌曲。从卡雷拉斯的《我知道这个花园》，到多明戈的《星光灿烂》，到帕瓦罗蒂的《今夜无人入睡》，洪亮且有穿透力的歌声，赢得了在场 3 万名观众的热烈掌声。昔日这里曾经钟鼓齐鸣，如今西方歌剧在这里缭绕；昔日皇帝曾在这里议政，如今三位西方音乐大师在这里纵情高歌。东方建筑的神韵与西方艺术经典在这里得到了完美的交融，古老的紫禁城在一个充满激情的夜晚被唤醒，改革开放的中国以一场东西文化交融的音乐盛会，向世界展示他们积极走向世界的宽阔胸怀。

紫禁城午门广场，"歌剧之王"帕瓦罗蒂、多明戈和卡雷拉斯倾情演绎音乐盛典，取得了空前的成功，音乐会电视直播可覆盖全球 110 多个国家和地区的 33 亿观众。

试运用公共关系学中的相关知识分析评点这一案例。

21. 阅读下列案例，回答问题。

白兰地进军美国市场的公关妙棋

1957 年 10 月 14 日是美国总统艾森豪威尔的 67 岁生日。华盛顿街道彩旗飘扬、标语醒目，白宫周围人山人海，华盛顿市万人空巷，等候着一个时刻的到来，这一刻，人们已经等了很久。

按照美国人的脾气，爱好自由、民主的公民们是不屑于为总统的一个区区生日而特意来凑热闹捧场的。

可是这一天，美国人却显得异乎寻常的热情、激动，到底发生了什么事？

一个月前，法国人就在各种媒介上广为宣传，为了感谢在"二战"中美军对法国人民的恩情，为了表示法美人民永远的友谊，法国人决定，在艾森豪威尔总统 67 岁寿诞之时，向美国总统敬赠两桶酿造已达 67 年的法国白兰地。这两桶极品白兰地将由专机运送，并在总统生日这天，举行盛大的赠酒仪式，向全世界表明法国人民对美国人民的友好之情。

法国白兰地?! 美国人似乎一下子想了起来，那不是扬名全世界的美酒佳酿吗？我们以前怎么就没有想起来尝一尝呢？一时之间，白兰地的历史、趣闻、逸事，陆续地出现在各种媒体上。

久盼的时刻终于到了。上午 10 时，4 名英俊的法国青年，穿着雪白的王宫卫士礼服，驾着法国中世纪时期的典雅马车进入白宫广场，由法国艺术家精心设计的酒桶古色古香，似已发出阵阵的美酒醇香。全场沸腾了，当 4 个侍者举着酒桶步向白宫时，美国人唱起了《马赛曲》，欢声雷动，掌声轰鸣，人们沉浸在欢乐的气氛中。各大新闻机构毫无例外地派出了记者。关于赠酒仪式的报道文字、图片、影像，充斥了当天美国的各大媒体。

借白兰地共叙法美友谊，缩短了白兰地与美国公众的感情距离，这是法国白兰地制造商们举行的极为成功的公关活动。它直接地为白兰地进入美国市场扫清了道路。赠酒仪式不久，一向不为美国人重视的白兰地酒，迅速成为市场上的抢手货，在人人以喝上法国白兰地为荣的背景下，法国白兰地成为供不应求的俏销产品。

(1) 请指出本次活动属于什么类型的公共关系专题活动。

(2) 这种专题活动的特点是什么？

(3) 请指出此次公关策划的创意体现在什么地方。

22. 阅读下列案例，回答问题。

2008 年 5 月 12 日下午，在四川汶川县发生 8.0 级地震。震灾声传来，一时间，明星、艺人等纷纷慷慨解囊。为四川灾区提供自己的最大支持。指南针教育集团作为一个认证推广、外语、计算机培训等全国性的教育机构也尽自己最大努力支持救灾。其中指南针公司向四川地震灾区用户捐助 100 余万元，北京指南针公司向四川灾区用户每人捐款 500 元，安徽指南针教育员工每人也捐款几百元。到目前为止整个指南针集团依旧在关心灾区重建等。

（选自安徽考试培训网：www.ahkspx.com）

（1）请问此种公关活动属何种公关专题活动？从公共关系的角度看，指南针教育集团向灾区捐赠款项的事件对组织发展有何重大意义？

（2）你认为进行赞助应遵循什么原则？

23. 阅读下列案例，回答问题。

第 6 枚戒指

在美国经济大萧条的时候，当时人们就业非常困难，一位 17 岁的孤女在她寡母的支持下好不容易找到一份在高级珠宝店当售货员的工作，还是暂时试用。圣诞节将要来临了，店里的工作特别忙，姑娘干得很带劲，因为她听经理对别人说有留用她的意思。

这天她来店里上班，把柜上的戒指拿出来整理。她瞥见那边柜台来了一位 30 岁左右的贫穷顾客，他几乎就是不幸时代贫民的缩影：一脸的悲伤、愤怒，褴褛的衣衫诉说着主人的遭遇。他用一种不可企及的、贪婪的眼光，盯着那些高贵的首饰。

"叮铃铃"电话铃响了，姑娘急着去接电话，一不小心，把一个碟子碰翻，6 枚精美绝伦的钻石戒指落到地上。她慌忙四处寻找，捡起了其中的 5 枚，可是第 6 枚戒指呢？怎么也找不到，姑娘急得出了一身汗。这时，她看到那个 30 岁左右的男子正向门口走去，顿时，她醒悟到了戒指在哪儿。当男子的手将要触及门柄时，姑娘柔声道："对不起，先生！"男子转过身来，两人相视无言足足一分钟。"什么事？"他问，脸上的肌肉在抽搐。"什么事？"他再次问道。"先生，这是我头回工作，现在找个事儿做很难，是不是？"姑娘神色安然地说。男子久久地审视着她。终于一丝柔和的微笑浮现在他脸上。"是的，的确如此。"他回答，"但是我能肯定，你会在这里干得不错。"停了一下，他向前一步，把手伸给她："我可以为你祝福吗？"姑娘也立刻伸出手，两只手紧紧地握在一起，她用低低的但十分柔和的声音说："也祝你好运！"他转过身，慢慢走向门口，姑娘目送着他的身影消失在门外，转身走向柜台，把手中握着的第 6 枚戒指放回原处。

通过分析上面的案例，分析其创意点。

24. 阅读下列案例，回答问题。

安徽指南针教育管理中心向高校进行赞助活动

安徽指南针教育管理中心是指南针教育管理集团下属的一个大型的培训咨询机构，由高校教授、硕士博士研究生创办。在集团总部和复旦大学芜湖校友会培训中心的大力支持下，在北京大学、清华大学、北京师范大学、北京外国语大学、安徽师范大学、安徽大学、南京大学多位领导及教师的协助和努力下经主管部门审批挂牌成立，主要业务范围为"教育、商务和职前信息咨询等"的专业教育管理培训咨询服务。该中心是中国商业联合会（原国家商务部、国内贸易部）全国商务英语翻译资格认证（ETTBL）安徽考试中心，国务院国资委商业技能鉴定与饮食服务发展中心全国职业技能鉴定认证芜湖及周边地区管理办，国际商务职业资格认证安徽（芜湖）考试中心，中经会全国外贸认证办全国国际商法咨询师安徽考试中心，住房和城乡建设部全国城建培训中心全国房地产营销人员、物业管理企业经理上岗证安徽（芜湖）考试中心，劳动保障部中国就业培训技术指导中心全国 1＋N 复合型技能人才 CETTIC 职业证书培训项目教学基地，劳动保障部 EPE 工程 CAEP 就业能力证书项目教学基地等。本中心集职业认证、教育培训、职前实训、管理咨询、员工培训于一体，从事职前教育及企业管理合作等培训业务，以专业化、品牌化、全程化服务为特色，立足芜湖，辐射皖南及整个安徽与周边省份。下设机构：管理培训与认证中心、实用外语技能培训中心、考研辅导中心、公务员考前培训中心、职前技能培训中心、中小学教育中心、形体锻炼与健美中心、司法考试辅导中心八大中心。中心成立之初，就成功为本市长江市场园区一家物流企业开展物流管理咨询和员工培训、成功为市区一家物业管理公司开展物业管理员上岗技能培训，并为安徽师范大学、安徽工程科技学院的大学生开展 2 期近 600 人的人力资源管理师、物流师职业资格认证培训。我们和安徽理工大学、淮南师范学院、马鞍山电大、安徽医科大学、安徽建工学院、安徽工贸职业学院、淮南职业技术学院、淮南联大、安徽师范大学、池州学院、黄山学院、宣城职业技术学院、安庆师范学院、阜阳师范学院、安庆职业技术学院、蚌埠学院、安徽财经大学、皖南医学院、芜湖职业技术学院、安徽工程科技学院、蚌埠医学院、安徽电子职业技术学院、安徽商贸职业技术学院等大中专院校以及与芜湖世纪华联、芜湖中原物流、深圳华强、芜湖伟星、芜湖中域全方位、上海新湖、芜湖奇瑞、芜湖西门子、芜湖融汇、芜湖海螺、芜湖供电、芜湖长江轮船公司等企业建立了广泛的合作联系。在诸多高等院校和企业战略伙伴的信任和帮助下，中心积极开办或合办了管理论坛、大学生和企业在职人员管理培训课程等。

安徽指南针教育管理中心与高校各个教育媒介的长期合作，使安徽指南针的品牌持续增值并发扬光大。自 2004 年起，安徽指南针教育管理中心连续 4 年赞助安徽师范大学、芜湖职业技术学院、安徽工程科技学院、安徽商贸职业技术学院，并成为 2006 年安徽师范大学校运动会主赞助商。2007 年，中心赞助了由各高校联合举办的芜湖市首届大学生英语角大赛，引起了强烈的反响。今年中心决定与各高校联合发起改善在校贫困大学生学习、生活等困难问题的"阳光工程"。

一、项目策划

公关目标：

（1）进一步提高中心的知名度和美誉度，维护中心的良好社会形象。

（2）争取广泛的媒介覆盖率、扩大活动的影响。

公关策划：

（1）"阳光工程"旨在改善在校贫困大学生所面临的困难问题，引起社会各界对在校贫困大学生所面临的困难问题的高度关注，并利用其一些社会资源，有效地解决在校贫困大学生所面临的困难问题。要有效地传播中心的人文理念。因此，这一工程要能产生较大的社会影响和号召力。

（2）这次工程为了产生预期的传播效应，策划了广告语"关注在校贫困大学生，关注社会的未来精英"。同时，中心派出了工作人员到各高校和相关单位制作宣传片，意欲造成强烈的视觉效果。在安徽师范大学和芜湖职业技术学院等高校举行的捐赠仪式上，邀请媒体进行直播报道。

二、项目实施

"阳光工程"活动由安徽指南针教育管理中心与各高校联合发起，为常年开展的赞助活动，面向各高校在校贫困大学生，旨在关注在校贫困大学生所面临的困难问题，解决在校贫困大学生所面临的困难问题，为社会的未来培养一批职场的主力军。"阳光工程"希望爱的阳光洒满每一个本应是充满希望的在校贫困大学生。

活动形式：

（1）安徽指南针教育管理中心与各用人单位继续为在校贫困大学生提供勤工俭学的工作机会。

（2）该活动由安徽指南针教育管理中心与各相关单位协作捐款，有关部门负责监督；实施方案以年度为单位，下一年度方案视当年实施情况做具体调整，内容由安徽指南针教育管理中心和各高校协商确定。

活动进程：

（1）2007年3月1日，安徽指南针"阳光工程"新闻发布会召开，到会嘉宾有安徽师范大学王校长、安徽工程科技学院李院长、皖南医学院张院长、芜湖职业技术学院宋院长、安徽商贸职业技术学院方院长、安徽指南针教育管理中心王主任以及芜湖世纪华联、芜湖中原物流、深圳华强、芜湖伟星、芜湖中域全方位、芜湖融汇、芜湖海螺、芜湖长江轮船公司副总经理等。出席新闻发布会的新闻媒体有安徽电视台、芜湖广电总台、安徽日报社、江淮晨报社、新安晚报社、安徽商报社、芜湖日报社、大江晚报社。驻皖媒体有新华社安徽通讯分社、人民日报社安徽编辑部、中国青年报社安徽编辑部等。

（2）3月22日起，安徽电视台"阳光工程"活动宣传片开始播出。

（3）4月2日，首笔捐赠款项从指南针教育集团送出，共有8所高校接受了首笔捐赠。每个高校无偿获得用于解决在校贫困大学生所面临的困难问题赞助款项，共计价值262228元。与此同时，各相关用人单位也与8所高校签订了在校贫困大学生勤工俭学的合作协议，为在校贫困大学生提供了改变命运的机会。

三、项目评估

随着安徽指南针"阳光工程"新闻发布会的召开和安徽电视台活动宣传片的播出，"阳光工程"引起了社会各界和群众的广泛关注。"阳光工程"新闻发布会有11家权威媒体参加，仅安徽师范大学捐赠仪式就有7家媒体参与报道。

这些活动有效地确立和输出了中心的形象，充分体现了中心关心下一代、不断回报社会的高度社会责任感；使中心关注人文的理念更加深入人心；增强了中心在公众中的亲和力，为中心的长远发展创造了良好的环境。

（1）安徽指南针教育的赞助活动有何借鉴之处？

（2）从本案例中分析赞助的目的及其重要意义。

25. 阅读下列案例，回答问题。

　　小李的口头表达能力不错，对公司产品的介绍也得体，人既朴实又勤快，在业务人员中学历又最高，老总对他抱有很大期望。可做销售代表半年多了，业绩总上不去。问题出在哪儿呢？原来，他是个不修边幅的人，双手拇指和食指喜欢留着长指甲，里面经常藏着很多"东西"。脖子上的白衣领经常是酱黑色，有时候手上还记着电话号码。他喜欢吃大饼卷大葱，吃完后，不知道去除异味的必要性。在大多情况下，根本没有机会见到想见的客户。有客户反映小李说话太快，经常没听懂或没听完客户的意见就着急发表看法，有时说话急促，风风火火的，好像每天都忙忙碌碌的，少有停下来的时候。

　　你认为小李在哪些方面要提高？如何改进呢？

26. 阅读下列案例，回答问题。

　　2007 年 4 月，广州商品交易会，各方厂家云集，企业家们济济一堂。华新公司的徐总经理在交易会上听说伟业集团的崔董事长也来了，想利用这个机会认识这位素未谋面又久仰大名的商界名人。午餐会上他们终于见面了，徐总彬彬有礼地走上前去："崔董事长，您好，我是华新公司的总经理，我叫徐刚，这是我的名片。"说着，便从随身带的公文包里拿出名片，递给了对方。崔董事长显然还沉浸在之前的与人谈话中，他顺手接过徐刚的名片，回应了一句"你好"并草草看过，放在了一边的桌子上。徐总在一旁等了一会儿，并未见这位崔董有交换名片的意思，便失望地走开了。

　　你认为双方问题出在哪里？是你的话你会如何做？

27. 阅读下列案例，回答问题。

　　沸沸扬扬的"艳照门"事件在海内外引起极大震撼，从 1 月中旬到 2 月底，网络、电视、报纸、杂志、广播推波助澜，一时间成为公众极为关注的热门话题。传媒抓住了大众的眼球，网络抓住了亿万网民的心思。一时间，人们饭前茶后，热议、追踪，以至于一年一度的"两会"期间，代表、委员们将其当做一个话题议论。谴责大于同情，否定大于欣赏。就在万众瞩目下，当事人本色登场，上演了一幕令人理解、同情的正剧。据中新网 2 月 21 日电，"艳照"风波的主要当事人陈冠希今日在香港召开记者招待会解释这一事件。他全程以英文朗读声明稿，承认这些照片大部分是由他拍摄，对涉及的"女星"和她们的家属道歉。他并宣布，将永久退出香港娱乐圈。陈冠希未接受媒体提问。以下是根据现场英文声明所译的讲稿内容：

　　我对整个事件非常的难过，我很抱歉，大家不得不经历这一切，我也想谢谢你们给我这个机会，来吐尽心中藏着的话。

　　我希望今天之后，能够得到你们的宽恕，对这个事件以及这个事件所引发的一切，我真的非常地抱歉。我希望你们所有人都接受我的道歉。

　　在过去的几周，我和我的母亲、我的家人、亲属在一起，他们给我真诚的帮助，他们一直都支持和帮助我。我承认大部分照片都是我拍摄的，但是这些照片是非常隐私的，我从来没有想把这些照片向人展示，这些照片是非法的，是从我这里偷窃的。同时，也没有经过我的同意就流传出去，毫无疑问，那些获取这些照片的人在网上是一种恶意的传播，这个事件已经恶化到使整个社会受到影响，从这方面来讲我非常遗憾。

我现在想道歉，向所有的人为他们所受到的伤害而道歉，我同时向所有相关的女士和她们的亲属所受到的任何伤害进行道歉，我很抱歉，同时我也想向我的父母道歉，因为我为他们带来了伤痛。最重要的是，我想向所有香港人民道歉，我向你们诚恳地道歉，毫无保留，衷心地向你们道歉。

我知道香港很多年轻人都崇拜这个社会的偶像，在这方面我没有成为一个榜样，但是，我希望这个事件能够教育每一个人，尤其是我们社会的年轻人，我想我所做的并不是你们学习的榜样，在我离开的这段时间，我作出了很重要的决定，我将全心地履行我所有的承诺，在这之后，我将完全地退出香港的娱乐圈，我做出这样的决定是想给自己一个教训，来治愈自己的伤口和自己的灵魂，我将用一些时间来做慈善工作。

我一直在帮助警方，从照片流传出来之后就一直在协助。在记者会之后，我有责任来帮助他们进行调查，我也希望这个案件能够很快结束，我想每一个人都这样希望能够尽快地结束，我想利用这个机会来谢谢警方，谢谢他们在这个案件中的辛勤劳动，谢谢！

我相信，每个人的当务之急，也包括我个人，是来停止所有的伤痛，我们应该保护所有无辜的人和年轻人不受这个事件的伤害，从这方面来讲，我要求我的律师在法律允许的范围内，来尽最大的可能帮助这个事件的受害者。

最后，我想谢谢今天各位在现场来听我的解释，我也想再次地道歉，向所有受事件影响的女士，还有她们的亲属，还包括我的家属，以及所有香港，还有整个社会的人进行道歉。

（1）这段道歉词，据报道赢得了香港六成听众的接受，为何有如此巨大的力量？

（2）从公关角度而言，陈冠希运用了哪些危机处理原则、技巧？

28. 阅读下列案例，回答问题。

难题：.com

如今，.com 公司正在以惊人的速度产生，这对公共关系意味着什么？美国一知名的营销和广告公司的公关总监大卫·坎普做如下描述：网络是公司新的名片、新的新闻夹，是塑造最佳第一印象的机会。1999 年，某个世界上名列前茅的公关公司对网络和电子商务的领导品牌进行了一次调查。调查显示，网络世界的领导品牌，如雅虎、eBay、亚马逊和"美国在线"，尽管只存在了短短几年，却在消费者中拥有诸如可口可乐等传统名牌花一个世纪时间而建立起来的认知度和尊重。而网络企业的消费者主要是通过公关工作而形成他们的观点，而不是通过传统的广告。

现任国际公关协会主席罗伯特·格拉普对记者说，美国经济的强劲发展和股市的大幅增长为全球范围内的公关业的发展提供了燃料。而网络公司是"一夜成名"，也在寻找相应的公关公司。一个有代表性的好现象是，当网站企业家向风险投资商争取风险基金时，投资商的头几个问题中就有："你的公关计划在哪儿？你用的是哪家公关公司？"

但是，一个有代表性的现象是，以美国福莱克灵公关公司为例，去年他们拒绝前来要求公关服务的 .com 公司的大部分，因为这些公司急于要找到一个"一夜成名"的解决方案。他们认为，公共关系应作为一种培养长期关系的战略，一种需要精心培育时间和资源的投资，而 .com 公司给公关公司出了难题：无论从哪一个角度他们都喜欢寻求短期的方案和解决办法。

结合本案例，谈谈在新经济时代公共关系到底要做什么。

29. 阅读下列案例，回答问题。

华普汽车——华普徐刚回帖，是炒作？是公关？

2006 年，天涯社区曾经产生过这样一个热点，那就是上海华普汽车的老总徐刚和一名天涯网友的对辩。事件源于这名 ID 为"四海一家 99"的网友，针对华普汽车的在经营以及市场策略、车型上的质疑公开在天涯经济论坛发帖，帖子名称就叫《给上海华普汽车总裁徐刚的一封信》，文中措辞激烈，对华普大肆谪贬。帖子一经发表，在天涯经济论坛上立即引起不小的反响，点击量一路走高。一周后，华普汽车老总徐刚以"华普徐刚"一名郑重出面回应，帖子题为《给"四海一家 99"网友的回信》，两个帖子一先一后在天涯热点了半月之久，经过天涯版主的推荐，更是处在天涯头条的位置，一时间吸引了大量网民的关注。

上海华普汽车，这个远远没有吉利、奇瑞知名的民族汽车生产厂家，很多消费者甚至不知道华普汽车的样子，也不了解华普这个汽车生产商，经过短短半月的一个网络事件炒作俨然已经被更多的人知道并被认可。"四海一家 99"的原帖在天涯上创造了 4 万的点击量，"华普徐刚"的回帖点击量为 44000 多条，以天涯社区的网民注册量 20 多万来计算的话，大致可以估算出有 1/5 的网民关注过华普事件，这一数量还不包括两个帖子之外其他引出来的副帖，其点击量也非常可观。同时，华普老总徐刚的博客点击量也飞升，在百度上面搜索"华普天涯"，依然会有 48 万多的信息量，这些数据加总在一起，足见两个帖子所创造出来的巨大价值。

结合本案例谈谈你对网络公关危机的看法。

30. 阅读下列案例，回答问题。

看汶川地震公关

2008 年 5 月 12 日汶川发生大地震。危难时刻，捐款捐物，第一时间传递、展现企业社会责任，许多公司对自己的公关合作伙伴下达这样的指令。大公司下到基层员工都进行捐款捐物。

如前一阵子被中国人唾骂的家乐福第一时间捐出 200 万。5 月 12 日下午，当汶川受灾，家乐福当即指示位于成都的 5 家门店向灾区紧急捐赠帐篷、棉被等救灾物品。同时通报法国总部。家乐福国际基金会随即决定，向中国受灾地区捐赠人民币 200 万元。家乐福抢了第一先机，这和刚刚经过公关洗礼、尚处于紧张战备状态不无关系。不管家乐福是打算"将功补过"还是"作秀"，反正是为灾区人民做了好事，在我们心中加了分。

还有就是蒙牛，地震发生后，捐赠 200 万包（价值 520 万元）的牛奶给灾区人民，第一时间把牛奶送到灾区人民的手中。最近在各种食品纷纷涨价的当口儿，蒙牛等乳饮料竞相调低价格，而且这又正赶上地震灾情，调低价格策略给蒙牛的社会责任和公益爱心形象加分不少。

最有人情味的是联通。记得几年前有个恶搞短片《CDMA，今天你扔了吗?》历数联通信号不好等恶行。不过，这次 CDMA 将大出风头，成都军区抗震救灾指挥部 15 日要向汶川县城空投手机设备，包括军用手机和联通 CDMA 手机，并将在当地建设小型基站。届时，汶川县城与外界进行手机联络将成为可能。危难时刻，天上扔手机联系亲情、友情，还有什么比这更让人感动！一辈子难忘。联通这招够实在，行动第一，公关第二。

鹏润地产5700万元、李嘉诚基金3000万元、台塑集团1亿元、润泰集团6500万元、富士康6000万元等出现在各大媒体上，有的并且还按行业进行了细分。捐款排行榜备受工人的关注。上榜的企业知名度、美誉度纷纷上升。

网上捐助是网络公关的一个手段，面对地震灾难，实力有限的中小开发企业该如何搞好地震公关策划？

31. 阅读下列案例，回答问题。

从"华南虎"事件谈网络公关

国内知名论坛评选"2007年十大人物和十大事件"，周正龙和华南虎赫然在座，而且显然超越以前任何的网络红人。而随着事件的纵深式发展，"国家林业局"、"陕西林业厅"、"中国摄影家协会"，以及抱以各种目的的社会人士：挺虎派"关克"——陕西省林业信息宣传中心主任、《陕西林业》主编、《中国绿色时报》陕西记者站站长、打虎派傅德志——中国科学院植物研究所种子植物分类学创新研究组首席研究员，也都浮出水面，在年底演出了一场"精彩折子戏"。

一个老猎人，一个科学论定里已经消失的野生物种，一场关于真假的辩论，折射出中国社会的方方面面，也把网络公关阐述得淋漓尽致。

问题的焦点其实就是两个，非常简单。其一陕西境内是否存在华南虎；其二周正龙拍摄的照片是否就是真正的华南虎（这里面包含两层意思，周正龙拍摄到的是野生华南虎，还是照片摆拍）。从取证的角度看，解决问题非常简单，不复杂，但是涉及方方面面的利益，问题就极度的复杂，而且不可收拾。

所谓网络公关，就是从千头万绪中找到企业需要的信息原点，然后通过网络工具进行有效的放大，以期实现企业或组织的目标。在华南虎事件中，"中国摄影家协会鉴定照片"、"国家林业局新闻发布会"就是很好的品牌展示，属于网络公关的典型案例。

从本案例分析网络公关的特点。

32. 阅读下列案例，回答问题。

哈尔滨市的罗先生和朋友到先锋路的一家酒店吃饭。点完菜后，罗先生突然想起自己车里有几瓶新出的本地白酒，很有特色，就下楼拿了一瓶上来。

酒店的服务员看见后进行制止："我们酒店不让自带酒水。"罗先生非要喝，与服务员争执起来，被朋友劝下。最后，罗先生一行人没喝成自带的酒，勉强喝了一些啤酒，感觉十分不爽。

"我不是图便宜，酒店的做法让人感觉不舒服。我以前在这里吃过很多次饭，从没带过酒。这是明显的'霸王条款'，剥夺了我的选择权。"罗先生说。

根据此案例分析"禁带酒水"的规定。

33. 阅读下列案例，回答问题。

自从2000年通信行业推出短信业务以来，短信迅速造就了"拇指经济"的神话。现在很多企业利用短信进行公关广告，绝大部分手机用户正面对"不良短信"、"垃圾短信"

的苦恼。

（1）你遇到过短信骚扰吗？你是如何处理的？

（2）请就短信出现的种种不良问题结合公关法规内容展开讨论。

34. 阅读下列案例，回答问题。

某市民为孩子考研"上保险"，提着礼品送到负责命题的教授门上，谁知教授拒收，便遭到人们责骂，说他"不会做人"，似乎"礼"尚往来已是"深孚众望"了。平日百姓要办事、当官的要加官晋爵、上下级的"亲和"，似乎已是非"礼"勿行。

一到节日，不仅是要办事的人送礼，要套近乎的、想在日后有求于人的人，也加入了送礼"大军"，这就更加热闹了。某县，有一位副县长，为女儿出嫁办喜事，摆宴3天，还规定全县副处级以上干部都不得无故缺"宴"，当然要掏出三五百元礼金"致贺"。如此明目张胆收礼，看来，一个"礼"字，果然了得。现在有些人打着"馈赠"的幌子去"行贿"，不让"行贿"，馈赠总是可以的吧？于是法律又为他们开脱了罪责。

结合本案例请谈谈你对受礼与拒礼现象的看法。

35. 阅读下列案例，回答问题。

京城一家媒体刊登了两条消息：一条是什刹海风景区的恭王府花园、烟袋斜街、酒吧街、荷花市场等交通枢纽和重点路段安装了39个摄像头，24小时监控全景区的旅游秩序和社会治安；另一条消息来自北京市公安局，公安局相关部门透露，从2002年开始，在本市街巷胡同和重点要害部位，已安装了5599个电视监控设备，监控社会治安状况，保障市民安全。在此之前，在教室、办公室、走廊甚至宿舍安装摄像头的消息也不绝于耳。

结合案例请谈谈你对关于在公共场所安装摄像头的看法。

36. 阅读下列案例，回答问题。

国庆期间，好多店家都在搞促销，不少商业广告、促销海报上都能看到这样一句话："本商场拥有此次活动的最终解释权"、"本店对促销活动细节有作临时更改之最终决定权"，在这里最终解释成了最终裁决，消费者在其中似乎只能是弱者。

请就关于商业活动的最终解释权归属问题谈谈你自己的观点。

综 合 实 训

1. 请收集 4~6 个符合或违背公共关系原则的案例，并结合所学知识进行分析。

2. 请观察你所在单位的领导一天的工作，分析他（她）哪些工作属于公共关系的工作内容。

3. 请以小组为单位采访某一家快速消费品企业，了解企业的公共关系工作情况。

4. 请到一家设有公共关系部的企业去了解社会到底需要什么样的公关人才。

5. 假如你是一家公司的公关部部长，你将如何组建一个公关部？选拔公关部成员的标准是什么？

6. 请为你所熟悉的组织列举出 6 种不同类型的公众。

7. 根据自己的身份、经历，列出你曾经是哪些组织、哪几种类别的公众。

8. 要求学生到公共场所与 7 个以上的陌生人沟通，然后结合传播原理相互交流感受。

9. 以小组为单位联系某一组织根据需要确定调查主题，设计调查问卷，进行实地调查，并撰写调研分析报告。

10. 以小组为单位为你所熟悉的学校或企业设计一项公共关系活动方案，并撰写公共关系活动策划书。

11. 假定你所在的组织近日有一次重要的公共关系活动，但由于恶劣的天气，致使活动不能如期开展，请拟订一个应急方案，以消除或减少不利影响。

12. 对近期举行的某一次公共关系实施活动进行评估，并撰写评估报告。

13. 选择某一组织，分析其公共关系活动模式的特点，并提出活动建议。

14. 以小组为单位为某企业制订一个宣传性公共关系或服务性公共关系活动方案。

15. 选择某一组织，根据其所处的发展阶段，提出开展公共关系活动的建议。

16. 针对某次公共关系活动，拟订媒体选择方案并说明理由。

17. 分析一次公共关系传播活动，指出其符合哪些传播要求，运用了哪些传播技巧。

18. 以小组为单位，请同学们在一起模拟不同人际关系角色，体会传播障碍及其克服方法的运用。

19. 结合案例分析一般企业应如何制造新闻。

20. 以小组为单位为你所在的组织写一份如何处理好内部公共关系的建议书。

21. 分析你所在组织有哪些社区公众，写一份如何处理好与这些社区公众关系的建议书。

22. 以小组为单位深入调查一家企业，就消费者关系或媒介关系制订一份公共关系活动方案。

23. 请以小组为单位为气象局制订一个"开放日"活动计划。

24. 请以小组为单位为某商场策划一次节日专题活动方案。

25. 假设你是某汽车公司公关部的经理，请拟订一份赞助一位车手"无后援自驾车 30 日环游中国大陆"的计划书（要点：项目的缘起、赞助的意义、赞助内容、车手的义务、相关公关宣传报道计划、其他内容等）。

26. 请以小组为单位策划一次班级风采展。

27. 通过网络、报刊等媒体，收集整理一个公关危机的案例，并完成以下操作练习：

（1）列出该公共关系危机产生的原因，要求 4 条以上。

（2）如果你是该事件中的公共关系主管，你如何处理。请列出你的处理方案，要求 5 条以上措施。

28. 分组访问本地一家企业，与其消费者服务部门进行交流沟通，了解近年该企业接受的消费者投诉事件，学习处理该类事件的方法和技巧。

29. 请以小组为单位为你所在的学校制订一份公共关系危机管理计划。

30. 如果你要参加谈判会议、庆功晚会、假日出游三种不同的场合，你该怎样注意你的服饰穿着，请利用网络进行实训，查找相关图片，并说明你选择的理由。

31. 请给你的父母或长辈发一封节日问候邮件，注意邮件礼仪。

32. 对电视媒体中有关节目的"自我介绍"的形式进行点评，并发展或完善自己的介绍方式和内容。

33. 模拟宴会，拟一份座位安排表，并说明理由。

34. 模拟不同情景分组进行正确握手方式练习。

35. 为教师节或学校庆典设计制作一份贺卡。

36. 为你所在地的文化节或其他熟悉的重大活动拟写一份领导的欢迎词。

37. 假如你所在的学校要扩大招生，学校为此要做广告，宣传学校形象，请以小组为单位为学校设计公共关系广告词。

38. 联系自己的大学生活，准备一份演讲稿，并在班上进行演讲。

39. 为一次校园新闻事件撰写一篇新闻稿。

40. 为你所在的单位撰写一份预防危机事件的策划书。

附　　录

公关员国家职业标准（新版）

1. 职业概况

1.1　职业名称：公关员

1.2　职业定义：从事组织机构信息传播、关系协调与形象管理事务的调研、策划、实施和评估以及咨询服务的从业人员。

1.3　职业等级：本职业共设五个等级，分别为初级公关员（国家职业资格五级）、中级公关员（国家职业资格四级）、高级公关员（国家职业资格三级）、公关师（国家职业资格二级）和高级公关师（国家职业资格一级）。

1.4　职业环境：室内。

1.5　职业能力特征：

具有一定的分析、推理、判断、表达、交流和运算能力，学习能力强，形体知觉好。

1.6　基本文化程度：高中毕业（或同等学力）。

1.7　培训要求：

1.7.1　培训期限：

全日制职业学校教育，根据其培养目标和教学计划确定。

晋级培训期限：初级公关员不少于 120 标准学时；中级公关员不少于 100 标准学时；高级公关员不少于 80 标准学时；公关师不少于 60 标准学时；高级公关师不少于 40 标准学时。

1.7.2　培训教师：

培训公关员的教师应具有本职业公关师职业资格证书 3 年以上或相关专业中级及以上专业技术职务任职资格；培训公关师的教师应具有本职业高级公关师职业资格证书或相关专业高级专业技术职务任职资格；培训高级公关师的教师应具有本职业高级公关师职业资格证书 3 年以上或相关专业高级专业技术职务任职资格。

1.7.3　培训场地设备：标准教室和会议室。

1.8　鉴定要求：

1.8.1　适用对象：准备从事本职业工作的人员，以及正在从事本职业工作的专业人员。

1.8.2　申报条件：

——初级公关员（具备下列条件之一者）：

（1）经本职业初级公关员正规培训达规定标准学时数，并取得合格证书。

（2）连续从事本职业或相关职业（新闻、广告、营销、管理、秘书）2年以上。

（3）取得经劳动保障行政部门审核认定的，中等以上职业学校公共关系或相关专业（新闻、广告、营销、管理、秘书）毕业证书。

——中级公关员（具备下列条件之一者）：

（1）取得本职业初级公关员职业资格证书后，连续从事本职业或相关工作（新闻、广告、营销、管理、秘书）2年以上，经本职业中级公关员正规培训达规定标准学时数，并取得合格证书。

（2）取得本职业初级公关员职业资格证书后，连续从事本职业或相关工作（新闻、广告、营销、管理、秘书）3年以上。

（3）具有公共关系专业或相关专业（新闻、广告、营销、管理、秘书）大学专科以上学历，并从事本职业工作1年以上。

——高级公关员（具备下列条件之一者）：

（1）取得本职业中级公关员职业资格证书后，连续从事本职业或相关工作（新闻、广告、营销、管理、秘书）2年以上，经本职业高级公关员正规培训达规定标准学时数，并取得合格证书。

（2）取得本职业中级公关员职业资格证书后，连续从事本职业工作3年以上。

（3）具有大学本科学历，并连续从事本职业或相关工作（新闻、广告、营销、管理、秘书）2年以上。

（4）具有公共关系本科学历，并从事本职业工作1年以上。

——公关师（具备下列条件之一者）：

（1）取得本职业高级公关员职业资格证书后，连续从事本职业工作4年以上，经本职业公关师正规培训达规定标准学时数，并取得合格证书。

（2）取得本职业高级公关员职业资格证书后，连续从事本职业工作5年以上。

（3）具有公共关系本科学历并连续从事本职业工作5年以上，或具有大学本科学历并连续从事相关工作（新闻、广告、营销、管理）6年以上。

（4）具有公共关系（方向）硕士以及MBA、MPA学位并从事本职业或相关工作（新闻、广告、营销、管理）1年以上。

——高级公关师（具备下列条件之一者）：

（1）取得本职业公关师职业资格证书后，连续从事本职业工作5年以上，经本职业高级公关师正规培训达规定标准学时数，并取得合格证书。

（2）取得本职业公关师职业资格证书后，连续从事本职业工作6年以上。

（3）具有公共关系本科学历并连续从事本职业工作10年以上，或具有相关专业（新闻、广告、营销、管理）本科学历并连续从事本职业工作12年以上。

（4）具有公共关系硕士（方向）及以上学历或MBA、MPA学位并连续从事本职业工作5年以上。

（5）具有大学本科学历，职业表现突出者或担任本职业高级管理职务（总经理或总监以上职务），为职业发展和行业建设作出重大贡献的资深专业人士，须由国家职业资格工作委员会、公关专业委员会两名委员推荐。

1.8.3 鉴定方式：

分为理论知识（含职业道德）考试和技能操作考核两种方式。理论知识考试：采用闭卷笔试方式；技能操作考核：公关员采用闭卷技能笔试方式；公关师、高级公关师采用现场实际操作方式。理论知识考试和技能操作考核均采用百分制，皆达 60 分以上者为合格。

公关师和高级公关师还须进行专业评审，具体如下：

——公关师：

（1）需提交一份专业技术报告（涉及本职业的、能反映专业能力的项目建议书、研究/开发成果或论文等，并需附上由两位公共关系或相关专业副高级专业技术职务任职资格及以上职称或已获得高级公关师资格 2 年以上的专家意见书）；

（2）由评审委员会对其所提交的专业技术报告和现场答辩进行审核和评判。

——高级公关师：

（1）需提交一份专业技术报告（涉及本职业的、能反映专业能力的项目建议书、研究/开发成果或论文等，并需附上由两位公共关系或相关专业正高级专业技术职务任职资格，或已获得高级公关师资格 3 年以上的专家意见书）；

（2）由评审委员会对所提交的专业技术报告和现场答辩进行审核和评判。

1.8.4 考评人员与考生配比：

公关员考试（考核）均按每 20 名考生配一名考评员。公关师和高级公关师考评人员与考生配比：理论知识考试考评人员与考生人员配比为 1：10；技能考核为 1：5；专业评审需同时不少于 3 名评审委员会委员。

1.8.5 鉴定时间：

公关员各等级的理论知识考试（包括职业道德考试）时间为 90 分钟。公关员各等级技能考核时间为 120 分钟。

公关师理论知识考试（包括职业道德考试）时间为 90 分钟，技能操作考核时间为 90 分钟；专业评审时间为 30 分钟。

高级公关师理论考试（包括职业道德考试）时间为 90 分钟，技能操作考核时间为 60 分钟；专业评审时间为 60 分钟。

1.8.6 鉴定场地设备：标准教室和会议室。

2. 基本要求

2.1 职业道德

2.1.1 职业道德基本知识

2.1.2 职业守则

（1）奉公守法，遵守公德；

（2）敬业爱岗，忠于职责；

（3）坚持原则，处事公正；

（4）求真务实，高效勤奋；

（5）顾全大局，严守机密；

（6）维护信誉，诚实有信；

（7）服务公众，贡献社会；

（8）精研业务，锐意创新。

2.2　基础知识

2.2.1　公共关系基础理论

（1）公共关系的含义。

（2）公共关系的要素。

（3）公共关系的职能。

（4）公共关系的工作程序及其原则。

2.2.2　公共关系的发展简史

（1）中国公共关系的发展简史和现状。

（2）国际公共关系发展简史。

2.2.3　公共关系职业道德规范

（1）公共关系职业道德规范的形成过程。

（2）公共关系职业道德规范的内容和基本要求。

2.2.4　相关法律、法规知识

（1）合同法的相关知识。

（2）反不正当竞争法的相关知识。

（3）消费者权益保护法的相关知识。

（4）涉外经济法的相关知识。

（5）广告法的相关知识。

（6）知识产权法的相关知识。

（7）著作权法的相关知识。

（8）劳动法的相关知识。

（9）国家有关新闻出版、信息传播等方面的法规。

3. 公关员工作要求

本标准对初、中、高级公关员和公关师、高级公关师的技能要求依次递进，高级别涵盖低级别的要求。

公关员国家职业标准

3.1　初级公关员

职业功能	工作内容	能力要求	相关知识
一、沟通协调	（一）接待联络	1. 能按礼仪规范进行接待活动 2. 能答复电话问询 3. 能起草贺信、贺电、请柬	1. 日常礼仪的基本内容和要求 2. 接待来访的程序和基本要求 3. 社交礼仪文书的类型和文体
	（二）演讲介绍	1. 能准备组织演讲材料 2. 能简述组织基本情况	1. 演讲的类型和功能 2. 演讲的基本要求
	（三）公众关系处理	1. 能处理简单问询 2. 能进行事务性联系	1. 公众关系协调原则 2. 公众关系协调的一般方法

续表

职业功能	工作内容	能力要求	相关知识
二、信息传播	（一）媒介联络	1. 能准备媒介联络资料 2. 能收集、整理、制作新闻剪报	1. 与媒介交往的原则和方法 2. 新闻剪报的基本要求
	（二）新闻发布	1. 能准备有关新闻资料 2. 能联络新闻发布会场事宜	1. 新闻发布的程序 2. 与新闻发布有关的礼仪要求
三、调查评估	（一）方案准备	1. 能准备调查和评估所需资料 2. 能承担调查的联络工作	1. 调查的目的和意义 2. 调查的基本程序
	（二）方案实施	1. 能进行一般性文献调查 2. 能进行问卷的发放与收集	文献调查法的步骤与技巧
	（三）数据统计	能对调查数据进行简单的统计和整理	数据统计的简单方法
四、活动管理	（一）策划准备	1. 能准备策划所需资料 2. 能安排策划会议	1. 专题活动的类型、特点 2. 专题活动策划的一般程序
	（二）活动实施	1. 能联络活动现场 2. 能绘制活动场地布置图 3. 能使用投影仪、幻灯机、照相机和摄像机	1. 会场布置的基本知识 2. 印刷品的一般制作过程 3. 投影仪、幻灯机等设备知识

3.2　中级公关员

职业功能	工作内容	能力要求	相关知识
一、沟通协调	（一）接待联络	1. 能按礼仪规范进行中外接待 2. 能撰写社交公关文书	1. 中外礼仪的基本内容和要求 2. 社交文书的类型和写作要求
	（二）演讲介绍	1. 能介绍组织的历史和现状 2. 能组织小型演讲活动	1. 演讲的基本技巧 2. 演讲活动的程序
	（三）公众关系处理	1. 能处理日常公众问询 2. 能与主要公众进行信息沟通 3. 能安排领导与公众进行沟通	公众关系协调的主要方法和基本要求
二、信息传播	（一）媒介联络	1. 能进行媒体联络 2. 能安排记者采访 3. 能追踪监测采访结果	1. 记者职业特点 2. 新闻传播的基本程序 3. 新闻追踪和监测的基本要求
	（二）新闻发布	1. 能检查发布资料的准备情况 2. 能接待现场媒体采访活动	新闻发布的性质、特点
	（三）宣传稿编写	1. 能撰写新闻通讯稿 2. 能编组组织内部刊物 3. 能编写组织对外宣传册	1. 新闻稿的类型和撰写要求 2. 新闻编写的基本要求 3. 公众的特点和心理需求

续表

职业功能	工作内容	能力要求	相关知识
三、调查评估	（一） 方案准备	1. 能提供与调查相关的背景资料 2. 能起草小型调查方案	1. 小型调查的基本程序 2. 调查方案的写作要求
	（二） 方案设计	1. 能设计小型观察调查提纲 2. 能设计小型访谈提纲 3. 能设计媒介文献调查方案	1. 调查方法的类型与特点 2. 调查方法的运用及其原则 3. 调查问卷文案写作知识
	（三） 方案实施	1. 能用观察法进行调查 2. 能用访谈法进行调查 3. 能进行各种媒介的文献调查	1. 观察调查法的步骤与技巧 2. 访谈调查法的步骤与技巧
	（四） 统计分析	1. 能对调查数据进行统计分析 2. 能编制调查评估图表	1. 常用的数据统计的方法 2. 调查评估分析的原则和方法
四、专题活动	（一） 活动策划	1. 能制订简单策划方案 2. 能编制行动方案和时间表	1. 专题活动目标和主题的确定 2. 策划构思的方法
	（二） 活动实施	1. 能按要求执行活动方案 2. 能收集活动物品市场信息	1. 音像宣传品制作的有关知识 2. 活动物品的市场信息
五、危机处理	（一） 舆论监测	1. 能监测媒体负面报道 2. 能监测公众关系中的消极信息	1. 危机管理的基本概念 2. 危机处理的程序和技巧
	（二） 危机传播	1. 能应对日常公众投诉 2. 能准备危机传播材料	1. 危机传播管理的原则 2. 危机处理中的新闻发布要点

3.3　高级公关员

职业功能	工作内容	能力要求	相关知识
一、沟通协调	（一） 接待联络	1. 能制订接待计划 2. 能负责业务谈判接待工作	1. 接待程序、特点和基本要求 2. 谈判知识和技巧
	（二） 演讲介绍	1. 能介绍组织政策和远景情况 2. 能组织演讲活动，充当主持人	1. 演讲类型、功能和基本要求 2. 主持人的功能和基本要求
	（三） 公众关系处理	1. 能制订外部公众沟通计划 2. 能制订内部公众沟通计划	1. 公众关系沟通的原则和策略 2. 公众关系沟通的主要方法和基本技巧

职业功能	工作内容	能力要求	相关知识
二、信息传播	（一）媒介联络	1. 能规划媒介数据库的建设 2. 能安排记者采访组织或代表组织接受记者采访 3. 能制订简单媒介传播计划	1. 信息传播的基本原则 2. 中国媒介特点 3. 媒介传播组合及传播技巧
	（二）新闻发布	1. 能制订新闻发布计划 2. 能组织新闻发布活动	新闻发言人制度的内容和要求
	（三）宣传稿编写	1. 能编写各种新闻稿件 2. 能起草组织内部刊物及音像资料的编写方案	1. 内部沟通的原理和方法 2. 内部通讯的设计原则
三、调查评估	（一）方案准备	1. 能洽谈和承接调查项目 2. 能撰写调查项目方案 3. 能撰写评估项目方案	1. 调查项目的要求和技巧 2. 各种调查的基本程序 3. 评估的原理及其应用
	（二）方案设计	1. 能设计观察调查方案 2. 能设计各种调查问卷 3. 能设计实验调查方案	1. 各种调查方法的取舍原则 2. 各种调查方法的原则及技巧
	（三）方案实施	1. 能执行调查方案的实施工作 2. 能执行评估方案的实施工作	1. 实施调查的知识与技巧 2. 实施评估的知识与技巧
	（四）报告编写	1. 能对调查数据进行分析 2. 能撰写小型调查报告 3. 能撰写小型评估报告	1. 数据统计类型、方法与技巧 2. 调查报告的类型和写作技巧 3. 评估报告的类型和写作技巧
四、活动管理	（一）活动策划	1. 能组织小型活动的策划工作 2. 能起草简单的策划建议书 3. 能对活动效果进行基本预测	1. 主题构思的技巧 2. 策划创意的技巧 3. 大型活动相关的政策法规
	（二）活动实施	1. 能对中型活动进行管理 2. 能制订具体的行动方案 3. 能编制活动预算 4. 能对中型活动进行现场监控	1. 可行性研究的方法 2. 专题活动的流程管理 3. 预算的基本常识和技巧
五、危机处理	（一）舆论监测	1. 能对媒介负面报道进行分析 2. 能提出危机处理意见	1. 危机的处理程序 2. 危机预警的基本原则
	（二）危机处理	1. 能根据危机管理计划进行危机处理工作 2. 能根据危机管理计划进行危机传播管理	1. 危机管理工作要点 2. 危机期间媒介关系的协调与沟通
六、公关咨询	（一）一般性咨询	能处理日常工作中的咨询工作	1. 公关咨询的工作原理 2. 咨询业务的一般工作流程
	（二）咨询建议	能起草日常服务公关建议书	公关建议书的写作技巧

3.4　公关师

职业功能	工作内容	能力要求	相关知识
一、传播沟通	（一）业务沟通	1. 能制定和审定业务洽谈策略 2. 能进行高层次的业务谈判	1. 业务沟通的特点和基本要求 2. 业务洽谈的工作流程及技巧
	（二）公众协调	1. 能负责制订全年公众沟通计划 2. 能单独承担主要公众关系（政府、行业、社区等）的协调工作 3. 能有效地进行客户关系管理	1. 长期沟通规划的原则 2. 政府、行业、社区等重要对象的工作特点和沟通渠道 3. 客户关系管理的原则与方法
	（三）公关传播	1. 能制订并执行媒介传播计划 2. 能运用传播工具进行公关传播 3. 能撰写各种专题性新闻稿件 4. 能有效地进行媒介关系管理	1. 媒介概况和新闻报道原则 2. 新闻传播的方式、方法 3. 媒介沟通与投放技巧 4. 媒介关系管理知识
二、创意策划	（一）客户需求测评	1. 能准确把握客户的市场环境并作出符合实际的判断 2. 能客观分析客户公关工作中需改进的环节	1. 市场信息和数据分析的知识 2. 组织竞争战略的有关知识
	（二）公关策划	1. 能根据客户需求制订有效的公共关系战略和计划 2. 能起草大型公关策划建议书，并提出创意性计划和行动方案 3. 能进行一般性的案例研究分析	1. 公关创意策划的基本方法 2. 决策过程及其理论 3. 创造性思维的有关知识 4. 客户所属行业的市场状况 5. 案例研究的原则和方法
三、策略管理	（一）公关调查	能运用各种调查研究方法与工具发现一个组织面临的各种公关问题	1. 市场调查的一般知识、方法和步骤 2. 定性与定量的分析方法 3. 调查工作涉及的有关法规
	（二）媒介管理	1. 能规划媒介关系工作框架 2. 能建立并维护媒介数据库 3. 能开展积极的、形式多样的媒介关系活动	1. 媒介关系的工作内容 2. 媒介关系的工作技巧 3. 媒介数据库的有关知识
	（三）市场传播	1. 能运用发布、巡展、论坛、培训等传播工具进行市场传播 2. 能实施全年市场传播计划和行动方案 3. 能帮助组织规划市场传播战略和策略	1. 产品发布、巡展、研讨、论坛、培训等工作的程序、内容和技巧 2. 市场营销的知识和工作原理 3. 整合营销传播的基本理论和技术原理

职业功能	工作内容	能力要求	相关知识
三、策略管理	（四）企业传播	1. 能利用媒介传播、事件策划、品牌战略等工具进行形象传播 2. 能实施全年形象传播计划和行动方案 3. 能帮助组织规划品牌战略	1. 媒介传播、事件策划、品牌战略的工作原理和工作技巧 2. 组织战略、组织文化、组织运作与管理的基本内容
	（五）公共管理	1. 能制订政府关系工作计划 2. 能建立与政府、行业、社区之间良好的工作渠道 3. 善于并保持经常性的沟通	1. 政府关系、社区关系的工作原理和工作技巧 2. 最新政策动向和产业动向 3. 组织赞助的程序和应用
	（六）公关评估	1. 能结合组织的目标，对公关工作的中、长期效果进行评估 2. 能从公关活动的效果出发，鉴别日常公关工作的薄弱环节	1. 组织管理与绩效评估的有关知识、方法和工具 2. 数理统计与分析的基本知识
	（七）网络公关	1. 能运用互联网技术，加强与各类公众的交流与沟通 2. 能及时更新组织网站上的内容资料，构建网上的沟通平台	1. 网页设计的有关知识 2. 网络营销的有关知识
四、项目管理	（一）项目确认	1. 能有效地进行项目沟通 2. 能快速对公关需求进行鉴别 3. 能进行商业合同谈判	1. 市场环境的有关知识 2. 高级商务谈判的策略与手段 3. 跨文化传播的有关知识
	（二）项目竞标	1. 能客观分析客户工作中存在的薄弱环节 2. 能有效进行项目沟通 3. 能把握项目竞标的各种变化	1. 公关市场预测的基本知识 2. 客户关系管理知识 3. 项目竞标的工作内容和工作流程
	（三）项目执行	1. 能独立承担项目小组的管理工作，并进行全案跟踪和监控 2. 能进行现场的有效管理和监控，并灵活处理各种变化	1. 流程管理的原则与方法 2. 目标管理知识 3. 时间管理知识 4. 财务管理知识
	（四）项目评估	1. 能有效统筹项目实施的有序性与完整性 2. 能在项目结束后与客户保持积极的沟通并总结实施经验	1. 项目管理的核心原则 2. 项目评估方法与手段

职业功能	工作内容	能力要求	相关知识
五、危机管理	（一）计划制订	1. 能制订危机管理计划 2. 能协调危机中相关方面的关系	危机管理计划的撰写要求
	（二）危机处理	1. 能及时处理危机事件 2. 能主持危机管理计划的实施 3. 能监控危机事件信息传播	1. 危机管理的工作程序和技巧 2. 危机传播中的新闻发布要点
	（三）危机传播	1. 能起草危机管理预警方案 2. 能承担危机传播管理工作	1. 危机管理预警方案的要点 2. 危机传播管理工作内容
六、管理咨询	（一）公关公司管理	1. 能开展公司的业务管理 2. 能对公司业务、财务、人力资源、客户服务等进行有效的管理	1. 企业管理的主要内容 2. 企业财务、税法、劳动法、合同法等有关的法律知识 3. 人力资源管理知识
	（二）公关部门管理	1. 能协调公关部门的各项工作 2. 能对公关部门业务、人力资源和组织战略决策进行管理 3. 能为组织管理层提出公共关系的策略建议 4. 能协调公关部门与其他部门以及外部公关公司的合作	1. 服务营销与品牌管理知识 2. 组织形象识别系统（CIS）知识
	（三）专业咨询	1. 能对组织公共关系的状态进行策略分析 2. 能对组织的公关战略提出建设性建议和成熟的实施方案 3. 能对组织的中长期公关计划提出指导性的策略建议	管理咨询的原则、程序和方法的专门知识
七、培训指导	（一）培训	1. 能对中级专业人员进行培训 2. 能对非专业人员进行日常培训 3. 能编写专业培训讲义	培训的有关知识
	（二）指导	能对公关员进行业务指导	案例教学法

3.5 高级公关师

职业功能	工作内容	能力要求	相关知识
一、传播管理	（一）舆论监测	1. 能及时掌握公众舆论动向，并指导组织建立相应的资料库 2. 能对组织与各主要公众间的关系状态进行整体定位	1. 舆论调查的有关知识 2. 舆论分析的原理和技巧 3. 公共关系状态定位研究
	（二）传播沟通	1. 能审定全年公关传播计划，指导公关传播计划的执行 2. 能制定中长期公关传播战略和规划	1. 长期传播计划的基本内容及其特点 2. 公共关系战略与规划
	（三）关系协调	1. 能监控与各主要公众关系，维持良好的沟通渠道 2. 能指导客户关系管理	1. 公众关系的沟通原则和策略 2. 主要公众对象的特征和工作环境
二、策划研究	（一）创意策划	1. 能主持大型公关活动策划 2. 能对公关建议书提出专家意见 3. 能审定大型公关活动方案 4. 能评判公关活动效果	1. 大型活动的有关政策法规 2. 创新思维的工作原理 3. 策划的基本理论和原则 4. 创新管理的基本知识
	（二）公关研究	1. 能综合进行公众舆论研究与分析，并提出科学建议 2. 能独立进行公关案例研究 3. 能主持开发公关工作工具	1. 舆论及传播研究的有关知识 2. 案例研究与分析 3. 各种研究手段的有关知识 4. 专业发展趋势
三、危机管理	（一）预案策划	1. 能审定危机管理预警方案 2. 能主持或审定危机管理计划	主持或审定危机管理计划的要点
	（二）预防与规避	1. 能主持危机管理工作 2. 能提供危机管理建议 3. 能独立提供危机管理顾问服务	1. 公关咨询工作原理和流程 2. 各种应急技巧训练知识
	（三）危机管理培训	1. 能进行危机管理训练 2. 能根据情况的变化对危机管理预案进行不断更新	1. 专业培训的基本要领 2. 培训工具的有关知识

续表

职业功能	工作内容	能力要求	相关知识
四、网络公关	（一）网络舆论调研与评估	1. 能运用现代传播技术把握组织与公众的关系状态 2. 能对互联网不同公众反应进行整理，建立数据库并及时更新	1. 现代通信科技的有关知识 2. 网络传播的形式、特点和功能等方面的有关知识
	（二）网络工具使用	1. 能使用网络工具，建立组织与公众的互动平台 2. 能规划并审定网络公关计划	与网络传播有关的法律与法规
	（三）网络监测与维护	1. 能监测网上公众的反应 2. 能采取多种互联网沟通手段，保持与公众间日常的积极互动	1. 网络监测的有关知识 2. 网络设计与网络安全方面的有关知识
五、组织管理	（一）公关公司管理	1. 能独立承担专业公司的运营 2. 能对公司业务、财务、人力资源、客户服务等进行有效监督 3. 能开拓公司新业务和新客户 4. 能规划公司企业文化建设	1. 企业战略、管理等有关知识 2. 营销、质量管理等有关知识 3. 企业使命和社会责任的有关知识
	（二）公关部门管理	1. 能主持公共关系部门工作 2. 能对公关部门的业务、人力资源和公关战略进行有效的监督	1. 卓越公共关系标准 2. 项目预算知识

续表

职业功能	工作内容	能力要求	相关知识
六、战略咨询	(一)环境监测	1. 能组织和指导对组织的各类公众进行分门别类的分析,并分别建立相应的资料库 2. 能负责对组织与各主要公众间的关系状态进行整体定位与把握	1. 消费者权益保护法和组织社团法规等方面的法律知识 2. 相关行业的有关知识
	(二)问题诊断	1. 根据组织目标,能指导对组织公关整体运作效果进行评估 2. 能对影响组织环境的因素进行分析和研究	管理决策的有关知识
	(三)战略建议	1. 能负责对组织与各主要公众间的关系进行调整和改善提出建设性建议 2. 能指导撰写并审定组织与公众间关系的咨询报告和建议案	1. 战略管理的有关知识 2. 组织文化建设的有关知识
	(四)趋势预测	1. 能从组织环境的视角把握组织的公关特征 2. 能提出组织公关运作应注意的主要问题清单 3. 能对组织的中长期公关计划提出指导性的策略建议	战略公关和国际公共关系知识
七、培训指导	(一)培训	1. 能对高级专业人员进行培训 2. 能对组织领导人进行高级培训	1. 培训方案的编制方法 2. 专业课件开发的有关知识
	(二)指导	1. 能编写专业课件 2. 能对公关师进行业务指导和专业指导	1. 公关职业的前沿知识 2. 专业指导的有关知识

国际公共关系协会职业准则

1. 国际公共关系协会成员必须竭诚做到以下各条：

第一条　为建设应有的道德、文化条件，保证人类得以享受《联合国人权宣言》所规定的诸种不可剥夺的权利作贡献。

第二条　建立各种传播网络和渠道，以促进基本信息的自由流通，使社会的每一个成员都有被告知感，从而产生归属感、责任感与社会感。

第三条　牢记由于职业与公众的密切联系，个人的行为即使是私人方面的也会对事业的声誉产生影响。

第四条　在自己的职业活动中尊重《联合国人权宣言》的道德原则与规定。

第五条　尊重并维护人类的尊严、确认各人均有自己作判断的权利。

第六条　促成为真正进行思想交流所必需的道德、心理、智能条件，确认参与的各方面都有申述情况与表达意见的权利。

2. 所有成员都应保证：

第七条　在任何时候任何场合，自己的行为都应赢得有关方面的信赖。

第八条　在任何场合，自己均应在行动中表现出对自己所服务的机构和公众双方的正当权益的尊重。

第九条　忠于职守，避免使用含糊或可能引起误解的语言，对目前以及以往的客户或雇主都始终忠诚如一。

3. 所有成员都应力戒：

第十条　因某种需要而违背真理。

第十一条　传播没有确凿依据的信息。

第十二条　参与任何冒险行动或承揽不道德、不忠实、有损于人类尊严与诚实的业务。

第十三条　使用任何操纵性方法与技术来引发对方无法以其意志控制因而也无法对之负责的潜意识动机。

中国公共关系职业道德准则

（一九九一年五月二十三日第四届全国省市公关组织联席会议通过）

总　则

中国公共关系事业的发展是中国改革开放的必然趋势，它以新型的管理科学，协调社会各方面的关系，密切党和广大人民群众的联系，调动各种积极因素，维护安定团结，促进社会主义建设。因此公共关系工作者肩负着时代的使命。公共关系工作者必须具有高尚的职业道德和完善自身形象的行为准则。

条　款

1. 公共关系工作者应当坚持社会主义方向，自觉地遵守我国的宪法、法律和社会道德规范。

2. 公共关系工作者开展公关活动首先要注重社会效益，努力维护公关职业的整体形象。

3. 公共关系工作者在公共关系活动中，应当力求真实、准确、公正和对公众负责。

4. 公共关系工作者应当努力提高自己的政治水平、文化修养和公关的专业技能。

5. 公共关系工作者应当将公关理论联系中国的实际，以严肃认真、诚实的态度来从事公共关系学教育。

6. 公共关系工作者应当注意传播信息的真实性和准确性，防止和避免使人误解的信息。

7. 公共关系工作者不能有意损害其他公关工作者的信誉和公关实务。对不道德、不守法的公关组织及个人予以制止并通过有关组织采取相应的措施。

8. 公共关系工作者不得借用公关名义从事任何有损公关信誉的活动。

9. 公共关系工作者应当对公关事业具有高度的责任感。不得利用贿赂或其他不正当手段影响传播媒介人员真实、客观地报道。

10. 公共关系工作者在国内外公共关系实务中应该严守国家和各自组织的有关机密。

附　则

本准则将根据实际情况予以调整和修改。其解释、修改、终止权属全国省市公关组织联席会议。

公关咨询业服务规范（指导意见）

　　根据中国公关咨询业市场发展的需要，中国国际公共关系协会公关公司工作委员会于2003年3月正式开始《公关咨询业服务规范》的起草工作。起草小组借鉴国际公关咨询业及其他顾问咨询业的服务规范，结合中国市场的特点，在广泛征询业内专家意见的基础上，经过8个月的努力工作，完成了该文件的起草工作。

　　2003年11月25日，公关公司工作委员会2003年度第四次工作会议正式审议通过了《公关咨询业服务规范》（指导意见），决定于2004年中国国际公共关系大会期间正式对外发表，2004年7月1日起正式生效。

　　《公关咨询业服务规范》分序言、总则、主要规程、附则等八章55款，涉及公关咨询业总则、职业概述、工作流程、公司管理、战略与营销、职业开发、职业道德等内容，共计12275字。

序　　言

　　现代公共关系理论和实务因改革开放而由欧美引进我国，随我国市场经济体制的确立而在中国生根发芽。在经历20世纪80年代初的引进酝酿期、80年代中至80年代末的知识传播期、90年代初至90年代中的专业实践期以及90年代中至90年代末的职业发展期的曲折发展和不断积累，到20世纪末，中国公关咨询业终于在我国正式形成。

　　1999年5月，《中华人民共和国职业分类大典》将"公共关系"作为一种新职业而列入中国职业大典，标志着中国政府正式承认"公共关系"这一职业；2000年3月，《国家劳动和社会保障部第6号令》将"公关员"列入90个持证上岗职业之一，并于当年7月1日起开始实施。

　　据中国国际公共关系协会2007年度行业调查显示，2007年度中国公共关系市场年营业额应超过108亿元人民币，比上年度的80亿元人民币增加28亿元人民币，年增长率为35%，其中TOP公司总营业额超过22亿元人民币，平均年营业额为11186万元，比上年的8070万元增加了3116万元，增长了38%。

　　新闻代理、事件策划、市场传播、企业传播、公共事务管理以及战略咨询等成为中国公关市场的主要服务手段，IT、通信、汽车、医药等行业成为主要服务领域，专业技术发展和行业市场细分迎来了多层次、全方位的公共关系专业服务市场的繁荣，但是专业人才和管理人才的严重短缺在一定程度上影响了行业的健康发展。

　　市场发展呼吁行业规范。对于中国公关咨询业，这一茁壮成长的新兴行业，我们认为，有必要不断提高专业技术水平，加强人才培养和交流，同时制定从业行为准则和行业服务规范，以确保本行业的持续、稳定、健康发展。为此，我们根据行业发展的战略需求，并经CIPRA专业公司工作委员会的酝酿、协商和研究，起草本《指导意见》，以期原则性地规范中国公关咨询业的行业服务标准。具体条款如下：

第一章　总　　则

　　第一条　中国公关咨询业因改革开放而生，随市场经济而发展。进入21世纪以来，随着世界多极化和经济全球化，以及知识经济时代的到来，特别是中国加入世贸组织以及中国领导集体的顺利交接，中国公关咨询业也迎来了其发展的重要战略机遇期。

第二条 公关顾问服务是一门专业技术，中国公关咨询业作为提供专业技术服务的特殊行业，应该借鉴国际成熟的行业规范并结合中国国情，建立自己的行业服务标准，并形成独具中国特色的行业特征；同时应该遵循"公开、公正、公平"的市场原则，从服务特性、服务内容、工作流程、运营管理、职业开发以及职业道德等几个方面规范从业行为，确保本行业的持续繁荣。

第二章　公关咨询业的职业概述

第三条 公关顾问服务是一种通过提供专业服务技术满足客户的公关需求（信息传播、关系协调、形象管理），以获取经营利润的服务形式。它通过调查、策划、实施、评估以及咨询等一系列专业服务手段来实现，是一种外部顾问咨询服务。

第四条 公关顾问服务是一种专业咨询服务。它具有顾问服务、独立服务、期限服务和商业服务四个方面的特性。公关顾问为组织提供公共关系咨询建议，并在组织的授权下帮助组织实施部分公共关系项目；公关顾问必须站在公正的立场上，提出科学合理的建议，同时确保所传播信息的正确、准确；公关顾问服务是一种有时限的服务，不管是长期的日常服务，还是临时的项目服务，都需要根据与客户约定的时间来完成委托任务；公关顾问公司通过提供专业技术服务来达到营利目的。

第五条 公关咨询业具有人才密集、知识密集、技术独占和资源密集四个方面的行业特征。公关顾问服务是一种智力服务，即通过研究、分析、判断以及建议来实施服务，专业人员资源是公关顾问公司的主要资本；公共关系是一门边缘学科，其知识体系包括诸如传播学、市场学、社会学、心理学以及各种研究方法等专门知识；公关顾问服务是以传播技术为核心手段的一种服务，有其独特的技术特征；公关咨询业与其他咨询业务的重要区别还在于，公关顾问除提供咨询服务外，还帮助客户完成一定的执行任务，需要调动广泛的社会资源。

第六条 在公共关系实践中，公关顾问公司主要帮助组织实现如下的公共关系目标：

——制定组织的公共关系战略，促进与其目标公众（组织内部和外部）的相互理解；

——建立组织的信息监测体系，发现和消除摩擦、误解和危机；

——提供组织的形象管理建议，树立品牌形象；

——制订组织与公众沟通的传播计划，促进各种传播沟通活动的开展；

——实施一系列传播活动（宣传、广告、会展、市场推广等），扩大组织影响。

第七条 公关顾问公司以各种方式参与组织的公共关系实践，满足客户对于公共关系服务的需求。归纳起来，可以划分为如下十种主要方式：战略咨询、市场研究、品牌策划、传播顾问、公共事务、事件管理、舆论监测、危机管理、专业培训、宣传品制作。

第八条 公关顾问公司以各种分类方式来提供更加专业、有效的服务。从专业服务性质来看，可以分为综合性公司、专业性公司、公关研究机构、独立公关顾问、兼职公关教授等；从专业服务方向来看，可以分为战略咨询公司、公共事务顾问公司、投资者关系顾问公司、新闻代理公司、营销传播顾问公司等；从客户服务领域来看，可以分为IT、医保、财经、文化、体育等行业顾问公司；从业务覆盖地域来看，可以分为跨国公司（或称国际公司）和本地公司。

第九条　公关顾问公司提供的专业服务产品包括如下几个方面：媒介关系、事件管理、营销传播、品牌管理、公共事务管理、投资者关系、舆论调查与研究、危机管理与议题管理、内部传播、CEO声誉管理、战略咨询、专业培训以及宣传品制作等。

第三章　公关顾问服务的工作流程

第十条　公关顾问服务是一种专业咨询服务，服务成果和服务质量由其规范的工作流程来保证，项目洽谈、项目调研、项目策划、项目确认、项目实施、项目评估等工作流程以及其特有的工作方法、技术工具和服务标准确保了公关顾问服务成为一种专业服务。

第十一条　与潜在客户接触是公关顾问公司市场开发的一个主要方式。客户主要基于以下渠道来选定公关顾问公司：

——曾经提供满意服务的顾问公司（众所周知，回头客是非常重要的）；

——朋友推荐的其所使用服务满意的顾问公司（经常发生）；

——行业内具有较高声誉和品牌的顾问公司（概率较高）；

——行业会议和行业出版物中表现突出的顾问公司；

——以前接触过的、还留有记忆的顾问公司；

——行业内的会员名录或其他检索查询的顾问公司（不经常发生）。

第十二条　公关顾问服务主要解决客户的公共关系问题，公共关系调查就是对公众心目中的组织（产品或服务）形象和声誉进行舆论研究，对客户所采用的公共关系策略和手段进行评估，对竞争对手所采用的策略和手段进行比较，找出客户所面临的具体困难、挑战或威胁，以及自身的优势和存在的机会，并得出基本的结论及解决问题的基本方法。

第十三条　公关顾问们经常采用"头脑风暴法"来进行项目策划会。策划会主要集中讨论和论证以下问题：

——客户的公共关系目标，也即客户的具体服务需求；

——市场研究与分析，客户所面临的问题与挑战；

——目标受众的分析；

——应该采用何种公共关系策略；

——应该采取何种公共关系行动；

——具体媒介宣传策划和计划；

——可以依赖的力量和资源；

——可能出现的公共关系反应及问题等。

第十四条　编制项目建议书是公关顾问服务流程中一项非常严谨的工作。项目建议书主要包括以下内容：

——客户背景及所面临的问题与挑战；

——项目委托任务描述；

——项目分析与研究；

——归纳出来的具体公共关系目标；

——建议的公共关系战略；

——目标受众分析及其针对性的公共关系传播策略；

——建议的公共关系行动以及设计的各种公共关系活动；

——建议的媒介宣传计划；

——预计的公共关系效果及所采用的公共关系评估手段；

——可能发生的预算费用及公共关系顾问费用；

——主题、口号、标志、现场环境等设计。

第十五条 项目建议书必须落实到具体的行动方案，包括公共关系目标、公共关系策略、具体公共关系活动形式、时间、地点、参与对象、现场设计、媒介宣传计划、任务时间表及详细预算等要素在内的行动方案应该得到客户的评估和确认。通常，行动方案和调整后的项目预算表作为附件成为项目合同的一个重要组成部分。

第十六条 项目执行包括前期准备、现场演练和现场执行等几个阶段，应注意的几项工作：

——组建一个执行团队，确定一名负责人，该人员主要负责项目的管理、督导、监控；

——根据行动方案和时间表，进行人员分工，各负其责，定期检查落实；

——建立沟通协调机制，确保信息畅通，及时解决问题，并督导进程；

——落实各种支持力量，与相关的支持力量签订分包协议，明确职责；

——落实活动场所及其他申请手续，与活动场所签约，并确定现场活动流程和设备等；

——落实媒体联络、媒体邀请、新闻撰写等事宜；

——落实活动参与人员、现场准备、各种文件材料、宣传品制作等事项；

——按活动流程进行现场彩排，检测参与人员的准备和现场表现，检测各种现场设备的使用和现场效果，检测活动时间的控制，发现现场可能出现的各种突发事件等；

——严格按活动流程进行现场执行工作，对于突发的各种事件必须灵活、果断处理，适时启用应急方案。

第十七条 公共关系效果评估报告应该包括项目简述（主要涵盖委托任务描述及咨询过程和总体效果评估）；项目研究（项目开始前的基本状况，问题和挑战）；项目策划（项目建议书和行动方案的核心内容）；项目执行（主要工作及程序描述）；项目评估（执行情况评估、产生效果评估、可能带来的影响和积极意义等）。评估报告应该注明所使用的评估手段和评估工具，收录有关重要资料依据（项目建议书、行动方案、工作时间表、现场活动程序、现场效果图、活动参与人员名单、媒体监测统计、新闻剪报、现场反馈测评以及项目形成的知识产权文件等文字材料、图片资料和影像资料）作为附件。

第四章 公关顾问公司的管理

第十八条 公关顾问服务所提供的服务产品是无形的，客户主要根据其专业技术、管理水平和工作效果来判断价值。一个项目的成功运作需要涉及客户关系管理、项目管理、流程管理、人员管理、资源管理以及财务管理等，公关顾问公司本身也需要卓有成效的管理。

第十九条 公关顾问们提供的专业服务是一种无形产品，即给客户提供的策划建议和任务执行，其最终产品是对客户的公共关系状况产生明显的效果的公共关系建议和行动。

第二十条　公关顾问服务是一种个性化的智力服务（其最大投入是专业资源），以服务费的形式向客户收取费用，即按这些专业人员的专业等级和专业经验确定收费标准。服务费主要是根据专业人员的参与人数和工作时间来进行计算。具体建议如下：

——收费名目：项目成本费（诸如设计、媒体、设备、活动等第三方费用）；咨询服务费（专业人员投入的质量和数量以及投入的工作时数进行计算）；项目管理费（行政办公费用、差旅费用、外聘劳务等）；营业税金等。

——收费形式：长期代理费（按月计算，原则上不应低于3万RMB）；项目服务费（按项目计算，原则上不应低于总预算的10%）；个案咨询费（按实际小时/工作量协商）；项目管理费（按项目计算，原则上不应低于总预算的5%）。

第二十一条　与经常性客户建立联系并加以管理是公关顾问的一项重要任务，客户关系在公关顾问服务中占有举足轻重的位置。公关顾问和客户之间的关系是一种高度个性化的联系，较好的服务意识、相互之间畅通的沟通以及良好的人际关系能确保合作愉快并且富有效率，因此有必要开发并建立一套客户关系管理系统。

第二十二条　流程管理是公关顾问必须严格执行的一种质量控制，应该严格执行"项目洽谈—任务确定—项目研究—项目策划—项目竞标—项目确任—项目执行—项目评估—项目结案"这一个工作流程，并对每个工作阶段的质量、资源和成本加以控制和监督，以确保项目的顺利进行、服务质量并节约成本。

第二十三条　公关顾问服务的收费是依据专业服务的工作时间来计算的，因此，服务时间计算和服务时间管理成为专业服务的一种主要管理特征。在公关顾问服务实践中，通常采用以下三种时间计算方法，即按月确定的固定服务时间（如每月50个小时）；按项目确定的服务时间；按实际发生的服务小时累计时间。

第二十四条　在公关咨询业内，对于服务质量的评估一般以客户满意为指标，客户需求得到满足的程度一般被视为评价服务质量的主要准绳。在公关顾问服务实践中，人们通常小心翼翼地作出承诺，尤其在委托合同中详细注明所作出的承诺。任何超出能力以外的承诺，不切实际的承诺都是非常有害的。

第二十五条　委托合同是公关顾问服务管理中的一个核心环节，委托合同一般有三种形式：口头协议、信函协议和书面合同。合同的主要内容应该包括：

——合同双方（甲方：客户；乙方：公关顾问公司）；

——委托任务范围（工作目标、工作说明、开始时间、时间表、工作量等）；

——工作成效（评估报告及相关材料）；

——工作分工（双方的工作分工、工作职责及参与时间）；

——成本和费用（成本预算表和顾问费用等）；

——支付和付款方式；

——专业责任（商业保密、避免利益冲突等）；

——知识产权界定（专业技术和工作成果）；

——风险责任（应该承担的责任、责任的界定等）；

——分包合同的使用（由乙方使用）；

——终止与修改（可以由任何一方提出）；

——仲裁（处理争端的权利和程序）；

——签署与日期。

第二十六条 公关顾问公司不管采用何种公司形式（独资经营、合伙企业、有限公司及其他形式）经营，都必须遵守国家的公司法和其他法律中的有关规定。这其中包括：经营前要注册登记；制定公司章程和说明业务范围；组织和界定高层管理部门（股东大会、董事会、经营层）的责任；定期编制会计和其他记录；出具公司审计报告并照章纳税；公司个人对其渎职或其他违法行为负民事和刑事责任。

第二十七条 设立公关顾问公司应该具备如下几个基本条件：一定数量的资本金（不低于 10 万元人民币）；固定的办公场所；较好的通信及办公条件；两名从业五年以上的公关顾问；一定数量的客户或潜在客户；服务供应商网络等。

第二十八条 公关顾问公司应该根据经营目标建立自己的公司架构。可以按职能划分为：市场部、客户服务部、媒介部、活动部、行政部及其他辅助部门；可以按行业划分为：IT 客户部、金融客户部、消费品客户部、行政事务部及其他辅助部门；也可以按地域划分为：国际业务部、地区办事处、下属机构、联营单位等。

第二十九条 公关顾问公司的主要资本是专业人员，因此，公关顾问公司的赢利模式可以表述为：利润／股东＝利润/服务收入×服务收入/雇员人数×雇员人数/股东人数

    （获利能力）   （毛利率）   （生产率）   （杠杆系数）

第三十条 公关顾问公司必须建立规范的财务管理体系，确保收入和支出的平衡，才能为公司及全体员工创造最大的利润和价值。专业服务费用是主要收入来源，在经营过程中应充分考虑人员成本、时间成本、管理成本以及经营成本等。这些经营成本包括如下一些因素：

——专业人员和行政支持人员的薪水、福利（"三险一金"）、奖励、津贴等；

——行政办公费用（办公室租金、办公家具、办公文具、各种设备和物资等）；

——通信、交通、餐饮等业务费用；

——人员培训和发展费用；

——设备维护和折旧费用；

——宣传、营销、促销等费用；

——税金及财务成本。

第三十一条 公关顾问公司必须清楚：公关顾问是公司的主要资本，要依靠他们整体的能力和职业素养来实现公司的经营价值。公关顾问公司应该注意以下几个问题：

——如何将这些具有不同背景和技能的专业人员组成一个统一的运作核心；

——如何对不同的任务在保持个性、态度和方法的同时，培养共同的哲学和团队精神；

——如何确定涉及客户工作的决策权下放的合理水平；

——如何向承担任务的专业人员提供技术支持，以便他们尽可能有效地完成任务；

——如何确保他们在技能、个性、工作作风上相互匹配并建立良好的客户关系；

——如何建立、保持和利用公司集体的知识体系；

——如何提供一种领导方式，并使它受到那些具有强烈独立意识的专业人员的欢迎。

第五章　公关顾问公司的战略与营销

第三十二条　公关顾问公司在运营管理中应该进行如下的战略思考：

——系统地开发并完善自身的服务产品。根据自身能力，形成独具特色的经营服务品种，建立规范的流程管理和评估体系。

——完善客户服务和客户基础。拥有稳定的经常性客户或许比提供卓越产品更加重要，通过建立良好的客户关系，激发客户需求，扩大服务范围，深化服务水平。

——建立开放、平等的公司文化。针对专业人员的特点，以人为本，创造良好的工作氛围和合作环境，鼓励创新思维，培养良好的职业素养、团队精神和敬业作风。

——制定积极的竞争战略。建立技术含量较高的知识体系，开发个性化的技术工具和产品，强调市场研究和客户服务，以独特的技术、良好的信誉和服务品质争取市场主动。

——采取稳定的扩张战略。根据市场发展，适时扩张业务，扩充人员，收购兼并，并建立广泛的业务网络和战略联盟，确保公司发展中的竞争优势。

——适时发展国际化业务。根据经济全球化发展的需要，适时需求服务新市场，满足客户国际化服务的需求，需求经营管理集中化和分散化的平衡。

第三十三条　公关顾问公司可能采用的战略管理方法：

——进行自我评估。知己知彼，百战不殆，才能避免自己的错误，才有不断的积累和提高。

——学习客户知识。通过客户服务来不断充实自己的知识体系，提高自己的专业能力。

——把握市场发展。牢牢把握市场方向，争取市场主动，在变化中求生存、求发展。

——了解竞争对手。对于竞争对手的考察和判断，能够不断激发自己的信心和创新。

——注意商业环境。透彻掌握当前的商业气候，容易规避风险和把握商业机会。

——跟踪专业发展。时刻注意并跟上专业技术发展，提高市场竞争力。

——实施一致战略。共同的目标和一致的战略能够凝聚战斗力，提升公司形象。

——鼓励员工参与。将员工的成长与公司的发展联系起来，激发创造力和智慧。

——监督战略实施。战略和经营密不可分，任何战略的实施都是满足经营的需要。

第三十四条　在以客户为中心的公关顾问服务营销中，公关顾问应始终能把握客户的需要，并知道客户选择公关顾问服务的标准，并迅速与这些客户建立业务关系和良好的个人关系。大多数客户在选择公共关系顾问时，经常从如下几个方面进行判断：

——技术能力（公司整体能力、团队能力和专业人员个人能力）；

——认知管理（融合文化、融合知识、创新思维等能力）；

——客户关系（相互理解和信任）；

——任务设计（分析、解决具体任务时的理解、技术和方法）；

——履约情况（公司整体财务情况、工作流程及管理）；

——资源调度（整合各种资源、调动各种力量的能力）；

——服务成本（收费标准及其计算公式）；

——专业认证（是否是专业协会注册会员、是否获得专业资格认证）；

——职业形象（行业内的声誉、服务品质、专业素养等）。

第三十五条 公关顾问公司一般采用如下 7 种营销策略在客户心目中建立自己的专业声誉：

——在举荐上下工夫。专业协会推荐、老客户介绍、关系营销等一直是专业服务最好、最直接的营销手段，备受公共关系顾问的青睐。

——重视专业水平展示。出版专业刊物，发表专业论文，参与专业讨论，进行专业课题研究，树立资深专业人员在行业中的专业地位，宣传公司的专业技术和经营理念。

——建立良好的媒介关系。重视公司与新闻单位的关系，有目的、有计划地做好公司对外公共关系宣传工作，让媒体为公司营造良好的商业氛围。

——积极参与社交活动。与商界领袖、政府官员、媒体记者建立了良好的个人关系，倡议并发起各种社会公益活动并成为社会名流，都容易对周围舆论产生影响。

——安排适当特殊信息服务。在行业网站上发表公司动态消息，为业内刊物提供专业文章，积极回复各类业务咨询电话，建立自己企业的宣传网页等都能收到良好的效果。

——宣传品、展览和广告。制作一些企业宣传品，参与行业内的展览、展示活动，并在行业内的刊物上刊登广告都能收到一定的市场宣传效果。

——其他应注意的问题。公司名称、标志、办公地点及设施都会让公司的整体形象产生比较明显的影响。

第三十六条 信息化工作平台的建设和完善成为当前公关顾问公司降低经营成本和提高市场竞争力的一个重要手段。这一平台由一台大型服务器、数量繁多的各种终端（PC、输入设备、输出设备）、各种应用软件（文字处理、图像处理、演示文本、电子邮件系统、网络会议系统、数据库管理等）以及各种共享性办公系统（内部操作平台、工作流程平台、时间控制器、客户关系管理、媒介关系管理、人力资源管理、财务管理、公司主页等）组成。

第六章　公关专业人员的职业开发

第三十七条 公关咨询业的职业特点决定了这一职业的从业人员应该具备各种专业技能、专业知识和专业经验。世界眼光、战略思维、创新能力、组织气候感、人际技巧以及分析问题、解决问题的能力等一直是这一职业中优秀专业人员的共同特征。

第三十八条 一名优秀的专业人员应该具备如下职业素质：

——知识能力。迅速而轻松的学习能力；观察、收集、选择和评价的能力；判断、演绎、归纳和推理的能力；综合和概括的能力；创造性思维和知识创新能力。

——合作能力。尊重他人，容忍、融洽；预料和评价人们反应的能力；善于与人打交道；获得信任和尊敬的能力；礼貌和良好的风度。

——交往能力。倾听能力；沟通能力；引导和训练他人的能力；说服和动员的能力。

——个人成熟度。举止行为的稳定性；抵抗压力以及在恶劣环境下工作的能力；做事沉着、镇静、客观、克制；灵活性和适应性。

——职业追求。自信、健康的职业志向；执著、勇气、积极、毅力的企业家精神。

——职业道德。诚实可信、真诚助人；客观评价自身能力；承认错误、勇于向失败学习。

　　——身心健康。良好的身体条件；较好的心理素质；乐观、积极、向上。

　　第三十九条　公关顾问公司主要从三个方面招聘从业人员：行业内部、相关行业或专业、大专院校相关专业毕业生。一般来说，应聘者至少应该大学本科毕业，四级以上外语水平，熟练使用计算机及其办公软件，掌握网络环境下的沟通技能，公共关系、市场营销、新闻传播、工商管理、管理咨询等相关专业背景，工作经验至少两年以上，年龄 25 岁以上。

　　第四十条　为了确保招聘工作的高效、有序，使每一个真正具有较好素质或潜质、有志于公共关系事业的应聘者得到重视，并与公关咨询职业和公司建立良好的信任，公关顾问公司应该制定科学的招聘流程。这一流程包括招聘准备、招聘途径、招聘面试、招聘测试、医学检查和试用考察。

　　第四十一条　公关顾问服务是一种高智力、高强度的工作，需要公关顾问不断开发自己的专业水平，迎接各种极具挑战性的工作。目前该职业有着较高的薪酬标准，并保持较好的上升势头。从市场上看，薪酬标准幅度从月薪 2000～20000 元人民币以上不等。即使在一个职位上也有较大的差距，如客户经理的月薪 5000～8000 元人民币。

　　第四十二条　公关顾问公司员工考核的形式多种多样，但主要考核指标为服务收入（或称营业收入），即该员工及其团队为公司创造的专业服务收入，除此之外，公司还将考核员工完成任务的工作效率、潜在的专业能力以及对于公司其他方面的贡献和支持。对于行政人员和支持人员则主要根据其工作表现来进行考核。应定期对员工的业绩、表现、能力、态度等进行考核，确保公司每一位员工和每一个职位都能发挥既定的效果，达到公司成长的目标。

　　第四十三条　公关顾问公司应该建立自己的激励机制，以鼓励专业人员创造经营利润。业务奖励、专业工作的性质和工作内容、额外的学习机会和商业联系都是有力的激励因素。公司通过区分公司内的各类员工，实施不同的激励机制都收到了很好的效果，比如说，对核心人员的高度信任和授权，对业务骨干人员委以重要任务并加以培养，对储备人才提供有计划的培训和训练，对行政和支持人员予以荣誉表扬等。

　　第四十四条　一般来说，公关专业人员主要由下列专业等级组成：初级职务（客户助理、客户主任、高级客户主任）；中级职务（客户经理、高级客户经理）；高级职务（客户总监、副总裁、高级副总裁）。或初级职务（客户代表、高级客户代表）；中级职务（顾问、高级顾问）；高级职务（总监、副总裁、高级副总裁）。一般来说，从初级职位晋升到高级职位大多数专业人员需要 8～10 年的时间，这其中除了专业技能和职业素养的要求外，还有一个重要的原因就是社会阅历和工作经验的积累。

　　第四十五条　公关咨询业是一个人员流动性很大的职业，一方面是因为这一职业的从业人员成长速度较快、淘汰率也较高；另一方面毕竟这一职业是一个新兴的职业，不断有新的专业公司出现。一般认为，一年人员流动 10%～15% 是正常的，10% 以下的人员调整是低的。

　　第四十六条　公关专业人员的能力提高主要依靠其大量的专业实践积累，专业实践和工作学习是行业内公认的主要学习方法，但专业岗位的各种培训也是必需的、不可替代的，其他诸如专业协会、专业培训机构提供的各类培训应该得到各级专业人员的高度重视。公关专业人员应该掌握如下专业技能：

——专业认知能力。了解并掌握公共关系基本原理、公共关系知识体、专业内涵、实践类型和模式等基本知识及其原理。

——研究分析能力。了解并掌握各种研究分析工具及其方法，善于分析问题、解决问题，提出科学、合理的专业建议。

——项目执行能力。熟练使用各种公共关系工具（如媒介关系、事件策划、营销传播、企业传播、公共事务、危机管理等）及其工作流程，行动果断，执行有力，目标落实。

——组织管理能力。善于协调各种关系和资源，对于相关任务能进行有效管理和监控，最大限度地调动积极性，科学、合理地安排时间、人力、财力和资源。

——开发创新能力。善于沟通、创新思维，胜任各种业务开发工作，对于专业技术发展能作出贡献。

——指导培训能力。善于总结、积累经验，拥有自己独特的知识体系和工作方式，能够胜任专业指导和培训工作。

第四十七条 公关顾问公司应该建立各级专业人员的培训计划。培训的主要内容应该包括：公共关系概论、调查研究方法、项目建议书写作、提案与竞标、事件策划与管理、媒体分析与研究、媒介关系计划、营销传播、品牌管理、危机管理、案例研究与分析、项目管理、客户管理、效果评估、战略咨询等。培训时间应该得到必要的保证。建议：初级专业人员应该保证每年100学时的培训；中级专业人员应该保证每年60学时的培训；高级专业人员应该保证每年30学时的培训。

第四十八条 公关咨询业是一种知识密集、实践性很强的职业，其培训方法也有独特之处。这些培训方法归纳如下：

——文献阅读。公共关系概论、公共关系顾问专业指南、案例研究与分析等。

——课堂讲授。由专业讲师系统讲授公共关系原理、实务、技巧以及职业发展趋势等。

——业务研讨。以项目组形式就具体个案进行分析、策划、实施、评估、提炼升华。

——言传身教。由高级专业人员对低级别人员进行"传"、"帮"、"带"，通过专业工作中的具体指导，来提升专业人员的职业技能。

——模拟训练。以项目组形式进行模拟项目的演练，由高级专业人员进行点评。

——行业交流。安排专业人员参加行业内的业务交流活动（讲座、研讨会及其他活动）。

第四十九条 公关顾问专业资格认证是对公关顾问的从业资格、专业水平及其专业素养的一种考核。它一般包括职业资格和执业资格两种认证方式，由国家级专业协会或权威部门授予。世界上许多国家和地区的公关专业人员均十分重视专业资格认证工作，认为这是公关顾问成为一种真正专业和职业的必要步骤，同时也是一项独立开展业务的专业资格证明。

第七章　公关专业人员的职业道德

第五十条 公关顾问们应该特别注意个人文化修养的培养。这种文化修养包括：如何着装；如何与人打交道；注意礼节；遵守时间；如何开展业务洽谈；与客户的书面或口头沟通；正式与非正式的人际关系；显示或抑制情感外露；使用的语言和术语；各种禁忌等。

第五十一条　公关顾问应该严格遵守职业准则，养成良好的职业操守。特别应该注意以下 10 项从业原则：

——服务意识。公关顾问服务是一种专业服务，应该以客户为中心，以满足客户的专业需求为服务目标；在服务过程中，充分尊重客户，不以自己的专业技术而炫耀。

——教育引导。公共关系是一种对公众的教育和引导，应该从社会文明和社会进步的角度出发，有效、积极、正确地引导社会舆论和公众态度，不损公利己。

——公正公开。公关顾问主要通过信息传播手段来开展工作，应该以公平、公开的态度对待客户、公众乃至竞争对手，创建良好的商业环境，促进社会进步。

——诚实信誉。公关顾问服务讲求诚信，依赖信誉，应该以诚实的态度服务客户和公众，准确、真实地传播信息；讲求商业信誉，将公众利益放在首位。

——专业独立。公关顾问服务是一种独立服务，应该充分运用专业技术和经验服务客户和公众，提供客观、独立的建议和服务。

——保守秘密。保守秘密是专业服务的一个普遍原则，也是本职业的立足之本，既不能泄露客户的任何秘密，也不能利用这些秘密为自己或其他客户谋求利益。

——竞争意识。专业技术需要得到不断的提升，行业发展需要优胜劣汰，应该尊重平等的竞争，避免因竞争而损害竞争对手的行为发生。

——利益冲突。专业服务中不可避免会出现各种利益冲突，应该避免现在、潜在的利益冲突，个人利益服从客户利益，客户服从公众利益，建立广泛、持久的信任。

——社会效益。公关顾问服务除了创造经营利益外，应该考虑广泛的社会效益。在专业服务过程中，还应该考虑运用其专业所长促进社会文明和社会进步。

——行业繁荣。没有行业的繁荣，也就没有个体的利益，应该积极传播公共关系知识，不断提升专业技术，维护行业地位，促进行业繁荣。

第五十二条　公关顾问服务和其他专业顾问一样，当他的建议或行为在某种情况下被认为对客户或与客户有关的其他人或组织造成伤害和经济损失时，他是应该承担法律责任的。公关顾问经常因为自身的专业水平和专业素养在客户服务过程中忽视有关细节，比如，服务承诺超出能力范围以及商业合同的不规范，使客户产生不切实际的追求，产生争议甚至造成损失。一种最有效的减少法律责任的办法就是在服务合同中，明确地、毫不含糊地写明公共关系顾问的目标、任务、所采用的方法和行动计划，并对相关条款加以具体说明。

第八章　附　　则

第五十三条　本《意见》中所指的"公关顾问"，即通常所指的公关专业人员，"公关顾问公司"，即通常所指的从事公共关系专业服务的各类公司，建议使用"公关咨询业"代表整个行业。

第五十四条　中国国际公共关系协会公关公司工作委员会是行业内的协调组织，有义务保护业内各公司及其从业人员的合法利益，对业内公司与公司之间、公司与客户之间、公司与个人之间的矛盾和冲突进行调解和仲裁。

第五十五条　本《意见》最终解释权归中国国际公共关系协会公关公司工作委员会。

公关服务行业自律公约

摘要：公共关系是一种严肃而崇高的职业和服务，广大从业人员应追求崇高的职业道德并遵循行业规范。

声　　明

公关服务是一种通过专业技术满足客户的公关需求（信息传播、关系协调、形象管理）以获取经营利润的服务形式。它通过调查、策划、实施、评估以及咨询等一系列专业服务手段来实现，是一种外部咨询服务。公关服务机构依托传播管理这一核心技术，提供诸如新闻代理、事件策划、市场推广、企业传播、危机管理以及公共事务管理等策略咨询和执行管理服务。

我们认为，公共关系是一种严肃而崇高的职业和服务，广大从业人员应追求崇高的职业道德并遵循行业规范。为此，我们同意公关公司工作委员会起草的《公关服务行业自律公约》（以下简称《自律公约》）所规定的有关原则性条款并愿意采取一致行动。

签约公司及签约代表（按签约时间先后排序）：

1. 帕格索斯传播机构董事总经理　曹刚
2. 中国环球公共关系公司副总经理　迟小焱
3. 迪思传播集团总裁　黄小川
4. 联科安致信息咨询有限公司总经理　李东川
5. 福莱国际传播有限公司董事总经理　李宏
6. 安可顾问有限公司北京代表处副总裁　梁启春
7. 时空视点公关顾问有限公司总经理　刘方俊
8. 万博宣伟公关有限公司北京董事总经理　刘希平
9. 罗德公关（北京）有限公司董事总经理　毛京波
10. 嘉利公关顾问有限公司总经理　庞卓超
11. 智扬公关顾问有限公司副总经理　孙冰
12. 灵思传播机构总经理　谭明
13. 科闻一百公共关系有限公司大中华区总裁　汤蕾
14. 上海哲基公关咨询有限公司执行董事　王虎
15. 成都宇修公关策划有限公司总监　王修
16. 普乐普公关顾问有限公司董事总经理　魏雪
17. 广通伟业公关策划有限公司总经理　杨为民
18. 际恒公关顾问机构总经理　肖军
19. 新势整合公关顾问有限公司总裁　徐保元
20. 蓝色光标公关顾问机构首席执行官　赵文权
21. 海天网联公关顾问有限公司总裁　周元晖

第一章　总　　则

第一条　信息传播是公共关系服务的基础，唯有准确、真实的信息传播才能更好地沟通客户与新闻媒体、政府、公众之间的关系。

第二条　以客户为中心乃公关服务机构生存的基础，唯有独立、专业的服务才能满足客户需求、实现客户价值，同时要兼顾公众和社会的利益。

第三条　公开公平地参与市场竞争，用专业经验和商业信誉赢得客户，这是公关服务机构经营活动和服务过程中必须坚持的职业道德和经营原则。

第四条　公关服务机构在经营活动和公司管理中应该严格遵守中国法律的有关规定以及社会公约的有关道德标准。

第二章　信息传播原则

第五条　确保信息传播手段和信息内容符合国家法律的有关规定。

第六条　确保信息传播内容的完整性、真实性和准确性。

第七条　不隐瞒事实真相并有责任及时纠正错误的传播信息。

第八条　自觉抵制各种欺骗客户和公众的信息传播活动。

第三章　客户关系原则

第九条　诚实告知客户自己的专业能力和服务规范。

第十条　提供标准化的服务文案和合同文本，明示收费标准，不承诺自己不能控制的结果。

第十一条　不得假借客户服务的机会和资源宣传推广自己。

第十二条　不同时服务两个利益冲突的客户，除非事先征得客户同意。

第四章　媒介关系原则

第十三条　主动帮助客户建立与媒体长期、友好的合作关系。

第十四条　代表客户与媒体沟通时，遵循客户的意志和合约内容，明示自己的代理身份。

第十五条　严格区分新闻代理业务中的"新闻"与"软文"两种服务方式（"软文"是一种向媒体支付版面费用的广告服务形式）。

第十六条　坚决抵制有偿新闻，遵守中国政府主管部门的相关规定。

第五章　商业保密原则

第十七条　应该与客户签订商业保密协议并承担法律责任。

第十八条　严格保护客户的秘密或隐私。如发现客户秘密外泄，有义务向客户予以提示。

第十九条　严禁在服务过程中使用非法途径或不当工具获取信息或竞争优势。

第二十条　严禁利用他人秘密获取商业利益。

第六章　同业竞争原则

第二十一条　鼓励平等竞争，应该通过提高专业技术水平和服务品质来增强竞争能力。

第二十二条　倡导公平竞争，避免各种诋毁竞争对手的行为发生。

第二十三条　严禁采取欺骗客户、恶意杀价等手段来取得竞争优势。

第二十四条　严禁与客户串通搞假竞标，不应将他人劳动成果据为己有。

第七章　人才流动原则

第二十五条　鼓励人员正常流动，流出人员应保守公司的商业秘密和知识产权。

第二十六条　加强人员流动信息交流，积极配合各类人才流动信息咨询工作。

第二十七条　遵守人才流动竞业禁止的原则，人员流动必须遵守与原雇主的有关约定。

第二十八条　禁止以猎头来获取业务，离职人员半年内不得主动争取原雇主的客户。

第八章　共同利益原则

第二十九条　积极推动行业交流和市场推广活动，正确诠释公共关系知识和技术。

第三十条　有义务对广大雇员进行专业培训，并将自己的经验和成果与行业分享。

第三十一条　共同维护和巩固行业的社会地位和商业利益。

第三十二条　在涉及行业重大利益等问题上采取一致行动。

第九章　附　　则

第三十三条　缔约者均同意上述原则性条款，并愿意遵守和执行相关约定。

第三十四条　公关公司工作委员会常务委员会将监督《自律公约》的执行情况。

第三十五条　违约者如有足够证据证明，将视情受到委员会的劝诫、警告、通报等处罚。情节严重者，委员会有权将其开除并在行业内通报。

第三十六条　本《自律公约》最终解释权归中国国际公共关系协会公关公司工作委员会。

二〇〇六年九月三日，北京

参 考 文 献

1. 谢红霞，胡斌红．中国新公关——组织形象塑造．北京：经济管理出版社，2004.

2. 常桦．成功公关 de 22 条黄金法则．北京：华文出版社，2004.

3. 邓丽明．公共关系学．北京：科学出版社，2004.

4. 彭奏平，谢伟光．公共关系实务．北京：清华大学出版社，2004.

5. 国英．公共关系与现代礼仪案例．北京：机械工业出版社，2004.

6. 吴丽兵．公共关系原理与实务．合肥：合肥工业大学出版社，2004.

7. 张荷英．现代公共关系学（修订第三版）．北京：首都经济贸易大学出版社，2005.

8. 廖为建．公共关系学．北京：高等教育出版社，2005.

9. ［英］萨姆·布莱克．公共关系新论．陈志云，郭惠民译校．上海：复旦大学出版社，2000.

10. 成功企业研究编委会．成功企业策划之道．海拉尔：内蒙古文化出版社，2001.

11. ［美］斯科特·卡特利普，阿伦·森特．公共关系教程．明安香译．北京：华夏出版社，2001.

12. 段淳林．公共关系学．广州：华南理工大学出版社，2002.

13. 冯兰．公共关系训练．武汉：武汉大学出版社，2003.

14. ［美］菲利普·莱斯礼．公关圣经——公关理论与实务全书．石芳瑜，蔡承志，温蒂雅，陈晓开译．汕头：汕头大学出版社，2004.

15. 方习文，杨俊．秘书原理．合肥：合肥工业大学出版社，2005.

16. 钱立静，杨俊．秘书实务．合肥：合肥工业大学出版社，2005.

17. 李安纲，杨俊．心解论经．北京：中国社会出版社，2005.

18. 李安纲，杨俊．三教九经（漫画版）．北京：中国社会出版社，2005.

19. ［美］弗兰·R．迈特拉，雷·J．阿尔提格．公关造势与技巧．欧阳旭东译．北京：中国人民大学出版社，2005.